U0561695

THINKr
新思

新一代人的思想

日本及其历史枷锁

Japan and the Shackles of the Past

[美]R.塔格特·墨菲 ● 著

李朝津 ● 译

中信出版集团|北京

图书在版编目（CIP）数据

日本及其历史枷锁 /（美）R. 塔格特·墨菲著；李朝津译 . -- 北京：中信出版社 , 2021.2
书名原文：Japan and the Shackles of the Past
ISBN 978-7-5217-2360-1

Ⅰ . ①日… Ⅱ . ① R… ②李… Ⅲ . ①日本—历史—研究 Ⅳ . ① K313.07

中国版本图书馆 CIP 数据核字 (2020) 第 220331 号

Japan and the Shackles of the Past by R. Taggart Murphy
Copyright © Oxford University Press 2014.
Japan and the Shackles of the Past was originally published in English in 2014. This translation is published by arrangement with Oxford University Press. CITIC Press Corporation is solely responsible for this translation from the original work and Oxford University Press shall have no liability for any errors, omissions or inaccuracies or ambiguities in such translation or for any losses caused by reliance thereon.

Simplified Chinese translation copyright ©2021 by CITIC Press Corporation
ALL RIGHTS RESERVED

本书仅限中国大陆地区发行销售

日本及其历史枷锁

著　者：［美］R. 塔格特·墨菲
译　者：李朝津
出版发行：中信出版集团股份有限公司
　　　　（北京市朝阳区惠新东街甲4号富盛大厦2座　邮编 100029）
承　印　者：北京楠萍印刷有限公司

开　本：880mm×1230mm　1/32　　印　张：14.5　　字　数：335千字
版　次：2021年2月第1版　　印　次：2021年2月第1次印刷
京权图字：01-2016-7052
书　号：ISBN 978-7-5217-2360-1
定　价：88.00元

版权所有·侵权必究
如有印刷、装订问题，本公司负责调换。
服务热线：400-600-8099
投稿邮箱：author@citicpub.com

献给修

I
Allegro con spirito

目 录

前言与致谢　01

序言　09

第一部分　历史枷锁的锻造

第 一 章　江户时期以前的日本　3
　　天皇制度　6
　　藤原家族和平安京的建立　8
　　平安时代的遗产　11
　　由女性书写的文学　12
　　《枕草子》和《源氏物语》　14
　　平安秩序的崩溃和封建时代的到来　16
　　幕府将军　20
　　蒙古人入侵、镰仓幕府失势和足利幕府　21
　　日本的"封建制度"　23
　　封建制度下的文化与宗教　25
　　欧洲人的到来　28
　　日本的再统一　30

第 二 章　现代日本国家的孕育　35
　　德川日本的锁国政策　37

德川对秩序和稳定的痴迷　41

经济和社会变迁　43

大众文化　48

元禄赤穗事件　54

佩里准将的"黑船"和德川的丧钟　56

1868年的"革命"？　58

幕府的衰亡　62

第 三 章　从"维新"到占领　67

岩崎弥太郎与现代日本工业组织的诞生　70

资本积累与立宪政府的外在形式　72

1895年的甲午中日战争　73

1904—1905年的日俄战争　75

现代日本悲剧的明治根源　77

夏目漱石的《心》与明治遗产　85

山县有朋与失去政治控制的官僚体制　87

灾难　89

卢沟桥事变及诺门罕事件　96

珍珠港、投降与战争遗产　98

第 四 章　奇　迹　103

战后十年的特殊环境　107

高速增长背后的政治及文化基础　124

第 五 章　高速增长体制　137

日本企业群体　138

行业协会与竞争控制　140

雇用惯例　142

教育　144

　　　　　金融体系　147
　　　　　官僚机构　151
　　　　　对现实的管理　154
第 六 章　结果：有意或无心　161
　　　　　代价　162
　　　　　棒球与工薪族文化的兴起　165
　　　　　高速增长时期的日本女性　171
　　　　　松田圣子　181
　　　　　高速增长体制与全球经济架构　183

第二部分　当今日本的枷锁

第 七 章　经济与金融　193
　　　　　资产负债表衰退　195
　　　　　日本的差别　197
　　　　　避免萧条：日本金融体系的紧急援助　206
　　　　　错误的假设和日本财政赤字的开启　208
　　　　　为亚洲金融风暴做了铺垫　211
　　　　　日本政府的开支　213
第 八 章　商　业　221
　　　　　服务行业　226
　　　　　不断改变的雇用惯例　228
　　　　　全球化的烦恼　234
　　　　　全球性品牌和外国直接投资　236
　　　　　冲销沉没成本　243

韩国的挑战　246
　　　日本企业的未来与资本主义全球性危机　248
第九章　社会和文化的变迁　253
　　　遍及全球的日本文化　254
　　　辣妹　259
　　　"蛮不讲理的中年妇女"、"无用的老男人"
　　　　和"银发离婚"　262
　　　"草食系男子"　263
　　　日本的男性认同　268
　　　日本男性群体动力的变化　271
　　　阶级的再兴起　274
　　　日本领导层的衰落　280
第十章　政　治　289
　　　55年体制　294
　　　田中角荣　303
　　　"尼克松冲击"与田中首相任内　306
　　　洛克希德丑闻　310
　　　田中变身"影子将军"　313
　　　派系头目：竹下登和金丸信　316
　　　小泽一郎　319
　　　日本政治秩序的守护者　326
　　　1994年的选举改革　328
　　　小泉纯一郎　331
　　　靖国神社与小泉时期的对外关系　335
　　　小泉后的自民党　340

第十一章　**日本与世界**　345
　　　　"新日本通"　348
　　　　冲绳和普天间海军陆战队基地　353
　　　　鸠山政府的覆灭　359
　　　　日本的"影响力代理人"　364
　　　　"3·11"事件和菅直人政府的命运　373
　　　　野田政府的祭品　379
　　　　安倍晋三卷土重来　380
　　　　经济复苏？　382
　　　　跨太平洋伙伴关系、《特定秘密保护法》
　　　　和安倍政府的优先事项　390
　　　　日本对华关系　396
　　　　难以持续的日美"同盟"　399
　　　　重入亚洲　403
　　　　安倍的不自量力及日本的未来　407

注释与参考书目　421

前言与致谢

牛津大学出版社出版了"人人须知"系列,本书成为其中之一。入选这个系列的主题都很有价值,日本当然也不例外。大卫·麦克布赖德邀请我来写作这本书时,我有点受宠若惊,但也有点不安。我担心稍微了解日本的人便不会翻开这样一本描写日本的书,其他人可能也会忽视。因为回到2010年,外部世界对日本唯一感兴趣的似乎就是它的文化:饮食、传统艺术、当代时尚设计和村上春树的小说,还有那些奇异的视频与漫画。除了日本人以及那些像我一样生活与之神秘交织的"怪人"之外,如果还有人对日本的政治、商业与经济感兴趣,也是将其当作警诫人的教训。我想,这种想法是错误的。日本给我们提供了各种经验教训,其中很多并非负面的。我以前发表的文章所关注的那些议题(如日本的政治、商业、经济等),现在似乎已经没人关心了。再多一本书可能也无法改变这种状况,无法重新点燃这个国家曾经有的广泛魅力。

但大卫的邀请给了我一个机会,让我可以做其他任何写作方式都无法做到的事情:将我对日本政治和经济的思考与人们似乎一直感兴趣的历史与文化问题结合起来。我越是思考日本的信用创造如何转化为经济活动或日本在当今全球金融框架建设中发挥的核心作用（这些问题我在其他书中也讨论过），就越是确信不可能孤立地理解这些事情。想了解日本现实的任何一个面相，就必须把握其整体的面貌。换言之，日本银行的货币供应量、日本企业的人事习惯、东京街头标新立异的时装、日本政治无休止的抢座椅游戏、日本数百年的锁国政策，这些问题都存在某种关联。大卫正给我机会找出这些联系。即便最后没有多少人读这本书，那也无妨，因为写作过程本身就是一个思考的机会，使我可以整理从 15 岁开始就让我着迷的思索。那时，我在陈旧而拥挤的羽田机场走下飞机，坐上长途汽车，沿途看见灰色的、快节奏的、行人如鲫的城市风貌，那一切是我平生没有见过的。因此，我认为这本书值得写。

在正式开始写作之前，一些事件证明，我关于日本再无人关注的判断似乎是错误的。2011 年 3 月日本发生了地震和海啸，这让它顿时成为全世界关注的焦点。成千上万的日本人生命陷入危险，而他们的英雄事迹与人道关怀让世界为之震动。但当核电站在灾难中被毁，关于其废墟的新闻逐步流出后，疑问开始出现。这究竟是怎样一个国家，既能唤起社会的凝聚力和纯粹的人性尊严，又能培养出一个领导阶层，在明知日本地处地震频发带的情况下，仍不可宽恕地建造这种致命的能源站，然后又轻忽其危险性，其所犯过失已无异于犯罪？

我继续往下写的时候，其他问题也开始浮现。其实，这些问题人们在日常生活中也常常讨论。为什么一个明显失能的政党在遭选民抛弃后不到 4 年又重新掌权？日本政府在发达国家中最为"右倾"，但为什么能实行最"左倾"的货币财政混合政策？东亚地区不断升级的口头挑衅是否预示着误判并最终导向战争?外来者(特别是美国)是否会被卷入冲突?或许,我已经不只是为自己而写。

如果这本书在提出(更不用说回答)这些问题方面有任何成功的地方,那么很大程度上要归功于一路帮助我的人。第一个需要感谢的是大卫·麦克布赖德,他是第一个看到这个出版计划可行的人,而且不辞劳苦地找到我并给予鼓励。他一直耐心地关注书稿的进度并给我足够的时间完成。他知道我的抱负已经超越"人人须知"系列的目标,但并没有强迫我删减以适应丛书的要求,反而在紧要关头帮我修改书稿。马克·塞尔登与加万·麦考密克允许我在《亚太期刊:日本焦点》上发表一些作品,正是这些作品使得大卫开始关注我。马克阅读了我的一部分手稿,并一如既往地提出了很好的建议。我也请罗伯特·阿利伯、槙原久美子与利奥·菲利普阅读了个别章节,他们给了我很多有用的建议,超乎我的想象。

开始写作时,我知道自己需要一个理想的读者,他不必在日本长时间生活过,甚至不必费力思考过日本,但他必须有兴趣和好奇心,这样的人是我首先需要找到的。乔治·威利亚德就是我要找的人,他不仅是理想的读者和亲爱的朋友,而且本身就是优秀的编辑和作家。我给他的每一章他都花费大量的时间和精力慷慨回应,对于我写的每一个字他都充分留意,这是所有作家梦寐以求的。每当我词不达意或思路不够清晰,甚至他认为未臻完美时,他总是能给我很好的建议,我真的非常感谢他。

我也很感谢罗德尼·阿姆斯特朗。他在 NBR 日本论坛上就美国海军陆战队从冲绳普天间基地迁移问题做的精彩发言给我很大启发。后来,他花了几个小时很耐心地跟我讨论相关议题，仔细阅读了我就相关问题所写的东西并予以点评。

对于熟悉卡瑞尔·范·沃尔夫伦的读者而言，他们会清楚地看到他对我的影响。没有他的文章及个人典范，这本书几乎是不可能写成的。在写作过程中，他给了我无限的鼓励，他对本书最后两章给出的建议尤为重要。

完成初稿之后，我曾请两位好友帮助审阅整部文稿，告诉我有什么问题以及如何修正。吉雄福原与迈克·韦雷托是我认识的最能在两种文化间游刃有余的朋友，他们可以同时从日本和美国两种视角观察。我们不是在每件事上都意见一致，他们也并非认同我写的所有东西，但他们对文稿仔细阅读并做出评论，这些都十分宝贵。对此，我深表感谢。

我还要感谢另外一些人，他们应该完全不认识我。罗伯特·卡罗写的林登·约翰逊的传记包罗甚广，可惜当时并未完稿，我在撰写日本政治一章时辗转取得。卡罗的作品使我聚焦田中角荣在日本政治中所发挥的核心作用，这种作用在过去的半个世纪逐步展现出来。

我也向我哥哥亚历山大求助，希望他对书中的地图提出意见。亚历山大一生都在支持我，也在学问上不断激励我。他向我推荐了他的研究生尼古拉斯·A. 珀杜。珀杜十分称职，我感谢他们两位。

这本书有相当一部分是在新加坡写成的，我亲爱的朋友罗伯特夫妇将他们美丽的家园向我开放，非常感谢他们。

这本书从初步构思到出版，我去了纽约好几次。我在商学院的同学槙原纯和以前的同事冈美美住在东村，每次我到纽约办事，他们都愿意让我住在他们家,深表感谢。他们是我的好朋友,也是数十年来我了解日本国内情况及其世界事务的重要渠道。美美的父亲冈高史是著名记者,曾为小泽一郎撰写传记。为寻找资料,我曾两度拜访他,与其讨论小泽的生平及重要性。

这本书大部分是在筑波大学东京校区的国际商务 MBA(工商管理硕士)课程办公室内撰写的。每当我对日本感到悲观时,这个课程(更不用说我的同事和学生)都会纠正我的想法。该课程最初由大学设立,最后得到文部科学省的支持,其存在反映了日本仍有人决心摆脱桎梏国家的枷锁。点亮蜡烛,总比诅咒黑暗来得积极。对于我和学生来说,学院的同事是我们思想上的激励、陪伴与支持。如果日本的命运掌握在这些人手里,我们便不用担心了。我们有些学生来自日本以外的地方,如果决定对日关系的人都能像这些学生那样,我们也不用担心日本与外国的关系了。

初稿快要完成时,我已故父亲在"二战"时寄回家的书信,因为他妹妹、我亲爱的姑姑埃塞尔·古尔斯比的去世而为家人所知。我父亲是太平洋战争的见证者。他是数百万被送上战场的士兵中的一个,与开战完全没有关系,却可能葬身在那里。那些书信对我来说有特别的意义,不仅是因为它们展示了对我意义重大的一个人极其特别的一面——那一面我在成长过程中偶尔瞥见过。父亲写那些信时也只不过刚刚成年而已。因此,他对战争的许多评论(主要给他母亲看)包含了"我们为什么要打仗"之类的传统表达以及关于日本人的一些不太友好的言论,而且由于他所在的部队驻扎在菲律宾,有时也夹杂着他对当地的一些尖锐而有趣的观察。但在只给姐姐玛乔丽看的一封信中,他承认写信时会隐瞒一些事情以免让母亲不安。他告诉姐姐自己非常想家，"很多时候会感受到难以置信的苦闷和压力"，部队受到攻击时，他会产生莫名的恐惧。他写道："（自己）会反胃，全身不由自主地发抖。""很多人常常有类似的反应，只是很少说出来。"很明显，他讨厌日本人在菲律宾的所作所为。但他接着写道，有一天晚上日本军队发动突袭，第二天早上他的部队组织反攻。走出小营地，他看见满地都是"支离破碎的身体，一些刚刚被杀的士兵的尸体曝露在外面，尸体变黑，浮肿发臭，伤口惨不忍睹"，但在其中一个士兵的尸体上，"放着一个卡片盒，里面有一张美丽的年轻日本女孩的照片"。在接下来的文字中，他描绘了自己因为看到死去士兵身上的人性之光而痛苦挣扎，我被深深触动。他表达的这种情感类似于威尔弗雷德·欧文在《不可思议的聚会》（"Strange Meeting"）一诗中所表达的，后者可能是有史以来最伟大的反战诗。我父亲也许远远比不上欧文级别的诗人（谁又能呢？），但作为儿子，我可以理解他，可以想象他试图用文字、面部表情和身体语言讲述那些严肃问题时的模样。他的叙述以及背后的挣扎所呈现的力量和欧文的诗一样，都深深地触动了我。父亲这样写道："我们不是壮硕的年轻人，没有有力的前臂和魁梧的身材，但也要拼尽全力与敌人搏斗。我们不是徒手作战，都要倚靠武器。很多人已经不再年轻。这不是一场武士格斗。即便是最虚弱的人，拿起机枪也要比徒手的超人更具杀伤力。我们搏斗不是靠身体的兴奋或刺激，而是用人类有史以来设计的最可怕的毁灭性武器。当人类的身体碰上炽热的铅弹或冰冷的钢片时，它变得像纸一样单薄。"

因此，我要感谢父亲，既有实际的原因（我最早来日本，主要是因为一直与父亲合作的日本学者邀请他去他们大学访问一年),也是因为那些书信给我带来了重要信息。今天,在东亚你会听到很多关于国家荣耀与辉煌的胡言乱语,充斥着受害者的故事和历史错谬,使用的语言都带有排外和种族主义的色彩。说那些话的人,大部分没有战争经验(大概以后也不会有)。无论只是摆摆架势,还是他们内心真的是那样想的,他们对别人的愤怒总是胜过对自我的检视。对他们来说,任何事情出问题,总是别人的错。整个气氛已被破坏,领袖们互相指责,而网站上到处都是捶胸顿足的民族主义者。地铁车厢内到处都是低级杂志上刊登的文章广告,指责对岸的人不守诺言,而对岸的人则发现自己在聚集的地方受到了嘲弄。美国也许会对此表示不满,但它对此负有直接的责任,因为它推翻了一个建了一半的明显脆弱的体系(而它给该地区带来了暂时解决问题的希望),美国这么做,是因为该体系意味着它要将海军基地迁回本国。

我会讲述这件事发生的过程,它是说明日本背景下的任何事情都不可孤立看待的又一个例子,而且可能是近年来最重要的一个。除非人们感觉到日本对其与外部世界的关系,以及它对美国的倚赖已经让政治病态变得难以诊断和治疗的长期焦虑,否则军事基地问题及其破坏日本与邻国两代以来宝贵和平的方式,就只会以平时被描绘的样子呈现出来,使人显得忘恩负义、不称职和没有理性。

如果我真的能把日本各种关键问题的背景成功呈现出来,很大程度上要归功于上面我所感谢的人(当然,错谬之处,概由我个人负责),还有过去数十年,在这个国家与我一起工作、玩乐和互相关爱的日本朋友,其中最主要的是我的终身伴侣川田修。像这样的致谢词,大部分在结尾时会感谢某位幕后人员，没有其支持与建议，要完成这样一本书是不可能的。对于本书而言，那个人就是川田，我愿意把这本书献给他。

在整本书中，我都依从日本处理姓名的习惯：姓在前，名在后（例如，田中角荣、安倍晋三）。

2014 年 7 月写于东京

序言

当要写这篇序言时,我看到了史蒂文·拉特纳在《纽约时报》的一篇文章,[1]感觉很不痛快。他是华尔街的银行家,2009年奥巴马政府邀请他领导美国汽车工业的重组。拉特纳刚在日本做了短期访问,他想告诉我们他认为我们应该知道的日本目前的状况。他先谈及日本政府最近的宏观经济政策(加大货币供应,进行财政刺激),然后才开始谈论文章的真正意图:他认为日本一直忽略"短视政策的挑战","和其他许多国家一样,日本也被自己的僵化所捆锁",因此"急需微观经济的改革"。

我们需要知道这些吗?很明显,拉特纳先生认为我们需要。更明显的是,他认为如果我们不知道,就可能陷入日本所处的陷阱。他告诉我们,日本应该降低所得税,同时增强股东对公司内部事务的发言权。他主张,这个国家需要更高的经济"效率",需要进一步缩小"收入"与"巨额的预算赤字"之间的差距,需要放松"特别严格的移民法",也需要"对僵化的劳工政策进行有意义的改革"(他的意思似乎是解雇员工因此可以变得更容易)。他认为,日本如果"无法接受这些神圣不可侵犯的东西","就不太可能再次成为世界经济强国"。

不得不对拉特纳先生说声抱歉,这些东西人人都知道。不需要一本书,甚至是《纽约时报》星期日版的一篇专栏文章,来告诉我们正直的投资银行家认为我们需要了解日本的哪些情况以及为什么需要。下面这些对任何人来说都不是新闻:日本经济"步履蹒跚";像拉特纳先生这样的人认为"其他发达国家"应该"担心",以免它们不能从日本"吸取"相关的"教训"(而拉特纳先生知道那些教训是什么)。

奥斯卡·王尔德曾说:"事实上,整个日本纯属虚构。没有这样一个国家,也没有这样一个民族。"王尔德的嘲弄已经过去一个多世纪,而如拉特纳先生的文章所暗示的那样,现在的西方仍然在虚构日本以服务于自己的目的——最新的目的是将其当作大棒以打击其他人。现在拉特纳先生不算完全过时,也不算凭空创造出了一个日本——他对日本面临的许多"短视政策的挑战"的看法通常是正确的。让他笔下的日本更像是一种虚构而非一个面临真正挑战的现实之地的是,他的文章背后隐含着一个假设:东京的决策者们没有看到这些挑战,或者即使看到了,也会像冥顽不灵的孩子一样故意拒绝面对。要理解为什么会这样,需要了解一个地方的历史、地理、政治制度和文化遗产,最重要的是,要有能力确定在那个地方谁有权要求谁做什么。换句话说,要想让每个人了解日本,你必须先弄清谁是真正的决策者,以及他们是如何获得决定其他人生活方式的权力的。这些决策者不全是,甚至多数不是经选举产生的日本领导人。他们中有些甚至不是日本人——他们住在华盛顿。

日本确实提供了一些教训,有些甚至是拉特纳先生可能敦促我们注意的那种。但那些教训要比关于税收、劳动力市场和经济效率的说教有趣得多。因为真正重要的教训不是对显而易见的道理的陈述（比如，当经济和人口结构发生变化时，一个国家的劳动和补偿制度需要改变；少数党中的少数狂热分子不该拥有可以威胁金融决战的力量），而是对文化、历史、地理、制度和政治等各种因素的梳理，这些因素妨碍着日本劳工关系的全面改革，或者在某种情况下，它们促使狂热的煽动者积聚了足够的力量，以至于可以形成有效的威胁，迫使美国政府放弃其责任。（任何认为向美国人解释日本颇具挑战的人，都应该试试向日本人解释茶党和美国国会的议事规则。）在这个过程中，我们不太可能发现"如果你不这样做，就会有你好看"之类的教训。世界太过复杂，也幸好是太特殊了，这类训诫并不适用。但我们可以略微学习如何正确问问题。我们可能会发现，在我们本国观念上的枷锁是如何阻止我们通过分析它在另一个地方扭曲事物来发现每个人都需要知道的东西的。我们甚至可以研究另一个国家（尤其是像日本这样独特的国家）如何以及为什么做或不做所有人都知道应该做的事情，吸取经验教训，这样，我们自己的国家在面对这些问题时，才知道应该如何处理。

如果妇女都不生育小孩，该怎么办？如果年轻的异性恋男性说他们对结婚和家庭没有兴趣，该怎么办？如何照顾老年人？如果看到大规模移民危及社会团结，而团结是国家的基石，该怎么办？如何修复一个曾经运转良好且被称为奇迹的经济体系，尽管它明显需要全面改革，但仍有各种人主张它应该继续下去？你一度错误地相信某种能源可以提供无限、清洁、安全的能量，但实际却是它会永远危害国家，如何才能勾销投入其中的数万亿日元？如何才能在不为谁得到了什么而争论不休的情况下，成功地分配一块本质上已经停止增长的"经济蛋糕"呢？当一个即将崛起的新兴大国，在其民族主义教育中认为你始终未能认清历史错误时，你该如何应对？特别是当你昔日的"盟友"兼保护者对你既无知又轻蔑，傲慢地摧毁了出现一个能处理上述棘手事务的政府的最大希望时，你该怎么办？你要认真处理过去发生的事，不仅因为不这样做你就无法取得信任，也因为如果不认清历史错误，你将处在重蹈覆辙的危险中，而那些昔日的错误曾给你的国家带来史无前例的灾难，这样的过去你要如何面对？大约150年前，一些人编织了神话来为他们夺取政权辩护，那些神话导致了前面提到的历史错误，而今天，当权者正是那些人的直接继承者，整个国家再次陷入那些神话的包围中，你将如何开启认识历史的程序？你们国家的文化如此令世界着迷，虽然你们创造这种文化并非为了供外界消费，你们也不知道如何将这种魅力转化为地缘政治，甚至是微弱的商业优势，应该怎么办？

假如这本书（或者任何一本书）能明确地回答上述问题，那么它就可以包含所有人需要了解的关于日本的东西，然而这是不可能完成的。我不认为我可以完成此项任务，但至少希望自己能够正确地处理其中的一些问题。我第一次到日本时，还是个15岁的学生，和其他外国人一样深深地爱上了这个国家。我自己再回到日本时已经成年。在过去的40年，我基本上一直生活在这里，我生命中很多重要的人也是日本人。我早年对它的迷恋没有消失，但如同所有的真爱一样，它也因对悲剧的意识而变得色彩斑斓——将一个人的爱倾注在不完美的、终将死去的人以及他们（或我们）所创造的一切之上，不可避免地要付出代价。因为我现在明白了当时没有真正领会的东西,即日本的现代史大部分是悲剧。悲剧不仅源于通常所说的外部环境和内部的失败,而且源于让一个人爱上这个国家(或它的人民)的那些特殊的东西。

一代又一代的外国作家都试图弄清楚日本到底是什么吸引了他们。在这方面最成功的人,我会举出小泉八云[2]、库尔特·辛格[3]、伊恩·布鲁马[4],以及最重要的已故的唐纳德·里奇[5],他们都接受了日本本来的模样。日本人不会抱怨,他们能从大人物不屑一顾的小事里获得快乐。他们是绝望的浪漫主义者,执着于梦想,即使那些梦想明显是空洞的。"现实"也许丑陋、廉价、庸俗,那又怎样?为什么要让它妨碍情感和快乐呢?谈论日本人时,我们会遇到"特殊"和"情境"这样的词,也许这些冷冰冰的、抽象的词最能描述一个集体性选择忽视矛盾的民族。

最近,我在优兔(YouTube)上看到一段视频,一位外国记者试图解释日本人奇怪的性习惯。他去过夜店采访,看到有人愿意花钱让自己被女性施虐狂捆绑和鞭打。他也去过夜总会采访客人,发现那些人都相貌出众,要交男朋友或女朋友并不困难,但他们宁愿花大把钞票与在那里工作的异性服务员饮酒聊天。根据那位记者本人的亲身体验,花7 000日元(约合70美元)就可以让自己被一位年轻女性拥抱一个小时。她会看着他的眼睛,嘘寒问暖,甚至让他把头放在自己大腿上,她为他清洁耳朵,但身体接触到此为止,不会有进一步行动。[6]

为了获得"拥抱"而付钱,这一点很难想象。对我们大部分人而言,只要涉及金钱,"拥抱"便会失去它全部的意义,就是暂时回到婴儿时期那种幸福的、无所不包的、不苛求的爱。我在日本住得够久,可以肯定大部分日本人对付钱"拥抱"这回事感到不可思议。但我也能理解，为什么在日本居然有人想到利用拥抱服务来赚钱。假如你习惯了每件事都因人而异，又或者你已经被驯化到即使面对最肆无忌惮的冲突，也要忍气吞声。然后，如果你需要些母爱（事实上，我们偶尔都会有此需要），你就会为"拥抱"花钱，而忽视一件事，就是如果拥抱是为了钱，就不算真的拥抱了。

这种事情到处都有，只是它们没有付费拥抱那样惊人而已。*也许正因为如此，在日本生活才如此令人愉快：大多数人非常认真地承担着自己的责任。在西方，我们喜欢说，如果一项工作值得做，它就值得做好。但在日本，就算是人人都知道不值得做的事，也应该做好。因此，在日本，只要涉及买卖交易，即使是最微不足道的交易（老实说，还有最肮脏的交易），你获得的礼遇和服务周到的程度也会远远超过其他任何地方。很多时候，这会令你产生错觉，以为整个世界都为你的快乐而设。哪怕最微小的付出，对方也会马上大声用"阁下辛苦了"报以感激之情。为别人送上一杯茶和一块儿糖，对方会报以答谢盛宴的感激。另一种情况是，你坐在一桌山珍海味前，而对方告诉你略备薄酒，不成敬意。当然，这一切都达到了礼仪层次。但即使这是礼仪且人人都懂，人们还是期待礼仪要表现得像自动自发，出于真

---

* 一位朋友告诉我美国也有"拥抱派对"（cuddle party）。没错，在网上可以搜索到大量相关信息。但它们似乎遵循了美国自助和群体治疗的传统，托克维尔很早就指出了美国的这种民族特性。但它们并非一对一，也并非一些人为了牟利而创办。日本人和美国人面对的是同一现象，即现代社会带来的原子主义，但反应却如此不同。它将是贯穿全书的一个重要主题：对于这些至少在发达国家很普遍的现象，日本人的反应独具特色。我们很难想象日本成年人会和一群陌生人一起参加拥抱派对，也很难想象美国人会花钱请别人拥抱他们。——作者注（如无特殊说明，本书脚注均为作者注。——编者注）

诚。既然每个人都按照预期的方式行事，而且在某种程度上都心照不宣，那些最空洞、最仪式化的场合，有时也会被莫名地赋予意义。

礼仪化的氛围也延伸至人际关系。你也许不喜欢对方，或觉得工作无聊透顶，因为客人是个苛刻的家伙，无论你怎样迎合他的需求，他都不愿意用钱财来表明自己得到的服务物有所值，但纵然讨厌，你还是要假装成知心好友、热情的同事或者热心的服务者。因为每个人都被期待要表现得好像很关心别人的福祉，要将自己的同事当作最好的合作者，或者要将满足顾客的需求当作最重要的事，最后，人们会将喜爱与尊敬之情，以及要把手头的工作完成得尽善尽美的信念内化。一个人最终会有一个广泛的圈子，他非常关心这个圈子里的人，也会感觉到很多人在关心他。人们很快就会发现，这种做法对社会有很大好处，因为每个人所做的承诺都很可靠，他会努力将它兑现而且会做得很好。

但是，对矛盾冲突完全视而不见——在一切都不正常的情况下，假装一切都正常——在政治层面有重要含义，这一点经常被人忽视。它使日本如此有吸引力，如此成功。但同时，如上面提到的，它也解释了日本现代史上的许多悲剧，因为它为剥削创造了近乎完美的条件。

这些条件不局限于一种心态的内化，这种心态将成熟等同于接受事物的本来面目，并规定一个人从所追求的目标中获得生命的意义，而这些目标在某种程度上是不值得追求的。在精英阶层，这种情境视角在日本根深蒂固，形成了一种双重思维，让掌权者可以对自己的所作所为和做这些事的动机自圆其说。

日本著名的政治哲学家丸山真男[7]指出，纳粹战犯在纽伦堡审判时的狂妄与日本战犯在东京战争罪审判时的行为形成鲜明对比。希姆莱这样的人承认自己是邪恶的，并欣然接受这一点。而同样接受审判的日本战犯则表现得像是受害者，不情愿地被拖入一场不是他们造成的灾难里，而且最重要的是，他们真的相信自己是无辜的，并非只是摆摆样子。

尽管最近几年北京不断抗议，但日本其实已经不再构成将自己和邻国卷入战火的严重威胁，但日本人仍普遍感到自己生活在一个缺乏主观能动性的世界里，事情发生的原因无法解释，一个人能做的就是尽自己最大的努力去适应它。日语为此创造了一个名词，即"受害者意识"。在实践层面，它可能会导致这样一种局面：日本将撕毁曾经提供了近乎全民经济保障的社会契约，提高税收和物价，摧毁家庭储蓄的购买力、赖掉养老金义务，以及告别过去日本公司要照顾其员工生活的承诺，取而代之的是一个薪酬微薄、没有前途、没有安全保障的临时工世界，以此解决公认困难重重的财政问题。至于执行这一计划的人，他们不会像华尔街的银行家那样，面对他们掠夺了其资产、解雇了其员工的公司幸灾乐祸。相反，他们会愁眉苦脸，深深鞠躬，相信自己正别无选择地与其他人共同承担牺牲，即使他们个人从结果中分得了好处。他们很可能会成功脱身，因为数百万普通日本人会耸耸肩，叹着气对自己说"这是没办法的"。至于另外一种方式，即建立强大的工会和政党为工薪阶层说话，构筑明确的社会保障体系，以及其他增加人民收入、刺激内需以振兴日本工业的政策，将不会被考虑。如果有人提出这种方式，也会被当作不成熟的民粹主义而遭拒绝。假如上述方法有被拿上桌面讨论的迹象，它就会被攻击为"非日本"，进而是整个体制将其否定。社会上如果有人威胁现有的权力关系，体制的作用就是要让这些人沉默下来，日语称之为"默杀"。

我会在本书讨论上文提及的一些体制。在最后两章，我会详细论述在最近几十年，日本曾经有希望通过一种不同和更好的方式来摆脱当前的困境，但这种希望在华盛顿的直接介入下被摧毁了。每个人都需要知道这个故事，尤其是美国人。因为它揭示了一个更广泛的挑战，是我们所有人都需要面对的，而不仅仅是日本人。

要了解这一挑战，我们首先需要了解原本旨在为所有人提供幸福和有保障的生活的体制（公司、银行、政府、军队、警察等），是如何被一些人腐蚀和垄断的。他们利用这些体制为自己谋利益，并通过幻想一种全面控制和总体意识来摆脱恐惧。要控制这些体制，需要头脑灵活，既要知道需要做什么，又要知道如何隐藏真正的动机——奥威尔将这种观念上的操纵称为"双重思考"。奥威尔对权力有如此敏锐的分析，是因为他理解并阐明了那些为了自己的私利而攫取、控制政治和经济体制的人在思想上与心理上的需求，正是这些需求构成了现代性。日本的权力精英浸淫在一种政治和文化传统中，在这种传统中，对矛盾的容忍不仅被接受，而且被认为是必不可少的——因此，日本提供了类似模板的东西，我们在其他许多地方一再看到。

为什么那些有政治意识、关心世界命运的人需要了解日本，这个模板也许是最重要的原因。日本现在仍然是世界第三大经济体。它仍然有能力引导人类历史走上新的意想不到的轨迹（那些意想不到的轨迹包括现代绘画、建筑、电影、俄国革命、美国经济重组，以及由美联储的计算机支持的美元金融霸权等）。自从佩里准将打破了日本的闭关锁国之后，它就不断引导世界进行新的尝试。目前在发达国家无处不在的那些挑战日本已经面对20年，处理了一些，亦搁置了一些，那些挑战包括：人口老龄化，金融体系崩溃，货币政策不再按教科书上说的那样运行，利润下降，产能过剩。

所有这些表明，每个人都需要对日本有所了解。一旦人们意识到世界上有多少地方开始像日本，这种需求就显得更为迫切。毫无疑问，日本是所有现代工业社会中最具独特性的。长期以来，人们一直预言日本的这种独特性会在西方文化压倒性的力量下消失。然而，这并没有发生。工业化和现代性的确彻底改变了这个国家，但并没有把它变成西方的某种仿制品或东方版。甚至连马克思那历久弥新的、有先见之明的观察，即资本主义的到来让一切坚固的东西都烟消云散了，让一切神圣的东西都被亵渎了，在日本也不是那么回事，这不是因为日本在某种程度上陷入了前工业化的某个发展阶段。它的经济和其他国家一样现代和复杂。

日本仍然是日本。但在世界其他地方，统治精英们至少在这一关键方面变得越来越像日本人：学会忍受不断出现的矛盾，同时按照一个连自己都不相信的动机去做事。近几十年对日本权力关系有最敏锐观察的分析家写道："政治目标不需要有意识就能实现。"[8] 一旦了解了这句话的重要性，在伦敦、柏林、布鲁塞尔、法兰克福、纽约、耶路撒冷、开罗、利雅得、德黑兰，尤其是华盛顿所发生的一切，最终会为我们提供最关键的线索，让我们知道人们需要了解日本什么，以及为什么需要了解。

第一部分

历史枷锁的锻造

图1 仁德天皇陵,修建于公元4世纪。(名古屋市荣町提供)

第一章

江户时期以前的日本

日本群岛在欧亚大陆外围绵延近2 000英里（1英里约合1.6千米），相对于大陆的位置不远不近，相当优越：不算太远，故可以吸收大陆上各项发展成果；不算太近，故可以避免在文化或军事上为其掣肘。有人会将二者的关系与罗马帝国时期哥特人和日耳曼人的关系，或稍后与英国和欧洲大陆的关系相比。无论如何，当一个社会与一个文明中心比邻而居，要如何应付其强大的吸引力，日本是一个完美的例子。在最近几个世纪，日本对欧亚大陆的冲击不亚于后者对它的影响。但在历史上的大部分时间里，日本位于边缘位置，游离于已知的世界。历史上仅有的一次外来侵略发生在13世纪，当时忽必烈远征日本，几乎将其征服。突如其来的"神风"摧毁了忽必烈的战舰，日本因此逃过一劫，躲过欧亚大陆各地所遭受的命运，不用屈膝于蒙古人的统治之下。

在日本古代历史上，中国是当时世界最先进的文明，在科技和政治上都领先于其他国家，日本在其文化圈外围成长。日本从欧亚大陆吸收借鉴的东西（规模相当可观），大多经由朝鲜这个比它更小的国家传入。这种模式塑造了日本吸收和内化大陆体制的方法。当然，我们几乎不可能条分缕析地探清这些体制的来源：哪些来自朝鲜，哪些来自中国，哪些又来自更遥远的地方（例如，大乘佛教经由中国和朝鲜来到日本，而大乘佛教的源头又可追溯到古希腊影响下的巴克特里亚，后者位于今天的阿富汗北部）。相关研究的另一个阻力是过去150年来留下的包袱，日本与朝鲜之间相互怨怼、轻蔑，甚至不加掩饰地仇恨，不但妨碍了双方建立近代史史实的共识，亦使得两国之间早期关系的研究难以推进。只要尝试在日本文化及制度中寻找朝鲜元素，马上会引起极大的争议。在韩国，肯定韩国经济的成功是由于日本殖民遗留下的影响，亦会导致强烈的争议。

至于日本的地理环境，则得天独厚，无可争议。多亏了四季温和的气候以及肥沃的火山泥土，日本人采用前现代农耕技术（虽然是密集型耕种）就可以养活3 000万人口，绵长的海岸线更是让他们轻而易举地就可以获取海洋食物资源。日本人找到了利用这些资源的方法，其他文化纵然费尽心思也无法赶上，无怪乎日本会成为海产食物最丰富的地方。海洋也提供了防线，可以阻止潜在的侵略者，同时为日本人创造了一条自由来往于岛屿间的通路。这个国家多山的地形固然限制了耕地的数量，但也提供了大片林区，源源不断地供应原木。日本宏伟的木结构庙宇、神社以及宫殿形成木质建筑特色，与其海产食物相互辉映，没有哪种文化能像日本这样利用木材建造出如此宏伟的建筑。群山提供了丰沛、新鲜而干净的水源，可用于灌溉和饮用，也可以提供能源。

这几个因素充分解释了日本独特的历史。日本的文字，大部分宗教、哲学与技术，以及很多制度（至少是其外在形式）都是从欧亚大陆（主要是中国）引进的。尽管与朝鲜、越南等国家一样，日本也是大量借鉴中国文化，但它从未进入中国的政治轨道。因此，日本从未视自己为朝贡国或中华帝国体系的一部分，而中国人也很少这么看（下面会谈及唯一的例外）。

日本人能敏锐地分辨出哪些借自国外，哪些又是土生土长的。这种"日本的"与"外来的"之间的差别也扩展至语言文字。公元6世纪，日本首次与大陆文明持续往来，因而不可避免地尝试将日语书写下来。由于没有其他参照，汉字便被引入用以书写，每个汉字至少有两种读音：一种是"训读"，即借用汉字的字义，读的是日语音；另一种是"音读"，其日语发音接近原来的汉字发音。*举例来说，汉字"人"的音读为 jin（汉语北方话发音）或 nin（汉语南方话发音），训读则为 hito（日语原来对"人"的称呼）。**在英语中也有类似的现象，较高级的文字源自诺曼法语，如 mansion（"豪宅"）和 chair（"椅子"），而意义相同但较简单的词汇则来自盎格鲁-撒克逊语，如 house（"房屋"）和 stool（"凳子"）。但对说英语的人而言，mansion 和 chair 在几个世纪以前就已经失去其与法语的联系，但所有日本学生都清楚地知道，jin 来自汉语，而 hito 是日语中原有的。

其他所有的借用也存在相同情况。从建筑到音乐、宗教、绘画、

---

* 日语"音读"的发音无法准确对应原本的汉字读音，因为汉字的发音系统更为复杂，而日语发音上受到南岛语系的影响。

** 由于引入的汉字数量有限，有时一个汉字会有两个以上的日语读音，最极端的例子为"生"字，它总共有九个读音：shō, sei, ha (eru), i (kasu), na (ru), u (mu), nama, -fu, ki-。一般而言，一个汉字有四五个读音。

统治制度和冶金术等所有大陆模式都被引入日本并被移植到本土模式中。有时，移植的结果是，原来的大陆模式得到了极大的完善。中国人即使不愿意承认"蛮夷"能比他们做得更好，也不得不承认日本人改进了造纸术和染色工艺。在现代炼钢方法出现以前，铸造武士刀的钢是世界上最好的。

因此，从最早有记录与大陆文明接触时开始，日本便始终了解它与中国的差异——它有其独立的历史与传统。前现代的日本农民或许除了自己的乡村关系外，没有太多的政治意识。日本的统治精英阶层则会把其最重要的政治认同置于民族层面（例如，日本人）而非地区层面，他们也知道其他民族的存在——除了中国，还有朝鲜、印度和蒙古。因此，当19世纪中期西方列强迫使日本打开国门时，日本精英阶层在使自己适应威斯特伐利亚体系（Westphalian System）的主权领土观念方面没有困难。这种观念是"地球表面的土地应该划分为离散的领土单位，每一块领土都有其政府在区域内行使实质权力"，而且主要的领土单位是民族，即"视自身为一个文化历史单位的人群"[1]。

天皇制度

日本的天皇制度是世界上最古老的世袭君主制，在今天的政治体制中，大概只有教皇制度比它更早。但矛盾的是，日本天皇很少直接行使权力。或许，这也是这种制度能够长时间维系下去的关键。日本起源的神话赋予皇室神圣的谱系，天皇制度最早可追溯至公元前660年，但真正的天皇最早出现于公元3世纪或4世纪。公元6世纪早期以前没有文字记录，但皇室似乎有其根源，它是形成当时日本政体的氏族中的最重要成员。

6世纪后期，佛教传到日本并带来了火葬风俗。在此之前，去世的天皇葬在状如钥匙孔的大坟墓中，四周围以壕沟（这一章前的插图便是一例）。管理这些坟墓的宫内厅很少允许考古学家对其发掘，并主张应该保护它们的仪式性和神圣性，使其免受亵渎。但也有人担忧，开掘皇陵后揭露的真相也许会威胁皇室的万世一系。

天皇似乎源于某种萨满信仰，而天皇制度很早便由其宗教角色界定。天皇实际上是神道教的大祭司。"神道"一词的字面意思是"诸神之道"，这个词出现在佛教从朝鲜传入之后，用以区别本土信仰与"佛教之道"的不同。

起初佛教与神道教没有太大的矛盾，但到了19世纪末，明治政府刻意倡导军事化的国家神道教，理论上要清除所有的"外来"因素。在那之前，神道教实践与佛教实践还是和平共存的。小型神道教神社聚集在大的佛教寺庙边缘，很像人们在中世纪欧洲教堂里看到的供奉圣徒的小教堂。事实上，神道教里的诸神常被视为佛教罗汉或菩萨的化身。出生时接受神道教的洗礼，去世时举行佛教葬礼，中间举办基督教式的婚礼——即便对于今天的日本人来说，这些也是稀松平常的事。一个世代以前，日本人也许没有举办过基督教婚礼，但他们对于神道教仪式与佛教仪式在目的上的冲突更是毫无察觉。

天皇制度体现了这种宗教折中主义。大的佛寺是在天皇的直接保护下运作，其住持通常有皇室血统，而天皇本人是神道教的最高领袖，主持神道教的最重要仪式，即在伊势神宫举行的祭祀天照大神的仪式，天照大神被奉为皇室的直接先祖。

16世纪，一位欧洲访客尝试为日本的政治架构找出理据，他说日本同时有一位教皇和一位皇帝。他称天皇为日本的教皇，而错把幕府将军当作皇帝。稍后我们会更详细地谈到幕府。该访客的描述的确更接近真实的日本统治体制，英语则不幸地将日本名义上的最高统治者称为"His Majesty the Emperor"，以此对译日语的"天皇陛下"。日本人称君主为"天皇陛下"，意在暗示他不仅仅是一国之君。欧洲的"emperor"一词有点张冠李戴，它源于"Imperator"，后者是对罗马最高司令官的称谓。"天皇陛下"指的则是一个民族的宗教领袖，他是日本民族的宗教根源，也是其政治合法性的基础。"征夷大将军"的含义更接近"Imperator"的原义。

但如今世界各地都普遍使用"emperor"称呼日本君主，这一点似乎已经不可能改变。不过，我们最好还是记住，在日本的大部分历史中，天皇的实际角色是担当国家的精神领袖而非积极参与统治。因此，当权力转移时，日本新的统治者不需要像中国、朝鲜以及越南名义上的统治者那样，推翻天皇，建立新的朝代。相反，皇室成为统治权的象征，是政治合法性的关键。

藤原家族和平安京的建立

从公元8世纪末到12世纪末，真正的权力集中在藤原家族手中，这个贵族家庭通过后来为人熟知的所谓"婚姻政治"控制皇室。藤原氏的通常做法是确保一位女儿嫁给皇室继承人。这些婚姻缔结时，新郎和新娘通常都还是孩子。藤原氏明白，如果有人能夺走皇室继承的控制权，就会对他们的权力构成潜在威胁。因此，他们一般会安排由男孩继任皇位，他可以主持各种宗教仪式，但无法参与政治操作，而且成年后不久便要退位。在此期间，通常由藤原摄政掌握实权。

藤原氏是经过6世纪末开始的数十年氏族权力斗争后脱颖而出的。与此同时，大陆文明第一次涌入日本，并在645年著名的大化革新中达到高潮。这场革新是由藤原氏的祖先发起的，当时他们为了控制国家机器而清除了另一氏族。（685年，他们正式将氏族名称改为藤原。）大化革新相当于把中国复杂的官僚政治制度全盘输入，氏族领袖试图以皇室为核心，模仿他们所知道的最先进政体建立日本的制度架构，借此巩固他们在这个新生的日本国的权力。

公元710年，日本将奈良定为第一个固定首都。在此之前，每一位天皇去世后都会指认新的首都。奈良是一个政治城市，与圣彼得堡或华盛顿类似，完全根据命令建造，用以彰显日本国家的政治现实。*以当时中国唐朝首都长安（今西安）为蓝本，奈良模仿这个当时世界上最大的城市，使用类似的长方形网格布局，皇宫在其顶端。奈良成为日本首个真正的城市，在其完工之后数十年间，人口增加至20万人。一大批沿袭唐朝风格建造的寺庙反映出大陆的艺术和学问。奈良最宏伟的建筑是东大寺（其字面意思是"东方的伟大寺庙"）。它建于公元728年，是世界上最大的木造建筑，内置世界上最大的铜像。修建东大寺需要向各地广泛征集物资，因而促进了奈良内外权力的巩固。

---

* 第一个由经济或贸易而非政治因素促成的日本城市是大阪。

东大寺在功能上相当于日本佛教的"梵蒂冈",位于全国佛教组织系统的顶端。

8世纪是日本佛教的黄金时代。*然而,佛教僧侣权势滔天,不仅干扰了皇位继承,而且因为接连不断地建造寺庙而对国家的财政产生严重威胁。一名拉斯普京式佛教僧侣对孝谦天皇的影响力极大,以至于天皇曾试图传位于他,当藤原家族的一名高层官员试图阻止时,孝谦天皇下令处死了那名官员。

日本的统治阶级贵族被她吓得不轻,因此立下规定,不再允许女性登上皇位。(在之后的几个世纪中,有少数女皇当权,但她们只能担任摄政角色,直到被任命的皇太子成年。)他们也剥夺了僧侣很大一部分政治权力。同时,为了确保奈良的大型寺庙永远没有机会掌控国家机器,首都从奈良迁出。

经过数次不成功的尝试,统治氏族于794年定都平安京("和平与安定之都"),那是一片水源充足、三面环山的河谷,后来改称京都("首都城市")。同样模仿唐朝首都长安的网格状大道以及皇宫选址,京都遵循中国风水地理学的各种指定规格:一条河流穿过市内,流向东北部(被认为是不祥的方向)的比叡山。比叡山是京都最高山脉,将该市三面环绕。在那里建造的庞大寺院群,即延历寺,取代了东大寺的角色而站在日本佛教的顶峰。这些寺院能发挥宗教功能,保护京都不受恶势力的影响,但因为距离足够遥远,住持们无法直接介入政治。

---

* 即便今天的游客去奈良观光,仍可从遗迹中感受到当时的盛景。原来的东大寺已不复存在——现在看到的建于18世纪,大概比原建筑小了30%,但仍然是世界上最大的木造建筑。里面有一座巨大的佛像,是相当晚近铸造的,艺术成就较低。奈良及其四周的很多其他寺庙则保留了昔日的样貌。

虽然有这些防范措施，比叡山的武僧还是时不时冲进京都，介入各种派系斗争，直到大名织田信长于1571年一把火将延历寺夷为平地，佛教僧侣的政治权力才被永久消除，再无复辟机会。

但这是很多世纪以后的事了。当时，藤原氏在京都建立起一个文明中心，使其在美学和艺术上都堪称当时世界最丰富多彩的。统治贵族会消化和改善之前数世纪学到的一切。由于没有严峻的外部压力，他们有足够的闲暇时间致力于艺术。唯有遥远的凡尔赛或莫卧儿朝廷才可与之比拟，具有同等精致的品位及深远的影响。[2]

平安时代的遗产

在被称为"平安时代"的几百年中，日本发展出了真正独特的文明。在平安时代之前的数个世纪，日本当然已有民族意识。但奈良纵使极尽辉煌，在文化上仍明显是唐朝的一个支流，而且直到奈良时代之前数十年，"日本"只比一群部落或氏族稍好一点。尽管如此，平安年间，日本的政治、艺术和社会轨迹远远摆脱了大陆模式，在融合、吸收了中国的文化和制度后，日本恢复了其独立而特殊的文化。消化并重塑外国制度以使其完全日本化，这种模式在日本历史上一再重复，直到今天仍是如此。

在平安时代，日本的经济和政治基础也许在建成后的数个世纪中已经遭到侵蚀，但其根基深入而厚实，因此可以生存下来。宫廷的礼仪和平安贵族的等级制度继续作为政治合法性的最终根据，一直到20世纪为止。接受1949年宪法后，贵族制度最终被废除，但加冕、婚礼、丧葬等皇室仪式保留至今，人们执行平安时代所定的规矩，穿上当时的宫廷服装，配上平安时代的音乐（与科普特教会的音乐并称世界上延续至今的、最古老的音乐表演形式）。

这种精致高雅的品位在日本人现在的生活中依然处处可见，它源于平安时代宫廷的精致美学。每当游客在日本酒店的房间里发现一小枝精心摆放的花朵，从日本百货公司收到一盒包装精美的礼物，字迹优美的产品说明里传达着季节性的问候，或者打开一辆线条简明、表面光洁的日本汽车的车门，她都能从1 000年前那一小群痴迷于美和形式的平安贵族身上捕捉到微弱回声。

这当然就是平安时代举足轻重的最终原因：它珍贵的艺术遗产。平安时代的大部分建筑已不复存在。令人叹为观止的平等院，即刻在10元硬币背后的寺庙，是这一时期唯一完整保存下来的建筑。平安时代，藤原家族几代摄政，修建平等院以休闲享乐。除此之外，还有一些雕像和卷轴能够展示平安宫廷的视觉盛况。

但文学是另一回事。它近乎完整地流传下来，包括一大批诗歌和大量小说，以及由当时宫女撰写的两部伟大的世界文学名著——《枕草子》和《源氏物语》。的确，平安文学作为一个写作派别在世界历史上占有独特地位，原因就在于那时的重要作品都由女性创作。

由女性书写的文学

平安时代的所有重要文学作品皆由女性（或使用女性笔名的男性）创作，其原因可以追溯至大陆输入文化和日本本土文化的对立问题，这也许是日本历史和文化中最古老、最重要的核心议题。在平安京建立约300年前，日本首次接触大陆文明，奋力用中国的书写系统创造日本的文字，这简直是世界上最艰难的行动。

公元5世纪，汉语已经是分析语，其意义由词汇在句中的位置决定。（英语在很大程度上也是分析语，尽管保留了一定的屈折变化，例如，动词的第三人称单数形式要加s。）用复杂而美丽的表意符号或汉字来书写汉语是有道理的，每个汉字只代表一个词。

日语则有许多屈折变化或"文法"：动词词尾会根据说话者、说话对象以及说话时间而变化，"助词"大概类似于拉丁语名词的格尾，连形容词也有词形变化。表意文字不善于处理词形变化，这是早期地中海表意文字转化为腓尼基字母，再转化为希腊字母和罗马字母的原因。类似的情形也发生在印度婆罗米文和梵文的发展过程中。

用汉字来表现日语的词形变化是极为笨重的。或许，参照了佛教的巴利语经典用梵文字母书写的先例，日语最终发展出两种（而非一种）字母。从技术层面看，日语的"假名"——无论平假名还是片假名——是音节文字而非字母文字，因为每个假名代表一个音节而不是一个声音。根据传说，假名由弘法大师空海（774—835）发明，他曾担任东大寺住持。*

假名由汉字衍生出来，但并没有取代它们。在现代日语的书写中，平假名用来表达词形变化，而大多数词根则用汉字书写。与此同时，

---

* 据说，弘法大师类似基督教的圣帕特里克（St. Patrick），曾周游日本，在其身后留下了大量新的寺庙。据称，他在大阪南边的高野山建了一座大庙，有人相信他的灵魂至今仍住在那里。

从英语、法语等西方语言输入的词汇则用片假名书写。因此，现代日语的书写体系是由表意文字和两种音节文字组成的独特混合体。

平安时代已经开始使用假名，但当时还没有与汉字混杂。日语的书写，或者使用极为笨拙的改良的"汉文"（字面意思是"汉语句子"），或者完全使用假名。前者用于正式文件和其他"重要的"书写，后者则用于非正式的功能，包括富有想象力的沟通和亲密的交流。因此，从某种意义上说，汉文成为"男性的书写"，而假名则成为"女性的书写"。由于汉文书写基本上意味着是用一种实际上不会说的语言，因此大部分汉文文学就如同中世纪用僵化拉丁文书写的作品一样，较少流传下来。假名则是人们实际说话和思考的书写媒介，因此假名文学至今仍然对我们"说话"。假名文学的两个最伟大范例其作者分别是清少纳言和紫式部。

《枕草子》和《源氏物语》

就像所有伟大的文学作品那样，这两部巨著试图超越时间和空间，道出人类生存状态的一定普遍性。《枕草子》很多时候表现出惊人的现代性，描绘一些人性的弱点，而《源氏物语》则关注主要人物的内心生活与成长，后者可以说是世界上第一部真正的小说。

两部著作描绘了一个以美学和"教养"为基本价值标准的社会，而且两种价值交织在一起。有"品位"的人几乎一定出身高贵，没有品位的人则几乎一定身世卑微。不懂得为自己的长袍搭配颜色、书法丑陋、诗歌缺乏想象力、选择不合时宜的纸张等都是缺乏品位的表现，这些会被视为道德上的缺陷，也表示此人教养不足。

同时，滥交是可以接受的，而且可以被期待。性忠诚（更不用说贞操了）十分罕有且被视为怪异。（至少到中世纪时，男女才有"出世"和"出家"的想法。）底层人民完全倚赖上层人物的仁慈（也就是说，除了为上层阶级服务，他们没有别的办法"赚钱谋生"），尤其是女性。他们基本上没有钱，而那些遭权贵厌弃的人不仅会备感孤独，也会陷入贫困。《枕草子》是一部随笔集，精彩而绚烂。在《源氏物语》中，紫式部则成功地进入角色的内心世界，描绘了当时的社会标准对他们的影响。伊万·莫里斯的《光华公子的世界》(The World of the Shining Prince)一书详细介绍了《源氏物语》，也整体介绍了平安宫廷的生活。莫里斯在这本书中指出，紫式部将嫉妒描绘成"人类最大的折磨"（引用莫里斯的原话），而这种嫉妒是她所处社会的必然结果。

正是这一点使得《源氏物语》能触碰到当代读者的心灵，尽管从表面上看，紫式部笔下的世界与我们现在所处的时代截然不同。埃德蒙·怀特曾探讨平安文学作品如何使艾滋病出现早期的曼哈顿和好莱坞同性恋圈子的男性产生共鸣。这个狭小的男同圈子也依靠攀附关系，滥交屡见不鲜，品位主宰着一切（相貌取代教养成为重中之重）。当然，紫式部对于依赖产生的心理和情感效果描写得深入而切实，尤其能让许多女性找到共鸣。紫式部笔下许多角色的嫉妒之情不仅源于她们对爱情消失或自身吸引力下降的恐惧，也是因为她们意识到（无论是否明确表达出来），失去上层阶级的眷爱意味着地位的下降。宗教主题在整部小说中弥漫，虽然只是隐喻而非明示。因果报应是不可避免的。紫式部与她同时代的人都相信，他们那个世界最好的日子已经过去。（关于这一点，他们是正确的。平安贵族所依赖的政治和社会基础在当时就已经遭到削弱。紫式部去世后不到一个世纪，这些贵族便丧失了权力。）他们将衰落归因于"末法时代"，即他们生活在一个佛教正法衰弱的时代。

平安秩序的崩溃和封建时代的到来

　　平安时代的衰落与所有政权组织崩溃的原因类似。税基萎缩严重，以至于统治者无法执行政府的基本功能：维持秩序和经济活动的基本框架。同时，他们不能处理核心的政治问题，即培育一个稳固的军事体制，既能提供安全保障，又在掌控之中。

　　聚居在京都的贵族倚赖分布在全国的"庄园"为生，并向其征收大部分稻米。大米是日本经济的基础（这种情况一直持续到19世纪中叶），用来交换其他必需品。越来越多的"庄园"被朝廷赋予了名义上的免税资格。

　　结果，中央政府无法再征收足够的财政收入以维持正常运转。它甚至失去了铸造货币的能力，也就是无法将其征收的财政收入转化为交易媒介。物物交换取代了货币制度。藤原氏发觉自己的财富与体制无法支付各家武士的薪俸，而后者一直以来是确保他们权力的基础。秩序的崩溃表现在两个方面：小规模的如强盗占领城镇间要道，劫匪横行首都街区；大规模的则有武士逐渐不听号令，自作主张。藤原家族渐渐失去他们在皇位继承上的发言权。天皇先是与武士结盟，然后开始介入政治。换句话说，武家攫取了藤原氏掌控朝廷的传统特权，开始争取自身的利益。

平安时代末期出现"法皇"制度，即天皇表面上退位，试图以出家的方式操控政治。在某些情况下，这是可以实现的（最著名的例子是白河天皇，他于1087年退位，但在之后继任的三任天皇统治时期，他冷藏藤原摄政者，自行指挥政事）。

到平安时代末期，武士已经形成一个明显的阶层，也就是后来所谓的"侍"。他们把国家引向更大规模的内战，表面上是为了皇位继承这些事，但实际上是为了权力和统治。源平合战是平氏和源氏两大武士家族集团之间史诗般的斗争，是日本版的英国"玫瑰战争"，引领出一个新的政治和军事秩序，同时为无数的戏剧、卷轴、史诗及其他艺术体裁提供了创作素材。

《平家物语》是记录这场战争的代表作品，与《源氏物语》一起被视为日本文学的基石。《源氏物语》可能像一部11世纪的《追忆似水年华》，而《平家物语》更像《伊利亚特》或《罗兰之歌》，是一部以战争中的英勇事迹为题的浩大史诗，充斥着英勇、友谊、背叛和悲剧。的确，从纯粹戏剧性的力量与感染力来看，《平家物语》倒数第二章讲述的1185年3月的坛浦之战是无法超越的，它是全书的高潮，年幼的天皇与其外祖母带着皇家神器天丛云剑一同坠海身亡。战争发生在本州岛与九州岛之间的关门海峡。开始时，平家占上风，但后来一名将军反叛，向源家透露6岁的安德天皇与其外祖母所在的船只。这位外祖母是平清盛的寡妻，平清盛一手建立平家的权势，也是第一个有力统治日本的武士。他的荣辱沉浮其实是《平家物语》一书的主线，随着战争的结束，他为其家族付出的一切也灰飞烟灭。

重要的是，史诗以战败者为名。日本文化中一个最老旧的套路就是，高贵的失败者明知没有任何胜算，但仍努力奋战，只靠忠诚和以其生命奉献理想的单纯热情支撑。³ 对此，西方观众可以在电影《最后的武士》（The Last Samurai）中略有体会。故事大概源于19世纪末的一个著名事件，从中可以看到这个旧封建秩序的某种最后光辉。美国人虽然歌颂胜利者，但也并非完全没有这种感情，李将军（Robert E. Lee）的生涯就非常接近日本"高贵的失败者"的设定。但正如莫里斯指出的，若想完全符合日本不朽英雄的典范，李将军最好能在阿波马托克斯殉职，而不是光荣地活到老死为止。

因此，"高贵的失败者"的原型可能不限于日本，但它在日本人的想象中有特殊地位——有时会引向更黑暗的结局。在"二战"后期，为了阻止无法避免的结局，众多神风特攻队的飞行员为不会有结果的目标赴死。《平家物语》并非结束于平家在坛浦的毁灭，而是进一步描述了赢得胜利的将军源义经，他是源氏一族领袖源赖朝的弟弟，但结局十分悲惨。义经在无数的戏剧、小说及绘画中出现，被描绘成一个瘦削，甚至有些柔弱的男孩，他在一场剑术比赛中打倒武士弁庆，并赢得了后者的拥戴和忠诚。弁庆也成为另一个经久不衰的日本文化原型，即强壮而顽强的武士的典范，木讷寡言，但尽心尽力，忠心耿耿。而义经则注定是"美少年"的典范，因纯洁和正直而早逝。（值得注意的是，在歌舞伎的表演中，义经常常由"女形"，即演旦角的男性，或者至少是擅长饰演女性的男演员扮演。）⁴ 两人的关系成为日本文化中最伟大的浪漫故事之一。在坛浦之战中取得辉煌胜利后，义经的族长哥哥源赖朝对他表示不满和嫉妒，要清除任何对其权力形成威胁的人。义经在日本到处为赖朝党羽追捕，最后实际上被所有他曾经的盟友抛弃，当然除了弁庆。（在一个令人心碎的场景里，弁庆被迫鞭打义经以保护他假扮挑夫的身份，令赖朝的治安官相信这个挑夫不可能是义经。）两人最后在北方一个遥远的城堡中暴露身份并遭围困，弁庆孤身抵抗大批军兵，将其挡在门外，而义经则与妻子和女儿在馆内自尽。没有士兵敢接近弁庆，他就好像电影《魔戒》里的博罗米尔，最后身中数箭，踉跄而死。源赖朝则代表另一类人物，即冷酷而工于心计的政治家，为了掌握权力，可以做任何事，不惜出卖任何人。他成为日本首个幕府将军。

在这里，很难将神话与历史分开。上述人物肯定都是存在的，但很多归于义经和弁庆的传奇故事明显是想象出来的。义经或许是个能干的指挥官，但肯定不是剑术超群又有着天使般相貌的年轻人（在一些歌舞伎的表演中，义经第一次见到弁庆时，在空中挥舞羽扇便将其打败）。不过，源赖朝与传说中的形象相去不远——由于屠杀了许多潜在的敌人，他的香火到其儿子便断绝。不过，他确实了解如何夺取权力并掌控它。在日本历史上，这是首次于奈良所在的大和平原（日本文明的传统中心）以外的地方行使统治权。源赖朝将东部遥远而荒凉的镰仓市作为幕府根据地。镰仓三面高山环绕，只有一个窄口通向大海，似乎易守难攻，而且处于控制日本最大的平原关东平原的绝佳位置。源赖朝开启了日本的政治经济中心从西部大和平原向东部关东平原转移的过程，而东京便位于关东。同时，他开创了统治日本将近700年的制度——幕府。

幕府将军

"征夷大将军"头衔中的"夷"指的是鄂霍次克海周边居住的原住民部落,他们被称为虾夷人,或是后来的阿伊努人。在日本民族形成的早期,日本人与虾夷人一起居住在岛上,但前者逐步向北推进,最终将虾夷人完全排挤出本州岛,并与阿伊努人(关于谁是虾夷人,谁是阿伊努人,人类学家至今仍争论不休)通婚。少数阿伊努人继续生活在今天北海道北部,直到19世纪末仍未完全融入日本。但在北海道以外,虾夷人或阿伊努人的痕迹已经很少,只留下一些地名〔地名中有"p"或"b"的促音,如Sapporo(札幌)或Beppu(别府),大概有其阿伊努或虾夷渊源〕,以及一些外表特征(这些特征主要见于日本北部的一些居民身上,显然是过去通婚的结果)。

但在奈良时代以及平安时代早期,虾夷人仍是一个重大的军事挑战,由朝廷派出去征讨他们的将军被称为"征夷大将军"。源赖朝在实际掌控全国后,也以此头衔自称。他没有取代天皇,而是在镰仓建立了一个相当于第二朝廷的政府,这个朝廷的合法地位理论上仍源于天皇的委任。奈良的建立者修建了大批庙宇,造东大寺大佛以巩固其权力,镰仓的幕府也建了自己的寺庙和大佛,而且与其先行者一样,加强了对全国的财政控制。*

天皇朝廷和将军幕府的关系也延伸至实质权力与名义权力的问题。

---

* 源赖朝所建佛像是著名的室外大佛,在旅游明信片上都可以看到,至于他所建的寺庙,则被1498年的海啸冲毁。

正如奈良时代和平安时代的天皇只是名义上的统治者，源赖朝在1199年去世后，其实质权力并没有传给儿子，而是由其妻子北条政子及其家族继承，北条氏建立起世袭的摄政地位。实际上，北条政子被称为日本历史上最有权势的女性，直到1225年去世，她始终是日本的实际统治者，因此被称为"尼将军"（丈夫死后，她在形式上削发为尼）。由于源赖朝实施的一连串谋杀、刑杀和出卖，在他和两个儿子去世后，源氏一脉消失，镰仓幕府其后的继承人都是由北条氏在藤原氏和皇室成员中挑选出的傀儡。

蒙古人入侵、镰仓幕府失势和足利幕府

1274年，幕府面临日本有史以来最大的外来挑战。蒙古族伟大战士成吉思汗的孙子忽必烈成为中国元朝的第一位皇帝，并对日本发动侵略。在此之前，忽必烈已将朝鲜占为属国，并扫除了南宋在中国的最后抵抗。第一次侵略日本失败，部分是因为台风掀翻了大部分战船（今天很多学者相信若不是造船太过急躁，它们本可以抗御风暴——不少船只是河船，并不适合海上的情况）。但忽必烈没有轻易放弃。1276年，他攻下了南宋首都，消灭了汉族人对蒙古人统治的最后抵抗。1281年，他将注意力再次转向日本。这次他派了两支舰队：一支同上次一样从朝鲜出发；另一支则从中国本土驶出。它们计划在九州岛北岸附近的壹岐岛会师后进攻日本的主要岛屿。

与此同时，幕府也一直准备应对蒙古人的第二次侵略，在博多湾（现在的福冈市）附近筑起一道高高的城墙，全国武士也已动员。他

们利用小船对侵略者进行连续攻击,台风再一次帮助他们掀翻了大部分敌船,成千上万已登陆的忽必烈军兵被困住。由于切断了补给及增援,忽必烈的军兵大部分在其后的战争中被歼灭,元朝军队伤亡达10万人。

蒙古人侵略的失败有很大的反响。从更宽广的世界角度看,日本人打破了蒙古人无敌的神话。对日本而言,它也同样意义重大:日本人作为日本人的观念得到强化;两次毁灭侵略舰队的台风被称为"神风",这一称号在"二战"末期被用于自杀式轰炸机。大部分日本人真的相信神祇会介入保护他们的国家。除此之外,神道教的神社认为这是对它们无数次供奉、祈福的回报。

为幕府出力的武士要求赐赠土地作为他们立下战功的回报,但幕府为战事已穷尽所有,再没有土地赐给他们。不满加剧,派系对立滋长,这些问题再一次将皇位继承问题牵涉其中。这是日本历史上唯一的两个敌对朝廷并立的时代,开始时两派轮流继承皇位,后来由于安排不合意,造成互相争夺正统,最后导致公开战争。那个时代最具雄心及才干的天皇是后醍醐天皇,他被认为是南朝的开创者,因为他与其继承者离开京都,搬迁至南方若干英里以外的吉野山区。这一切都与镰仓政权的衰落有关。后醍醐对北条家族的权力感到不满,于是在1333年派其同盟新田义贞攻打镰仓。镰仓号称坚不可摧之城,但为新田攻破。北条家族的族长与大约850个家内武士实行大规模自杀。日本历史上首个幕府统治就此结束。

不过,新田没有活到其后继者掌权之时,这逐渐成了事情发展的一种规律。他被另一个野心勃勃的武士足利尊氏打败。足利继续反对后醍醐天皇，支持其对手北朝谱系，并建立起三个鼎立幕府中的第二个，即足利幕府或室町幕府（因为足利设幕府于京都的室町地区）。1392年，后醍醐天皇的后继者宣布放弃对皇位的争夺，日本才再度由京都单独统治（如果真的可以称为单独统治的话）。因为在这些武士你争我夺的过程中，在无数背叛、围攻、战争、朝廷上的明争暗斗，以及为了皇位和将军继承的无休止斗争背后，日本正逐渐变成一个封建国家，真正的权力越来越掌握在地方武士家族手中，而不是集中于中央朝廷。

日本的"封建制度"

在这里，"封建"的含义远远超过其字面意思。20世纪，正确解释那个时代的努力已化为日本及国际史学的思想战场。民族主义史学家认为，后醍醐天皇"恢复"天皇真正权力的尝试是一个先例，他们希望现代日本也可以效仿。* 与此同时，很多日本知识分子僵化地套用马克思主义理论，表示必须先有封建时代，然后才能过渡到资本主义。两个敌对的学派就20世纪初日本是否已经完成彻底的资本主义转型发生争论，其中一派认为封建残余仍然十分强大，足以阻止潜在的社会革命，但它们都同意的确存在过一个封建时代。[5]

以哈佛大学教授赖世和（肯尼迪总统和约翰逊总统在任时美国的

---

* 的确，1911年，天皇一则敕令宣布南朝才是合乎法统的政府，而北朝的天皇当时被定性为伪政府。问题是昭和天皇（西方称为"裕仁天皇"）的血统可追溯至北朝。因此，当其后有人自称南朝的直属后代并宣称他比昭和更有资格出任天皇一职时，局面十分尴尬。

驻日本大使)为首的反马克思主义西方学者同意上述看法，但提供了一个新颖视角。受"冷战"影响的知识分子强烈谴责马克思主义，他们辩称日本是欧洲以外唯一具有真正封建制度的地方。他们认为，封建制度不是人类发展的普遍阶段，日本的封建制度也远非一场最终的社会主义革命的预兆，而是它成为非西方国家中唯一一个发达工业强国的原因。这种分析隐含的意思是，日本历史的发展前景不是马克思主义的乌托邦，而是美国路线的自由资本主义。

日本的马克思主义者和反对他们的美国知识分子都有道理，在平安体制崩溃后的数百年中，日本发展出一个政治架构，其某些主要方面的确很像欧洲的封建主义。在两个体系中，大部分权力掌握在封地的武装领主手中，而众领主又在各自的领地内分封土地给其臣属，臣属则承诺为领主服务。土地通常由农民或农奴耕种，他们在法律上受缚于土地，理论上不能离开（虽然实际上很多人在流动）。领主本身向实权不同的皇室宣誓效忠，尽管这种效忠没有基础且流动不居——至少在1603年德川幕府建立之前是这样的。一个正统合法的精神权力与世俗权力平行存在，而这个精神权力有时也会执行某种程度的世俗权力。

在欧洲，领主通常有公爵头衔，他们效忠的对象可以是哈布斯堡王朝、卡佩王朝、金雀花王朝或其他王朝，可以变动，但精神权力始终在教会身上。在日本，领主被称为"大名"，他们的封地或领地被称为"藩"，他们宣誓效忠的"君主"名义上是幕府将军，但精神或正统权力则由天皇掌握。

日本封建制度正式始于镰仓幕府，幕府派遣名为"守护"的武士去协助或取代传统上由朝廷委任的各封地长官。与旧有的封地长官不同，"守护"或后来的"守护大名"长期留守当地，并在旧封地建立起相当于小王国的"藩"。尽管这些"藩"到19世纪末已全部废除，疆界重划，名称也改为"县"，但原来"藩"的意识在日本仍然很强。（例如，人们不说"高知方言"，而说"土佐方言"，"土佐"是藩的名称，被现代的高知县取代。）大部分日本地区的首府，例如仙台、广岛、鹿儿岛、福冈等，开始时是各大名的藩邸所在。

在室町幕府时期，足利将军的名义权力不断收缩，最后几乎没有超出京都及其周边范围。尤其在1467—1477年的应仁战争之后，这场表面上起源于将军继承问题的纷争，最后几乎把整个京都毁灭，全国也陷入几乎无休止的内战泥潭。交战方是各个野心勃勃的大名，他们欲扩张自己的藩地或征服其他大名。

虽然在镰仓幕府和室町幕府这个所谓的日本"中古时期"，战乱冲突极端恐怖，但文化异常缤纷灿烂。我们想到的大部分日本"高级文化"——镰仓时期令人惊喜的现实主义雕塑，能剧，周文和雪舟等画派的伟大水墨画，日式庭院的原型，茶道，日本建筑最重要的一些成就——几乎都可以追溯到这个时代。不同于之前的平安时代及后继的江户时代，这些成就基本上都是响应外来刺激，首先来自中国，其后来自西方。

封建制度下的文化与宗教

传统上，史学家把平安时代的"公家"（贵族官员）文化，与从朝廷手中夺取政权、建立镰仓幕府的"武士"文化或"侍"文化做清晰分界。但与所有应然的历史过渡期一样，当时的人不一定清楚过渡期这回事。在平安时代结束以前，各封地已经出现独立的权力中心，而我们也谈过，当权力转移至幕府和大名手中时，皇位继承和新权力中心在传统的合法性架构中的地位等议题仍事关重大。

文化方面也是如此。京都的文化优势仍然存续。事实上，直到1603年德川幕府建立以及现在称为东京的江户兴起后，京都才真正受到挑战。尽管如此，文化仍是持续变动的。武士尊崇最严格、最残酷的军事伦理，忠诚和荣誉是价值的最高标准，勇气是无上的美德。然而，武士群体并不认为这种军事伦理与平安美学之间存在矛盾。历史上再没有其他战士比武士更沉醉于服饰和书法艺术了。

但正如美学在武士身上留下影响，尚武的价值也开始渗透进日本美学。奢华、灿烂、炫耀且本质上女性化（谁敢挑明呢？）的平安艺术渐渐转化为男性化（或者至少是尚武化）的克制、节俭，并关注利用艺术深入事物（墨、纸、土、石、水、木与单只长笛的单调声音）的本质。岩石庭院以不对称的方式摆设少量巨石和细砂；能剧演员戴上面具，动作手势均依一定规范，"背景"只有一棵松树；茶道在一间简朴小屋里进行，茶水用破旧的陶碗盛着；几滴墨水洒在白色的宣纸上，用以表达季节的流逝：这些都代表了室町时代的美学。

也许这种美学转化最重要的催化剂是中国的输入品：禅宗。足利幕府与中国新王朝明朝（1368—1644）建立关系，但矛盾的是，这种关系反映出日本整体秩序的崩溃。日本海盗对中国造成的问题越来越严重，他们在中国沿海引起的灾难和触发的恐惧就如同欧洲的维京劫掠。明朝要求幕府协助控制海盗，足利义满将军成为历史上唯一一位向中国皇帝称臣的日本统治者，正式将日本纳入中国的朝贡体系。(在这个体系里，中华文化圈的外围国家对中国朝廷表示忠诚，并向中国朝贡。)财富与贸易无疑是京都背后的动因，幕府无意把日本变成中国的卫星国。此次建交为日本导入了新儒学，在其后数百年中，它帮助日本塑造了其政治理论和统治伦理。然而，最重要的是，禅宗佛教于此时传入。

由于佛教大约800年前就在日本生根，这个宗教无论从哪方面讲都已经成为日本的信仰，虽然本土的神道教仍然存续，但其仪式和信仰在当时很明显是从佛教衍变而来。与世界各地的宗教一样，日本的佛教也在发展中偏离其初衷，已严重受制于教义、僧侣、等级制度及世俗权力。

或许是对上述情况做出的反应，两种新潮流出现并开始赢得信徒。第一种是可以被称为"以信仰为基础"的教义，即13世纪从中国传入的净土宗，以及大约在同一时期由日本僧人创立的日莲宗。这两个宗派强调信徒的个人信仰，与新教的福音派极为相似，同样扩展至不同阶层的人民，尤其是开始聚居在京都及大阪等城市的商人及下层人民，因为与亚洲大陆贸易的发展，他们前往这些城市寻求日渐增多的经济机会。*

禅宗是第二个潮流，它接续奈良及平安传承的佛教而落地生根。

---

* 今天，以创价学会以及其他所谓的"新宗教"为代表的日莲宗处于衰颓中，但仍然拥有一定的信徒，类似于西方基督教基要派所吸引的人群：小商店店员以及其他中下层人士，他们与大公司或官僚层没有隶属关系。

它不只是信仰，更是强调个人修行，通过禅坐及自我思想控制驱除脑海中妨碍直观把握现实本质的种种杂念，最后达成救赎或顿悟。禅宗对于严格纪律和思想训练的强调对武士阶级特别有吸引力，于是它成了武士们的宗教。

禅宗对日本高雅文化的影响并非夸大。它的价值观——尤其是直指本心，以及以思想上的顿悟启发内观——已经渗入日本的美学，直到今天仍然如此。

欧洲人的到来

马可·波罗曾提及一片遥远的土地，据说那里遍地黄金，庙宇和宫殿都铺满金子。因此，14世纪，欧洲人便听说过Chipangu（古汉语对日本的称呼，现代英语也依此发音称呼日本）这个地方。不过，直到一群葡萄牙人于1543年在九州岛南部的种子岛登陆，日本人从未意识到欧洲的存在。不知道这些人从哪里来，日本人最初将其视为野蛮人驱逐，并称之为"南蛮人"。无论如何，这些人是从南方的某些地方来，他们缺乏整个东亚和东南亚文明的象征（读写中国文字的能力），他们身体有异味，信奉一个有些怪异的宗教，它的神曾在十字架上被折磨致死。

但看法很快发生变化，无论日本人如何看待西方人的洗澡习惯，他们不能不佩服其船只、航海技术，以及最重要的——他们的武器。在混乱的年代，新来的外国传教士在肥沃的土地上开展工作，与第一次的情形截然不同。耶稣会教士比葡萄牙商人的到来要晚6年，他们都是经历丰富而敏锐的人，拥有多年传教经验，能沉着应付本土的佛教僧人。其领袖圣方济各·沙勿略是耶稣会创立者之一，是一位伟大的传教士。他致力于传播天主教信仰，从果阿邦到马六甲再到澳门，最后抵达日本。耶稣会士的技巧、日本人对新鲜事物的好奇心和对新信仰特别有利的环境（似乎永无休止的战争所带来的社会政治动乱），使得圣方济各来到日本后的30多年时间，西九州岛人口差不多有三分之一归信了基督教。与此同时，远在北方新建立的藩首府仙台，其大名伊达政宗特派一名专使到罗马。他手下的工匠模仿一只冲到仙台海岸的西班牙沉船仿造了新船，并派它横跨太平洋，到达墨西哥阿卡普尔科。伊达的特使支仓常长经陆路穿越墨西哥，再由韦拉克鲁斯港口出发前往欧洲，觐见教皇保罗五世。教皇所赠的水晶烛台到今天仍可见于一座寺院（位于仙台附近的松岛）的宝物收藏间。可以说，这是支仓从罗马成功返回故乡的明确证据。

对于一个从没见过玻璃的国家而言，水晶烛台的确足够引起轰动，但故事并未到此为止。一场对西方事物的狂热追捧席卷日本，随之出现了全新的绘画风格——南蛮绘。它描绘了外国人别具风情的马裤和奇怪的帽子，不少日本人也开始模仿这种服饰风格。日本还引进了新菜式天妇罗（tempura），它可以说是源于葡萄牙，在此之前，日本人从来不吃油炸食物。事实上，天妇罗的名字本身可能就来自葡萄牙语的 tempore。葡萄牙语的影响力延伸至日语本身：日语的"谢谢"也许源自葡萄牙语的 obbligado，日语的"面包"则很明显来自葡萄牙语的 pan。

但最重要的输入无疑是武器。西方人到来时，日本封建时代正无可挽回地坠落到绵绵不绝的战争中。1467年应仁战争爆发后，京都维持秩序的能力可以说接近完全崩溃，权力由羸弱的足利幕府转移至最强的大名。接着是赤裸裸的长期争权夺利的混战，最后三位强大领主相继征讨，成功地在全国重新建立起中央政权，奠定了现代日本国家的基础，而他们崛起的关键因素是对优胜武器的掌控。

日本的再统一

结束日本封建时代分裂局面的三位大名是每个日本小学生都知道的。首先是织田信长（1534—1582），他出生于今天的名古屋附近，是一个小领主的儿子。在父亲去世后，他马上掌控领地，并运用陈旧的日本传统手法诛杀政敌，包括他的弟弟在内。信长的野蛮及残忍，纵使在那个残酷的年代仍然十分触目。然而，他卓越的军事才能是无可辩驳的。当决意走上征服的道路时，他很快便将邻近各县纳入统治之下，并把注意力投向京都。信长不会在传统战阵的花巧规则上浪费时间，按照之前的惯例，在开战之前，身着盛装的武士会向敌人介绍自己。信长明白，那个时代的火枪需要大量时间上膛，为了发挥最大的战斗力，它们一定要轮流开火，而不是同时发射，因此他将士兵排成队列。由于信长善于使用火器，经过20年的南征北讨，他终于在1575年关键的长筱之战中消灭了他最难攻克的敌人武田军。长筱之战可以媲美英法百年战争的阿金库尔之战，显示出新科技在传统战争中的扭转性力量。1980年，黑泽明在《影子武士》中再现了长筱之战的情景，那是电影史上最著名的战争场景之一。

信长对西方的迷恋并不限于火器,他与耶稣会士友好往来,后者却误把信长当作日本的天皇(耶稣会士给信长画了一幅画,那是日本人第一次出现在西方的艺术作品中)。有众多记录表明,他们对信长的军事才能和政治领导技巧有很高的评价,甚至有谣言说信长是秘密的基督徒,虽然这不太可能。谣言也许源于他对传统佛教体制的厌恶。正如上面提及的,他最后打破了整个佛教的权力体系,把比叡山上远眺京都的延历寺佛殿群夷为平地。正如他一贯的作风,信长不放过任何僧人,将其追捕并杀戮殆尽。

信长的历史重要性主要在于他摧毁了许多传统权力结构的残余。他占领京都,削弱了幕府将军的所有剩余权力,也消除了皇室掌握的大部分残余政治影响力,包括其对大寺庙间土地纠纷的裁决权。到1582年,他已经将大约三分之一的日本纳入自己的直接统治之下,他下一步的意图似乎便是为自己取得将军头衔,并按照传统的做法介入天皇的继承。但家臣之一明智光秀背叛了他,信长被困在京都的一座寺庙内,最后按照武士的传统结束了自己的生命。

明智光秀要求天皇委任其为将军,但他的将军梦只存续了13天,信长的下属便展开报复,其中主导者是丰臣秀吉,即三位伟大的统一者中的第二位。秀吉出身卑微,他是信长麾下一名步兵的儿子,但他在战略上的天赋和个人的努力很快使其成为信长最亲密的参谋之一(后来,他为自己创造了一个高贵的出身,改姓朝廷的姓氏"丰臣")。秀吉的军事谋略与信长不相上下,但作为政治家他更胜一筹。他明白要笼络人心,怀柔总比高压更有效果。秀吉没有诉诸信长的暴力与威吓,而是笼络对手,因此他成功地完成了信长征服全日本的事业。在这个过程中,他为现代日本国家奠定了制度上的关键基础。他严格区分武士与农民,但也具体安排他们的职责和生计。他以绝对忠诚为基础给予大名特权,同时丈量全国的耕地,建立统一的税制(可以把所有收入转化为以大米为等价物)。他几乎拥有了控制全国的绝对权力,到当时为止,没有人能与之相比。

但他似乎决意要成为阿克顿勋爵"绝对的权力绝对使人腐败"的现实代言人,秀吉开始变得狂妄自大。猜疑和偏执取代了他早年的宽容。在他的儿子出生后,早年被选为继承人的侄儿成为眼中钉,他公开处死了这个可怜男人全家31口人,连小孩也不放过。他先是称自己为摄政关白,后来是"太阁"(对退休摄政者的传统称谓),而没有使用"幕府将军"的名号。他两次侵略朝鲜,并公开宣称其目的是随后进入中国,推翻明朝,坐上皇帝的宝座。他写信到马尼拉等地,宣布其征服全世界的意图,并向西班牙总督提议:如果想避免辖下各县的毁灭,最好马上赶到京都,在秀吉脚下俯首称臣。

秀吉的海外冒险同时由两种动机驱使:平淡无奇的和狂妄浪漫的。当全日本都在其掌控之中时,他需要寻找新的地方供其不安的士兵抢掠。但这一连串的侵略将血腥和野蛮推到新的高度,让朝鲜人和中国人为之惊骇,使得此后数百年间日本人在两国的形象一落千丈。* 与此同时,在国内,秀吉强迫天皇忍受其拙劣的能剧舞蹈表演,他还把朴素的茶道仪式变成华而不实的展示表演。茶道大师千利休曾经是秀吉

---

* 秀吉侵略朝鲜,对后者的影响远远超过对日本自身。朝鲜的李氏王朝因此衰败,同时朝鲜始终未能从秀吉留下的伤亡及残破中复原。明朝对朝鲜施以援助,但因此产生的资源上的紧张也许最终导致明朝数十年后为满族人所灭。

的文化导师和好友，最后二人反目，秀吉强迫他切腹自杀。

秀吉最精明的副将德川家康设法远离朝鲜困局，同时忙于巩固其对日本东部各封地的控制，那些封地是丰臣秀吉因为他在一场关键战役中的贡献而赏赐给他的。那些封地包括关东平原，它是日本最大的平原，适合种大米，为其政治权力提供了根本的经济基础。家康选择在平原南部江户的一个小渔村修建城堡。在秀吉死后不可避免的斗争中，他成为常胜将军。1600年，在重要的关原合战中，他消灭了大部分对手。他先自称将军，接着由其儿子继承。1615年，他攻下当时日本（可能也是世界）最大的城堡大阪（历史记录显示，耶稣会士对日本的城堡建筑表现出无限的赞赏，承认它超越了当时欧洲的城堡），清除了对其统治的最后威胁。家康在秀吉临死前曾宣誓效忠其子秀赖，秀赖一度表现得如同他父亲那样干练，但后来便一直避于大阪城堡内。秀赖曾操控朝廷颁发名衔，但很快被家康制止。家康如同颁布命令一样表示：朝廷应专注于仪式和典章，无须发布武士及大名的名衔和升降，那是幕府的工作。杀掉秀赖和烧毁大阪城堡当然属于背叛（家康的军队使用类似于特洛伊木马的诡计：表面上同意停火，助其维修城外壕沟，实际却将壕沟全部填平），但这是此类背叛中的最后一次。围攻大阪城堡是500年来无休止战争的终止符。其后数十年，家康把江户变成了世界上最大的都市，并建立以他的名字命名的政权：德川幕府。该政权为日本带来了两个半世纪的和平，同时在日本周围设立了厚厚的帷幕：一方面让它与世界其他地方隔绝；另一方面也提供了保护，以孕育现代日本国家。

图2　喜多川歌麿《茶室楼上房间的恋人》。(大英博物馆提供)

第二章

现代日本国家的孕育

日本近代化的开端一般追溯至 1868 年。那一年,末代幕府将军德川庆喜正式"大政奉还",结束了日本 250 年来与世界半隔绝的状态。当时,除非有意视而不见,所有人都已经接受彻底改革的必要性。日本如果不想被西方国家殖民化,就必须以某种方式汇聚政治意志,彻底改变其经济及社会状况。用它自己的话说,如果想参与一个正在经历工业革命改造的世界,这是唯一的方法。远离世界已不再适用。

到 19 世纪末,日本似乎真的成功了。当绝大多数非西方国家被束缚于欧洲帝国主义的枷锁中,只有埃塞俄比亚、泰国与日本能庆幸逃过一劫。而日本的成功远不止于此,它自力更生成为帝国主义强权的一员,拥有海外殖民地、重工业与现代化军队。但 45 年后,日本为其"成功"付出了长远的代价,不但在战争中落败,而且失去政治独立,至今未能完全恢复。

日本为什么会在 19 世纪成功,其后又在 20 世纪失败,如果不掌握德川数百年统治时期日本经历的演变,就无法理解其中的原因。因此,不少历史学者认为,相比于 1868 年,1603 年(这一年,德川幕府正式建立）是更重要的分水岭。同样，德川年代被归为"近代早期"，而不是"中古时代"。

这种区分在某种程度上都有些武断。1603年见证的连续变迁其实与1868年一样多，其重要性也不遑多让。的确，后者看起来更像是与过去的真正决裂，如果只是因为当时日本的领导人开始穿西式服装，建造西式洋房，又引入带有西方标签的制度并嫁接到本土架构上。但如果必须选择，1603年这一年更为重要。就在那一年，日本接受了近代国家体系的决定性特征：只有全国性政府拥有合法使用武力的政治特权，换句话说，国家的政治权力只能归中央政府所有，而非地方政府（如"藩"或封地），或多国政府（如帝国）。1603年以前，朝廷或幕府固然表面上可以合法使用武力和组织经济事务，各大名在其藩内也拥有同样的权力。但自1603年开始，中央权力的合法性没有受到任何根本挑战，直到麦克阿瑟登陆横滨，日本为美国占领。1603—1945年，日本出现了一次真正的权力转移，即明治寡头统治取代了幕府将军。这种权力转移以王政复古为名，同时按照现有的法律程序进行，影响深远。

1603年的重要性还在于，日本从那时开始有意脱离世界历史的广阔潮流，而这股潮流后来将欧洲的技术、科学、制度以及政治意识形态扩散至全球。如果按照通常的国力衡量标准，16世纪的日本在军事、政治、技术和经济方面可以与欧洲国家并驾齐驱，但到了19世纪中期，日本在许多关键方面都落后了一截。但或许是一种补偿，日本的锁国政策促使其发展了高度独特的民族文化——它不只由艺术、音乐、语言和文学界定，也由政治、经济和社会制度统合而成。这种文化越来越明显地不同于西方文化，与其邻国也越发有别。

德川日本的锁国政策

与世隔绝并非德川幕府将军的目的。他们关注的是稳定、秩序和最大限度地巩固统治基础,以杜绝任何挑战的发生。最近,一些历史学家对德川时代的传统标签有争议,他们以史料证明,日本在德川幕府时代与中国及朝鲜保持着广泛而持续的贸易文化往来。当时,日本精英仍视中国为文化启迪的源泉,幕府的统治思想仍根植于保守的新儒家学说,这种学说兴起于南宋,代表思想家朱熹强调以等级制度建立社会秩序。在德川时期,日本并没有像后来那样轻视朝鲜并将其视为劣等落后的国家。当时的汉阳(今首尔)会定期派遣庞大的使节团到江户,而幕府则在朝鲜南部的釜山港设立倭馆。朝鲜与中国在地理和文化上的关系更为紧密,这或许使身在江户的朝鲜文人、艺术家和学者有了特别的威望。同时,统治冲绳及周边岛屿的琉球王国成了中日贸易的重要桥梁,虽然当时的琉球同时承认自己是中国与九州岛南部的萨摩藩的属国,但仍是独立实体。

因此,幕府隔离的是欧洲,尤其是欧洲的宗教,而并非邻国。也就是说,德川时期日本的对外关系并不是完全与世隔绝的。欧洲人的确将枪炮传入日本,而且我们也看到枪炮在16世纪的日本内战中所起的决定性作用。但日本人很快便吸收了这种技术并能自行制造武器,而且很快仿造了欧洲的船舶。17世纪早期的日本并非北美洲的阿兹特克帝国,后者只要西班牙人下定决心,一小撮人便可将其征服。如果不是距离欧洲有半个地球远,日本可能已经以其坚不可摧的军事实力挑战欲将其殖民化的法国、英国或西班牙。事实上,欧洲人自己也承认这一点，他们对日本的城堡修筑技术以及武士的战斗力极为钦佩。当时，欧洲所代表的威胁并非技术的或军事的，而是意识形态的。

日本原本是否会演变成基督教国家并产生某些影响，这是一个有趣的反事实议题。最初，日本人对基督教的热情比其他任何亚洲国家都强烈。这种热情是相互的，圣方济各·沙勿略（St. Francis Xavier）有一句著名的评论：日本是他遇到的最好的非西方国家。耶稣会早期的传教活动给日本带来的影响被称为"日本的天主教世纪"。虽然他们的成功并未延续一个世纪，但当时的观察者完全有理由认为日本可能会全民信仰基督教。

有人认为织田信长的早逝是基督教在日本发展中断的原因之一，因为信长对耶稣会教士传授的东西很着迷，并对他们的举止行为和博学印象深刻。我们在前面也谈到他对当时佛教僧侣阶层的敌视。日本对基督教的压迫始于丰臣秀吉的偏执，最后在德川家对维持稳定的痴迷中达到顶峰。欣赏信长的人包括日本依然在世的两位最有影响力的政治家——曾任首相的小泉纯一郎和策划日本民主党掌权的小泽一郎。他们都认为，日本也许在信长之后犯了错误，在随后的数百年中将自己隔离，而其间本可以发生很多变化。

假如信长再活上 20 年，日本会变得怎样？无论如何猜测，欧洲宗教战争是日本精英开始反对基督教的重要原因。新教和天主教间的仇恨阻止了基督教团体间任何联合行动的可能。16 世纪后期，信奉新教的荷兰贸易商来到日本，他们急于想从葡萄牙人对日本外贸的垄断中分一杯羹，而日本很快便听到耶稣会士和多米尼加派如何成为伊比利亚帝国主义的前锋、加速美洲阿兹特克帝国和印加帝国的灭亡，以及对更邻近的马六甲、中国澳门和菲律宾进行殖民统治。威尔·亚当斯是位英籍荷兰船长，1600年在九州岛搁浅，后来成为特别有影响力的人物，为德川幕府第一位将军德川家康及其儿子德川秀忠所信任。亚当斯是新教徒，为荷兰人服务，他目睹了西班牙"无敌舰队"的失败，对宽广的世界有着不同于耶稣会士的特别见解。德川家康给予亚当斯一小块封地并正式委任官职。亚当斯于1620年去世。大约360年后，他成了一部畅销的历史小说的主角，小说后来被改编成美国电视剧，名为《幕府将军》。

耶稣会士对男男性交的辛辣批评也阻碍日本精英成为基督徒。男色在大名和武士间已经成为风尚，堪与古代的雅典和斯巴达相比。耶稣会传教士对此展开的严厉攻击，当然使其在日本统治精英间很不受欢迎。

传教士在普通民众间影响力最大——被欺压的农民既没有闲暇，也没有兴趣与男侍童放纵狎游，更不必躲避形而上学的思辨。基督教核心教义中的仁爱、宽恕和对另一个世界美好未来的追求，都有助于基督教像野火一样在普通民众中间蔓延，因为他们正饱受悲惨生活和无尽战争之苦。正是这一点让幕府产生了戒备。而且，基督教教义中隐含着一种秩序的观念，这种秩序会独立和凌驾于现存的政治秩序之上。这种观念认为，人们可以而且应该分别向"恺撒"和"神"献祭，这令日本新政权的守卫者十分震惊并被认为大逆不道。

这并非只是顽固的问题。之前数个世纪的长期战争使得统治权上升为当时最突出的政治议题，而我们这个时代依然如此。当一个处处受限制的羸弱天皇继续作为政治合法性的最终标志时，互相竞争权益的大名和其他权力中心必须安静下来，否则日本无法和平。仅仅通过展示压倒性的武力不足以达成此目标，尽管德川在关原合战后率领10万军队在京都街头游行了三天，以强调其取得绝对胜利以及进一步反抗是徒劳的。但幕府官员显然相信只有威吓是不够的。他们鼓励培育一种意识形态，将现行政治秩序之外的所有东西都视为对合法性的挑战，他们希望将这种挑战视为对事物自然秩序的冒犯。这有助于解释为什么日本统治者一方面热烈拥抱新儒家学说，另一方面大力排斥任何对基督教的支持。

日本的基督徒发觉自己身处可怕的迫害中，如同君士坦丁大帝归信以前的罗马帝国。礼拜被禁止，所有外国传教士也都必须离开，否则会被处以死刑。1637年，迫害达到高潮，成千上万的信徒逃难到长崎附近的岛原半岛。繁重的新征税款是反抗幕府起义的原因之一，但宗教信仰问题是核心因素。在富有魅力的年轻天主教徒天草四郎的指挥下，信徒顽强抵抗，坚持数月，然而其韧性反而让幕府坚信这是个危险的宗教，必须清除。在起义者躲藏的城堡陷落后，成千上万的基督徒被屠杀，更多的基督徒在全国范围内被搜捕、被处死，或者被迫改变信仰。

其后数十年中，没有什么比同情基督教更能激怒幕府官员了。任何被怀疑的对象都被迫羞辱基督教的象征，拒绝者通常会被钉上十字架。尽管如此，"隐藏的基督徒"还是设法生存了两个半世纪，秘密地将其信仰一代代地传承下来。这个传奇故事的最后结局是悲伤和残酷的：1945年长崎被投放了原子弹，他们的后裔在日本的最大聚居地毁于一旦。

德川对秩序和稳定的痴迷

日本人生来被分为四个等级：上层的武士，其后分别是农民、工匠和商人。商人地位最低，因为他们不能创造有形的价值，大都被视为寄生虫。*

每个阶级都有其具体的限制和义务。作为社会潜在不安的最明显来源，武士必须对其领主或大名宣誓绝对忠诚。在丰臣秀吉统治下已经到达顶峰的大名或"藩"体系基本上没有变动。织田信长和丰臣秀吉摧毁了他们之间的其他大部分权力中心（其中主要是宗教机构）。德川家康通过终止朝廷委任大名或武士的权力为这一过程画上句号。

除了幕府直接控制的土地（约占全国土地的五分之一，包括一些最肥沃的农地），还有留给朝廷、神社和庙宇的小块用地，其他地区被分成大大小小的"藩"，由大名统治。但是，大名之间并非对等。

大名表面上统治的藩地之间存在很大差异，有的只相当于几个村子，有的则辽阔堪比小型国家（例如在日本海岸附近的前田藩，它的藩府在金泽）。更重要的是它们与德川幕府的关系。后者的世袭家臣（"谱代大名"）都被分封了靠近主要道路的藩地，可以直通江户、大阪和京都等大城市，他们主要是那些在关原合战中站在家康阵营的大名的后代。在关原合战前已经建立稳固基础，战后才向德川幕府俯首

---

* 日本还存在第五个等级，即被视为"贱民"（untouchable）的阶级。这些人从事礼仪上不洁但又必需的工作，如制革或处理尸体。虽然 19 世纪后期阶级差别已经正式废除，但这些人的后代仍继续遭受歧视，甚至延至今日。他们是世界上很独特的少数群体之一，其社会和经济指标与整个社会不同（这与其他地方的少数群体的情形类似），但他们在民族、宗教和文化上与其他日本人没有什么区别。

称臣的主要藩领大名，其后代被称为"外样大名"，即外部领主，他们包括仙台的伊达家、广岛的浅野家、萨摩的岛津家和长州的毛利家。德川家康并没有破坏这些大领主的权力，而是聪明地收买了他们。幕府官员一直怀疑，如果德川的统治受到任何挑战，那么一定来自这些"外样大名"。他们的猜测是正确的，幕府最后是被来自三个外部藩地的武士推翻的，即萨摩、长州和土佐（分别是今天的鹿儿岛县、山口县和高知县）。"外样大名"大多被排斥在统治的官僚系统之外。他们年轻时必须住在江户城。成年后，他们也只能隔年住在其家乡的城堡，并在江户留下人质。这些办法有效地预防大名成为动乱之源。因此，19世纪60年代外部藩地出来推翻幕府的是下级武士，并非他们的领主大名。

应该了解到，在居住地及生活方式上受到限制的不只是大名。幕府在全国建立起间谍和秘密警察的网络。旅行者经过的道路上设立了许多检查站，每个阶级的每个家庭都被禁止奢侈。武士是唯一准许佩刀的阶级，他们理论上可以以任何理由斩杀任何下层人民。如果有任何迹象表明他们对其领主不忠，他们会被勒令切腹。法律、法规多如牛毛，下层人民一旦触犯，便要被流放或被钉在十字架上，后者由基督教引入，受到当局的欢迎。

幕府给予荷兰东印度公司垄断对外贸易的权益，作为其协助驱逐天主教徒的回报（荷兰舰队曾参与炮击岛原）。但荷兰东印度公司官员的行动范围被限制在长崎港的一个小岛上，只有特殊情况下才能外出，包括每年一次访问江户并向将军朝觐。除此之外，与西方的所有往来都被禁止。在日本，除了官方允许的荷兰人，其他西方人一经发现都会被处死——这越来越成为西方列强的一个痛点，因为随着捕鲸业和其他远洋活动的发展，会有更多的海员因海难逃到日本海岸。除了偶尔派往中国和朝鲜的访问团成员外，日本人若外出至琉球群岛以外的地区，回国后都会被处死。

与此同时，曾经在德川幕府建立过程中发挥关键作用的枪炮已经销声匿迹。除了少数幕府官员外，其他人都不得拥有枪炮，也不得生产。一个国家主动放弃一项重要的新军事技术，大概很难再找到第二个例子。

经济和社会变迁

1615年，大阪城堡陷落，幕府在取得胜利后便希望将权力关系永远锁定。从最受鄙视的贱民直至天皇本人，每个社会成员都被放到复杂的等级制度中，受到对他人的责任与义务的束缚。在历时265年的统治期内，德川幕府虽然成功地创造出一个几乎一成不变的权力关系架构，但在这种权力架构下掩藏的却是几乎一刻不停的变迁。[1]

的确，德川时期的日本压迫性极强。在现代监控技术出现之前，历史上大概再没有哪个社会经历过如此广泛的压制。这种压制是有效的。在两百多年中，德川幕府没有遇到严重的内部政治挑战，同时能非常成功地搜寻出越轨者并施以惩罚。今天已为大众熟悉的社会控制手段——大众传媒、作为"安全剧院"的交通枢纽检查站、忙于探知人们想法的便衣警察——都可以在德川时期的日本找到原型。

但所有这些压制也给日本人民带来了一个巨大的好处。当时，欧洲正处于从"三十年战争"到滑铁卢战役等一连串的暴力中,同时贪婪地掠夺着世界的其他地方,而日本则享受着和平。这种和平有积极作用,使日本免于暴力犯罪和士兵抢劫的威胁。德川幕府统治下的农民也许在当时的政治体制下遭受无情的剥削,藩地和幕府的官员也许会公开讨论能在他们无以为生以前榨出多少油水,但他们无须害怕成群的士兵会抢夺其农作物或烧毁其茅屋。城市的手工业者可能要挤在不结实的简易房屋里,那些房屋频繁地遭受火灾,以至于他们被称为"消防队"(flowers of Edo),但这里的街道可能比世界上任何一个现代城市的街道都要安全。

部分由于上述原因,日本人口跃增两倍,达到3 000万。对于一个倚赖近代化以前农业实践的自给自足的经济体来说,这已经到达极限。到18世纪初,江户人口已经超过100万,成为当时世界上最大的城市,而大阪及京都人口也各自有50万和30万,与同时代的伦敦和巴黎差不多。

人口增长伴随着经济增长。德川的经济思想是以农业(以及渔业)为财富的唯一真正来源,但在那几百年里,日本人发展出一套与同时代的欧洲同等复杂(在某些方面甚至更加复杂)的经济制度,尽管他们不知道自己所作所为的意义。比如,世界上第一个真正的期货市场可以说就是诞生于大阪的仓库网络中,在那里,大名用未来的水稻作物来换取现金。

德川幕府的偏执无意中催生了很多制度,其中尤其重要的是"参勤交代",即规定大名每隔一年便要到江户居住,回"家"时则要把妻子与孩子留在江户。这种做法将江户打造成一个大都市,因为它不是单一统治朝廷的政府所在地,而是容纳了整个"朝廷"——需要大量的生活必需品及奢侈品。(毋庸讳言,大名觉得他们必须维持体面。江户文学的一个常见主题便是,来自小藩的家底不甚殷实的大名为了跟上社会的期待而沦为赤贫。)在今天的东京,人们仍然可以看到很多旧日大名藩邸的痕迹。当时,手工业者和商人都涌入城市东部的平坦地区(这片市中心被称为"下町"),而大名则群聚在将军居住的江户城堡(今日的皇宫)周围的丘陵地带。今天主要被大学、高档酒店和公园等占据的地区,昔日曾经是大名的藩邸所在。

江户和藩府之间不断往复的行程催生出一整套旅行的基础设施,包括遍布全国的复杂道路、旅舍、运输设施、渡轮、海港和供应站等。所有行程及江户藩邸都需要经费支持,这就催生了复杂的金融工具,如上面提及的大米期货市场。大米是德川幕府财政的基础,每个藩根据它每年大米的产量来划分等级。税收大部分采用大米的形式征收,整个武士阶级的成员(约占全部人口的6%)也以大米的形式领取年俸。但因为天气变化莫测,每年的大米收成都会有差异,最后产生了大阪的期货市场以及以大米未来的收成作为抵押的其他金融形式。

复杂金融秩序的出现和较长供应链的管理需求,转而极大地增强了商人阶级的力量。理论上,商人是官方规定的四个等级中的最下层,但随着时间的推移,越来越多的财富流进他们的口袋。大阪成为全国大米贸易中心和完美的商业城市。很多日本著名的企业,如住友、野村,其起源都可以追溯至当时的大阪商人。

与此同时,理论上属于统治阶级的武士却突然被剥夺了存在的理由。关原合战之后的几十年中,大量武士蜂拥至江户及主要的城堡城镇。他们的作风有点像莎士比亚时代恃强凌弱的王孙公子或孕育今天嘻哈音乐的激情黑社会集团，这群放荡不羁的年轻人催生了许多不拘一格的通俗艺术形式，这些艺术形式是德川时期对世界文化影响力最持久的贡献。歌舞伎剧院，描绘妓院和茶室风情的木刻"浮世绘"，以及寄托于瞬间激情的"俳句"——这些都源于17世纪日本那些时间充裕的年轻人涌入新兴城市。

但成群的年轻男性到处游荡，也成为世界上政治失序的最重要因素，尤其是当他们拥有武器并认为自己是社会的引导者时。幕府化解危机的方法是将他们转变为官僚。幕府和大名任用的这群武士官员将文员工作推进到只有现代极权政权才会达到的程度。其中的一些工作实际起到一定作用。贾里德·戴蒙德留意到，日本不仅有人口普查，还有树木普查。这种做法很有意义，因为自给自足的日本几乎完全靠木材打造，各大城市又周期性地受火灾的侵扰。国内的每一棵树都根据其适用性进行了分类并接受仔细监察，以确保木材得到持续供应。戴蒙德进一步指出，人类在过去已经显示出应对环境限制的能力，也就是我们不一定会走向复活节岛的结局——砍光当地的全部树木。但清点树木的工作以及无数其他活动，其目的也是要肃清和消除有叛乱可能的"战士"——至少作为战士，他们在当时完全是多余的。[2]

事实上，武士很少有机会将他们的军事训练应用于实践。随着实际的战斗经验逐渐退到历史的迷雾中，武士精神反而变得更加僵化和好战，强调对上级的绝对忠诚，随时准备为执行命令而牺牲性命，鄙视软弱的性情和舒适的生活。当武士阶级的经济状况日益恶化时，最后一点在政治上是有用的。至少在德川幕府统治的头一个半世纪里，经济迅猛发展，而武士由于其收入是固定的大米薪俸，只能眼看着比他们社会地位更低的人获取经济增长的大部分果实。许多武士只能紧紧抓住自己的地位。

但是，这不仅仅是一种朴素的节制。整个武士精神体系——严守纪律，无条件地服从命令，秉持正直操守，鄙视道德或行为上的松弛怠惰——不仅能够组织有力的军事团体，也能够塑造顺从的官僚体制。尽管如此，武士精神确实使得武士阶级与商人阶级（一个尚在萌芽阶段的商业资产阶级）之间的矛盾日益加剧。

当代日本的许多令外部世界困惑的矛盾现象，其实都可以追溯至德川时期日本的制度形式与实际情况之间的差距。举例来说，20世纪末的日本几乎是呆板僵化官僚体系的代名词，却诞生了一些最令世界瞩目的成功企业。但如果注意到大阪殷商巨贾和日益僵化的武士阶层共存的先例，人们的疑惑或许会少一些。德川时期也孕育了一种特殊的日本文化：一方面，对忠诚及自我牺牲的强调到了近乎疯狂的程度，如武士对剖腹的狂热、"二战"时日本士兵的自杀任务、当代公司职员的过劳死；另一方面，产生了一波又一波滑稽又颠覆性的艺术，最后出现了怪诞的电子游戏、描写性变态的动画、常有暴力或色情内容的漫画以及当今时代的奇装异服。

日本人自身很自然会留意到上述矛盾。一整套词汇应运而生，用以描绘"建前"与"本音"之间的碰撞。"建前"是指为了社会和谐而每个人都要口头维护的表象，"本音"则是表象之下运行的现实，除非与值得信任的密友酒酣耳热，否则不得言说。类似的冲突还体现在对上级尊长、债权人以及家庭等的强制性社会责任（義理）与人类的自然情感（人情）之间，比如，以双双殉情为结局的商店服务员与妓女之爱，或者一位父亲为保护领主的儿子而被迫牺牲自己的孩子。

这些矛盾可能会给社会带来大量冲突和张力，但也为各个领域的艺术家提供了异常丰富的材料。由于教育的普及（民众的识字率在30%以上，城市里会更高）、经济的增长，以及允许低成本出版和传播印刷品的新技术，德川时期的日本出现了世界上第一种大众文化——社会各阶层的人都熟悉并参与其中。自平安时代和封建时代传承下来的高雅文化，如能剧、短歌和水墨画，一直延续至德川时代，特别在京都的武士和旧贵族阶层中得以保存。但包括许多武士在内的大部分人日益转向形成于大都市的更新的艺术形式以娱乐身心、陶冶情操。

大众文化

我们在前面已经提及，江户时代大众文化的风格主要是由德川取得最终胜利后无所事事的年轻武士群体主导的。但随着时间的推移，商人阶级逐步兴起，他们取代武士阶层而成为引领风尚的人。大众文化发展的起点是特许的娱乐场所，其中最著名的是江户的吉原和京都的岛原。武士理论上被禁止踏足这些场所，但禁令很少有人执行。大部分武士进入这些地方时，直接卸下标志其身份的武士刀即可。在那里，他们与商人及其他平民混在一起，日本的阶级差别从表面上消失。

将他们聚在一起的是性。性是江户时代灿烂的大众文化背后不那么隐藏的根源和能量源泉。后来，当日本人开始从规矩甚多的西方人那里获得启发时，歌舞伎、浮世绘这种典型的日本艺术形式的起源就被刻意隐去了，尤其是当西方人开始热衷于日本的绘画及其他江户时代的大众文化艺术品（在日本的精英看来，它们比垃圾好不了多少）。

但讽刺的是，歌舞伎起源于17世纪早期的一种类似于钢管舞的舞蹈。传说中的创始者出云阿国原来是神社巫女，她在京都鸭川河上组织一队年轻的女性跳舞并用哑剧的方式表演简单的戏剧，阿国在舞台上打扮成英俊的年轻男性，特别受欢迎。每个人都知道只要有人愿意付钱，这些女子稍后都会为其出卖色相。年轻的武士成为她们的恩客，他们经常为此争风吃醋，甚至打架（事实上，"歌舞伎"这个词源于一个动词，用来指这些年轻男子行为"古怪"或"不寻常"）。那些破坏秩序的事引起了幕府官员的注意，他们便颁布禁令，禁止所有女子登台表演。其实，阿国只是代替了男孩，在17世纪初武士迷恋男孩的风气下，禁令并没有妨碍歌舞伎的发展。实际上，它可能还有利于其发展，因为以男孩而非女孩为特色的歌舞伎表演吸引了第三代将军德川家光的注意，后者好男色，曾安排此类表演。不过，到家光于1651年去世时，武士已经转向为男童大打出手，幕府最后下令男性要15岁以上才能登台表演。

从那时开始，歌舞伎表演逐渐发展成我们今天所知的伟大舞台艺术。它从"文乐"（文樂，即人形净琉璃，一种日本独有的木偶戏）中得到很多灵感和情节线索，后者大约是同一时间在大阪兴起的。歌舞伎名角们（主要是男扮女的"女形"）创造出一种明星文化，类似今天的摇滚明星或巴洛克歌剧中的阉人歌手。*在风尚创造方面，唯一能与之匹敌的只有"芸者"（艺伎），她们在特许欢乐场所的浮华世界中独领风骚。由于经济和文化力量均从武士转移到商人，德川时期早年流行的美少年崇拜逐渐褪色，由出众的艺伎取而代之。"芸者"原指"艺术之人"，而希求这一工作的女性要受过几乎所有艺术形式（包括歌唱、舞蹈和诗歌）的完整训练，好的谈吐当然也是不可或缺的。她们不只是妓女，主要工作甚至也不是出卖肉体。她们的美色只能为富人收买，但他们先要证明自己是有资格的。

归根到底，艺伎站在一个以性换取金钱的世界的顶端。这些来自农村的美丽年轻女孩基本是在六七岁时被卖到欢乐场所（严格来说，她们不是被卖，而是用工作来抵偿条件苛刻的契约，其实从头到尾她们就是契约性工作者）。女孩若样貌出众、天资聪颖，便会接受所有适合艺伎教养的训练——通常采用学徒制形式。十三四岁时，会有一个特别的仪式，夺去女孩贞操的男人会花重金买下这一特权。如果她能持续展现其艺术天分并维持姿色，便可以成为艺伎，站到浮华世界的顶端，否则就会沦为普通的妓女。

虽然无法忽视浮华世界最终不过性欲这一现实，虽然这一切建立在有钱有势的人剥削他人以满足自己性欲的意愿之上，但德川时期确实创造出了经久不衰的艺术，为整个文明奠定了基调。就像600年前

---

* 美国音乐理论家理查德·塔鲁斯金（Richard Taruskin）曾比较16世纪佛罗伦萨贵族圈首创的高格调戏剧和威尼斯出现的大众戏剧，而日本上层文化的能剧和源于大众的歌舞伎表演之间的对立可以与此形成对照。

平安贵族令人屏息静气的美学在某种程度上平衡了当时猖獗的纵欲，浮华世界的风尚、品位与气派也缓和了它本质里的剥削成分。（很多艺伎和地位较低的普通妓女用的是《源氏物语》里角色的名字，虽然常常是一种玩笑。）这一切背后的经济和权力关系与人们今天在曼谷或汉堡的红灯区里见到的差不多，但它们有助于世界文化的形成。如果我们可以想象出一张人类文明的"资产负债表"，那么各种文化流向的账户总是与决定其产生的账户相对的。

这不仅仅是财富流入日本城市的问题，也不仅仅是暴发户和地位较高的人剥削贫苦农村女孩的问题。留在农村的女孩与被卖到吉原妓院的女孩相比，生活也不一定更好。留在家里的农村女孩只能期待日夜工作到腰都直不起来，最后由父母之命嫁给一个粗鄙的农民。

从更宽广的角度看，对婚姻的理解和德川时期对性欲本质的认识，为浮华世界及其艺术发展提供了概念空间。婚姻是政治制度，是家庭间的契约联盟。当时没有女性平等的观念，男性也不能只是因为觉得妻子不再有性吸引力便与之离婚，令其蒙羞。这与当代的作风有所不同，如今男人事业有成便很容易会抛弃糟糠之妻，再娶一个动人的尤物。德川时期有经济条件的男性会在暗处满足性欲：从小商店老板偶尔出入妓院到富商包养艺伎，各种情况都有。由于受尊敬的已婚妇人要留在家中（在日语中，对妻子的正式称呼是"奥さん"，字面意思是"可敬的内人"，也就是料理家务的人），"社会"是在高级妓女艺伎周边发展出来的。传统的武士文化瞧不起与女性在性事上厮混，认为这些行为软弱且女性化，但新兴的商人则歌颂奢华和纵欲，这些只有女性在场才能实现。历史上，在其他地方和其他时代也有高级妓女扮演重要的社会角色，但很少有可以与德川时代的日本相比的。在那个时代，一切社会与文化潮流都围绕着艺伎主导的浮华世界而生。

的确，武士被预设不该与女性在一起，而佛教僧侣则认为性欲妨碍修行，因此两者都认为与男孩厮混比与女性厮混要好，他们最终成为迷恋男童的代表。但性欲本身没有被视为人类堕落的标志。举例来说，在日本，女性和男性一样被期待有性欲——她们没有西方式的处女崇拜，也不会产生"女性没有性需求"的维多利亚式观念。没错，女性不像男性，她们没有太多自由表达这些感受，而且通奸会受到严厉惩罚，但有些女性（如果她们负担得起，也能躲过惩罚）也会出入妓院。（有个说法，当时的男娼白天躺下来工作，太阳下山后则会翻过来，暗指他们的女性客人要在天黑以前赶回家。）女性也喜欢看色情小说和版画，江户最流行的大众版画便以色情为主题。

然而，这类作品更多是提供给了那些不能经常出去寻欢作乐的男性。牛津大学教授泰门·史克利茨表示，浮世绘（字面意思就是"描绘浮世的画作"）于19世纪后期传入欧洲时令西方世界眼花缭乱，其中半数以上的作品明显是色情的。它们作为一种替代品被创作出来，目标人群是没有钱直接体验浮华世界的欢愉，以及其他因金钱以外的原因不能亲自体验那些欢愉的人（包括武士家的女性）。[3] 学术圈是最近才建立上述观点的，不仅因为明治政府眼见浮世绘在西方艺术圈子大受欢迎，故试图隐藏它的起源，更是因为那些较为赤裸的版画在"二战"后变成了不合法的——日本通过了一系列规范道德的法律，禁止描绘没有遮盖的性器官。20世纪90年代这些法律放宽，史克利茨因此才可以开展其工作。江户时代色情印刷品的泛滥是一种文化产物,这种文化不认为性欲本质上有任何问题,但限制直接纵情享受的机会。由于大名往来江户的"参勤交代"旅程,江户任何时候都是男性多于女性,同时居住在那里的大部分女性没有自由或金钱来直接满足其性欲,因此男性和女性都只好自慰。

史克利茨还指出,与世界上其他所有的色情作品相比,江户时期的色情图画独具爱与浪漫特色,这也正是它的独特之处。在江户时期的日本,性爱中的双方总是不平等的:一方有意索取,另一方则因为没有其他选择(或者因为是妓女,或者因为包办的婚姻)。甚至连武士之间的同性恋情这一看上去最普遍的例外也支持这种观点。[4] 就算年轻的武士可以自由地接受或拒绝年长的爱人,有时甚至是他们自己主动选择的,他们也不会期待在之后的肛交中获得快感。他们需要忍受这些痛苦,以换取年长武士的教导、友谊与庇护。

因此江户时代的色情图画突出了大多数人可望而不可即的东西:真正的爱和相互的性欲。这或许是其中很多作品堪称伟大艺术品的原因。我们应该多花点时间讲讲喜多川歌麿的《茶室楼上房间的恋人》这样的版画,它刊在本章首页。这幅画是最著名的浮世绘作品之一,它展示的是亲密和浪漫环境中的美妙情欲与激情,我们在西方文化的正典中找不出与之相似的东西。欲在西方艺术里找到对性爱激情如此忠实的描绘,只能转向柏辽兹的《罗密欧与朱丽叶》或瓦格纳的《特里斯坦和伊索尔德》等音乐作品,但即使在这些作品中,性爱也是充满禁忌和危险的。

在喜多川歌麿的作品里,没有禁忌,也没有什么是危险的,只是大部分人无法拥有。与视觉艺术相反,江户时代的文学多将这种酬答的浪漫爱情视为悲剧——一种引发了"人情"和"义理"之间直接矛盾的破坏性情感。江户时期最著名的剧作家近松门左卫门(1653—1724)不断探讨这个主题,他塑造的主人公往往不是正面的、伟岸的,他的作品通常讲述小商店老板与妓女陷入无望的爱情,其结果总是悲剧。

在这里我们又一次看到大众文化的起源,因为这些故事面向社会的各个层面。正如武士们会被描写城市下层阶级生活的故事吸引(对平安时代的贵族而言,这是无法想象的),拼命赚钱的商人也被卷入武士小说的全国热潮中,津津有味地读着严守旧式忠诚的小藩武士谴责日益崛起的商业价值的故事。

元禄赤穗事件

1701年,一名幕府高级官员羞辱了广岛附近一个小藩的年轻大名。那名官员也许期待着一份大名无力承担的大礼,也许垂涎大名年轻貌美的妻子,也许私下觊觎大名的领地。也许,他就是个很难相处的人,喜欢幸灾乐祸地傲视这个缺乏贵族教养、不懂规矩的地方土包子(那名官员负责进行礼节、仪式方面的指导)。无论如何,年轻的大名被激怒了,他拔刀挥向官员,使其轻微受伤。在幕府城堡中拔刀是条死罪,大名要切腹自杀,其后代也要丧失继承资格,藩地要被归并到其他地方。大名手下的47名武士密谋要为藩主复仇。由于幕府警察会监视这类事情,这些武士为了掩护他们的行径而假装流连妓院,放弃他们所有的地位和尊严。他们成功地逃过监视之后，便聚在一起，袭击了那名官员的江户府邸，斩下其首级。接着，他们前往藩主墓冢（位于东京的一座寺院内，至今受人祭拜），将斩下的首级放在藩主墓前，然后向警察自首。

此事震惊全国，47名"浪人"（流浪的武士）几乎瞬间成了全国神话故事的主角，并深刻影响着后世，包括促使日本走向法西斯主义的20世纪30年代的暗杀事件。这一事件也使幕府成为焦点。47名"浪人"犯下了极其严重的罪行。但幕府内的保守派认为传统的武士道德正在衰落，取而代之的是自私自利的贪婪和奢侈，因此不能不注意到47人的行为正是武士道德的典范。最后，幕府并未以普通刑事犯罪的罪名处理这47个人，而是允许他们以武士的方式切腹自杀。

这一事件成为艺术家和作家创作的重要题材，1748年伟大的"文乐"和歌舞伎作品《假名手本忠臣藏》（*The Treasury of Loyal Retainers*）是其中最优秀的作品。正如西方弥赛亚的故事一样，以这一事件为题材的演出成为年度庆典，更像宗教仪式而非娱乐活动。

以这一事件为基础的故事吸引了全国的注意，戏剧大获成功。它也确实点出了幕府在其最后100年里所暴露的最大政治和意识形态矛盾。它的统治基础最初建立在正直、忠诚及稳定的等级秩序之上，但后来越来越与人民面对的现状不一致。矛盾本身所带来的压力不断增大，幕府逐步丧失其合法性，最后人们开始质疑幕府应对日本以外世界发展的能力。这些发展越来越难以忽视，也对日本作为独立处理国内事务政体的生存造成可怕的威胁。

佩里准将的"黑船"和德川的丧钟

西方列强第二次登陆日本始于佩里准将1853年和1854年的访问，众所周知，是它促成了德川幕府的衰落。与大约300年前相比，日本这一次面对的不再是相对少数的商人和传教士，而是瓜分地球的强国提出的各种无理要求。幕府很明显没有能力应付这些挑战。但真正推翻幕府政权的并非西方人，而是外藩各个下级武士团体。幕府对这些粗野"蛮夷"的软弱反应让他们感到愤怒，越发认为当前的局势难以忍受。不过，他们的不满远不止于此。

至少，武士特权的消失，富商和贪官的奢华生活，以及1830年粮食歉收（当然这场粮食歉收也使他们自身的财务拮据）带来的人间惨剧让他们万分愤懑。人们通常认为，德川幕府的垮台始于佩里准将1853年的访问，其实也可以把时间往前推至1838年。那一年，武士官员大盐平八郎领导一群成分复杂的叛乱者火烧大阪，几乎将其夷为平地。这次暴乱的规模差不多已有200年未见。叛乱很快被平定，大盐和他的追随者不是自杀，便是遭受可怕的酷刑，但由于大阪位于商业网络的中心，这件事很快就传遍整个日本。令人震惊的不仅是叛乱本身，更是参与者的身份：由一群武士、绝望的农民，甚至还有底层的贱民组成的乌合之众。大盐领导的人民似乎完全打破了通常意义上的等级观念，这与事件本身一样，令全国感到震惊。在当时的大背景（接二连三的歉收和来自日本境外的不祥征兆）下，这个事件其实是幕府崩溃的先声。

大盐是明代学者王阳明（1472—1529）的信徒，王阳明最著名的学说是"知行合一"。他强调思想与行动合一的哲学，与清朝及德川幕府的主流思想新儒学相违背。王阳明的作品所隐含的激进主义，使他在19世纪末20世纪初东亚一系列的改革中扮演了启蒙角色。

大盐领导的失败起义似乎与西方世界毫无关系，启发它的思想虽然是非正统的，但仍然起源于东亚，代表着德川政体内在矛盾引发的危机。我们提过很重要的一点：经过数百年无休止的战争，德川政权建立起高度固化的权力关系等级。正如所有力量的辩证关系所显示的，稳定孕育了发展，而随着时间的流逝，正是这些发展削弱了稳定性——特别是新兴城市及其催生的新财富阶级的出现。这种矛盾最终会导致幕府的覆灭，不管有没有西方。但正是德川的自给自足推动了这一进程，尤其是考虑到欧洲当时正在发生的事情：国际贸易对技术和军事进步起到了巨大的推动作用。

江户时代，日本在人口、都市化和文化繁荣上最惊人的发展都发生在德川统治的第一个世纪，在元禄年间（1688—1703）这一黄金时代达到鼎盛。18世纪滚滚向前，都市的发展到了自给自足的极限：因为缺乏与外部世界的贸易往来，大城市开始停滞不前。由于没有外来资源的供应，偶尔的歉收带来了饥荒。武士靠剥削农村获取收入，他们企图向一贫如洗的农民榨取钱财，导致了越来越多被称为"一揆"的农民暴动案例。经过18世纪的高潮后，到19世纪初，这类事件有所减少，但在19世纪30年代情况又开始转坏，这似乎与对海外发展的恐惧有关。江户感受到美国和法国革命的震动，有关华盛顿和拿破仑等人物的传说不断滋长。俄罗斯船只对南千岛群岛和北海道沿岸的勘探，意味着幕府不能再忽视北方边境并将其视为偏远的苍茫之地：

长期以来，那里只用于与当地人民进行鲱鱼和毛皮贸易。与此同时，全球捕鲸业迅速发展，外国船只不可避免地会与日本沿岸船只相遇。

但最令日本精英震惊的是 19 世纪四五十年代的两次鸦片战争，以及中国沿海通商口岸的开放。很早以前，中国在日本人眼中一直是个超级大国。江户与清朝政府或许没有正式关系，但看见它受屈辱，看见它的主要港口被西方蛮夷占领，就算最想视而不见的人也清楚意识到，巨大的阴影正笼罩整个东亚，日本是无法逃脱的。

1868 年的"革命"？

在推翻幕府的过程中，1868 年夺取政权的新领袖毁掉了日本大量的中央治理制度。他们废除了远在德川之前就存在的幕藩体制（可以说是幕藩体制促使德川幕府诞生），重新划分旧有的藩界，把旧有藩主首府在地方事务上享有的重要权力据为己有。他们收回各大名的土地，正式废除阶级差别，把武士每年的薪俸转化为一次性补偿，从而终结了武士对国家主张的天然权利。他们从西方输入各种制度，从教育普及、男性征兵制度、股份公司、有限责任制银行、国会、法庭到贵金属支撑的货币无所不包，更不用说最新的科技，以及西方的服饰和交谊舞，而且速度快得令人应接不暇。如果所有这些东西加起来都不算革命，便不知何为革命了。

但如果只将它称为革命又会掩盖某些重要的事实，无法了解此后发生的一切。马克思主义者认为，真正的革命只在一个阶级推翻另一个阶级时才会发生，一个人不需要是马克思主义者就可以指出，19 世纪60年代日本发生的一切刚好与此相反。作为现存体制外围精英的长州、萨摩和土佐等外藩的下级武士有效地发动了一场政变，目的是应付当时的危机，因为它威胁到日本统治阶级的集体独立和专断权力。从这个角度看，与1789年法国和1917年俄国发生的一切相比，明治维新更接近反革命。其实，最好将明治维新视为统治精英间付上了极大代价的权力生死斗争。在其后的150年中出现了许多类似的权力斗争，这只不过是第一次。每一次都是日本统治阶级的一部分成员从另一部分手中夺取权力，因为意欲夺取权力的一方预见日本的精英阶级不仅正在失去对国家发展方向的控制，而且面临难以掌控国内事务的威胁，他们正是为了阻止这一灾难性后果而夺的权。

这很自然地指向一个问题：19世纪60年代是否有可能发生真正以阶级为基础的革命？换句话说，为什么日本在江户时期没有经历一次真正的资产阶级革命，自行实现资本主义转型？我们提过，很多必要的前提已经存在，特别是精细的经济和金融制度，较高的识字率，大都会，以及明显正在商人阶级中孕育的萌芽中的资产阶级。这些商人已经显示出他们有能力积累和运作资本，作为工业起飞之需。

日本无法爆发本土资产阶级革命的部分原因在于，德川幕府拉拢潜在反对势力的手段十分高明，这是日本政治文化的特色，幕府衰亡后仍然存在，其重要性保存至今。幕府当局不仅充分认识到商人阶级对武士和大名日渐增长的金融影响力，而且这违反了它们对事物正常秩序的认识，所以让其备感困扰。但幕府当局没有尝试直接干预商人的事务，因此没有激起他们对绝对权力的潜在反动，而这是欧洲资产阶级形成的关键因素。[5] 幕府当局基本上对商人放任不管，但最重要的前提是各商业行会及其他有关组织实行自我监督和管理。自我监管对商人的活动进行暗暗限制，防止他们挑战现行的权力关系。由于无法诉诸财产权神圣不可侵犯等观念，商人缺乏自行发出挑战的思想工具。* 德川幕府的统治基础新儒学视现行等级制度为政治合法性的来源。换句话说，幕府无意超越现行政治制度建立新秩序并重新构建政治合法性。即使是欧洲的专制主义（打着"君权神授"的旗号），在其形成过程中，也包含君主权力源于某种更强大的权威这种想法，君主本身并不神圣。** 但在日本的政治思想中，正当建立的政治权威本身便是神圣的，这种观念在 6 世纪就已经彰显，德川幕府对此加以强调和鼓励，目的是消除对其统治的任何挑战。

上述观念在幕府衰亡后仍然持续，并在 20 世纪产生了恶劣影响。它始终滞留在日本人的政治想象中，电视剧《水户黄门》经久不衰的热度便是典型体现。从 1969 年到 2011 年底，这部连续剧上演了超过千集，成为世界历史上最长寿的节目。（即便是日本最红的电视剧集，通常也只上演两三季，其后可能复出，再多一季或两季。）每一集都是相同戏码。"水户黄门"曾担任幕府将军的副手，他假扮一名退休商人，带着两位助手在日本各地深入旅行。他们遇上的恶行通常是犯罪集团勾结贪官污吏，或者是误入歧途的武士欺压地方善良的百姓。一

---

* 对麻烦制造者不是试图清除而是加以笼络，这种特色方法的另一个例子是，江户时代早期，当局应付盘踞东海道（江户与京都间的主要通道）的盗贼。当局暗中给予盗贼建立、经营妓院与赌场的权利，但一定要维持和平。今天，日本警察也用同样的方法处理街头犯罪，容许暴力团伙成立组织并从理论上非法的活动中获得好处，前提是不能让年轻暴徒上街闹事。

** 这当然是犹太人和早期基督徒与罗马总督之间的原始分歧。亚伯拉罕的信徒愿意承认政治权威的神圣来源，但他们相信敬拜、尊崇本身只指向上帝。

连串明显经过改编以挑起观众情绪的冲突之后，出现一些剑斗场面。在高潮时刻，水户黄门出示上面刻有幕府官印的"印笼"（一个小盒子）以表明他的身份。水户一行人数目较少，而且都是些普通的过路好人，但坏人一律跪下，惶恐震栗。人们很容易就可以看出，水户黄门在这里服务的是一个政治神话，他扮演着复仇天使的角色，对不公正的忍耐达到极点。

当然，在很多时代和很多地方，人们不会将难以解决的问题归咎于基本的政治秩序，而是会归咎于那些企图改变或削弱它的人。如果我们能清除那些追求一己私利的职员和贪官污吏（今天我们称之为"特殊利益团体"），那么无论是人民的意志、上帝的计划还是君主的意旨，都能清楚照亮四方，让正义当道。这种看法并非日本特有。然而，日本特别受到一种根深蒂固的观念的影响，即政治秩序本身乃神圣建构，不容置疑。这给江户时代的日本商人制造了观念上和实际上的障碍，使他们难以建立汉萨同盟或意大利城邦这样的自治体，而正是它们为欧洲的资本主义创造了温床。最接近这种自治体的也许是大阪附近的港口城市堺市，当地由商人委员会管理。但与其欧洲同行不一样，堺市商人理论上无法限制君主（将军或大名）的权力，也不能迫使君主依据任何法律实行统治。因此，幕府尽管越来越倚赖大商社的财务支持，但依然保有没收商人财产的权力。日本商人从来没有产生任何近乎革命的情感，因为他们赚钱的最基本渠道就是借钱给大名及幕府。对商人来说，被抄家的威胁始终存在，而且如果大名拒绝偿付债务，商人也没有任何办法裁决。不过，大名也不愿出此下策，因为害怕未来借债困难。商人最终成为幕府秩序的默认盟友，他们的兴旺完全与幕府的生存捆绑在一起。[6]

幕府的衰亡

德川幕府观念上的弱点在于其政治合法性的最终来源，即天皇的委任。天皇的委任理论上是可以被撤销的——更不要说，无论是1603年德川家康被委任为幕府将军，还是1868年其后代德川庆喜被取消将军头衔，都不是在位天皇凭个人意志做出决策的结果。海军准将佩里要求日本与美国开展贸易并索取特权，导致其他西方列强争相效仿，急着要在一个潜在利益丰厚的待宰新市场（像中国那样，到了可以开发的成熟阶段）上分得一席之地。当时的幕府官员了解到诉诸武力只会导致全面惨败，因此试图安抚西方人，不但签订了贸易条约，还给予租界治外法权。它们被统称为"不平等条约"，与清朝差不多10年前所签的条约一样恶劣，除了英国没有得到在日本倾销鸦片的权利。

这些条约连同突然出现的颐指气使的外国人，自然会引起很多人的愤怒，尤其是从外藩来的鲁莽的年轻武士。他们开始私下聚会，并结成网络。他们拿古老的天皇制度当作挡箭牌煽动叛乱，其实是为了让他们的阴谋在思想上对自己和其他人都更容易接受一点。数百年来，朝廷本身首次介入政治。孝明天皇（1831—1867）同情年轻武士对于幕府顺从西方要求的愤怒。考虑到来自朝廷的潜在威胁，幕府遂安排天皇的妹妹下嫁给幕府将军德川家茂，尽管这么安排非天皇及其妹妹所愿。然而，江户没能阻止京都颁布将"蛮夷"驱逐出日本的命令。

不同于当时的幕府官员（他们敏锐地意识到支持"蛮夷"所要求的军事力量），天皇和煽动皇室的年轻武士对当时日本面临的情况一无所知。1862年，两个英国人在鹿儿岛的萨摩藩首府被杀。数月后，长州海岸的炮台袭击了位于本州岛和九州岛之间的下关海峡的外国船只。英国人把鹿儿岛夷为平地，以此作为报复。稍后，美国、英国、法国和荷兰四国战舰联合行动，捣毁了长州炮台。

虽然很多激进分子继续在"尊王攘夷"的旗帜下煽动叛乱，但与西方军事力量的这些直接冲突使他们从更实际的角度评估日本的情况。当时的一个代表性人物就是年轻武士坂本龙马，[7]他出生于外藩土佐的一个富商家庭。坂本家族靠重新开垦休耕的土地进入下层武士阶级。*坂本被送到为他这类男孩而设的儒家学校读书，但他对学问没有太大兴趣，而且成了被霸凌的对象。由于当时时局混乱，再加上"蛮夷"不断挑衅，剑道学校如雨后春笋般出现。坂本听从姐姐的建议，进入一所剑道学校学习。因此，坂本移居江户，在学校里与一群最激进的年轻武士为伍，并被他们招募成为今天所谓的"恐怖分子"。他的第一个任务是刺杀一名高级幕府官员，该名官员负责改革日本的海军防务并建立一所海军训练学校，作为幕府应对西方挑战的政策之一。坂本冲进屋内时，该名官员却成功说服这名急躁的年轻人可以等他把话说完再动手。接着，他设法让坂本相信，日本必须做些事情以应对今日的世界局势，而杀掉准备做事的人并不能解决日本的问题。

---

* 虽然官方的等级划分十分严格，但实际仍有许多流动性。富有的商人有时可以用钱买到武士中最低等级的头衔，即"乡士"（郷士，字面意思是"乡村武士"）。"乡士"中最高等级的农民可以拥有武士的佩刀特权。

坂本经历了一种转变，这并非罕见现象。他从对新蛮夷和企图安抚他们的那些"叛徒"的感性愤怒转向对西方好奇（他似乎对全民政治平等的美国理想非常感兴趣），并坚信日本的问题在于它的政治结构（等于有两个统治者和两个朝廷）。因为被幕府警察通缉，坂本从江户逃到鹿儿岛。他在那里扮演了一个关键角色，促使传统上敌对的两大西部雄藩萨摩和长州联合起来，组成反幕府联盟。就在其统一政府的梦想即将实现之时，坂本龙马在京都遭到暗杀。几个月后，末代幕府将军退位，正式把权力"交还"其后被称为明治天皇的年轻君主。

显而易见，坂本的故事就是日本那些年所经历的。面对排山倒海的外来威胁，该国首先的反应是愤怒和拒绝。一旦意识到这样做只会导致日本失去独立性，这个国家就开始了彻底的变革，彻底改革其原有的制度并拼命向外来者学习，以武装自己应对威胁。

因为对外国的让步和前后不连贯的改革努力，幕府在应对威胁方面的明显无能让它失去了合法性。秩序最终崩溃。暴乱的群众涌向各大城市的街道，高呼"这不是很好吗？"，相信天上会掉下钱来。面对这种狂热以及西部外藩的公开反叛，幕府瓦解了。流血事件少得惊人。最糟糕的事态发生在日本北部的武士群体中，他们认为自己会被排除在新的权力结构之外，这一判断倒是正确的。结果，新政府成立后，多花了18个月才将他们平定。但流血事件相对较少，加上改变路线的明显需要，使得日本新的统治者能够通过"归还"天皇名义上的权力，按照现有的法律程序获得控制权。尽管在过去的1 000多年中，没有哪一位天皇能毫无争议地实行统治，但宣称"恢复"天皇的权力几乎马上给了新政府合法性。天皇直接统治的神话与自封的寡头领袖利用这个神话达成自己目的的现实之间的差距,在半个世纪后为日本历史上最大的灾难埋下了一层阴影。但就当时而言,它赋予日本新的领袖政治权力,他们可以利用这种权力,在短短一代人的时间里,将日本转变成一个有能力在自己的游戏中挑战西方帝国主义并取得胜利的大国。

图3 "日本现代工业组织之父"岩崎弥太郎画像,三菱集团创始人。(三菱档案馆提供)

第三章

从"维新"到占领

一小群被称为"明治领袖"的人,假借明治天皇之名统治日本。他们精明干练,挽救日本于殖民厄运之中,并将它改造成工业帝国。他们堪比美国的开国元勋或者将垂死的奥斯曼帝国改造成现代土耳其的青年土耳其党人。1868年,大部分明治领袖年纪尚轻,很多人活到了20世纪,以政界元老的身份统治日本,直到20世纪30年代,他们仍有力操控着挑选首相的权力。他们大部分来自萨摩藩或长州藩,另外两位关键人物来自京都的贵族阶级。(这可以与来自马萨诸塞州和弗吉尼亚州的美国开国元勋的统治地位进行比较。)

明治领袖面临三个紧迫又纠结的任务。首先,组建军队,使其强大到可以阻止西方帝国主义的入侵;其次,迅速积聚资本及技术,提升日本的工业能力,使其水平足以支援军事装备;第三,创立制度,其目的不但是要完成上述各项任务,还要取信西方,使其相信日本已经具备条件,可以跻身值得严肃对待的国家之列。这意味着,日本不但要有强大的军事实力(最好是打赢一场兼并弱小国家的帝国主义战争),而且要有议会、法院、银行、一夫一妻制、选举制等制度，理想的是还要有基督教教会，更不用说熟悉西方的建筑、服饰、性习俗、餐桌礼仪等方面了。明治领袖们只有将现代帝国主义国家的模式模仿得足够令人信服，才能说服西方修改不平等条约，并从欧洲人手中夺回对本国关税制度及安全机构的控制权。

很幸运，他们有先例可循。早在明治维新前，萨摩藩与长州藩就已经派代表团到海外，但从1871—1873年的岩仓使团开始，规模更为庞大。当时，在贵族岩仓具视的率领下，包括明治维新的领导人物及其能干部下在内的代表团成员巡游西方世界，寻找他们需要的最适合日本发展的模式。他们从英国学到了造船技术、航海管理、中央银行系统、铁路技术，以及君主对外新的威仪体制；从法国学到了法律制度、防御工事建造技术及医学；从美国学到了现代农业、北海道等边疆区域的发展政策和公共教育；从瑞典和瑞士等国学到了弱国如何部署足够的军事力量来威慑更强大的邻国。

不过，最伟大的老师还是普鲁士，或者说是后来俾斯麦领导的德国。德国的模式格外有吸引力，因为它反映出"落后"或"奋起直追"的国家要发展时面临的挑战，其中最突出的需求是要在小国和公国林立的"大杂烩"中打造出一个统一的国家。由国家主导工业的发展是德国的思考模式，这也成为明治领导人一脉相承的指导思想。德国经济学家弗里德里希·利斯特的著作尤其有影响，他十分欣赏美国建国初期的体制，在亚历山大·汉密尔顿与亨利·克莱等人的推动下，实行关税保护及公开的工业补贴。在《国家政治经济体制》(*National System of Political Economy*)一书中，利斯特主张德国实行类似的政策。该书被翻译成日语，由新成立的日本银行总裁做官方介绍，在明治精英中间广为流传。

尽管明治领导人一心一意效法德国模式，坚持工业至上并以银行为中心发展工业，但他们面临着一个可怕的资本积累的挑战，这比德国之前遭遇的任何问题都严重得多。尽管明治维新在财政上得到大企业的鼎力支持，而且它们中有些在日本向工业经济转型的过程中生存下来，*但明治政府无法等待一个自然发展的资产阶级兴起并领导工业化。对于一个试图在19世纪末竞逐殖民地的帝国主义时代保持独立的国家来说，把经济成果的控制权移交给一个商人阶级，除了太慢之外，还需要进行观念和政治革命。法理统治阶级的正式存在本来可能已经连同其成员的"武士"称号一起被废除，但在一个政治合法性完全包裹在等级制度、先例和传统观念中的国家，昔日的武士最终执掌政权或许是不可避免的。明治政府领导人接管了幕府及各藩的企业，他们自己也创立了一些企业，但发现没有能力管理，最后只好以极低的价格将控股权出售给昔日的武士协会。这种情况有点类似苏联解体后俄罗斯所发生的，不同之处就在于，驱动日本幕后人物的是挽救国家危亡的强烈渴望，而非个人主义的中饱私囊。富国强兵是他们的战斗口号。

---

* 住友与三井是江户时代实现成功转型的两个最著名的企业。

岩崎弥太郎与现代日本工业组织的诞生

岩崎弥太郎是明治时期崛起的最重要的工业家，他的职业生涯可以很好地反映当时的实际情况。岩崎曾经是土佐藩下级武士，与上一章提及的坂本龙马是同乡。明治维新后，岩崎取得土佐藩在大阪和长崎贸易处的管理权。（通常，大藩都会在大阪和长崎设立办事处以获取必需的外国商品。）废藩置县后，岩崎将贸易处的名字改为三菱。1875年，明治政府将30条船赠送给三菱，还给予其经营补贴。这些船曾经属于明治政府的一家船舶公司，是政府为了应对外国对日本沿海航运业的侵占而设立的，但结果以破产告终。1877年，萨摩藩武士西乡隆盛因不满幕府统治而发动起义，*岩崎派船只帮助政府平定叛乱，并从明治政府获得了更多特权作为回报。

具有远见卓识的岩崎善用这笔初始补助，以此为基础建立了世界上首屈一指的商业帝国之一。他还为日本工业组织结构引入了一项重大变革，这项变革直到今天仍然可见而且重要。明治领导人一直效法德国的做法，将银行作为工业集团的核心，使银行而非债券或股票市场成为工业投资资本的主要供应者。但在岩崎看来，与其让银行持有工业企业的股权，不如让银行和工业企业的股权都直接由工业集团的首脑控制。日本别具一格的工业组织形式"财阀"，其起源可以追溯至岩崎的构想。今天这种形式甚至存在于三星、现代等韩国财阀中，它们都是模仿战前的日本财阀。"二战"后的日本，财阀家族被解散，

---

* 这一历史事件成为电影《最后的武士》的故事基础。

但以"企业联盟"（企业系列）或"集团公司"（グループ会社）的形式重新出现。集团公司的主要股权不再由财阀家族掌控，而是由集团内部的各个子公司交叉持股。今天，日本工业界与金融界的很多著名公司仍与这些集团公司有密切关系。

回到明治时期，在工业集团内占有核心地位的银行由关系密切的精英成员牢牢掌控，他们会把稀缺的金融资源首先应用到"战略性"工业——就19世纪末而言，这种"战略性"工业的最初含义包括装备现代军队。但这没有解决如何积累资本以建立上述工业这个问题，更不要说日本如何筹措资金进口必要的资本设备以运行其新工厂了。在19世纪末，以黄金为本位的金融机制是当时处理跨国贸易的外汇问题时唯一普遍接受的方法。也就是说，日本若要建立工业基础，就必须以黄金的形式积累金融资本。不幸的是，日本在幕府统治的最后那些年流失了不少原有的黄金。当时，日本国内黄金与白银的兑换率是1比5，而国外通行的兑换率则是1比15，两者差距太大。精明的外国人找到一个发财的机会，买卖估值如此之低的黄金，通过差价牟取暴利。同时，由于不平等条约的存在，幕府或新的明治政府也无法通过关税阻止黄金快速流出日本。

那时还没有世界银行或外国发展援助基金之类的可供日本求助。尽管如此，当时有国际贷款（多半在伦敦筹集），这类贷款主要用于资助北美铁路的建造。日本可以效法美国，从伦敦贷款用以修建铁路。但俾斯麦特别警告岩仓，在那个时代依赖国际贷款十分危险，一旦日本无法还款，代价之一便是英国海军会派出舰队掠夺其资产，用以补偿尚未偿还的本金及利息。1881年担任大藏卿的松方正义曾目睹埃及与土耳其等国发生这样的事情。当年俾斯麦警告岩仓从国外借贷的严重后果时，松方也在场。他决定清偿借来的国债，并且从此将俾斯麦的话当作自己的座右铭。

资本积累与立宪政府的外在形式

假如无法从海外引进资本，不平等条约又使日本无法限制进口以存储国内资本，而要实现"富国强兵"又必须累积足够的资本，那么唯一的方法便是进一步压榨长期受苦的农民阶级。如果一个国家的工资、物价和生活水平能下降到一定程度，就可以产生剩余资本，而不管其关税体制如何。18世纪40年代，大卫·休谟最先讨论了这个问题，其后每一个竭力建设工业基础以支撑一流军事实力的政府，从汉密尔顿领导的美国、俾斯麦领导的德国到斯大林时代的苏联，都自觉地明白了这个道理。[*]

但要压低工资与生活水平，前提是农民和工人不会反抗。松方正义采取了一连串通货紧缩的措施，成功产生了剩余资本，使其有能力偿还前任所借的债务，同时可以为岩崎等朋友提供足够的资金以进口必需的资本设备。然而，代价是触发了自由民权运动，那是日本现代至20世纪40年代末为止，同爆发自下而上的革命最接近

---

[*] 休谟提出的"物价–现金流动机制"，被认为是经济学作为系统科学的首个重要原理。休谟认为，如果金本位国家通过贸易顺差获得黄金，其货币供应量也会增加，会导致出口价格上升，最后导致出口减少。同时，进口价格会下降，导致进口增加。贸易逆差会导致黄金外流，除非国家干预，否则物价和工资会下降，导致出口增加，进口减少，直至国际收支恢复平衡。休谟的论点是，只要允许物价和工资下降，国家无须害怕黄金外流。

的一次。

这场运动的氛围很大程度上是由民主观念奠定的。随着西方文化的大规模输入,民主夹杂着其他观念不可避免地开始在日本传播,而昔日的武士则趁机利用。他们有些不过是出于怨恨,不满几乎所有的权力要职都被萨摩藩与长州藩所垄断(自由民权运动初期的领袖,包括板垣退助,很多来自土佐藩)。但无论其动机是什么,他们指出,没有代议制民主机构是日本落后的主要原因。随着松方正义通货紧缩政策及新税制的实施,自由民权运动逐步蔓延到社会的下层阶级。这群人数以万计,他们交不出土地税,只能眼睁睁地看着自己的田地被没收,丧失了祖先的遗产,而且生活朝不保夕。各地农民发动了暴力反抗,比如在东京西部的秩父地区——当时主要的蚕丝中心——爆发了史称"秩父事件"的动乱。

为了平息这些叛乱,明治领导人订立了日本第一部现代宪法,史称《明治宪法》,同时建立了国会。这些措施有助于平息一些民主风潮,而且明确证明日本正努力建立现代国家的各种制度。

1895年的甲午中日战争

欲使西方人相信日本是值得重视的现代国家,发动战争并取得胜利是更有说服力的证据,而战争的目标再清楚不过,就是正在分崩瓦解的清政府。朝鲜是表面的开战原因。自19世纪70年代开始,对于朝鲜将不可避免地落入日本的势力范围这一点明治领导人并没有太大争议,他们之间的分歧主要在于日本是否"准备好了"入侵朝鲜。平心而论,考虑到当时帝国主义国家对殖民地的疯狂掠夺,东京在战略上的关注有一定合理性。连美国这种昔日反对帝国主义的国家也要鲸吞夏威夷、波多黎各和菲律宾;像比利时这种地方狭小、仅够自立的国家也深入非洲,展开掠夺。没有哪个重要的国家会因为日本"骄傲得不屑于战斗"(伍德罗·威尔逊语)而赞许它。俾斯麦派了一个德国军事顾问警告东京,朝鲜"会成为日本的心腹大患"。朝鲜传统上与中国维持着正式的朝贡关系,但奄奄一息的清政府已经无法抵御西方帝国主义的逐步蚕食。日本担心朝鲜过分依赖中国,担心它没有能力或不愿意改革,以至于丧失维持独立的机会,反而沦为西方殖民者蚕食的目标。假如朝鲜注定要脱离中国而落入别国的势力范围,日本自然当仁不让。朝鲜国内的意见分成两派:一派希望维持与中国的传统关系;另一派则认为明治时代的日本发生的一切值得本国学习。1894年,一个亲日的朝鲜人在上海被暗杀,其遗体被运回朝鲜时残缺不全,激起了日本国内的反对浪潮,这成为决定战争时刻的重要因素。日本坚持要中国加入,一起敦促朝鲜"改革"。中国的拒绝在预料之中,日本遂公开宣战。

中国在这场战争中大败。在陆上,中国军队兵败平壤;在海上,中国海军被逐出黄海,被迫在山东的刘公岛避难,最后全军覆没。开战仅仅几个月,清政府便不得不求和。

战争的影响波及各个方面。它为绵延两千多年的中华帝国体系的终结敲响了丧钟。长期以来,中国人一直视日本人为半开化的倭寇,现在清政府却被其打败,这个王朝最后的威望也随之崩溃。日本的胜利触发了西方列强最后一波"租借地"的竞逐,*而 1898 年爆发的义和团运动可以说是其回应。对义和团运动的血腥镇压以及八国联军（包括日本）对北京的占领使得清朝国力衰微,并最终致其灭亡与中华民国的建立。

根据甲午战争的战后协议,中国须向日本支付巨额赔款,而这些赔款最终解救了自幕府统治末期一直受国际收支不平衡问题困扰的日本。同时根据条约,中国割让台湾岛、澎湖列岛以及位于朝鲜西北部的辽东半岛（那里有战略上十分重要的旅顺港）给日本。台湾当地人宣布成立台湾民主国,但仅维持了 5 个月,到 1895 年 10 月,当地反抗日本占领的活动基本停止。俄国对中国有自己的计划,它说服巴黎和柏林加入莫斯科,三国联手强逼日本放弃辽东半岛,史称"三国干涉还辽"。三国干涉的结果是,日本获得了更多的赔款作为补偿,但日本并未因此被安抚。俄国为自己赢得了辽东半岛 25 年的"租借"权,而且正如日本一直担心的,俄国开始进入朝鲜半岛,取代中国成为该地区强势大国。

1904—1905 年的日俄战争

"三国干涉还辽"事件可以比喻为一只年幼的豹子捕获了猎物,但一群狮子欲瓜分其战果。幸好,小豹学得很快。1902 年,日本与英

---

* 美国人或许记得他们的中学教科书曾提及"门户开放"政策,这是华盛顿发出的一个呼吁,旨在允许各帝国主义国家一起分享中国这块"肥肉",而不是将其分食。

国签订了《英日同盟条约》,借此与当时的超级大国建立了牢固的关系,这表明日本也懂得玩纵横捭阖的权力游戏及高风险外交了,同时也给它空间准备战争,以应付当时最大的威胁——俄国。日本在幕府衰弱之际被迫签订的不平等条约现在得以重新协商。东京重新掌握关税控制权并终结了治外法权。日本在金融、军事、工业和文化方面的崛起使其可以在海外筹款,用作1904—1905年日俄战争的资本。在雅各布·希夫的组织下,库恩-洛布这家美国的犹太投资银行在日俄战争时成为日本的主要贷款银行,这场融资也让华尔街首次成为国际金融中心。希夫一直对犹太人在沙皇警察手下的遭遇感到愤怒,当然他也很欣赏日本人的信用。

与10年前的中日战争相比,日本在日俄战争中取得了更惊人的胜利。这是自君士坦丁堡陷落以来,非基督教的非西方国家首次战胜基督教国家。日本的海军和陆军都表现得很出色,海军在朝鲜海岸附近击沉了大部分俄国舰队,而陆军在朝鲜半岛长驱直入,最后攻占旅顺港,称霸陆路。两次战争的结果在某些方面是相似的。和清朝一样,沙皇政权再也无法恢复元气。这次战败也为1917年革命预备了道路。此前,日本以台湾作为中日战争的胜利果实,而1905年的战后协议则使日本将朝鲜纳入自己的势力范围。东京利用诡计逼朝鲜国王高宗退位,目的是将朝鲜合法地变成自己的殖民地。当然,这没有比美国在1893年的行径更恶劣。当时,美国推翻了利留卡拉尼女王并将夏威夷吞并。日本只不过是跟随当时的潮流。更重要的是,在不到40年的时间里,日本从一个摇摇欲坠的羸弱国家变成亚洲的"优等生",而且是数百年来,第一个获得列强承认对等地位的非西方国家。不过,当时并未完全显出转变的代价，后来人们才知道它的沉重，而那在当时是无法想象的。

现代日本悲剧的明治根源

如果要了解日本哪里出了错，应该从军事化的国家资本主义制度渗透至农村开始。德川时期，大名与幕府对农民已经极尽压榨，但归根结底，他们最关心的还是政局稳定和税收。只要农民如期缴税，四方太平无事，他们基本会放任农村地区自己组织和管理，而不会有太多的干预。

但明治维新的来临见证了农民阶级被迫无产阶级化的过程，也见证了它融入明治寡头领袖们认为对维护日本独立至关重要的军工政治体系。正如前面提到的，农村是打造工业基础的主要资本来源。农民也是劳动力的主要来源。成千上万的年轻女性到绢纺厂工作，那些工厂在19世纪末为日本提供了最大笔的外汇收入。（更多的妇女则被卖到各大城市的妓院，这是江户时代的特色，一直持续到明治时期，没什么改变，虽然江户时代以"浮世"为主题的文化盛景在明治时代被视为尴尬之事，并且走向衰落。）与此同时，农民每半年在农村与城市之间往返，他们趁着冬天田地休耕蜂拥到城镇的工厂打工，取代了德川时期大名每年往返于封地和江户间的参勤交代。

明治领导人精心设计，把农民整合到一个单一的国家政体，取代过去延续了数个世纪的旧藩体制及四民制度。但江户时代的地方体制与文化习俗网络已经将日本的农村紧密联系在一起，必须用一套完整又崭新的政治思想架构才能取而代之，否则会出现强烈的反抗，甚至暴力冲突（上面提及的自由民权运动便是如此），威胁破坏整个计划。在意识形态上，新架构的一个主要支柱是这样一种观念，即日本是个内在和谐的社会，透过共识运作，其政治和经济安排都由神的旨意恩准——由天皇决定。因此公开反对当时的政治及经济安排，不但违背日本的传统，而且是对神圣秩序的现世反叛。

德川时期新儒家推崇的等级观念已经成为当时政治意识形态的重要因素之一，这为新架构奠定了基础，尽管如此，实际的构建工作仍非易事。不过，明治领导人拥有前人没有的工具：普遍的公共教育和征兵制。除了从农村压榨资本用于工业化的全国土地税，恐怕再没有什么比1873年开始实行的征兵制更让人痛恨的了。力役之征在德川时代就已强制执行，农民被迫接受，但看着自己的儿子被带走则是另一回事，这给他们带来了巨大的痛苦。

也许备受痛恨，但征兵制和普遍的公共教育很大程度上还是达到了意识形态的目的，给农民及其离开家乡进入工业城镇的孩子们灌输了新的民族精神，而这是现代强国所必需的。当然，这种精神是以现存的农村传统为基础的，强调节约、辛勤劳作和共同解决问题（最后一点对于水稻种植以及维护运河灌溉和排水系统至关重要，因为每年都要在合适的时间给农田灌溉和排水）。同时，明治领导人把自身向来遵奉的武士精神融入这些农村传统中，尽管日本的多数农村对这种精神很陌生。与世界各地的情况一样，日本的农民也向来反对军国主义和战争。一个年轻人因为一件小事而替其主人复仇，最后还心甘情愿地剖腹自杀，这对很多农民来说简直不可思议，甚至是不孝的。年轻人应该忠于自己的父亲,他们通过努力工作和生儿育女来表现这种忠诚。在江户时代,武士精神已经僵化到滑稽的程度,武士的所谓自我牺牲和过度禁欲已经沦为一种矫揉造作的表演,变成生活在那个武士精神已经失去意义的社会中的一种补偿。但假如日本突然面临外来的军事威胁和国内的动乱,这种武士精神可以从德川时代的博物馆中翻出来并进行重新包装,以适应现代的军事和军国主义社会的需要。

生活的各个方面几乎都染上了军事色彩。男孩去上学穿的是由普鲁士引进的军校制服。女孩首次大规模地和男孩一起上学。在学校,她们接受的教育是,一个女孩的最高理想应该是成为"贤妻良母",这意味着她的终极目标是养育能作战的士兵,并在国家需要时为天皇赴死。天皇被装扮成军人形象。在平安时代及以前的日子,天皇曾经是文化和宗教的化身,他不同于武士阶层,或者至少名义上高于它。但往者已矣。现在,天皇经常穿着军服出现,并成为至高武德的终极焦点——不容置疑的忠诚。

这是个有意识的政治建构。俾斯麦曾经忠告1871—1873年出使的岩仓使团,日本需要一个焦点汇聚民族情感:应该刻意设计爱国主义教育,将过去围绕着家庭、村庄、地区、地方藩主的忠诚转化到国家层面。这当然是19世纪德国的伟大计划,后来为明治日本效仿。日本的统治阶级一直有一种自觉意识:自己是日本人,而日本是世界众多民族国家中的一员。正如第一章里提到的,这是日本为什么能很容易地接受威斯特伐利亚体系主权领土观念的一个关键原因。日本的统治阶级不需要像土耳其等国的统治阶级那样在观念上有巨大的飞跃,就能明白他们需要做些什么，才能让自己的国家融入一个政治权威和政治合法性都取决于各国政府的世界秩序。

当然，这种"日本性"意识的存在，很大程度上只限于上层阶级。即使在这些人中，对藩、大名或幕府将军的忠诚也优先于对"日本"的忠诚。农民中的情形也是如此。明治政府最关键的任务就是打破这种忠诚，用民族主义和天皇崇拜取而代之。

我们提过一个做法：打破旧藩体制，重绘日本政治版图，将其变为现代的府县。其结果并非中央与地方分配权力的联邦制。仙台、广岛、高知、鹿儿岛等旧藩城堡转变成县首府，但它们过去在地方事务上享有的权力大都被移交给东京逐渐形成的庞大官僚体制。与此同时，明治政府也将矛头直接对准了日本宗教的传统结构。16世纪末，尽管织田信长打击过佛教的僧侣阶层，但佛教在德川时期仍与日本的文化生活密不可分。事实上，为了搜捕、消灭同情基督教的人，幕府官员利用了佛教庙宇全国性的联系。所有日本人都要向当地的寺庙登记，于是寺庙产生了类似于地方户口登记处的功能。所有武士和富有的商人都要把他们的儿子送到寺庙学习，"乡士"（居住在乡村的武士，他们是最上层的农民，获准可以携带武士刀）以及一些富裕的农民也这样做。

然而，随着明治时期教育的军事化与普及化，国家又把寺庙的教育权夺了回来。当时，突然出现了痴迷于界定何谓"日本人"这股热潮，佛教因从外国传入，自然也被蒙上了一层阴影。当然，日本也有某种本土性宗教，例如神道教，但1 000多年之后，佛教与神道教在功能上可以说已经成为一种宗教（虽然有数不清的派别）。

从神学角度而言，几乎无法将两者区分开，但如果从爱国主义或民族主义的角度，则另当别论。佛教寺庙被剥夺了大部分财富，并被要求与神道教的神社分开（之前，佛教寺庙通常隶属于神道教的神社），它们在大多数日本人的生活中被推到一边，失去了其作为中央宗教机构的地位。明治政府创立了以皇室崇拜为中心的所谓"国家神道教"，以此取代了佛教。这一新兴宗教的建筑看起来似乎是对传统建筑纯粹极简主义的再创造，尽可能地消除了中国和朝鲜的影响（东京的明治神宫就是这种风格的代表），但它的仪式功能实际上具有现代性：灌输民族主义以及对一个权力集中的统一政体来说必不可少的其他道德。明治神宫、靖国神社等主要神社的社会政治功能更像纳粹的露天剧场或马克思主义政体的无神论宫殿，而不是满足信徒精神需求的一般教会和庙宇。国家神道教是一个审慎的政治建构，反复灌输这样一种观念：国家本身体现了永恒的原则，是人类忠诚的最高对象。

与此同时，基督教又该怎么办？明治领袖很早就知道，要想让西方以任何平等的形式接受日本，就必须取消针对基督教的禁令。他们也无法忽视，那些作为日本经济军事制度模仿对象的国家都宣称信仰一种或多种基督教教义。许多明治知识分子体验过基督教，也有一些成为信徒。中断差不多250年之后，基督教传教士再次获准在日本宣教。这一次，天主教徒多半来自法国，而非西班牙和葡萄牙，同时来的还有俄罗斯的东正教徒和主要来自美国的新教徒。19世纪末20世纪初，在传教士的努力下，一大批学校、大学和医院建立起来，很多直到今天仍然十分兴旺，是同类机构中的佼佼者。*不过，与300年前的情景大不相同（或者类似今天韩国的情形）的是，这一次基督教很少进入普通民众中间，而是被视为一小群西化精英的专属品。

明治时期宗教的命运——大部分已经存在的宗教机构被冠以"非日本"之名而破坏殆尽，一种由"纯正的"当地传统构成的新宗教几乎建成，少数精英热衷的从西方输入的信仰则留下了大量体制上的印记——可以说是整个明治建设发展的样板。明治时代痴迷于界定何谓"日本"，却刻意模糊来自亚洲大陆的真正塑造日本的历史根源。与此同时，西方文化被囫囵吞枣地采纳，最终只能有限地吸收。结果，日本对亚洲的其他地方以及西方都产生了某些虚幻的想法，这种虚幻最终导致了致命的政治后果。

在明治时代以前，就已经有人试图确立一种所谓的纯正日本文化。最著名的是水户学派，水户是江户北部的一座城市，这个学派以致力于推动本土主义学习的研究会而闻名。在德川幕府末期，由于开始意识到锁国政策已经难以持续，水户学派的影响力不断增加。但到明治维新前夕，水户学派的痴迷似乎有了新的元素。

曾经，日本一直用中华文明来定义自己。正如第一章提及的，什么是"日本"的，什么是输入的，以及什么是从最初的中国模式演变过来的，这些差别也延伸至日语的结构中。关于本国和输入的问题，几乎总是条件反射式地以中国为参照。

但到了现代，西方列强则成了新的外部参照系。与中国不一样，

---

* 举例来说，日本天皇裕仁的皇后美智子毕业于一所天主教女校，那是日本同类学校中最有声望的。但在日本，没有人觉得这有什么了不起的。要理解基督教机构在现代日本的社会学意义，可以想象一下英国菲利普亲王或凯特王妃从佛教、印度教或伊斯兰教学校毕业。

这些国家威胁到日本对内部事务的处理。让事情变得更加棘手的是，旧的参照框架依然存在，并不可避免地触及用来书写日语的文字。日本对上述现实状况的集体反应，很像一个移民或暴发户拼命地想隐瞒自己的身世。随着明治时代的推进以及领袖们的努力取得了成效，日本对亚洲其他地区的蔑视越发严重，也越发明显，在1895年甲午中日战争中取得胜利之后，更是达到了病态的程度。

福泽谕吉对日本胜利的反应具有启示性。他至今仍备受尊敬，其肖像印在一万日元纸币上，由此可见他是明治时期最重要的知识分子。他很有远见，创立了著名的私立大学，积极推动西方的"启蒙"思想——从科学、教育到代议制政府和自由出版。他著名的主张便是呼吁日本"脱亚入欧"。他这样形容甲午中日战争：一个国家试图发展文明，而另一个国家则干扰文明的发展。[1] 当日本胜利的消息传来时，他"禁不住高兴得跳起来"。[2]

在蔑视亚洲的同时，日本对西方的效仿可以说到了荒谬的程度。比如，有人呼吁废除日语，代之以用罗马字母书写的东西；在东京市中心建立美轮美奂的会馆，精英在那里举办欧洲式的舞会。男女共浴被禁，男同性恋、穿异性服装、官员纳妾等亦有相关禁令（但几乎完全无效）。歌舞伎与男娼长久以来的密切关系被斩断，它的一些演员穿着礼服登上舞台。吃肉变成了身份的象征。* 明治政府积极推动国家

---

* 江户时代禁止杀戮四脚动物。日本著名的"寿喜烧"就源自明治时期，当时人们想把日本人不习惯吃的牛肉做得更可口。日本菜里有一个重要的类别叫"洋食"（字面意思是"西式食物"），看起来像西方菜，但其实完全不是那么回事，它是明治日本改良的欧洲菜。著名的"洋食"包括炸猪排、蛋包饭以及咖喱饭等。

第三章 从"维新"到占领　　83

神道教与天皇崇拜，表面上鼓吹不受外国污染的纯正日本仪礼，但与此同时，传统农村神社的节日活动则被视为见不得人的家庭秘密，这些活动的特色是成群的成年男性和男孩会光着身子追逐各种生殖象征物，而妇女们则捧着巨大的阴茎状物体摇摇晃晃地走来走去。日本就这样高姿态地打出"文明开化"（类似于明治时期的"富国强兵"）的旗号，一知半解地模仿西方，同时忙着隐藏日本文化与亚洲大陆的关系以及本土文化淫秽的过去。

20世纪中期的日本伟大作家三岛由纪夫抓住了这一点，他把明治日本比作"一个焦虑的主妇正准备接待客人"，她希望展示给客人的是"完美、理想的生活"，凡是她认为有损这种形象的东西都会被她隐藏起来。[3] 在小说《春雪》中，三岛描绘了明治后期那一小群西化精英的世界，刻薄而准确，笔法细微到台球球桌、白兰地酒的浅斟低酌、仿伦敦萨维尔街（Seville Row）西服完美剪裁的套装都被精准描绘。（在旧式日语中，西服套装"背広"的发音是 sebiro，就是 Seville Row 的日语音译。）

《春雪》是三岛由纪夫去世前所写的四部曲《丰饶之海》的第一部，小说描写的是20世纪日本的命运。第二部《奔马》描绘一小群精英过分推崇西方，不可避免地引发了一股风潮：紧紧围绕着国粹、国体和天皇的极端狂热主义兴起。这种狂热主义的设计者原本想以此为手段，一方面维持农民的忠诚，另一方面毁灭其传统，但没想到日后它会在政治上完全失控。

更讽刺的是，日本之所以着迷于界定何为"日本"、国体的本质以及日本"种族"的国际等级，既受水户学派或更早的传统思想的影响，也受西方种族理论，以及戈比诺伯爵和赫伯特·斯宾塞等人的初级社会达尔文主义的影响。举例来说，德国作曲家瓦格纳的小册子《音乐中的犹太文明》（1850），内容令人厌恶，但影响巨大。他认为只有在特定文化中自然成长起来的人才能创作出伟大的艺术作品；任何将人与其文化的最深层泉源隔离开来的政治制度，都会导致虚伪和不真实的艺术。就艺术观点而言，瓦格纳表达的只是早期版本的"须成为黑人方能领会布鲁斯"，但他提倡的观念广泛传播的这种情绪，经政治化运动后，其影响既深远又具有灾难性。*

这深深诱惑着明治时期的日本。从今天的角度回顾，这种关于种族和文化的理论大部分源自德国，原因很明显：从拿破仑的废墟和神圣罗马帝国的解体中建立一个现代的单一民族国家，完全是后天策划的结果，并非天生。该理论的另一个明显不良影响是，即使战争胜利及加入列强俱乐部让日本滋生了自大情绪，还是无法隐藏它的极端不安全感，这种不安全感既包括怀疑日本是否真的达到先进水平，也包括无法承认或公开悼念那些被牺牲的日本传统文化。

夏目漱石的《心》与明治遗产

要捕捉明治时期的日本所发生的一切，最深刻的尝试莫过于夏目

---

* 这种政治化运动可能包括作为现代国家的以色列。犹太复国主义运动的创始人赫茨尔（Theodore Herzl）接受了瓦格纳的核心思想。假如他的日记可信，瓦格纳的歌剧《唐豪瑟》给了他很大的启发：犹太人若能建立一个独立的国家，便可恢复昔日的骄傲与光荣。因此，虽然瓦格纳的美学与日本风格极端对立，却受到一群日本古典音乐爱好者的尊崇，这并非偶然。

漱石的小说《心》(1914)，它被誉为这位20世纪初日本最伟大小说家的代表作。小说的主人公只被称为"先生"（老师），他有一个不为人知的秘密：挚友多年前自杀，他认为自己对此负有责任。不过，他只能在一封长信（小说的第三部分）里讲述此事与他的罪疚。

评论者一般会同意，夏目漱石笔下的"先生"代表的是结束的明治时代，而他的挚友及其自杀则分别代表着传统的日本和它为了生存所做的牺牲。（"先生"写信给他的那个年轻人代表着刚刚开始的大正时代，大正是明治天皇的继任者，1912年继位，是最为西方人熟知的裕仁天皇的父亲。）笼罩整部小说的背景（小说中确实也提了很多次）主要是乃木希典大将的自杀，他是日俄战争的英雄，也是年轻裕仁太子的私人教习与导师。明治天皇死后，乃木遵循日本武士道的传统切腹自杀。乃木曾指挥围攻旅顺的战役，成千上万日本士兵（包括他的第二个儿子）在那场战役中战死，或许这让他内心极度痛苦。对于第一次世界大战中可怕又折磨人的壕沟战，旅顺之役可以说提供了一个令全世界震惊的前奏。无论折磨他的是何种心魔，乃木切腹自杀的行动震惊了全国，也催生了此后数十年出现的致命狂热。

就像20世纪的历史自身展示的（或者稍微留意当时的新闻报道），仇恨、歇斯底里、丑陋骄横的民族主义以及现代性所释放的任何其他恶魔，这些并非只存在于战前的日本。尽管所有处在现代化进程中的社会或多或少地都会受到这些因素的影响，但由于日本的政治现实与用来描述和理解这一现实的虚构故事之间存在着巨大差距，这些因素以特定的方式脱离了日本的政治控制。

在中学的公民学课本之外，这种差距随处可见。但日本的独特性源于它有两套（而不是一套）关于日本治理方式的虚构故事：一套从过去继承，另一套从西方引入。从过去继承的是天皇统治，从西方引入的是立宪政府及法治的观念。采用后者，部分是因为要回应民权运动的威胁以及板垣退助等人对某种形式的代议政府的煽动，但最主要的动力还是来自西方世界的期待。现代国家都应该有国会和法庭，这就像它们的人民应该用刀叉吃肉和禁止男女共浴，都是最自然不过的事。

如果日本应该建立国会、政党和法庭，那么建立这些就是顺理成章的。但正如上面提及的，1868年人们夺取权力时的口号是"王政复古"，他们中的大多数人无意接受宪法对天皇决策权的任何限制，更不用说那些装点门面的玩意——目的在于说服那些把不平等条约强加给日本的列强它已经成为完全现代的国家。

在设立法院和立法机构方面，明治政府无意效法英国建立立宪君主制。英国政府自称"女王陛下的政府"，以女王的名义订立条约或通过法律，但现在很清楚的是，英国君主已经没有实际权力推翻议会或英国法院的决定——一旦这样做，马上会产生宪政危机，而君主亦不复存在。

日本不存在上述情况，虽然国会及司法机关等蕴含着宪政的可能性，但明治领袖采取谨慎的措施以确保这些机构不能干预（更不要说推翻）天皇的决策。

山县有朋与失去政治控制的官僚体制

在上面提及的各种设计中，山县有朋是核心人物，他通常被称为现代日本军队的缔造者。加拿大日本史学家诺曼形容山县有朋是个"无懈可击的军事官僚",指出他"讨厌任何形式的政党……任何代表一般人民利益的政治运动,纵然力量不足或影响力有限,也会激起他最猛烈的敌意"。山县"创造并维持了军事独裁",这是极为关键的步骤,它消除了国会监督主要官员任命的任何可能性。山县特别设计了一个所谓的"御敕",规定官僚的任用属于枢密院的权力范围,而枢密院理论上只是秉承天皇的旨意。[4]

但实际上,天皇并没有做出任命或决策。大正天皇于1912—1926年在位,他可能有些智力障碍,但他的长子肯定是正常的,后者在日本被称为昭和天皇,在西方则被称为裕仁天皇。裕仁在成长过程中便了解到天皇不会制定政策。这种了解既源于天皇在历史上就是"超越政治之上",也是受欧洲传来的立宪君主理念的影响。(裕仁天皇决定性地介入政治事件目前已知的只有三次:1936年,镇压反叛的右翼军官;1941年,命东条英机组阁;1945年,结束战争。)

虽然没有正式承认,但实际的决策权掌握在"萨长同盟"派(推翻幕府的萨摩和长州两藩的昔日武士)手中。只要这个情况不改变,日本统治结构的核心缺陷就可能仍然隐藏,但一旦这些武士开始逐个死去,问题就成了毁灭性的。

沃尔夫伦指出[5],这个缺陷就是缺乏政治问责的核心。这个核心可以是民主选举产生的政党、执政官,甚至可以是世袭的君主。但问题的关键是,当组成政治核心的一个或多个人做出决策——决定一个国家的目标及达成的方法——并执行它时,他们必须为自己正在做的事情负责,如果不是对选区、公正的司法体系、独立媒体,至少也是对他们自己。

当政治元老（活到20世纪的明治领袖）开始从活跃的决策层退至枢密院等一些机构，他们可以否决政策而无须为此承担后果，这就为巨大的政治不负责任埋下了伏笔。这种不负责任的最终后果就是日本在亚洲发动了一场看不出有任何胜利可能性的陆战，以及攻击一个工业基础比自己大10倍的海外强国。最终结果恰恰是明治领袖们一直试图避免的：日本失去了对其内部事务的管理能力。

灾难

虽然日本为邻国，甚至自己带来了毁灭、痛苦及死亡，人们还是禁不住要从反向思考。如果明治政府没有向日本人民隐瞒日俄战争后期的真实状况，公众舆论的反美情绪还会不会产生？*如果伍德罗·威尔逊没有坚持删除《凡尔赛和约》中呼吁结束种族主义的条款，或者如果美国国会没有通过公然标榜种族主义的1924年移民法案，日本人会不会相信西方民主国家终有一天会平等地对待他们？20世纪20年代开始开花的政党政治和代议制机构的真正萌芽，即"大正民主"，如果外部的经济和安全环境没有那么敌对，是否会发展成强大的制衡

---

* 虽然日本的军事胜利不容置疑，但日本同意在西奥多·罗斯福的斡旋下达成和平协议时，战争还没有取得胜利。明治领袖比30年后他们的继任者看得更清楚——在战场上完全胜利是不可能的。日本的银行家也向东京示意，他们希望日本可以与莫斯科讲和。但日本政府不仅没有解释为什么10年前可以从中国获得赔偿，现在却不可以，还放任这样一种想法，即结束战争的《朴次茅斯和约》其实是另一次"三国干涉还辽"，只是这一次西方列强换成了美国，它窃取了日本军人在战场上浴血奋战换来的成果。

军国主义势力的力量呢？如果摧毁东京的1923年的关东大地震没有发生，没有带来4年后使农村地区及城市工人阶级陷入极度恐慌的金融危机，狂热分子会不会更难号召日本平民加入他们野心勃勃的计划？在上述问题中最根本的是：如果列强没有牺牲自己的经济，徒劳地试图重建已经消失的1914年以前的全球货币和金融秩序，从而引发了一场全球大萧条并将日本也拖入深渊，那么日本可以避免滑向法西斯主义吗？

这些问题可能没有最终答案，而日本统治结构的核心问题到"二战"后仍没有改善。我们会在下一章讨论这个问题。就目前而言，我们只需要提醒大家，日本在1945年以后的经历表明，战后日本的政治秩序比战前盛行的更为仁道，但同样缺乏一个政治问责中心。只有当外交关系、国家安全部署、经济权力分配等最潜在的破坏性议题被搁置时，才可能在缺乏政治问责中心的情况下实行仁道。战后数十年的特殊情况的确允许日本搁置这些问题（我们会在下一章详细讨论），但当明治领袖的影响力减弱并最终消失时，这些问题既不可避免，也无法解决。相反，日本越来越像一个杀戮丛林，胜利属于那些最无情、最狂热、最容易诉诸武力的人，形式或是在国外挑衅，或是在国内谋杀政治对手。

同样，在那个命运多舛的年代，并非只有日本受暴徒支配，把仇恨与血腥提升至国家层次。无论如何，日本都无法避开第一次世界大战的浪潮，而这场人类历史上的最大灾难原本是可以避免的。日本表面上站在协约国一边，在战争中竭力牟取自身利益，工厂发挥产能极限以应付交战国的订单，后来还取得了德国的一些殖民地。即便是

1923年大地震造成的破坏，也无法与法国、德国、俄国因为战争遭受的经济损失相比。虽然与世界其他地方一样，日本也盲目崇拜金本位，尝试重回1914年以前的汇价而完全不了解它在经济上的破坏性（1929年11月，日本恢复金本位并强制日元升值至战前水平，当时日元与美元的兑换率是2比1，立即引发了通货紧缩性衰退）。但与其他大多数国家相比，日本很快便清醒过来并于1931年脱离了金本位。时任大藏大臣的高桥是清推行刺激经济的政策，因此得名"日本凯恩斯"。

日本曾以天皇之名犯下很多暴行，虽然其残暴程度无法与纳粹政权相比。日本从来没有仅仅因为宗教或阶级背景而屠杀数百万公民。尽管日本在中国和东南亚犯下了种种暴行，对战俘的待遇也令人发指，但依然无法在规模上与德国包围列宁格勒（圣彼得堡）或镇压华沙起义时的行为相提并论。在规模上最接近的可能是1939年的重庆大轰炸和1937年的南京大屠杀。南京陷落之后，日军曾进行数星期的暴行，血腥屠杀了几十万中国人。*南京大屠杀表现的正是在政策缺失的情况下，会产生怎样恐怖的行径。

南京大屠杀有力证明，日本在跟随衰颓的世界走向野蛮与道德破产的过程中，其政治结构表现出独特性。不像纳粹的集中营（或1945年3月美国空袭东京，或5个月后美国对广岛和长崎投下原子弹，或1943年的孟加拉大饥荒），日本人犯下的暴行并非典型地出于中央统治机构的具体决策。这不是试图粉饰日本人的所作所为；不是要原谅当时仇外情绪高涨的知识分子，他们对日本的神圣使命无尽地唱赞歌；

---

* 臭名昭著的731部队曾对数千名中国人进行邪恶的人体实验，这也是屠杀史上的突出案例。

也不是要宽恕不人道的残暴，那是日本帝国军队惯有的恶行，无论是对待自己的士兵还是外国人。但至关重要的是，在把握这几十年里发生的事情和延伸到我们这个时代的历史后果时，我们应该试图弄清这场灾难的原因。

一个疯狂而面目狰狞的独裁者不是那些原因之一。同盟国的分析人士一直要在日本找一个类似希特勒或墨索里尼的人，有一段时间他们认定了东条英机，他是臭名昭著的侵驻中国的关东军司令官，后来出任首相，下令袭击珍珠港。（严格来讲，是东条向天皇建议袭击珍珠港，据说天皇在授权时很勉强。）毫无疑问，东条是军国主义者和仇外主义者，没有人会把他当作圣方济各那样的人，但他也不是纳粹的戈林。东条并没有挟持国家机器以追求他的狂热想法。他只是个尽责的军人，执行他自认为的任务。与同时代的人相比，他突出的地方是精于官僚层的权力斗争，最后当上首相。如果东条不符合魔鬼标签，而日本引发的一切灾难都是以天皇的名义执行的，也许裕仁就是最后的坏人。但这种说法明显更荒谬。天皇也许并非如战后建构的，是害羞、温和的隐士，但也不是想要征服世界的成吉思汗式的人物。

与其徒劳地寻找一名或多名带领日本走向灾难的代理人，分析人士还不如提醒自己，在战争爆发前的几十年里，日本政府机构的连续性从未中断过——没有发生像德国的国会纵火案，或是墨索里尼进军罗马，更不用说布尔什维克冲击冬宫，或者是中国的1911年革命和1949年革命这样的事件。最接近的一次是1936年的"二·二六事件"，一群激进的年轻军官企图夺取政权，成功刺杀了数名商业高级行政人员及内阁大臣（包括上文提及的大藏大臣高桥是清，他的"罪名"是支持缩减军事开支）。叛乱被镇压下去，起事的领袖在天皇的直接介入下被判死刑，当时的东条大将亦明确表示支持。

这次叛乱成为恐吓和暗杀政治的高潮。叛乱源于缺乏制度上的沟通管道，陆军和其他地方的民族主义激进分子无法影响政策，他们不满高层贪污腐化，与此同时，农村则日益贫困，再加上纳粹主义、天皇崇拜与种族主义混合在一起的毒素，他们诉诸东亚政治的特色方法：使用夸张手法呈现其仇外情绪和民族主义，目的是让现行政府难堪。这种现象在今天的韩国等国更常见，但在战前的日本，这是唯一被接受的反对政策的方式。由于年轻人"纯洁"，例如没有被"可耻"的商业捞钱行为或政治的黑箱交易所污染，他们得到了普通民众的广泛支持。

类似的现象也出现在韩国和今天伊斯兰国家的一些伊斯兰激进分子身上，他们的手段相同，都是采用恐吓和威胁的方式，而且同样得到了广泛同情。总之，宗教热情和煽动者的"纯洁"与统治精英妥协的世俗化形成鲜明对比。但至少与第一代伊斯兰激进主义者不同的是，日本20世纪30年代年轻的鼓动者拥有现成的胁迫手段。他们不是外来者，而是深植于现行的权力结构中。但这个权力结构随着明治领袖的去世，虽存在形式机制，其实质解决纷争的机制已经消失。结果是无休止的、自我削弱的、甚至是自杀性的权力斗争。东京的瘫痪如此严重，以至于海军和陆军分别行使对政策以及政府组织的否决权，而且双方经常处于敌对状态。东京的最高统帅无法控制在战场上的激进分子，后者经常自行其是，而且如果上级军官对"天皇的旨意"没有充分的热情和敬畏，就可能遭到那些激进分子的杀戮。

正是在这种恐吓与威胁的气氛下，对某些年轻狂热者的粗糙计划提出哪怕是最温和的反对意见，代价都可能是失去性命。于是日本更深地陷入对中国的永无止境的陆地战泥潭，无论它打了多少"胜"仗，或（暂时）夺取了多少土地，最后面对的都是一个不可能被击败的对手。最终，做出合理政策判断的能力完全崩溃，导致东京下令直接对美国发动攻击，而大家都了解整个攻击的构想其实是自杀性的。

在试图找出事情根源的过程中，有三点必须注意：对中国的冒险主义和帝国主义野心；对苏联的恐惧；对法西斯主义者的赞赏。美国倾向于将对日本的太平洋战争视为当时的核心问题，而美国对日本的胜利的确结束了统称为"二战"的一连串冲突。但对日本人而言，太平洋战争（日本人通常这样称呼对美国的战争）更像是另一场更重要的战争，即同中国的"大东亚战争"的灾难性续集。*

清朝末年，日本加入了西方列强瓜分中国的行列。当第一次世界大战转移了西方视线时，在日本多年受压抑的冒险主义马上获得解放。1915年，日本提出了臭名昭著的"二十一条"，企图确立在中国的霸权并将其变成自己的保护国。部分由于来自美国和英国的压力，一些要求被撤回，但日本的野心暴露无遗。"二十一条"也催生了现代中国民族主义的诞生。

尽管"二十一条"在中国激起了民族情感的爆发，还有它们部分

---

* 中国人也将对日战争视为更广泛战争的核心战场，这是可以理解的。美国最终打垮日本时，无论从哪方面看，中国人所受的痛苦都远远超过美国。

被撤回，但因为中华民国未能建立统一的民族政府，这给日本人留下了制造各种灾难的机会。中国陷入军阀割据的局面，有些地区则变成了"三不管"地带。很多军阀与强盗无异，他们愿意与日本的冒险家进行各种交易。

扩大冲突的主角是关东军，它建立于1906年，目的是保护日本人在中国东北的生命和财产。但到了20世纪20年代，关东军实际上已经成为一支独立的武装力量。山县有朋以诡计使关东军免于问责，不受监督——它直接向天皇汇报，实际就是不向任何人汇报。

1931年9月18日，关东军的激进军官在东北沈阳附近的铁路设计了一场爆炸，并嫁祸于中国军队。成功制造了这个借口之后，日本军队出兵占领了整个东北三省。整个东北实质上沦为日本的殖民地，虽然日本人在那里建立了傀儡政权（伪满洲国），名义上处于末代皇帝溥仪的统治之下。国际联盟要求日本撤出中国东北，结果日本退出了国联。

东北三省成为日本最重要的殖民地，其功能类似于经济方法的实验场所，成果在战后日本本土实行，日臻完善。正如世界上其他国家的人（最著名的就是争取"生存空间"的德国纳粹主义者）那样，当时的经济困境让许多日本人确信，不扩大领土，不占有市场和自然资源，日本会渐渐萎缩。自由资本主义经济学假定自由贸易和比较优势为财富的来源，但由于大萧条对日本及其他地方的打击，自由资本主义已经名誉扫地。其实在日本，1927年便出现了金融危机，比大萧条早两年。

日本在东北三省大规模地实行彻底的法团主义和法西斯主义，它在意识形态上的最大竞争对手不是被日本统治阶层视为奄奄一息的自由资本主义，而是斯大林在苏联实行的马克思社会主义。

要分析东北三省所发生的一切，必须了解一点：日本对共产主义有普遍的憎恨和恐惧，对斯大林的戒心尤其大。伪满洲国*被视为遏制苏联在中国计划的关键性壁垒。

卢沟桥事变及诺门罕事件

这两个事件决定了战争的未来走向。1937年7月，中国国民党军队和一小群日本士兵在北京附近的卢沟桥爆发冲突。（根据早先签订的不平等条约，日本和其他一些国家得以派出军队驻扎在北京。）正是此次突发事件开启了中国对日本的全面抗战。

如果不是两年后一件没那么起眼的事，情况可能会完全不一样。由于相信斯大林才是真正的敌人，日本的许多高级指挥官渴望"北进"。1939年，日本和苏联两国军队在蒙古（蒙古当时已成为苏联的附庸国）边境的小城诺门罕相遇并发生冲突，苏联红军让日军首次尝到了在更大范围战争中战败的滋味。苏联人把日本人打得晕头转向，日军方面的伤亡人数超过2.5万。同年晚些时候，苏德条约签订。此后，东京和莫斯科也签署了互不侵犯条约。当然，众所周知的是，希特勒

---

* 安倍晋三的外祖父岸信介曾担任伪满洲国实业部次长，后来担任战时内阁军需大臣，其后再次崛起，成为战后日本政治秩序的关键设计者。如今，抱持这种观点的人在日本政界依然存在。

撕毁了苏德条约，但东京和莫斯则一直信守日苏条约，直到1945年8月日本宣布接受《波茨坦公告》为止。《波茨坦公告》正式结束了同盟国与日本之间的敌对关系。由于害怕无法分一杯羹，斯大林夺取了北海道附近的两个大岛和一组较小的岛屿。

我们扯得有点远了。但无论如何，卢沟桥事变与诺门罕事件的累积效应是将日本的军事重心转回中国。

从那时起，持续进行的战争成为累赘：无法抛弃沉重的财政负担；战术上的成功暂时掩盖了战略上的盲目性；不愿意承认日本的目标在任何情况下都不可能实现的事实（特别是一旦希特勒对苏联发动盲目的战略入侵）。日本的战略家们无法想象承认错误，更别说放弃错误了——还有其他问题，甚至只要一谈撤退，就有可能招致暗杀。相反，必须侵略中国本土，才能保住至关重要的伪满洲国殖民地的安全；必须占领英法在东南亚的殖民地，才能确保侵略中国所需的资源；必须消除美国这个潜在对手，因为它以禁运威胁日本放弃在中国和东南亚的企图。

日本帝国陆军在中国取得了一次又一次的战术胜利。虽然陆军当局可能无意卷入一场旷日持久的陆地战争，但事实就是如此。它一直在寻找能摧毁中国人抵抗意志的致命一击，但每次"胜利"之后，"战败"的中国士兵总能化整为零，融入城市或农村。这是促使屠杀规模扩大的原因之一，在一般的日本士兵眼中，敌人无处不在。*

帝国陆军终于在中国取得"胜利"。1944年发动的"一号作战"

---

* 经历过"越战"的美国人对此再熟悉不过了，这并非偶然。

规模远远超越同时期的阿登战役，并且带来了更严重的后果。陆军最终击溃了国民政府的主力部队。

珍珠港、投降与战争遗产

　　避免战争扩大化的最后机会出现在1941年秋天。当时的首相是近卫文麿，是第一章提及的藤原贵族的直系后代。近卫一直试图避免迫近的日美冲突。1940年的《德意日三国同盟条约》的确刺激了美国，因为欧亚大陆有可能为轴心国全面控制。日本的统治阶层一直沉迷于德国纳粹的成功之道，迷恋希特勒重振德国经济的方式，东京的许多人希望英国、荷兰和法国在东南亚的殖民地会落入他们手中，以消除他们因为中国战场上的物资供应而产生的焦虑。日本政府忽视了其驻欧洲使馆人员的警告，即纳粹不一定入侵英国。

　　同时，罗斯福政府担心缅甸、法属印度支那和荷属东印度群岛落入日本手中。美国开始表示，日本必须放弃它对欧洲殖民地的企图，并放弃它在中国占领的所有领土，除了原来的南满殖民地。美国有一个可靠的手段可以向日本施压，就是对其实行石油禁运。

　　那时，东京有不少人（包括天皇本人和东条英机，后者曾经是日本关东军的司令，时任陆军大臣）相信，日本正面临抉择：或者放弃其对亚洲大陆的企图，或者对美国开战。由于未能说服华盛顿相信它的要求会导致战争，近卫最后只好辞职。天皇命令东条英机组建内阁，从那时起，后果就可想而知了。

　　随后发生的事情，已有不少文献讨论。这些事件包括：偷袭珍珠港、新加坡、南京和马尼拉陷落，中途岛战役，珊瑚海战役，占领硫磺岛和冲绳，空袭日本城市，以及最可怕的高潮，即在广岛和长崎投放原子弹。对这段历史感兴趣的人都知道这些事。这是一个充满暴行、恐怖（与英雄主义）的长篇故事，其野蛮和悲惨程度只有当代欧洲发生的事才能与之相提并论。

从中得到的一般教训就是，若政治失能，无法制衡权力，便会出现日本的情况。除此之外，还有三点可以借鉴。当后面章节提到1945年以后发生的事情时，这三点的重要性便会显现出来。

首先，要强调的是日本人战场战术的精到之处以及西方列强一贯的傲慢，后者不断低估日本人的能力，不相信日本有能力偷袭珍珠港，不相信日本能以闪电的速度南下马来半岛，以及从北边入侵新加坡，更不会相信日本可以部署比西方任何武器都先进的战斗机。

日本人同样因为误读对手而产生盲点。他们认为中国人是低劣、落后的民族，不会坚持抵抗，只要施加压力便会投降；而美国人很腐败，只要给以有力打击，便会溃不成军。他们认为外国人永远不可能理解日本，所以美国人不可能破解其密码。但两种误读并不相同，值得深思。日本人误读的一直是对手的动机和决心，而西方误读的则一直是日本人的能力。

其次，战争并非东京的大胆赌博。日本领导人觉得他们是被迫卷入战争的。在战后东京审判期间发表的一篇著名文章中，日本伟大的政治哲学家丸山真男写道："在战争期间，同盟国的观察人士普遍认为，由于日本蓄意发动了大规模的战争以对抗世界上两个最强大的国家，因此它必须建立一个组织，并根据对未来的合理而清晰的预测制订计划。毫无疑问,当事情的真相大白于天下时,盟军会越来越惊讶。"他接着解释说,事实是,日本的战时领导人将整个时期视为"一场自然灾害,一场大自然的震动,让所有的人类力量都黯然失色"。他指出:"日本当时拥有最高权力的人其实只是傀儡,被他的下属操控,而他的下属又被其他人操控,这些人包括海外官员、右翼浪人以及与军方有关联的恶棍。事实上,名义上的领导人十分无奈,常为迎合体制外的莫名力量所创造的既成事实而被牵着鼻子走。"[6] 换句话说,战争的最终原因(或至少日本在战争中所起的作用)不是因为权力集中在某些野心家手中,而是因为分散的权力失去了控制。

最后,经此一役,表面上看日本好像实现了其目的,但其实是摧毁了日本完全掌控自己命运的希望,讽刺的是,后者才是日本的真正动机。东京的官方说法是,日本发动这场战争是为了终结殖民主义,把西方列强赶出亚洲。除了一个真正的例外,日本成功地实现了这些目标。正如丘吉尔所担心的那样,新加坡的陷落意味着大英帝国的终结。1945年后,法国蹒跚地重回印度支那,然而不到10年之后,便被永远地踢了出去。如果美国没有像现代的克努特国王那样努力抵抗历史潮流,那里的殖民历史可能已经就此结束。荷兰人被赶出东印度群岛,即今天的印度尼西亚群岛。即使是美国在亚洲唯一的正式殖民地菲律宾,也会在当时事件的压力下,获得法律上的独立。

只有日本及其昔日的殖民地台湾地区与朝鲜半岛(或者至少是朝鲜半岛南部),将被无限期地锁定在美国的防御范围内,国防上倚赖美国，而外交政策则完全受华盛顿左右。从德川时代的闭关锁国到1945年孤注一掷的战争，日本历史的整个轨迹追求的就是在意识形态、军事或经济不受外国人支配的情况下，实现对国内事务的控制，结果却全面失败。1945年以后，日本发现自己被占领。在很多重要方面，这种占领直到今天仍未结束。

图 4　1960 年，社会党强硬领袖浅沼稻次郎遇刺。(长尾石康摄，《每日新闻》提供)

第四章

奇　迹

日本在战后的重新崛起之所以被称为"奇迹"，主要有三个方面的原因。首先，也是最明显的原因在于增长率本身。1955—1971年，日本实现了历史上最高的实际经济增长率，那是当时的任何经济体都无法比拟的。其次，是其整体变化，在短短二十几年内，日本从一个被轰炸后的废墟变成世界第二号的工业经济体。这种转变在当时被视为奇迹，因为它不是通过没收私人财产、饥荒和杀戮实现的，而是通过民主的非强迫的方式。日本的转变消除了国内的贫穷，也为大多数日本人带来了经济保障以及全民医疗保险和教育，所有这些都是在一个有着自由选举权与言论自由的和平社会中实现的。

第三，当时在日本国内外没有人能从理论上充分解释它是如何做到这一点的。日本的经验不符合那个时代的任何一种主流发展范式，无论是马克思主义、凯恩斯主义，还是由后来在第三世界精英中流行的所谓"依附理论"催生的各种政策。马克思主义者号召革命性国家代表无产阶级夺取经济制高点，以加快资本积累。但日本并没有出现革命，政府使经济大部分掌握在名义上的私有企业手中。凯恩斯主义者鼓励政府采取积极的经济政策，例如赤字开支，通过刺激需求以带动成长。但在"奇迹"年代里，日本通常推行平衡预算，其国内需求在国内生产总值（GDP）中所占的百分比要低于其他同等发展水平的国家。印度的尼赫鲁、阿根廷的庇隆和坦桑尼亚的尼雷尔都曾试图通过建立自己的工业供应本国市场以刺激经济腾飞，同时希望能借此减少对工业化国家的"依附"，但日本没有选择效仿这些榜样。1952年，美国正式结束对日本的占领，但它与日本订立的条款仍牢牢束缚后者，彼此的关系千丝万缕。在资本货物、市场以及国际认可的货币方面，日本仍完全"依附于"美国。

日本没有遵循当时已有的各种发展方法，也没有回到维多利亚式的经济，即所谓的自由放任型经济。事实上，大萧条已经使自由放任型经济的信用暂时破产。它的健全货币、平衡预算、由市场而非官僚决定价格，以及商品和货币自由越界流动等发展理论，一直到1989年"华盛顿共识"出现时才得以复活。不过正如第三章提及的，若在19世纪末自由放任经济最高潮的时期，日本都拒绝接受这种方法，那么战后已经失去正面形象的它就更不会实行自由放任政策了。在战后日本的经济体系中，货币、劳动力、外汇、技术转让、资本设备等主要项目的价格，基本上（如果不是绝对的话）由官僚指导，而不是由市场力量决定。只有在非关键领域，市场力量才能自由运作。企业管理、劳动力和金融等市场受到严密监管，甚至被完全取缔。只有在特殊情况下才准许外国人直接投资（收购日本公司或在日本设立子公司）。跨界投资组合（外国人购买日本的有价证券或日本人购买外国的有价证券），以及商品与服务贸易也受到严密管控。大部分企业卡特尔化，而这些卡特尔同时受到其成员和官僚机构的监督。

正是由于日本决策者与商界领袖所做的一切缺乏理论解释，产生的效果又如此引人瞩目，才使得这一切带上了奇迹色彩。日本人自己也觉得很惊奇。没错，1960—1964年担任首相的池田勇人曾提出著名的"国民收入倍增计划"，但至少在开始时，它被认为只是一个口号（事实上，日本比池田的目标提前了两年实现收入倍增）。查尔莫斯·约翰逊写道[1]，日本人首次知道自己成就了"奇迹"，是因为读到了以《令人惊奇的日本》（Amazing Japan）之名独立出版的畅销书，而这本书是从英国杂志《经济学人》（1962）的一篇长文翻译来的。约翰逊在1982年出版的《通产省与日本奇迹》（MITI and the Japanese Miracle）一书中，开篇便谈及他对《经济学人》那篇文章的反应。西方学者系统地尝试解释日本所发生的一切，约翰逊的书可算是最早的。约翰逊认为，"奇迹"源于他所谓的"高速增长体制"，该体制在20世纪50年代中期形成，为经济起飞创造了平台。

约翰逊坚持认为，必须以体制为基础解释"日本奇迹"，这与当时的思想潮流有异，使他看起来像个局外人。20世纪80年代初，理性选择、完美信息和有效市场假说等观念在学术界占据主导地位。有效市场假说不仅以自由放任的古典经济学为前提，认为自由市场是通向经济繁荣的捷径，而且认为处理所有的经济和政治问题时，最好的假设是，人类是理性的决策者，试图将自己的"功利"（utility）最大化以应对价格，因为价格在本质上包含了所有可能的信息。

不用说，日本的经验代表了这种探究模式的一种令人不安的反常现象，而且可以预见的是，人们做出了各种尝试来贬低约翰逊所提倡的体制的重要性。约翰逊的著作出版10年后，日本在其发展过程中遭遇困境，曾经轻视高速增长体制的阵营马上高调发声"我早就告诉过你"，并迅速宣称这些体制正在妨碍日本的"复苏"。

但要直接为"日本奇迹"体制论辩护并不容易，因为受各种意识形态驱使的日本人使事情变得复杂，他们试图将部分体制置于调查之外，宣称它们并非出于有意的政治设计，而是日本文化的独特产物。涉及经济权力问题时尤其是这样，比如终身雇用制、企业工会以及"合意管理"，它们都被解释为抽象日本性的有机结果。再加上美国学术界体制方法论日渐式微，其影响是使有关日本经济表现起因的学术研究充满意识形态争议。因此，日本的骄人纪录一度笼罩着一种常人难以理解的光环，"奇迹"一词就是例证。

然而，当日本开始经历严重的经济困难时，也是它的邻国——先是韩国和马来西亚，然后是中国——开始采用这种高速增长体制时，神秘的光环开始消退。西方人想象中的"日本经济奇迹"被"东亚增长模式"取代，后者包括出口导向型的经济和巨额美元盈余的积累，以及一个模糊的暗示（就像日本经历的那样），即它只能在有限的时间内发挥作用，矛盾很快会随之而来。

1955—1971年，日本的确完成了一些史无前例的事情。日本榜样的力量也的确超越了大约两代人之前左翼和右翼提出的发展理论。其他国家在目睹了日本所发生的一切之后，也想理解并效仿。然而，并没有秘籍或诀窍之类的东西。

约翰逊曾强调，日本之所以能成功构建高速增长体制，是因为经历了一个漫长的试错过程。"日本奇迹"的诞生和形成，在很大程度上取决于战后日本所处的特殊（甚至独一无二）的环境。这些环境可能看起来是偶然汇聚在一起的，不会有第二次。然而，日本对它们的回应不仅在很大程度上决定了自己的历史，也决定了世界其他国家的历史——最重要的是，巩固和延续了以美国霸权为核心的全球政治和金融秩序。因此，日本在战后年代的经验深刻影响了其他国家（包括中国）摸索自身走向现代化的道路，这些问题我们将在后面的章节中详细讨论。目前，我们先集中在战后十年发生的事情的根源。

战后十年的特殊环境

从战败中复原其实并非什么前无古人之事，许多国家做到了这一点，而且变得比以前更强大。战后十年中日本最重要的首相吉田茂也曾试图用这一观察来安慰自己的同胞。在日本成就经济奇迹的同一年代，联邦德国也成就了"德国经济奇迹"，这表明即便在"二战"的战败国中，日本"奇迹般的"复苏也并非独一无二。

不同于德国被四个胜利的同盟国分区占领，日本在筹划复苏时，占领国只有美国一个。这个强国在战后之初决心改造日本，但既缺乏毅力又缺乏知识。改造计划实行没多久，美国的注意力就被转移到其他优先事务上了，而且将日本也拖入其中。对日本来说，它没有太多选择。在占领期间，美国很明显无意放手让日本走自己的道路。日本要恢复主权（哪怕是名义上的），代价是它必须整合到美国的防卫圈内，至少表面上要支持美国的地缘政治及意识形态目标，而最坚实的证明就是将左翼拒绝于权力之外。

对日本的大部分统治精英而言，这是个可以接受的交易，特别是当他们看到美国愿意，甚至渴望维持日本国内原来的权力组合，只要日本名义上仍留在"资本主义"阵营内。至今，美国为日本处理了一个完全独立的政府通常会自行处理的事务：提供安全；处理外交关系。正式结束占领后，日本未能完全恢复主权，这触发了左右两派的愤怒。左翼担心日本会被拖入美国的军事冒险，并被纳入美国的霸权计划；而右翼则认为，美国强加的宪法削弱了这个国家的力量，宪法著名的第九条强制规定了和平主义。两种批评都有一些道理，但负责《旧金山和约》（正式终结了美国对日本的占领）谈判的吉田茂有不同的看法，他认为自己已为日本争取到最大的好处，而他也许是对的。

暂且不谈结束占领所签条款的长期影响（其影响可以说直到今日），它们的确让统治精英将过去几十年导致了20世纪30年代灾难的血腥斗争抛诸脑后。战败和占领使日本失去了引发这些斗争的基本政治因素。安全不再是东京的责任；与亚洲大陆的关系（一直是日本有史以来最重要的"外交政策"问题），现在也不在东京手中。无论私底下有什么想法（不只是左翼谴责了美国的盲目），日本官员都要温顺地配合美国的政策，不得与新成立的中华人民共和国有任何接触。在朝鲜半岛的分裂中，日本只能当个旁观者。其实首尔和平壤在东京各自有其支持者，但日本实际能做的只是充当美国的军事后勤基地。

唯一能争论的真正问题是经济。鉴于20世纪40年代后期整个国家已经沦为废墟，没有人反对国家最优先的任务是重建。对战争负有直接责任的军国主义者已经失去国人的信任，受他们操纵的官僚——最重要的当然是帝国陆军及内务省，在战时它们负有监管社会的责任——或分裂或遭解散。除了少数人（如东条英机）因战犯身份被占领当局判处死刑，大部分战争时期的当权者退居日本政治幕后，充当权力中介和调停者，也有人东山再起，如岸信介，他在战时担任东条内阁的军需大臣，1957—1960年担任首相一职。这些人成为经济增长及日美"同盟"的支持者。

这些人和曾在战时受冷落或者为保命而维持低调的温和保守派（如吉田茂），在后占领时期崛起成为主流当权派。但整个过程并非自然出现的。虽然驻日盟军最高司令麦克阿瑟是保守的共和党人，但他手下的文官不少来自华盛顿，都是热心的新政者（New Dealer），他们看到将日本改造成民主国家的机会要比在美国国内更全面、更深入。他们做的第一件事就是释放数千名政治犯，其中有不少是左翼。日本左翼的重新崛起让一大群知识分子、教师及昔日的劳工活动家十分尴尬，因为他们在战前曾公开放弃对左翼的同情。也许因为内疚想要做出心理上的补偿，不少人变成了社会主义思想的激进派。战争期间曾拒绝放弃信仰的日本共产党党员出狱后被视为英雄。鉴于当时时局的悲惨，有关系的内幕人员在黑市牟取暴利以及由此引发的巨大民怨，这个国家可能会不可避免地陷入革命的狂热之中。到1946年5月，一波接一波的示威活动（包括当月发生的很有名的反对食物配给制度的示威）重创整个日本。两年后，日本真的选出了一个社会主义政府。

当时正值冷战初期，这一切令美国心生恐惧。斯大林领导下的苏联曾表示，无意从战争结束前几个月士兵占领的那些欧洲地区撤退。美国国务院知情人士警告说，毛泽东的游击队胜利进入北京只是时间问题。虽然这些人后来被麦卡锡、尼克松等人污蔑为"赤色分子"，以其职业生涯为自己的先见之明付上了代价，但在20世纪40年代中期，他们提醒人们美国面对的是一个不易安抚、铁板一块的敌人，而历史证明他们的看法似乎是正确的。经济大萧条带来的灾难尚未被遗忘，战争提供的经济刺激也宣告结束，许多人担心在共产主义越来越强大的同时，资本主义经济会再次跌入低谷。

正是在这样的背景下，日本的保守派精英首先采取了一些策略以控制日本的局势，这些策略一直沿用至今。当时，他们压倒一切的首要任务是争取得到占领当局的支持，共同阻止左翼接管日本，并尽可能维持战前的权力关系。他们的策略包括利用美国人的恐惧和吉田茂私下承认的所谓"美国人的美丽误会"来操纵美国舆论。

正如最近的新闻所证实的那样，每一个依赖美国或希望从美国获得某些好处的国家都学会了如何做到这一点，即如何奉承和影响美国的掌权者。在这种权力游戏中，日本人的技巧仅次于以色列人，部分是因为日本人早就习惯了这种做法。在日本，操纵和迎合上位者的能力是成功的必经之路，从幼儿园的教室开始，一路到官府企业庙堂，莫不如此。任何一个外国人只要他有机会手握权力与日本人打交道，无论是在廉价的歌舞厅与他们进行一次低俗的会面，还是在一家好的日本餐厅共进晚餐，或是被一家日本公司请求一份大的订单，都会了解日本人多么会逢迎待人。事实上，日本人从婴儿时期便学会奉承，因为在日本社会中，任何希望自己的孩子能出人头地的母亲几乎都会本能地教孩子这种本事。日语中有一大堆为此而设的词汇，很多在英语中甚至找不出与之对应的词。例如日语的"甘え"，它代表一种行为，即有意突破与权力上位者的亲疏边界来获得被溺爱的感觉。无处不在的奉承和其他现象一起，被一股脑安在"日本文化"的标签下，虽然不假，但说明不了什么。几乎可以肯定，这源于德川统治时期盛行的权力关系，当时武士可以随意斩杀平民。

到明治初期，日本要使用任何能用的方式以维持独立，奉承策略第一次成了日本外交工具的一部分。1945年后，日本失去了独立，同时要面对数以万计的共产主义者及其支持者在街上游行，当权者面对的挑战更大。幸运的是，他们可以倚赖美国人只愿与精英阶层打交道的习惯，也就是只愿与能说流利英语、曾在美国学校读书又最懂得消除美国人戒心的日本人联系。麦克阿瑟的虚荣和自负也起了作用。他的办公场所与皇宫只隔一条护城河，是占领集团指定的总部。他可以说是自德川早期的将军以来日本最有权势的人，但从未与日本社会顶层以外的人接触过，也永远不会尝试弄清真实的情况是怎样的，他特别爱听毕恭毕敬的阿谀奉承，而日本人又善于此道，举世无双。除此之外，美国国务院的中国问题专家不但成功地把"老日本通"排斥在东京之外，而且将美国军方在战时训练过的一批懂日语的有潜质的年轻干部排除在占领当局之外。美国国务院这批后来被称为"中国党"的人对日本人在中国的所作所为感到愤怒，他们也担心那些对日本了解太多的人可能会倾向于对日本的商业和军事精英手下留情。"中国党"同情左翼的政治观点，因此他们已经预先得出结论，就是这些精英应该对这场战争负责。他们怀疑，"老日本通"与吉田茂周围那些温和保守精英在战前的某种联系战后又恢复了，这种怀疑也许是正确的，但他们在华盛顿官僚斗争中大获全胜的效果是剥夺了占领者了解日本实际情况的任何独立手段。正如约翰·道尔在其有关占领史的巨著《拥抱战败》(Embracing Defeat)中提及的，"从上到下，（麦克阿瑟）在东京的'超级政府'都表现出对地域专家的厌恶……只要那些人在日本事务上稍微有点资历，它就会刻意把他们大部分排除在日常运作层次之外"。² 道尔使用"超级政府"这个词形容占领当局，因为它除了依赖现存的日本权力结构来执行日常决策以外别无他法，而这样的结果是由它自己一手造成的。

公平地说，保守派有充分的理由害怕共产主义者。即使日本左翼没有接受莫斯科的行动命令，克里姆林宫也没有采取任何行动来消除这种印象。它甚至公开批评野坂参三是"渐进主义者"。野坂是日本共产党的创始人，也是该党在20世纪40年代末的主要领导人之一。（苏联解体后，克格勃曝光的文件显示，野坂实际上为共产国际从事间谍活动。）苏联军队直接违反日苏间签订的互不侵犯条约，向日本宣战，假如日本没有向美国投降，苏联必定会进攻北海道。在促成投降这件事上，苏联的宣战与原子弹同样重要。假如日本晚几个星期投降，它大概会与德国和朝鲜半岛一样，由共产党和非共产党瓜分。（结果是，苏联只好满足于在日本投降后占领南千岛群岛。）尽管如此，曾驻守在中国北部和朝鲜的 100 多万日本士兵被苏联俘虏，他们在极为恶劣的环境下做奴工，时间最长的有 5 年之久。囚禁期间，有成千上万人丧生。

因此，日本人普遍仇视和惧怕苏联是有其根据的，而 1948 年苏联策划的捷克斯洛伐克政变和东欧"铁幕"的倒塌进一步加剧了这种仇恨和恐惧。保守派固然害怕苏联的阴谋，但更不满意国内由占领当局主导的真正民主改革，改革在通过了一部比美国还要进步的宪法时达到高潮。宪法明确保证性别平等，赋予工人权利，同时还有禁止战争的条款。驻日盟军总司令部最初是命令日本政府准备宪法草案，但当了解到日本无意按照美国的期待拟定任何东西时，占领当局决定自行处理，亲自拟定了宪法的大部分条文。

　　问题的部分原因在于，承担重写明治宪法任务的日本法学者过度受普鲁士传统的影响，仍认定法律的主要任务是支持国家，厘清国家权力，而不是公民向统治者问责的工具。另一部分原因是日本保守派根本不相信有真正的民主，后者颠覆了与日本人密不可分的等级观念。在日本人的概念世界中，等级观念享有近乎神圣的地位，没有它，就只好走向无政府主义和野蛮状态。

　　因此，最后制定的宪法虽然令人钦佩，但有一个至今无法摆脱的缺陷——它似乎是强加给日本的。强加者也许怀有极度的好意，但字里行间充满了外国的味道，很多地方读起来像惨不忍睹的翻译文字。*因此，宪法不是日本最终的执政法律文件，在日本的整个政治传统中，它只是一个合法性象征，但界限模糊，充满妥协，就像一个被各方权力竞争者拉扯的移动神龛，摇摇晃晃。最著名的当然是宪法第九条，

----

* 对日本宪法的传统解释是，认为它完全是由美国强加给日本的。最近，这一观点受到记者立花隆的挑战。2008年，他在现已停办的《月刊现代》中发表了一篇文章，指出大正时代（1912—1926），日本自由派律师和记者曾拟定了一个宪法草案，战后宪法大部分即取材于此。然而，这一证据在很大程度上受到了压制，因为它不符合保守派的主张，即宪法是"强加给"日本的。详细可参见本书第十一章的讨论。

它明确禁止日本获得"发动战争的潜在能力"。事实上，日本明确违犯了这一条，它维持着当今世界第五强的军队。但正是那些无视宪法而为日本委婉地称为"自卫队"的军队拨款的官员，当美国要求与日本有更多直接的军事合作时，他们又迅速拿第九条当作挡箭牌。（宪法墨迹未干，美国就已经后悔强制日本执行宪法第九条。自美国第一次敦促日本为其军事努力做出更多贡献以来，已经过去60年。）

宪法的其他方面也是同样的情况——例如，主权所在问题。主权在民这一点宪法写得很清楚。但时至今日，仍有一种强烈的余波依然荡漾（至少在年纪较大的人之间），即主权的最终所在实际上仍是皇宫。立法权由宪法赋予国会，但在战后的大部分时间里，强大的官僚机构在其职权范围内享有立法、行政和司法权力。所谓的议会监督，只不过徒有虚名而已。宪法会触发（而且事实上经常发生）官僚主义及其他形式的权力斗争，但在具体事情上却很少被视为最后的判断标准。

宪法的命运显然反映了占领的命运。占领当局的官员在开始时的确怀有极大的善意，但他们自缚手脚，无法接触到日本人中的天然盟友（如工运领袖、知识分子以及女权支持者等）。随着时间的推移，占领当局被那些更关注日本是否反共而非是否民主的人取代，结果成了它本欲取缔的旧式保守精英的合作伙伴。最终，两者变成了互相利用。

在短命的社会主义政府之后，保守派赢得了1949年的选举，在占领当局的鼓励下，发动了"赤色清洗"，将超过13 000名疑似共产主义者及其支持者逐出了政府和商界。与此同时，那些曾在战时统治日本的人被从监狱放出。由于担心日本会持续削弱美国财政，杜鲁门政府派遣底特律银行家约瑟夫·道奇前往东京，希望他能遏制住赤字。他的"道奇路线"包括实行经济紧缩、全面抽紧银根、固定汇率以及结束赤字支出。所有这一切都被贴上了"逆行"的标签（包括"赤色清洗"和"道奇路线"）。直到今天，日本左翼仍将其视为对最初占领日本时的民主理想的背叛。

这并非说占领当局最初的目标完全失败。制度一旦被植入政治体，即使是作为实际权力关系名义上的幌子，也会顽固地（甚至颠覆性地）提醒人们最初设想它们的目的。日本明治时期引入的议会政府和法治等制度，最初是为了讨好西方国家和受到西方思想影响的当地煽动者，但它们已经向日本的传统精英展示了其颠覆能力。我们在上一章已经提过，山县有朋锲而不舍的狡猾设计就是为了要使官僚机构免受议会政府理念中隐含的监督和问责。现在，保守派面对的是一套更加令人不安的新体制，这些体制由美国的军事力量催生。吉田茂自己也承认占领时期的改革者取得了部分成功，他承认保守派曾打算在日本重新获得独立后摆脱那些体制，但后来发现他们做不到，起码不能整个废除。日本的当权者会想办法阻挠工会、言论自由、普选权、法律上的女性平等、决心不再把学生训练成炮灰的激进骨干教师，以及整个政府由人民公仆而非帝国人臣构成的理念。但一些固有的思想仍然很强大，它们至少继续在一些专制的权力运作中起到软化作用。劳工的激进倾向削弱了，但直到享有盛誉的大型公司开始保证其核心员工的经济安全为止。时至今日，日本体制内报纸的记者被迫表现得更像速记员而不是记者。但在主流的报纸和电视网络之外，还有许多喧闹、不守规矩的媒体存在，对它们而言，只有少数话题是真正的禁区。*日本的选举虽然无法决定政策,但没有哪个政府能一直无视人民的不满。女性的实际平等(与法律上的平等相对),大概还需要相当长的一段时间才能实现,但潮流继续往这个方向走。日本的学生被教授民主和议会政府的基础知识,老师们奋战数十年,在反对歪曲历史以及教材重新军国主义化方面也取得了一些成功。显而易见,许多政策在制定时仍然没有多少问责,日本的检察官也往往不把自己看作仆人,而是法律的主人,他们经常使用其过大的裁决权力决定哪一条法律可行,哪一条可以轻轻带过。但日本的警察大多彬彬有礼,专业且乐于助人。

尽管如此,占领当局早期官员努力推进的日本社会民主化还是失败了。正如道尔指出的:"战败后的德国军政府实行直接统治,与此相反,对日本的占领是'间接'实施,也就是透过现行的政府机构。这种架构支撑了战败前两个最不民主的制度:天皇与官僚。"[3]

占领当局处理天皇的方式不仅没能阐明战后天皇的地位,也没能沿袭北欧或英国的路线建立一个君主立宪制国家。甚至在战争结束之前,华盛顿就已经断定,天皇不应为其统治期间发生的一切负任何责任,因为东方研究学者和居高临下的观点占上风,都认为天皇若被迫退位,日本将会崩溃。

公平地说,美国的动机源于其对和平的看法,即占领不应是纯粹报复性的迦太基式和平。很多日本人的确相信天皇真的能团结日本人,美国人无条件接受这种看法,并将其作为对日政策的一部分:与其毁

---

* 2013年年末,在安倍的推动下,国会通过了《特定秘密保护法》,或许会改变整个情况。

灭日本，不如将其"民主化"或"改革"它。但由于缺乏对明治领袖的细致理解，不知道这个古老的政治法统象征是如何被建构成本质上现代化的民族神话的，占领当局能够做的就是调整其"民主化"程序，保留天皇制度，方法是把裕仁塑造成一个毫无权力、远离世俗的人。当坏人篡夺权力并以天皇的名义干了坏事时，他也只能无助地袖手旁观。美国人能想到的唯一另一种方式，就是将裕仁等同于希特勒，领导其子民犯下了同样过失，但事情明显不是这样的。裕仁不是消极的糊涂蛋，也不是操控一切的人。在社会化制约下，他身处的观念世界和现实世界确实给他的行动自由施加了种种限制。他不是完全没有责任，但也非终极坏人。

占领当局的意图是不但要维持皇室，还要使其免负任何责任。然而，在此意图明确表示以前，战败后的日本一般认为，天皇制度可能会以某种形式保留下来，但裕仁本人会退位，让位给太子明仁，在后者成年以前，从裕仁的兄弟中间选举一人担任摄政。我在第一章谈过，在历史上天皇让位的先例很多，而且日本的惯例是下台的挂名元首会"下罪己诏"，表示某些事情出了错。占领当局不只鼓励天皇留任，更利用其无所不能的权力，审查一切有关天皇在过去几十年事件中所扮演角色的讨论。

在日本的民众中，这制造了一个重大的认知上的矛盾。日本人从孩童时期就被灌输一种思想，即天皇是至高无上和神圣的，为他牺牲性命亦在所不惜，现在他们突然被告知不要将这种思想与他们周遭的悲惨情况联系起来。其实，占领当局就是要他们压抑过去，不要为了避免不幸再次发生而检讨悲剧的成因。要忘记悲惨的过去，面对新的现实，翻开人生新的一页，这完全合乎人性，也可以理解。这正是德国发生的（"越战"后的美国也是如此）。但当德国年轻的一代长大后，他们会迫使自己的国家去面对它的过去。这种事情却从来没有在日本发生过，主要原因是占领当局不允许日本人讨论过去真实发生的一切。

不良的影响首见于东京审判，它以纽伦堡审判为蓝本，裁决那些被指控领导日本走向战争的人有罪或无罪。道尔指出："公诉人最明显的操作痕迹便是一意区隔天皇。审判的特别之处表现在天皇没有出席，其他人举证时小心翼翼地避免在任何证据里涉及他，同时没有他的任何证言。"[4] 这种操纵"胜利者的证据"以保全天皇的情形没有在纽伦堡审判中出现，而且在东京审判中，挽救天皇这件事也没有受到来自辩方的任何挑战。结果，整个过程很多时候走了样，变得如同滑稽剧。被指控为"甲级战犯"的人团结起来保护天皇。只有一次，就是当东条英机做证时说违背天皇的意思采取行动是不可思议的，他们说漏了嘴。首席检察官基南利用宫内厅传递信息，叫监狱里的东条收回其供词，他当然依吩咐做。

这次审判结果被许多人（不只是日本人）称为"胜利者的正义"，反映出这次审判并没有达到真正了解史实的目的，即弄清是什么导致了此前数十年的惨剧。这既是因为审判中蓄意歪曲了历史（这种歪曲在众意默许下进行，由占领当局实际发出命令执行），也是因为审判采取了双重标准。美国空军将领李梅设计并下令用燃烧弹轰炸日本平民，他至少也是个战犯，与因在菲律宾进行屠杀而被判了死刑的日本将军山下奉文和本间雅晴罪孽等同。美国也从未对广岛及长崎事件做出回应。有人可以反驳，用原子弹轰炸广岛，因为它是海军基地，也是日本军事设施中心，尽管这种说法在伦理上很牵强，让人费解。但无论如何，长崎明显是无端杀戮。

因此，大部分日本人认为他们也是受害者，这有道理。他们不想要战争。当然，他们大部分人有某种程度的热情支持战争，但在这件事上，他们其实没有任何选择。在战后数十年，普通日本人形容战争时最常用的字眼是"愚蠢"。他们认为，想从泥沼般的中国战场取得任何有意义的胜利是愚蠢的，面对各方面都更为强大的美国还故意去戳它的眼球也是愚蠢的。但普通日本人一直未被鼓励去探究愚蠢的原因，以免重蹈覆辙。事实上，征服者及日本右翼一直积极鼓励他们埋没过去的记忆。右翼疗养伤口，用尽力气反对战后"民主"，对教师、自由主义者、社会主义者使用暴力和威吓手段。

日本的邻国清晰地意识到这一切，至今对日本仍抱有很深的疑虑。它们看到的是一个沉湎于自怜的国家，从来没有反思自己给亚洲人民带来深重苦难的原因。它们注意到，日本的权力精英对右翼洗白历史的行径睁一只眼闭一只眼，包括关于官方教科书的斗争、歌颂战争的博物馆、游走在东京街头的广播车上播放的军国主义歌曲。如果要了解它的真实状况，可以想象一下：假如德国每隔几年便要浮现一次斗争，因为学校里由政府批准的教科书不是闭口不提屠杀犹太人的事，就是把侵略波兰说成"进出"波兰；假如德国最重要的历史遗迹附近有一座博物馆，陈列着歌颂纳粹崛起的展品，有关"水晶之夜"及集中营的陈列品则遭移除；假如一群身穿纳粹制服的流氓，驾驶广播车在柏林或法兰克福的街道上游行，播放震耳欲聋的纳粹口号及歌曲，撼动附近的办公大楼，而警察无所作为地站在一旁。在这种情况下，欧洲会有什么反应？

最令中国和韩国不满的就是日本政府缺乏一份明确、坚定的声明。声明应该包括以下几点：发生过什么；承认自己的过失；确保灾难以后再也不会发生；人们可以相信上述保证，因为制度已经改变而且不会逆转。

德国本质上成功地发表了这类声明，让其邻国安心，但日本从来没有过。因为日本一旦尝试，其政体的潜在合法性就会受到质疑。就如我们在上一章说到的，明治政府打造了两个互相矛盾的政治故事以使一件事合法化，这两个故事分别是：议会政府的故事；天皇直接主政（事实上是由萨摩长州派掌控）的故事。这与战后日本的情况不太一样。占领当局推动的立宪民主制度远非虚构。有相当一部分的日本民众希望日本能够成为占领当局宣称的那样——实行民主，主权牢牢掌握在日本人民手中。尽管对很多日本当权者来说，只要能利用这种架构，让其政府以合法身份出现在世界舞台上便心满意足了（占领及结束占领的条件让他们几乎没有选择），但他们从未完全接受赋予了政府合法性的立宪民主基础。他们继续倚仗原来的观念（虽然没有明确表露出来）：日本是一片独特而神圣的土地，皇室是他们政治权力合法性的最根本来源。由于这也是战前体制合法性的理论来源，因此不可能做出灾难永远不会再发生的明确声明，就算做了也没有人会相信。

统治的合法权利究竟在哪里？与德国的情况相反，这个问题并没有因为日本的战败、被占领或对其强加战后宪法而得到解决。这一根本的政治问题如果得不到解决，可能会造成致命的灾难性混乱——我们在战前的日本见过，在今天的中东地区也能看到同样的事情。尽管如此，在战后的日本统治仍能顺利进行，因为在占领当局的支持下，道尔所谓的战前另一股非民主力量在决策上掌握实权，它就是官僚机构。

官僚统治本身是自相矛盾的。对于政治秩序运作而言，官僚是不可或缺的，但他们自身无法统治国家——他们需要政治指导。官僚机构中盛行的无休止斗争，在1952年以来的日本决策中司空见惯，但没有对战后日本造成致命威胁，因为那些拥有实际胁迫力的官僚机构在占领初期已经被重创或消除。正如上文提及的，美国负责日本的国防安全，而且自1945年以来一直对其外交行使否决权，故日本的官僚系统只能紧跟占领当局对日本体制进行的重整，本身剩下来的功能便是致力于经济事务。这些官员被赋予的任务是复兴经济，而非战争及社会控制。当时，实际上每个人都同意经济复兴是日本最优先的事情，故官僚们无须政治指示便可运作而且运作得非常好，至少到20世纪70年代为止。之后，日本的经济模式有必要做出调整，但因为缺乏有充分合法性的政治领导力而无法实行，我们会在稍后章节中详细讨论。

占领分为左翼阶段和右翼阶段可能也助长了日本经济官僚的权力。占领初期，积极的左倾改革者接受了马克思主义者的观点，认为战争的原因在于资本操控了胁迫工具，同时要利用资本维持权力以控制经济成果。这种想法导致占领当局解散了日本帝国陆军及海军，瓦解了权重一时的内务省，此前内务省拥有警察、司法和地方事务的控制权。他们同时规划把私人集中的财富社会化，其中最重要的对象就是战前的大财阀。三菱、三井、住友、安田以及其他同类公司的所有者都被剥夺了控股权。

在不了解自己在做什么的情况下，占领当局移除了毫无禁忌的官僚体制的一个关键障碍。财阀所有者最多是战争的冷淡支持者，他们一向是20世纪30年代法西斯主义者暗杀及威吓的目标，也不受管理日本战时经济的官僚们信任。这些人知道日本的政策不利于商业，至少不利于他们的生意。与此同时，那些积极动员日本经济以准备战争的官员在当时被称为"革新官僚"，他们受到了社团主义思想（隐藏在德国纳粹及意大利法西斯主义者的"国家社会主义"背后）的影响。社团主义的思想根源可以追溯至黑格尔。这条思想路线将经济活动的主要目的视为增强国家权力，并对受利润动机驱动的私人资本家的"自私"始终持怀疑态度。

虽然革新官僚在工作上无法避免与日本大财阀合作，但他们尽其所能将财阀排除在伪满州殖民地之外。正如前面章节提及的，伪满洲殖民地一直被视为某种程度的实验室，尝试由官僚指导的经济。日本很多与旧的财阀没有制度渊源的大企业，例如日立或日产，当初都是由官僚支持，在伪满州开始其事业的。

占领当局改变了财阀，使其本质上与官僚机构无异，受经济部门的指导。革新官僚在这些经济部门（其中最重要的是商工省，战后很快更名为通商产业省）中的直接继承者，20世纪40年代中期可能考察过一个破败的经济，但他们在其中享有的权力甚至超越了其在战争年代拥有的。当财阀、军队及内务省等相互竞争的机构逐步被掏空时，革新官僚乘时而兴，道奇路线在最后一里路推了一把，给了官僚管理经济需要的工具。道奇实施的强制政策（包括财政紧缩、平衡预算以及可靠的固定汇率），当时没有哪个日本政府能在政治上做到。

如果在平时，上述经济政策组合（正如21世纪第二个十年我们在南欧看到的）可能会带来普遍的苦难，甚至是革命。但那时并非平时。1950年，朝鲜战争爆发，美国人开始一波又一波地订购除武器以外的供士兵使用的物资。订单是用美元支付的。日本人称之为"天赐的礼物"。出口急剧上升，再加上道奇路线，联合打造了一个天衣无缝的经济舞台，帮助日本从经济废墟上重新站立起来。美元流入日本，让它能够订购必需的资本设备以重振工业，而无须倚赖外国的直接投资，因此可以保证经济的最后控制权仍在日本人手中。

在签订《旧金山和约》，日本得以恢复法律上的独立后不久，朝鲜战争也宣布结束。和约中有两个不成文的条款：一个是日本跟随美国的政策，与中华人民共和国没有任何关系；另一个是东京保证不让左翼进入权力圈子。日本想用这两个条件讨好美国。日本在亚洲大陆的最大市场现在已经关闭，因此它要求美国无限制开放市场，而美国的工业品不会以互惠方式进入日本。日本外交官的理由是朝鲜战争结束后，日本需要另外一个美元来源，但它自身的工业规模太小，力量太弱，无法与美国竞争。与此同时，日本保守派精英获得了美国中央情报局的秘密协助，将国内不同的保守派系整合为自民党。套用伏尔泰的话，这个政党既不自由，也不民主，也不是传统政党，在后来的选举中，它的得票率很少超过50%。但自民党政治上的成功之处在于：为官僚对经济的控制以及日本继续融入美国防务圈提供了政治掩护。（在最后两章，我们会进一步说明自民党及日本的选举。）

美国当然乐意配合，不只是因为它害怕一个左翼日本。虽然左翼已经从 1946—1948 年的高潮开始衰退，但东京已经学会用危险警告来恐吓华盛顿，除非美国在贸易问题上合作，或在公开军事协防上让步，否则日本会有社会主义危险。*出于意识形态的理由，美国也需要日本，即希望它成为活生生的"资本主义"民主样板，好对抗莫斯科的反调。至于日本战后的经济模式是否会扩大资本主义的定义，甚至打破它，则不是美国关心的。

在这里，我们看到 20 世纪 50 年代初的特殊环境，它不但设定了日本随后几十年经济奇迹的背景，也从整体上设定了东亚的经济增长模式。日本要通过出口走出战争带来的经济破败，必须转向美国市场，基本没有太多选择。我们在上文指出，当时很多新解放的发展中国家极力争取"进口替代"——培育本地工业，使自己摆脱对前殖民统治者的依赖。然而，日本无法逃避美国人的拥抱，故上述选择并不可能。日本没有尝试摆脱对美国的依赖，反而借此取得好处，建立和完善制度以扶植工业与企业，使它们能够产生高水平的美元收益——至少在经济起飞初期，经济官僚会定量配给和控制美元以推动发展。

高速增长背后的政治及文化基础

战后几十年，日本整体的经济战略集中在利用经验曲线的动能。战争时期的美国统计学者发现了产量增加与生产成本减少在统计学上

---

* 有一次，艾森豪威尔总统的国务卿杜勒斯到东京，要求日本增加军费。吉田茂写了封私人信件给社会党，指出现在是举办大规模示威活动的最佳时机，提高分贝反对美国"帝国主义"。

的对应关系：当产量达到一定的数量时，成本会按照可预期的方式降低。波士顿咨询公司的创始人亨德森曾在20世纪60年代推广这种观念，但日本人早在10年前就已经使用这个观念来推动经济发展。

这个观念源于战时经济的动能并非偶然。战时经济操控名义上私有的经济实体去追求中央决定的目标。日本最重要的经济历史学家之一野口悠纪雄曾指出，战后日本经济的制度起源可追溯至1940年，当时的措施（包括生产的卡尔特组织、金融系统合理化等）要让整个经济进入战备状态，对战争至关重要的行业将优先获得资金。占领当局无意中扩大了经济官僚的权限，巩固了这些措施并使其制度化。当占领结束时，监管经济战略的官僚在其权力范围内重新调整，将手中掌握的工具从军事目标重新部署到出口市场以赚取尽可能多的美元，这真是轻而易举之事。

经验曲线的动能让日本的王牌出口机构把价格设定在当时的生产成本之下，当然可以雄霸海外市场。也要感谢金融企业的耐性，它们接受暂时的亏损，但期待未来数量的增长会使生产成本低于售价，最后能补偿损失。不过，要保证数量增长真的实现，就需要对未来有预测性，它的前提是著名金融分析家三国阳夫提出的，即将日本金融体系中的风险社会化。这些企业相互关系密切，而且富有"战略性"，它们直接受益于旨在降低个体企业所面临的政治、社会、经济、金融和市场风险的公共政策。

不过，日本有一个先天的重要优势，因为它传统上一直重视对未来的预测。除了至亲好友外，日本人在各种形式的互动中都特别重视常规，对所有突如其来的事件都抱有恐惧，这让西方人觉得奇怪，甚至认为是种病态。人们会刻意用所有语言或非语言的暗示来表明他们在社会上的身份地位，以及他们期望得到怎样的礼遇。举例来说，日本企业开会时，交换名片可以提供机会，互相了解对方的身份。从在汽车、饭店及会议场所里落座的方式、办公室的摆设，以及相互间使用的言语，人们很容易就可以掌握一群日本企业管理人员或政府官员的等级与上下级关系。酒吧的服务员、家庭主妇、学生、经理人、学者、建筑工人、工程师及艺术家都有自己的穿衣风格，因此一眼就可以判别出来。在日本，由此产生的对社交的可预测性就带上了仪式的氛围。

另一个我们一般通称为"日本文化"的特色，就是日本社会生活的可预测性，它是相当正确的标签，也成为一切事情最后的判别线。这其实也源于德川时期的权力关系，只要溢出既定规范，无异于被宣判了死刑。在过去20年或更长的时间里，日本陷入所谓的停滞，其影响或许能打破这种可预测性，滑稽表演及艺术界很早便利用机会寻求突破了。然而，在20世纪五六十年代的"经济奇迹"时期，这种继承下来的根深蒂固的社会可预测性为金融、企业和市场体制提供了坚实的基础，它们旨在将风险社会化和分散，而不是将风险留给个体企业家或公司。

但文化并非唯一的因素。政治发展也是日本追求高速增长的坚实基础，今天看来，它与外在环境和传统风俗同样重要。我们前面提到，在美国中央情报局的秘密协助下，1955年，各保守党派整合成一个强大的具有包容性的自民党，除了1993—1994年外，它掌控议会政府机制下的所有单位，包括内阁、首相官邸等机构，直到2009年为止。

自民党与欧洲政党完全不同，后者会在明确的意识形态下提出明确的政纲。自民党内部长期分化为旗帜鲜明的派系，但这些派系与意识形态或政策的差别无关，它们只不过是由一些有力的执行人领导的政治机器，其目的是分配公职及政治好处。自民党在某些重要方面类似于1972年麦戈文改革以前的民主党，后者有许多著名的政治机器，如戴利的芝加哥、彭德格斯特的堪萨斯城、柯利的波士顿。自民党的派系有点像一群权力掮客，它们在中央政府及选区间调停，一面提供选票，一面从官僚系统中换回职位及好处。但与20世纪中叶的民主党不同，自民党的选举基础不在城市工人阶级或中下阶层，而是在日本的农村地区。自民党会利用地方的重要职位把触觉深入农村，这些重要职位（如邮局主管）只给和自民党有关系的人。自民党政客也会用政治及公开姿态保障农村的生活水平，例如推动农村公共工程开支，保护本地农产品市场，防止受操控的廉价产品大肆涌入。

在此过程中，他们消除了抵制日本战后政体的一个关键潜在源头。战后年代的经济策略给予出口巨头们诸多特权，不可避免地使权力与财富从农村流向城市，从耕地转移至工厂。农村地区颠覆性的周期动荡可追溯至江户时期的"一揆"，即农民武装斗争。19世纪80年代，明治政府下令从农村抽取资金支持第一轮工业化，引发了自由民权运动。日本的农村曾是20世纪二三十年代反资本主义极右势力的主要阵地。当时为使日本重回金本位制，全国实行通货紧缩政策，农民首当其冲地受到影响，他们的悲惨处境被右翼煽动者利用。然而，日本战后的政治体制将解决一切，一步到位地彻底保障农村的生计问题，只要农村始终为自民党投票。

即使大量人口由农村涌向城市，国会代表制仍然没有改变。因此，农村地区的一票几乎相当于城市的三到五票。*这种利益交换模式要求日本的农村地区为稳定的国内政治结构提供保障，以换取政治学家考尔德所说的"补偿"。[5] 补偿方式包括贸易保护主义政策与公共工程资金，因为现实情况是，小农户和地方商业在日本战后总体经济战略中毫无地位。这些安排或许只能暂缓日本农村地区人口及活力的流失，但它们有效确保了战后几十年内政局的稳定，使日本完成了向完全工业化和发达经济体的转型。

自民党政客于是成为战后体系中的关键权力掮客，他们保证官僚能够在稳定的政治环境下做出决策并付诸实施，以换取他们个人的收益。然而，这些政客的角色并不局限于补偿日本总体经济战略的强制开销。有威望的自民党政客还需要抚慰那些为维持美国对日本的纵容而不得不做出让步的日本权力结构部门。但他们最关键的任务也许是负面的：封锁任何为建立确实而非形式化的对官僚机构的政治监督机制所做的努力。自民党掌控国会，隔绝了任何对重要官僚职务任命的实质性政治输入，也妨碍了官僚需要向政治家解释并论证其工作合理性的重要程序。占领当局留下了立宪政府的正式机构，这原本为训练有素、精明能干的政客控制国会并组建内阁，从而在政治上影响官僚机构提供了制度可能。20世纪50年代初，左翼参与政治，是这一发展路线最有可能成功的一次。然而，正是为了预先阻止这种情况的出现，

---

* 与之类似的是，美国参议院由人口稀少的州的选民主导，但这种主导地位仅限于参议院，两院立法制度要求行政人员经独立选举产生。而在日本的选举中，农村选民至今仍有效地控制着立法机构和内阁，永久官僚机构出台的政策也颇受影响。

自民党率先成立。数十年过去，左翼可能赢得选举的威胁消退，但是自民党慢慢变成了日益运转不良的政治架构的护墙。这个架构缺乏政治核心，无法彻底改革日本的经济模式以应对20世纪末的新变局。最终，日本的确出现了一批训练有素又有才干的政客，他们决心为自己的国家构建一个政治问责中心，这是日本从萨摩长州派掌权时期就缺乏的。但是这些人并非从左翼中产生，而是来自自民党内部，他们退出自民党后建立起新的政党。

不过，这是40多年以后的事了。自民党最初成立时，完全未能宣告日本左翼的终结。55年体制，即自民党成立那年应用在日本战后架构上的一套规则巩固起来后，左翼通过选举体系获取权力的渠道便被有效封锁。于是，左翼走上街头。各工会合并成全国联盟，组织了数次罢工运动。当自民党政客们企图修改宪法，或者通过法律高度扩张警察权力以压制反对声音时，工会成员以及其他日本左翼人士（包括女权运动者、左翼政党以及反核积极分子）发起了大规模示威游行。（1954年，美国热核反应试验令日本渔民暴露在放射性沉降物中，人们因此开始了反核运动。）游行示威达到了预期效果，法律未获通过，宪法未被改写，尽管自民党在国会中占据多数席位。

1960年，此类事件发展至高潮。逾百万民众涌上街头，抗议时任首相岸信介在国会通过的《日美安保条约》修订方案。最初的条款于1952年签订，是结束占领的先决条件，当时只有8年的历史。1960年的修改方案将日本永久依靠美国写进条约，因为修改后条款要求条约自动延长，拦阻了其中任何一方做出更改的要求。美国会继续享受其一系列驻日军事基地的无限制权限，而这些军事基地由东京负责资助。

日本若遭遇袭击，美国将不求回报地进行军事援助。(华盛顿的官员们认为，在日本设立美军基地本身便是一种补偿。)坦白讲，修改后的条约虽然没有让日本成为美国的殖民地，但也并非盟友。它更像是受保护国，有管理内部事务的自由，却在安保与外事关系方面遵从外国强权，还要为自己的从属买单。

成千上万的示威者抗议的不仅是日本在美国霸权下拥有"从属性独立"这种近乎永久性的自贬行为，他们的愤慨还来自这些手染鲜血的男人更新条款时所使用的赤裸裸的非民主手段。毕竟，岸信介曾作为嫌疑战犯被关押，他是伪满洲国的独裁者，之后又担任东条内阁的军需大臣。为了修改条约，岸信介在国会开展了一次仓促的深夜投票，发言人可以说是由警察拖拽着穿过抗议人群，走上讲台。

与条约修订相关的事件，使得至少要为20世纪30年代的恐怖事件负部分责任的人更加强势地回归。这些人之所以能够回到权力宝座，靠的是向美国出卖自己的国家，至少在数百万日本人看来是这样。*艾森豪威尔总统访问日本以签署条约的行程被迫取消，因为此前，愤怒的人群曾将派往东京协商条款细节的新闻秘书乘坐的车辆团团围住，几乎将其掀翻。

同时，劳工的敌对情绪也在那一年持续高涨，九州三池煤矿的工人对三井物产发起长达10个月的罢工。三井早在江户时期便已发家，可以说是日本最负盛名的企业之一。罢工的终极问题是关于对工作场

---

* 几十年后，有证据表明，美国中央情报局曾在20世纪50年代的选举中起到重要作用，人们的怀疑得到了证实。参见本书第十章。

所的控制。三井解雇了大约 2 000 名最积极的工会会员，并以企业工会取代了当地矿工自行组织的工会。

地区工会被视为"全国工业家的主要敌人"，它领导的罢工"被称为'劳工与资本间的全面战争'"。[6] 全国一度有接近 10% 的警力部署在罢工区域，应对随之发生的暴力事件。成千上万的日本人民聚集在现场支持罢工者，而公司则雇用暴徒冲入示威人群，造成一名罢工者死亡，约 1 700 人受伤。

左翼失败了，罢工遭到破坏，《日美安保条约》的修订获得通过。但左翼并非彻底惨败。三井的确成功地将基层工会替换成了温顺的企业工会，全国纷纷效仿。但从那时开始，日本的大公司要开始承担为核心男性职工提供终身经济保障的义务，并将其视为公司最重要的目标，比季度盈利或公司的股票价格重要得多。资质良好的日本企业禁止解雇员工，即使他们已经表现出某些问题，即使公司陷入财务困境。在左翼获得经济保障这个关键要求上的让步后，劳工斗争也逐渐变成一种仪式。偶尔有个半天的罢工，也会小心地安排在不影响关键生产流程的时段。每到国际劳动节，上街游行的各阶层劳工无不经过专业培训，场面犹如庆典。全国逐渐形成一种新常态，重点产业的企业工会协商出每年工资的上涨额，为全国划定一个基准。增长量往往反映着整体经济状况，而各车间最后会获得日本经济总提升的保证份额。

与此同时，日本与美国"结盟"革除了潜在威胁。但是艾森豪威尔的对日访问取消，岸信介也宣布辞职。接替其出任首相的池田勇人完全配得上"日本经济奇迹之父"这一称号，他也许是 20 世纪各大经济政策执行人中成就最被低估的一位。不夸张地说，他之于出口导向型高增长，就如同李嘉图、皮尔之于自由贸易和比较优势，或凯恩斯、罗斯福之于预先需求管理。池田出身于日本战后管理体制的最高精英阶层——大藏省。他不仅对日本经济的宏观运行有无可匹敌的见识，同时深知日本应如何利用战后世界以美元为中心的全球金融秩序，通过外汇政策与货币政策的结合，刺激经济高速增长。

出任首相之前，池田就已经将大部分观点付诸实践，战后他曾担任大藏大臣与通商产业大臣。成为首相后，左翼堕落低迷，全国人民对看似永无止境的政治动乱感到疲惫不堪，池田抓住了这一有利政治开端。他对官僚系统的手段很有信心，宣布了要在10年内将日本国民收入翻一番的著名计划，预示着要将全国力量从政治斗争转向经济奋斗。这一号召得到了广泛响应。大公司的工薪族文化广泛传播，我们将在下一章讲述这一现象，而日本实现并超越了池田的目标。从属于美国的耻辱也许没有被彻底遗忘，但已经隐匿在日本对其惊人经济成就的自豪感背后。

华盛顿配合抚慰在1960年达到顶峰的政治斗争遗留下来的创伤。新上任的肯尼迪政府委派哈佛大学赖世和教授出任日本大使，这在当时轰动一时。这位英俊而亲切的男人在日本长大，他父亲是一位从事教育工作的高尚新教徒，在明治时代晚期来到日本。赖世和说日语，还娶了一位日本妻子，孜孜不倦地致力于改变日本被《日美安保条约》挑起的反美情绪（他也为塑造美国人心目中的日本形象做出了巨大努力）。

左翼则退至学术界，以及日本社会党越发仪式化的做派中。毫无执政可能的社会党人士成了主要"反对派"，政治姿态僵硬且空谈理论，毫不关心选民们的切实需要，最后成了战后体系事实上的一根支柱，阻碍了真正反对派的出现。1960年10月，一名17岁的民族主义男学生身穿校服，持刀刺杀了坚定的社会党极左领袖浅沼稻次郎，而当时正在电视直播。浅沼遇刺事件也许引发了人们对社会党的同情，但同时因为它故意与20世纪30年代的暴力相呼应，搅动了人们对看似无休止冲突的强烈反感。在过去的10年里，这些冲突曾使这个国家的大部分地区陷入瘫痪。后来，日本社会党的一个温和派系从中脱离，自行成立了日本民主社会党，而社会党从此永远不会在选举中对保守霸权造成实质威胁。

而矛盾的是，与社会党相比，日本共产党对马克思主义的继承相对没那么古板，时不时真的会给当权者制造麻烦，但也就止步于此了。共产党吸引的主要是城市的中下层阶级，多为商店老板、小商人，但这些人更多是被公明党招揽。公明党于1964年成立，是最著名的"新宗教"创价学会的产物。我们第一章提过日莲宗，这些所谓的新宗教就是将日莲宗的元素与新教的福音派劝人归信的手法结合起来，信徒主要为城市居民，他们被摒除在大公司的工薪族文化之外。宗教为他们带来一种归属感，同时通过公明党，他们至少可以发出一些政治声音。公明党的全部目的就是扮演自民党的盟友*，它为城市商店老板和小商人做的事正是自民党为农民所做而且做得更好的——为其摇摇欲坠的经济和社会地位提供足够的"补偿"，好让他们不再是潜在的动

---

* 大部分对公明党抱有敌意的日本媒体声称，公明党对自民党的支持换来了一切宗教筹款的税务减免。最关键的是，池田大作的经济事务不会受到调查，他是创价学会第三任主席，腰缠万贯，在任期间将创价学会改造成全日本最强大的机构之一。

荡根源。

马克思主义学派的教授们继续坚守着著名大学社会科学领域的学术阵地。正如罗马帝国末期的异教徒哲学家将文明的虚像传授给教父们,这些教授培育的对象是未来可能在大的官僚机构、银行、企业等组织中追求权位的年轻人,这些年轻人往往在大学里参加过几年看上去很激进的学生"革命者"团体。20世纪60年代后期,这些团体发起的抗议活动声势越发浩大,最终向着暴力演变,这也许反映了国外的案例以及越南日渐升温的骚乱。日本是美国军方最重要的外部供应方,而西贡的街上飞驰着日本制造的摩托车和小轿车,这是不可能掩盖的事实。学生们为此切实感到烦恼,也真的为日本完全从属于美国而忧虑,这在他们看来是帝国主义的和反动的。但他们的示威游行从来没有对日本权力结构造成过任何实质威胁,示威者们排排站好,位置遵从长幼次序及学校地位,这些学生团体和它们反抗的社会一样阶级分明。抗议逐渐无以为继,学生中有许多人的确没有毕业,有的在时髦的城市街区开着爵士咖啡馆,有的在乡下经营有机农场。然而,其中大部分人要回到日本权力结构中早已为他们设定好的位置,这在他们通过艰难的大学入学考试的那一刻就决定了,这些来自东京大学和京都大学等高等精英学校的学生将主导"崛起中的日本超级大国"[7]的关键机构。毕竟,无论他们在马克思主义学派教授的几年监督下学到了什么,他们显然已经吸收了马克思主义的关键思想——经济变革的速度与本质推动了人类历史的发展。

当何人有权从何人那里得到什么这样的真正政治问题得到解决(即便不是一劳永逸,至少是暂时解决),当最有可能制造分裂的议题被一并排除，外部安全得以保障，金融框架趋于稳定，日本便可以准备向经济繁荣全力冲刺，创造出人类历史上最惊人的大跨步。这个国家最炫目的成就也为自己带来了挑战，包括全球框架的不稳定，而日本原本就是依靠这个框架实现的发展，因此较难应付这些挑战。不过，这些都是后话了。此时此刻，一切正要开始运转。

图5 "日本经济奇迹之父"池田勇人,经国会选举为首相。(《北海道新闻》提供)

第五章

高速增长体制

在上一章，我们看到在1945年以后的15年中，政治、文化与外部环境如何结合一起，它们提供了一个架构，让一系列体制推动日本经济进入史无前例的高速增长。从20世纪60年代末开始，这些体制承受着越来越大的压力，其中一些现在已经几乎无法运转。但它们仍以这样或那样的形式存在着。此外，日本的邻国选择性地复制它们，希望自身能再现"日本奇迹"。因此，这些体制值得我们去了解。

这些体制中有些可以追溯至战争年代，有些成形于日本更久远的过去，有些则是战后才建构的。但无论怎样，它们都服务于国家的总体目标：首先，要从战后的废墟中复原过来；其次，累积足够的外汇储备，使日本免受国际收支不平衡的限制；最后，建立一个完全一体化的现代工业经济，尽可能减少对变幻莫测的外部的依赖。上一章也提及，可预测性是日本战后新兴经济模式的稳固基础。但在一个如果没有进口，最多只能养活三分之一人口的国家，或者一个国内资源极其有限的国家，这种可预测性无法得到保证。此外，20世纪60年代的日本精英已经基本上接受这样一个现实：在可预见的未来，他们的国家将不得不在美国主导的世界秩序中扮演一个保护国的角色,而令人不安的是,美国可能是不可预测的。1960年以后,日本的经济和外交政策要面对的是,遏制和控制日本的脆弱性以应对不可避免地依赖外部世界所带来的不可预测性。

日本企业群体

观察高速增长体制应该从企业开始,因为它们是为日本经济提供商品和服务的实体。虽然小型企业有时以独资企业或合伙企业的形式组织,但有限责任公司(株式会社)几乎是所有大型企业普遍采用的法律架构。一些企业是私人控股的(如饮料公司三得利),但大多数大型企业是公开上市交易。因此,日本企业的法律构成与西方企业的一样:它们是契约结构,在所有合法权益人(客户、雇员、供货商、债权人、税务人员)的合法诉求得到满足后,企业资产的剩余利润和剩余所有权归股东所有。

但上述法律架构无法实际说明日本企业的真正做法,在日本的话语和日语管理学文献中,企业不是一个契约结构,而是一个类似于家庭、部落或宗教基础的有机组织。很多文献认为,日本企业是江户时代家庭的自然产物。的确,江户时代的经济组织与中国或现代化前欧洲的经济组织一样,很大程度上是以家庭为基础的。但江户时代的日本农民和商人家庭与欧洲和中国的不同,前者会将一些没有血缘或婚姻关系但在家庭中享有相应权利和义务的亲属纳入家庭。他们形成"家庭的一部分",其地位在家庭内部和更广泛的社会中得到认可。但现代日本的"视企业如家"观念（更不用说"日本文化"了），不是江户时代制度的自然产物，而是对上一章所讨论的战后劳工斗争的一种意识形态驱动的回应。

然而，那段历史并没有削弱"视企业如家"观念在日本管理阶层中的影响力，尤其是在法律和官僚监管强化了这种观念的情况下，实际上几乎不可能解雇任何人。对日本的管理阶层而言，加强和维持企业作为一个整体的生存与发展是其最重要的职责。短期利益无法持久，甚至是微不足道的，更不会影响一个经理人的薪酬或在公司的地位。他对公司的贡献就是，辅助企业为其核心雇员提供现在和未来的经济保障。这取决于市场占有率、产品（或服务）质量、技术领先地位、成本控制，以及与可能影响公司的实体维持良好关系，而这些实体包括：银行、政客、官僚、供货商、客户、贸易公司、大学（确保招募到高素质的新人），有时甚至可能是黑社会。特别是在高速增长的早期，那些显示出有能力夺取海外市场份额，从而获得美元收益的公司，在日本经济体系中享有特权地位。

日本企业有好几种形态。三菱、住友、三井或安田等企业都是从战前的财阀分拆出来，在战后重组为"企业联盟"或"集团公司"（"企业联盟"这一术语在日本更多是指大企业下面的供应商集群）。

正如上一章提及的，集团公司包括战前数十年由那些"革新官僚"推动和鼓励产生的企业（日产和日立是两个著名的例子）。这些公司缺乏财阀的人脉，在战后初期，它们向日本兴业银行而非之前的财阀银行寻求资金援助。

其他的许多企业是战前由一些有技术天分的企业家创办的，例如丰田或松下，它们在战后慢慢发展成一流企业。其他同类公司则加入了企业联盟，成为丰田、松下等大公司的供应商，直接向终端客户销售耐用品。有些大公司是战后才起步的，比如索尼、本田及京瓷。它们的日子通常比老牌企业更艰难，因为它们必须先向日本当局证明自己的实力，然后才能获得信贷，最重要的是，才能获得外汇配额，而那些外汇配额是更老牌的龙头企业自动获得的。

但无论这些企业的背景如何，它们都在体制的保护下，没有被收购的威胁，也没有短期内追求最大利润的压力。与此同时，它们的股东在企业资产管理方面也没有任何发言权。股权只是利润分红的来源，在巩固商业联盟方面发挥仪式性作用，它们实际上无法给予任何程度的企业控制权。

老牌的日本公司享有可预测、可比较的融资和劳动力成本。它们虽然不能解雇核心员工，但也不必担心员工会因为其他公司提供更高的薪水而跳槽。没有人会雇用这些跳槽的人，至少在同类公司的同类职位上是这样的。

行业协会与竞争控制

竞争是受到控制的。在新企业建立滩头阵地的过程中竞争可能会非常残酷（历史上最著名的两个案例是本田与雅马哈在摩托车领域的竞争，以及索尼和松下在录像机领域的竞争），但"过度竞争"（日本人习惯这样称呼）通常会通过行业协会发布的非正式准则来阻止，而这些行业协会本质上是卡特尔。行业协会是另一个关键的高速增长体制，在日本尤为重要,因为日本没有能够迫使企业放弃亏损业务的企业控制市场,日本企业也没有使用投资回报率或净资产收益率等利润驱动的指标来帮它们决定哪些业务应该进入,哪些应该退出。由于缺乏这样的指标,日本企业有时会发现自己陷入了具有经济破坏性的竞争,这种竞争不仅对自己的企业有害,对整个经济也有害。企业受困于"面子"、体制性生存以及就业保障,这使得它几乎不可能接受市场份额的减少,更不要说退出它已经建立了相当地位的商业领域。这就是各种行业协会发挥作用的地方。它们制定不成文的规则,允许失败者保住工作和市场份额。(雅马哈在与本田竞争摩托车国内市场失败后,没有破产或完全退出市场。)在协调和监管有关价格和供应链的非正式协议方面,行业协会发挥了尤为重要的作用。根据美国的反垄断法,这些协议是非法的。这些协议使实力较弱的成员得以生存,从而保护了就业水平,同时有效地阻止了进口。挑战这些协议(它们理论上缺乏法律效力)的公司可能会面临无法承受的压力,所以违反协议的例子相对少见。*

"创造性破坏"是市场资本主义不可或缺的一环,从长远来看,对它的恐惧和避让会给日本的一些行业带来致命损伤。比如,20世纪90年代以后,当苹果、三星等灵活的竞争者由海外进入时,日本的消费性电子产品遭遇了冲击。但在经济高速增长的那些年,行业协会引导最激烈的竞争转向外部。事实证明,日本的劳动实践、金融和工人技能的结合被证明在争夺全球市场份额的过程中发挥了决定性作用。

---

* 其中有两个著名的案例:一个是,住友金属曾在1965年试图挑战日本钢铁协会颁布的一项关于减产的集体协议;另一个是,1984年,狮子石油试图从新加坡进口精制汽油,而不是依赖日本的炼油厂。两家公司最后都被迫做出让步。

雇用惯例

雇用惯例是第三个高速增长体制，它与日本企业的行为和经济生活中不成文的规则密不可分。其中最重要的就是所谓的"终身"雇用（实际上并不是终身的），它指的是企业对核心男性员工经济安全的承诺。战后的日本并没有真正的劳动力市场。20世纪80年代末，雄心勃勃的企业家江副浩正试图建立这样一个市场，酿成了战后历史上最大的政治丑闻之一。对此，我们将在第十章中详细讨论。这一丑闻暴露了日本政治、经济精英对于任何干预雇用惯例的行为都感到不安，这些惯例不仅对日本的经济有效，而且具有重要的政治意义。对劳动力市场的刻意压制，加上所谓的家长式雇用惯例，（至少在当时）抑制了战后几年以阶级为基础的激进主义的回归。日本精英没有忘记20世纪40年代末和50年代为控制工作场所而进行的斗争。

蓝领男性工人会在高中毕业时受雇，而白领男性则在大学毕业时。当公司激烈争夺优秀的男性应聘者时，竞争的决定因素并非薪水或福利，因为在特定水平，所有行业及企业能提供的基本差不多，唯一的例外就是住房津贴。只有老牌公司才可以提供这种极具价值的福利，这一点足以解释这些公司对潜在员工的吸引力，而这是初创公司和其他较小的公司无法比拟的。对于有志进入管理阶层的年轻人而言，日本企业的雇用机会只有一次，就是大学毕业时（某些技术专业，例如冶金行业，可能要求你具有研究生学位，这是例外），一旦错过，就没有第二次机会了。在美国，大学毕业与真正入行之间有所谓的"自我探索"时期，美国精英的后代会尽情享受这段时间，但日本没有类似的阶段。

一流企业和其他企业都会同时雇用女性和男性，但女性通常会被归入传统的粉领。她们被称为"办公室女性"，通常被要求穿制服，预计几年后结婚，然后因怀孕而离开公司。

年轻男性如果以管理人员的身份加入一家公司，大约头10年，他会在公司的大部分职能部门（销售、运营、财务、人力资源等）轮岗。新的任命通常在财政年度快结束时公布，大概是3月。因此在3月31日将至时便有一个普遍现象：街上到处是搬家的小货车，因为企业的员工及其家人正准备搬到新的城市去。有时，那些表现异常突出的人会被送到海外的顶尖大学，接受一两年管理学等专业的培训。这表明他很出色，因为对新员工来说，薪酬和头衔的差距通常在他加入公司10年后才慢慢显现，也就是说他要接近40岁或40岁出头时才有晋升机会。自此以后，管理层的晋升阶梯越来越窄，如果他没有能力晋升到更高的位置，就会被分配到公司的子公司或供应商那里。这些人将继续由原公司的人力资源部门照顾，直到他们退休，甚至退休以后。*

这些雇用做法也被政府部门采用。官僚从他所供职的部门退休后，一般会在他曾管辖的公司就职，这就是所谓的"官员空降"（天下り）。

---

* 在某些需要通过多年经验积累才能获得高水平专业知识的行业中，公司内部的职能小组会负责物色这样的人，并确保他们能在职业生涯内一直受雇。例如，在一家大型贸易公司的煤炭部门，可能需要聘请"终身煤炭职员"。

教育

教育体系提供了人力"原材料",他们由企业强大的人力资源部门和官僚机构指导。在日本,教育有4个目的:使毕业生具备发达工业经济所需的读写和计算能力;根据高度官僚化的经济组织的要求,将日本儿童的态度和行为社会化;挑选合适的男孩,为日本的政治、经济精英培养未来的人才(并在更小的范围内挑选有资格成为他们妻子的女孩);最后是打造社会网络的基础,这将在以后的社会生活中发挥关键作用,因为高级管理的主要任务就是把各种组织彼此联系起来。

占领时期的改革和日本教师工会的激进化成功改变的只是从战前继承下来的教育的外在形式。占领当局把当时美国流行的6–3–3学制强加于日本(小学6年,初中3年,高中3年,今天的日本仍实行这种学制,但美国已改为5–3–4学制),但教学内容在很大程度上仍与战前的体系相同,只是把极端仇外的"爱国主义"教育元素去除。日本战前的高中模仿的是德国,学生以通识教育为主(和德国的文理中学一样),到了大学,则集中学习专业课程,比如法律或医学。尽管经历了占领时期的改革,战后的日本高中基本上仍以通识教育为主,虽然与1945年以前相比,课程时间被压缩得更短。

日本的初中和高中会采用相同的课程设置,偏学术性的学校强调日语、数学,但也有历史、基础科学、地理和英语等科目(职业学校会强调更多"实用"科目)。整整一学年学生都会在同一间教室上课,所以课间游走在不同教室的是老师而不是学生。

学校是简朴、严肃的地方。大多数公立小学同时对男孩和女孩开放，而许多中学则是单一性别的。保持教室整洁有序是学生自己的责任，而不是管理人员的。小一点的男孩通常整个冬天都穿着整齐的海军短裤，年龄大一些的孩子则穿着经过修改的战前德国军校制服，配有硬邦邦的赛璐珞衣领。女生的制服（小学一般都穿，到了中学则全部都要穿）通常是水手服。

强调纪律严明和统一的外表，以及接受不适，是更广泛的教育目标的一部分，这些目标至少与计算和读写能力一样重要。日语"我慢"，意即没有怨言地忍耐和满足需求的能力，以及为了群体的利益而压抑个性。为了掌握极其困难的日语书面语，将这些要求内在化是必要的。* 对于任何期待成年后在日本的机构中顺畅地发挥作用的人，将日本学校规定的纪律内在化是必要的。通过高中和大学的入学考试当然也是必要的。

这些难熬的全天考试是任何一个想要过有地位和特权的生活的日本男孩无法逃避的，是必经之路。（有一个办法可以摆脱这些考试，就是进入大学的附属小学或中学。因此，日本最好的私立大学其学费昂贵的附属学校的入学竞争非常激烈。）日本社会的顶层，如主要政府部门的决策职位、各大报纸的编辑岗，以及大型银行、贸易公司和制造企业的高管职位，对于那些没有顶尖大学（东京大学是其中资格最老的）学位的人是关闭的。（东京大学没有附属学校；如果没有通过入学

---

* 与英语、西班牙语或德语相比，日语书面语大概需要 6 到 9 倍的时间和努力才能真正达到可以读写的程度。用于书写日语的汉字根据不同的上下文会有不同的理解，所以掌握日语书面语甚至比汉语还难。

考试,是绝对进不去的。)即使是二线公司,如果有规模,也很少雇用没有大学学位的人进入管理层。这不仅是因为一个学位可以向雇主保证这位毕业生受过教育,有运算能力,而且证明他为了通过入学考试,能忍受贫困和辛劳。还有一个原因是,他在大学所建立的关系对于晋升至中高层及以上的管理层很关键。在很多日本组织(无论是公司还是政府部门)中,只要过了某一阶段,工作内容就几乎完全是建立和加强对外关系。即使是一个在其他方面很有能力的人,如果不是毕业于名校,那么在建立至关重要的"人脉"上,他也会处于不利位置。

正是因为这个原因,本科阶段学习的内容没那么重要,如果不是完全不相关的话。当然,那些以医学、自然科学和法律为未来职业的学生,或者希望以后在学术上发展的学生,还是要努力学习的。但对其他人来说,分数就没那么重要了。教授也很少让学生不及格,即使他们不来上课。但如果像一般人说的那样,将日本的本科阶段称为"假期"就大错特错了。对于一个雄心勃勃的年轻人而言,他在本科阶段建立的人际关系网将令他一生受用不尽。要达到此目的,他要在本科时参加"俱乐部",同时在大四的时候参加研讨班。日本大学教授的一个重要任务就是将他研讨班上的学生适当介绍给雇主。*

在日本的顶级组织里,理想职位的候选人应该面目清秀,语言得体,毕业于名校,而且曾在学校的一些团队运动(如棒球、足球、橄榄球等)"俱乐部"里担任队长或领队。毕业于名校意味着他具备通过入学考试所必需的智慧和忍耐。参加运动队意味着他有强健的体魄、

---

* 互联网的出现,在某种程度上降低了研讨班在找工作上的重要性。

耐力和力量，也意味着他内化了在大多数日本团队运动中盛行的严格等级关系。被选为队长，意味着他可以赢得别人的尊重和支持。公司不担心他在大学里掌握的历史、经济或物理知识有多少，它会设法让他学到他应该知道的东西，以便完成交给他的任务。

金融体系

雇用惯例及职员的教育背景帮助日本各公司有长期规划，能不断扩大及征服海外市场。同样重要的还有金融体系。我们曾在第三章谈及明治时代的各种制度创新，战后日本的金融植根于此，即银行成为"财阀"公司投资资本的主要提供者。但战后日本的金融业最终成形，则源于1927年和1940年这两个关键年份发生的事情。1927年，日本经历了一场金融危机，这场危机在很多方面都预示了1929—1931年的全球危机。首先是债券市场崩溃，从那时起，债券基本上从企业的重要财源中消失。同时，数十家实力较弱的银行破产。在出手拯救那些幸存的银行时，大藏省获得了对银行系统的直接控制权。

1940年，大藏省利用这一控制权让金融体系处于战备状态，但战时经济给决策者带来了两个特殊挑战：将资金导向军火生产企业，但这会违背市场目的；管理好自然流失的储蓄，否则难以避免破坏性的通货膨胀。（由于武器从来没有直接或间接地销售给家庭，因此它们不能产生现金流，用来偿还为制造武器而承担的债务。）大藏省对银行系统的控制使其能够轻而易举地将信贷导向军火制造商。但事实证明，避免破坏性的通货膨胀是一个更大的障碍。为了解决这个问题，大藏省发行债券支付军火商，让其有资金周转，并强制家庭将储蓄存入金融机构，然后要求这些机构买入债券。

在战后时期，将银行信贷从一些"战略"工业（如军火制造商）转向另一些"战略"工业（如具备出口能力的公司），这是相对容易的。在很多情况下，它们是同一公司，只不过改装了生产线，原来生产武器，现在生产耐用消费品。但在一个几乎没有储蓄的极度贫穷的国家，确保有足够的信贷作为开始是一个棘手的问题。

当面对这个问题时，即如何在国内储蓄不足的情况下，为发展提供资金，大多数国家会选择接受外国投资。邓小平在1978年是这么做的。美国在19世纪时也是这样做的，当时它在伦敦筹措资本，用以建设自己的铁路网。

但日本决心不让外国人控制其经济的任何重要部分。最初，日本当局的这一决心得到了左倾的占领当局官员的支持。占领结束后，日本当局继续，甚至加强了排外政策。但如果一个贫穷的国家不愿意接受外国投资又想发展，它就必须节约并合理利用所能支配的每一分钱。

这就是池田勇人等天才发挥关键作用的地方。他们制定了货币和金融监管政策，将日本金融独特的结构特征整合并打造了一个信用泉源，为日本的出口巨头足够耐心地提供融资，以支持它们拓展和维持海外市场。这些政策很多都是战时金融政策的修正版：强制家庭把储蓄存入金融机构，再要求这些机构购买政府发行的金融工具。

家庭储蓄得到了各种可能的鼓励。一个家庭如果想拥有自己的房子，更不用说支付学费和为退休储蓄了，唯一合理的方法就是谨慎管理家庭财务和定期储蓄。大约三分之一的薪水是以半年奖金的形式发放，教导家庭主妇如何靠三分之二的收入来维持日常开销。在发放奖金的日子里，银行和邮局（本质上是大型银行，其资产分配方式受大藏省控制）纷纷推出各种优惠活动，鼓励人们把奖金存起来。利息收入不纳税，但抵押贷款的利息不会减免。*

然而，在高速增长初期，家庭储蓄总额不足以为日本工业开拓海外市场所需的资本投资提供资金。货币政策与银行监管相结合填补了这一缺口。

日本的银行分为3种。第一种包括13家所谓的"城市银行"，从战前的"财阀"银行转变而来。它们的总部位于三个主要的大都会地区（东京-横滨、大阪-京都-神户、名古屋）之一，是住友、三菱这类集团公司投资资本的主要供应者。这些银行还为大型的老牌企业提供贸易与生产的日常融资（如营运资本融资）。第二种银行指3家所谓的长期投资银行，其中最大、最负盛名的是日本兴业银行。这些银行为新日铁或日产等龙头企业提供融资，这些企业不属于任何集团公司。最后一种是60多家地区性银行，它们是各县府所在地的优秀金融机构，为当地的企业提供资金。

在任何发展成熟的国家银行体系中，银行有时存款超过贷款，有时则会相反。但在高速增长时期，城市银行总是存款不足。**

为什么城市银行总是存款不足？银行正常的做法是尽量让资产与

---

* 占领还没结束，大藏省就开始采取措施，迫使仍持有股票的家庭出售其股票，否则将自行承担巨大损失。直到20世纪80年代，股票市场仍被视为危险的赌场，人们宁愿把钱存进银行，也不愿去买股票。

** 3家长期投资银行不接受存款，它们通过发行五年期和七年期的公司债券来融资，它们的市场（如果可以称为市场的话）由大藏省设定和控制。

负债接近，以防止出现结构性短缺。但在日本，城市银行向工业提供的信贷几乎全部是短期的循环贷款，不必还本，而且可以无限期地延贷，等于不用还付。日本称这种贷款为"超额贷款"。通过日本央行提供的直接信贷，银行弥补了其存款基础与贷款总额之间的差额。

只有在紧急时刻，中央银行才会把新发放的信贷直接注入银行系统。即便在那种时候，正如美联储在2008年金融危机后推出的"量化宽松"引发的骚动表明的那样，它仍然充满争议。对于一个货币还不够"硬"的国家来说，这么做无疑是有风险的，因为这种货币还没有被接受为全球结算货币和储备货币，也没有足够的国际储备来支持它的信用。这是对日本当时金融状况的一个中肯描述，至少在其高速增长的初期是这样的。发展中国家的中央银行发放过多的信贷，通常会导致通货膨胀和货币对外价值的崩溃，因为本国的精英明白央行的意图，会迅速抛售手上的国内金融工具，转而持有国外的硬通货。

但在日本，这种策略奏效了。日本领导人一方面可以利用外部资本管制，这意味着将财富转移到国外严格来说是非法的，另一方面可以利用社会凝聚力，使了解内情的人不会往这方面规划。即便如此，这种策略仍有风险，因为信贷并非源于流动资产产生的现金流。相反，信贷从无到有，是为了给尚不存在的资产提供融资，而这些资产最终必须产生足够的未来回报，好使为融资而发放的信贷具有可信度。日本的精英们需要确保，凭空而来的信贷转换成的金融资产能在出口市场上产出足够水平的美元利润。这样，日本以出口为导向的经济才能维持运转。日本人自己形容这个设计是一辆自行车，必须保持运转以免翻倒。池田勇人承诺在10年内让日本的收入翻一番，因为他相信日本的政策精英能让自行车迎风挺立，飞速前进。

官僚机构

在这里，我们最终谈到了官僚机构作为高速增长的中央协调机制所起的关键作用。对日本经济高速增长的这一基本特征的强调引发了争议。新自由主义从意识形态角度先验地宣称，能够"摸清"市场的官僚机构是不可能存在的。因此，为了贬低或否定日本官僚机构的中央协调作用，新自由主义者一再引用相同的案例：索尼等待外汇分配很久，才得以进口晶体管的原型；通产省试图整合日本汽车产业的努力遭到本田挑战等。他们的目的就是要强化官僚永远无法战胜市场的观念。

这个看法失之偏颇。意识形态上的先入之见可能是日本官僚机构在经济奇迹中的核心重要性被长期低估的主要原因。对日本官僚机构及其运作方式的误解也是原因之一。日本的官僚机构并不局限于政府部门，甚至连经济部门本身也很少以"干这个，干那个"的命令和控制模式运作。经济部门以协作的方式与大公司合作；与政府以外的机构［例如经济团体联合会（上文提到的行业协会的全国联盟）和经济同友会］合作，也采用同样的方式。而且，大企业的联合，特别是那些在集团公司（如住友、三井等）持有彼此股份的，它们的运作更像官僚机构，而不是追求利润的商业企业。它们不是被"贪婪和恐惧"（获利机会和破产威胁）驱使。老牌的大型日本企业实际不会破产，而

"过度"赢利会被社会冠上可疑之嫌。与所有官僚机构一样,这些企业会对它们所处的社会政治体系产生的期待做出反应。

日本的官僚精英集团展现出蜂巢般的群体思维方式与智能,他们聚焦特定行业,锁定目标,然后刻意培养,使其能拓展海外市场。当然,偶尔会有例外,前面提到的索尼和本田是两个最著名的案例。偶然也会出现争议,究竟哪一行业适合扶助(最有争议的可能是汽车行业)。但无论如何,因此导致混乱的情况很少。选择特定行业作为目标似乎是显而易见的。一般来说,这个行业是日本"必须拥有"的关键上游行业(例如钢铁或机床),或者这个行业有很高的固定成本和很高的进入壁垒(如土方设备或复杂的消费电子产品),或者两者都有(如半导体)。在固定成本高的行业,长期来看,融资与雇用惯例起着决定作用,因为日本企业要在全球市场占据领先地位,可能需要一段时间承受损失。外国竞争者在金融市场的压力下,要展现稳步获利的能力,无法像它们的日本竞争者那样吞下亏损,因此不得不向市场投降。而一旦日本企业站稳脚跟,很高的进入壁垒就会阻碍新的竞争对手。

日本的经济力量通常被戏称为"日本股份有限公司",它的集体性质表明日本经济并非资本主义经济,而是更接近社会主义。事实上,有人称日本为最成功的社会主义经济体。从表面上看,这种说法似乎有道理,因为企业管控从来不受市场力量的支配,名义上的"所有者"在管理决策中几乎没有发言权,而且,如上所述,关键价格(尤其是货币和劳动力价格)被排除在市场影响之外。但给日本经济贴上社会主义的标签,不会比假设日本是个传统的资本主义市场更有助于理解它是如何运作成功的。日本的商业和经济精英对市场的发展极为敏感。在寻找机会的过程中，日本公司就像精心打磨的触角，或者继续用我们的"蜂巢"比喻，它们就像一群蜜蜂或蚂蚁四处寻找食物的来源。考虑到整个体系的融资方式，日本不能承受太多的失误，特别是在高速增长初期。因此，拓展海外市场需要具备以下条件：所有技术与市场资料，无论多么细微都能收集到；一个或几个企业在受保护的国内市场上经过激烈的考验脱颖而出；做出集体决定，该行业日本能够征服。

当日本赶上其他主要发达国家时，整个体系便开始迟滞不前。一旦出现这种情况，应该发展哪些行业就不再明确。（值得注意的是，"日本股份有限公司"最后瞄准的是大型计算机行业。20世纪80年代初，日本公司开始追赶IBM，它们没有意识到整个计算机行业赖以生存的基础即将发生变化。）然后，其他国家也开始学会玩日本的游戏，韩国可以说是对日本的经济方式追得最紧的。韩国电子巨头三星现在赚的钱比日本前十大电子公司加起来的还要多。*

但这些都是后来的事情。在高速增长年代，集体性质的日本官僚"蜂巢"成功地选中一个又一个行业：纺织、造船、钢铁、收音机、彩色电视、土方设备、电影、机械工具、照相机、手表、传真机、打印机、复印机等，更不用说摩托车和汽车了。其结果就是，日本一跃进入世界工业强国的前列。到1968年，日本的人均收入确实比1960年翻了一番，成为世界第二大经济体，时间比池田预计的还要早上两年。

---

* 诚然，三星获得的利润很大一部分源自它在国内的垄断事业（与本业无关的行业，例如造船及钢铁等）。

对现实的管理

其他体制亦有助于实际运作。例如，警察协助日本各城市摆脱了暴力犯罪（有时会通过与日本黑社会私下合作，后者一方面吸收了那些无可救药的青少年，使他们远离街头，另一方面干着卖淫、赌博等非法但又无法消灭的勾当）。那些所谓的"新宗教"则给了城市中下阶层一种归属感，他们被排除在大公司新兴的工薪族文化之外。这些体制中最重要的被赋予了沃尔夫伦所谓的"管理现实"的任务。

对现实的管理涉及一系列制度和实践，要确保每个重要的人都按照可预测的方式行事，通常表现为忽视内在的矛盾而做出看上去深思熟虑的集体决策。工作时间就是一个很好的例子。从表面上看，人们每天工作 8 小时，需要加班时，公司应该给工人额外的报酬。的确，到了下午 6 点，暖气或空调关闭，办公大楼和工厂的大门也会关闭，清洁人员开始夜间巡视，少数通宵保安人员也会上岗。地铁、公共汽车和火车也会减少班次。

但其实没有人回家（或者至少没有男人回家）。如果是平常的一天，所有的灯仍亮着，每个人都继续工作到晚上 9 点左右，忙的话，可能会工作到午夜或更晚。晚上 10 点后，人们纷纷从侧门离开，而后半夜的地铁可能比第二天早上的高峰时段还要拥挤。诚然，与日本经济全速前进的时候相比，这样的场景在今天并不常见，但在那些年，每个人都"知道"普通的工作日大约是 12 小时（在财政年度末这样繁忙的时段要长得多），尽管公开报告的是 8 小时。

当然，日本并非唯一一个人们长时间工作的国家。想在华尔街或硅谷成功的人，没有人会在下午5点就回家，但在这些地方，长时间工作会被公开承认并给予补偿。在日本却存在一个精心编造的虚构故事，即理论上大家每周只需要工作40小时——更重要的是，这在公司有案可稽，同时有官方文件往来于劳动省。当不得不提及超时工作问题时，便用"无薪加班"（サービス残業）等委婉语。

这种情况在日本十分普遍。在一个日本组织中若出现明显无能的人，他不会被解雇，但大家都"知道"（不用说出来）这个人要小心监督，交给他的任何重要工作不是有意无意地被重复检查，就是改由其他人负责。然而，不会有人明确指出这个人不适合这份工作。日本的贸易谈判代表通常会说日本的正式关税率很低，以此表明日本市场对所有来者都是开放的，但企业都"知道"它们不应该进口，如果"忘了"，相关行业协会就会提醒它们。国会的议事程序会让不懂门道的旁观者产生错觉，以为公共政策是通过立法辩论制定的。但其实，无论是（由一些政治家）提出的问题，还是（由另外一些政治家）提供的解决方案，都是由官僚们拟定好的。然而，这不意味着大臣可以像企业高管缺席董事会会议那样缺席议会审议，尽管在这两种情况下，每个人都知道辩论的内容事先已经决定。

我们甚至可以进一步推论：在日本，成功取决于一个人无视矛盾的能力，或者换句话说，即使在没有明确说明的情况下，也知道该如何应对。当然，这是"日本文化"的另一个特征，源于数百年来的政治习惯，权力的正式格局与现实有相当大的差异。因此，自然又出现了一大堆日语词汇来处理这种情况。前面我们已经提过"建前"（场面话）与"本音"（心里话）的差异。一个人如果没有领会不言而喻的事实，会被说成是"读不懂空气"（没有眼力价儿），或者被指责为"死抠道理"，这在日本不是一种恭维。

尽管日本的掌权者可以利用文化传统让人民跟随心照不宣的计划，但他们仍然需要一些手段来传播没有言明的现实。其中最重要的工具无疑是有分量的报纸、电视和广告。

在日本，对信息及其解读的控制与对经济的控制方式有相似之处。不同于古巴或苏联，日本没有法律禁止在本国创业。新生的企业家如果有任何新技术构想，他是可以在市场上尝试推广的。但整个体系的运作模式则是把他推到知名公司或贸易商的手中。如果他试图独立，就会发现自己无法筹到资金，甚至无法找到潜在的客户。当他服从于没有言明的现实并成为一家大公司的供应商时，市场和资本就会向他敞开大门——当然，代价是失去独立性。

索尼和京瓷等标新立异的公司是证明这一规则的例外。在被日本的经济体制接受之前，它们必须先在海外证明自己。值得注意的是，几十年过去，例外的数量减少了。日本不会有苹果、思科、微软、英特尔、谷歌或脸谱网这样的公司，借助信息技术革命享誉全球并获得利润。（我们将在第八章讨论日本软银和乐天等公司的崛起。）

在思想和信息领域存在着类似的状况。没有人因为书写或讲述了内容与主流说法不同的东西而被逮捕。*但一个人会不可避免地被边缘化。新闻的传播由记者俱乐部掌控，它是新闻记者的同业联盟，范围

---

* 这种情况可能会随着 2013 年 12 月国会通过的一项新法案而改变。这项新法案表面上是为了控制机密，但实际上赋予了政府无限的权力——可以逮捕和监禁任何披露政府不愿披露的信息的人，包括新闻记者。

覆盖政客、各政府部门及警察等主要的消息来源，只有老牌媒体的记者才能加入。这些俱乐部有不成文的规定，每一篇新闻报道都要遵守，否则该记者及其媒体机构会在未来得不到独家新闻。这就是为什么主要媒体关于重大政治和经济发展的报道如出一辙，犹如用复写纸抄写的一般。这种体系也可以解释媒体为何会对某一政治人物或商界领袖突然翻脸，有如一群鬣狗，因为它们一直隐忍不发，直到这个人成了公开游戏的信号出现，而这种信号通常由公共检察官办公室透露给相关的记者俱乐部。

因此，有分量的报纸和日本广播协会（NHK）这种公众支持的电视网络从本质上决定了什么是新闻以及新闻的呈现方式。与此同时，电视剧及大众电影向中产阶级家庭传达了人们在家里、办公室和学校需要遵守的潜规则。家庭破裂、学校霸凌、公司诈骗、出轨等行为可以用娱乐，甚至是耸人听闻的方式描述，但原因总是会归结为：一个家庭主妇忽略了她的丈夫和孩子，一个人忽视了他的工作，或者一个学生忽视了自己的功课，抑或任何一个人试图反抗家庭、学校或职场的要求。当然，类似的情况在其他国家也普遍存在。要想在20世纪50年代的美国电视节目中找到真正颠覆性的内容，得颇费一番工夫。但美国"垮掉的一代"时期的地下怒吼，日本没有可以与之比拟的。到了60年代，这种怒吼在鲍勃·迪伦等音乐家的歌曲、《毕业生》等电影以及《罗恩与马丁喜剧秀》等电视节目中爆发，它们对美国社会的重要政治体制发起了正面攻击。当然，日本产生了异见人士和其他对当代秩序深感不满的人，但将异见边缘化为无害的仪式性抗议活动，这一过程在日本进行得远比在美国、英国、德国等国家更有效。

在日本的流行文化中，企业、学校、官僚机构（如警察）等政治体制最终扮演的都是好人角色，而任何制度上的失误都不可避免地是"害群之马"的结果。漂亮而有魅力的明星（日语称之为アイドル，即偶像）被杰尼斯事务所等强大的经纪公司以流水线的方式推出。这些男孩女孩在电视上尽情高歌，又唱又跳，卖力演出，展现出不具威胁又孩子气的异性吸引力。多年之后，他们会举办"告别音乐会"，然后消失，回归普通人的生活。*

主流媒体也受到了日本广告行业寡头垄断的影响，全球最大的广告公司日本电通独霸日本广告市场。在高速增长年代，在日本全部的广告支出中电通公司所占的份额从五分之一跃升至三分之一。战争结束后不久，电通公司的创始人吉田秀雄将其打造成了一个避难所，为曾在殖民时期的伪满洲国担任过职位的人提供庇护，以至于公司的总部被戏称为"第二满铁大楼"，意指前满洲铁路总部。吉田雇用的许多人是战时宣传机构的关键人物，包括日本间谍组织的负责人。日本政府非常感激吉田，因此为其提供政治保护和偏袒，从而确立了电通公司在日本媒体中的主导地位。

除了那些最迟钝（或者被称为"非日本"）的人，"对现实的管理"向所有人描述了什么是被允许的，什么是不被允许的。当然，这种模棱两可的情况也存在于其他地方。乔治·奥威尔曾写道："任何时候都存在一种正统观念，它假设每一位思想正确的人都会毫不犹豫地接受。它不会明确地禁止这个、那个或别的东西，但就是'不会做出来'……

---

* 偶尔，那些展现出真正才华的人会在成年之后复出，通常是作为演员而非歌手。

任何想挑战这种正统观念的人都会惊奇地发现自己被压制住了。"但除了日本精英阶层之外,或许没有别的当权者能如此有效地界定奥威尔所谓的"正统观念",或者在不诉诸公开胁迫的情况下压制异见。更值得注意的是,很多正统观念从未被明确表达出来,它们只"存在于空气中"。

图 6　从东寺地面远眺京都塔酒店。(影像图书馆株式会社提供)

第六章

结果：有意或无心

到20世纪80年代中期，高速增长的体制似乎十分成功，连其最初设计者也没有想到。到1966年，活期存款账户的赤字消失，使日本摆脱了国际收支差额的限制。1968年，日本超过联邦德国成为世界第二大"资本主义"经济体。由于石油输出国组织的油价上涨和1973—1975年的经济衰退，日本一度遭受了严重挫折，但其复原速度远超过其他任何发达经济体，令世界震惊。到1976年，东京的通货膨胀率和失业率之低，令华盛顿、伦敦和巴黎艳羡不已，也让它们难以理解。1979年伊朗革命后，世界能源价格进一步飙升，但日本从容应对。20世纪80年代初，日本在几乎所有关键领域都取得了平等或优势地位，唯一没有征服的重要领域是计算机。自德川幕府倒台以来，一直萦绕在日本当权者脑海中的梦想是减少对外国的依赖，使其在制定经济和政治规划时无须再考虑外部世界——这一梦想似乎已经触手可及。日本只在日用品和商用飞机等少数制成品的生产上依赖外部世界，出于政治原因，日本政府已决定不以这些产品为目标。诚然，日本仍然依赖美国军队来保护其重要的海上通道，并将其作为对明显衰落但仍具威胁的苏联的威慑。但日本已成为美国对外赤字和政府赤字的主要外国融资者。在所谓的"里根革命"中，美国能在不增加税收的情况下为快速的军事建设提供资金，主要是因为日本的财政支持。正是这种建设最终使莫斯科确信，在与华盛顿的军备竞赛中它永远不可能获胜。与此同时，通过支付这些费用，东京无须冒险把军事工具置于本国官僚机构的一个或多个部分的支配之下，因此没有失控之虞。

这一切成为可能，是因为高速增长体制是按照它们应有的方式运作的。日本官僚的"蜂巢式思维"能准确地确定目标行业并征服它，很少出错。由于融资持续不断，加上受过教育、能写会算的劳动力社会化，他们为了确立优势地位而不惜一切代价，日本的领军企业不断取得成功。对劳动力的需求似乎是无限的，但经济安全已成为必然。没有人会挨饿，任何遵守规则的人都可以指望过上体面的中产阶级生活，尽管生活空间狭小，通勤时间长，几乎没有假期。全民医疗保险使每个人都能获得负担得起的医疗服务。日语的书写系统是世界上最复杂的，但公共教育确保了教育的普及。暴力犯罪的风险基本为零。

代价

但这些是有代价的。其中有些问题是可以解决的，而且已经解决，比如严重的工业污染。20世纪50年代末，东京和大阪的空气质量是世界上最差的，但20年后已经清理干净。然而，其他问题被证明更为棘手。

其中最严重的一个问题，是日本文化的廉价和庸俗化，无论是在文学艺术上还是在更广阔的意义上。这比工业污染更难看到，也更难逆转。不过，有一个个案很明显，也很具体，就是京都被破坏。15世纪末，京都在应仁之乱中被夷为平地，但丰臣秀吉和德川幕府对这座城市倾注了大量的精力，重建京都并使其恢宏胜于往日。他们可能有政治动机，比如证明其统治的合法性，但他们也留下了人类文明的一颗瑰宝。京都在很大程度上没有受到战前工业化的摧残。富兰克林·罗斯福也因为京都的建筑和文化遗产太过珍贵，被说服不对其实施轰炸。

美国空军没有做的事却被高速增长体制成功做到了。这一过程始于一座过分装饰的塔楼（建于1964年），它的斜面屋顶点缀着优雅的宝塔或寺庙大门，破坏了京都天际线的美妙对称。从那时起，破坏便没有停止过，一间又一间恢宏的传统町屋与商店被拆除，取而代之的不是匠心独运的现代建筑，而是丑陋、平庸的房屋和电线缠绕的电线杆，它们成为今天日本都市的特色风景。美学家、爱好传统的人以及著名寺庙的住持都高声抗议，但他们的反抗毫无意义。无情的遗产税迫使家庭出售他们的祖居。当局使用的核算体系只关注所有东西的价格，却完全忽略其价值，花园和漂亮的古老建筑如果改成毫无特色的办公楼和单调乏味的公寓楼，价格会更高。没错，京都的一些著名庙宇免于继续受损，也有一些地方被联合国教科文组织指定为该市的世界遗产，其周围的小片区域因此被划为特殊的保护区。这些似乎让人回到了20世纪60年代早期的京都。但整个京都的结构已经被破坏，而且无法复原。今天的京都就像一个曾经美丽的女人惨遭毁容，你仍然可以看出她曾经是个大美人，但其精神重建的过程却让人悲伤。

京都清楚地展现了在经济高速增长的年代里,日本的自然和历史文化遗产的遭遇。曾经无比美丽的国家的大片土地被无可救药地摧毁。森林被破坏,取而代之的是单调的日本柳杉。水泥石柱筑成的防波堤毁掉了这个国家一半以上的海岸。每条河流,无论大小,都筑上水坝,沿河也铺上水泥。对自然的攻击如此猛烈,以至于它看起来像是科幻小说中的怪物。[1]的确,如此多的日本动漫中那些噩梦般的可怕背景都直接取材于现实中蔓延的丑陋,它们无处不在,已经成为现代日本的一个标志。

日本的传统艺术形式,包括歌舞伎、能剧、水墨画、插花、茶道、园艺等都保存了下来。具有历史意义的民俗文化也以各种方式保存下来,包括乡村地区的节日、民谣,以及手工艺人为百姓日常生活而制作的手工艺品等。但随着经济的高速增长,普通百姓被电视、流行歌曲和棒球等新的大众文化吸引,传统的民间艺术失去了其自发性,而一个世纪前,正是那种自发性吸引了来到日本的西方游客。

同时,日本对战后世界主流文化的最重要贡献基本都出现在高速增长期到来之前。战后头20年,日本导演为大银幕带来了电影史上的一些经典之作,如小津安二郎的《东京物语》和《早春》;沟口健二的《西鹤一代女》和《山椒大夫》;黑泽明的《七武士》和《天国与地狱》。这一时期的经典小说有:三岛由纪夫的《假面的告白》(1949),太宰治的《人间失格》(1948),川端康成的《雪国》(1948),谷崎润一郎的《钥匙》(1956)等。这些小说描述的都是战后最初的那些日子,主人公大多被混乱的社会孤立,在自我毁灭与性瘾中堕落。这些小说的基调可能阴郁,甚至悲惨,但有着不可撼动的声望。川端康成 1968 年获得了诺贝尔文学奖，很大程度上是因为《雪国》的震撼力。

然而，当大企业工薪族的价值观在整个社会传播开来时，这种对人类状况的探索越来越被各种娱乐形式取代。这些娱乐形式不是艺术，而更像是一种啦啦队运动或者令人麻木的放松，帮助人们面对工作和社会的压力。

棒球与工薪族文化的兴起

与工作相关的事情占用了工薪族大部分的时间和精力。他们的穿着被限制在日本商业文化允许的范围内：冬天穿深蓝色或灰色西装，配白色衬衫和领带；在闷热的夏季，他穿着短袖衬衫、休闲裤，配领带。他要在拥挤的车厢里忍受长距离的通勤才能到办公室。无论哪个行业或哪家公司的办公室，设计都千篇一律。这或许就是组织阶层的生动体现：每一列 6—8 张办公桌，互相面对面，高级经理坐在每一列离门口最远的一端。座位的安排反映位阶，严格如军队。

工薪族很少在午夜前回家。他们在空闲的晚上通常与同事外出喝酒。在男性的工作圈内，其他男人会成为情感支持及人际关系的主要来源。即使他们不是，也要表现得他们好像是。大部分工薪族会在一定时间内结婚，婚姻是晋升中层或中层以上管理阶层的不成文规定。但工薪族只能深夜或周末才能见到妻子，而且是不会被公司拉出去应酬的周末，因为如果他想在企业不断晋升，便要陪客人或供货商打高尔夫球。在经济高速增长的年代，"恋爱结婚"变得越来越普遍，虽然很多婚姻仍然按照传统方式安排,新娘和新郎在婚礼当天几乎不认识对方。但由于工作占据了工薪族大部分醒着的时间和情感能量,激情在许多婚姻中已经消退,即便最初两人是因爱情而结合。因此,不少工薪族宁可在同事的陪伴下外出发泄性欲,也不找自己的妻子。在高速增长年代,随便哪个晚上都能看到在东京新宿或大阪难波等地区的街头挤满一群群工薪族男性,他们摇摇晃晃地前往"土耳其浴室"〔トルコ,本意为"土耳其",也用来指日本当地的土耳其浴室(带有风俗店性质)。后来由于土耳其使馆的抗议,"土耳其浴室"后来改名为"泡泡浴室"〕或环境恶劣的夜总会,在那里女侍应可以在桌子底下进行口交。1956年,在首批女议员的努力下,日本通过了一项禁止卖淫的法律。昔日江户的高级娼妓中心吉原地区在该法律通过后,表面上被关闭。但除此以外,上述法律的效力(或严格来说是执行力)与18世纪禁止男上女下以外性交姿势的法律不相上下,后者今天仍能在美国的出版物上看到。

即使在20世纪六七十年代工薪族文化的鼎盛时期,也只有约三分之一的日本男性能够成为成熟的工薪族,也就是说,在日本的著名企业从事白领工作,领取薪水,并受"终身"雇用协议保护。但是,工薪族的规范在日本人的生活中普遍存在,影响着蓝领工人和在规模较小、不太稳定的公司工作的白领。在有名的大公司工作的蓝领工人,他们的雇用条件和福利条件与白领员工的几乎相同。而一家小公司若要看起来可信,唯一的办法就是让其职员在行为和着装上与规模更大、更老牌公司的员工一样。

在日本社会传播工薪族文化的主要工具是一项从美国引进的运动:

棒球。棒球在明治时期传入日本，并在日本一所重要的中学（后来并入东京大学）引入这项运动后流行起来。棒球是日本最早的团体运动（相扑、柔道和剑道等日本传统的运动项目都是一对一的比赛），而且一直是日本最流行的。棒球被证明出奇地适合日本。篮球、足球等团体运动具有连续的动作和简单的战略（如果战术复杂的话），与此不同，棒球比赛打打停停，可以在比赛过程中的任何时间点停下来详细讨论各种策略。这就提供了充足的机会让球场内外讨论，直到达成共识。因此，棒球的节奏反映和体现了日本人组织化生活的节奏。棒球在经济高速增长时期兴起，工薪族在这项运动中找到了最具象征性的符号。

在灌输和传播工薪族文化的过程中，电视、通俗小报（"体育报"）和漫画（通常非常俗艳和骇人，因此主要针对成年读者而非儿童）与棒球同等重要。但要划分棒球与媒体作用的界限并不容易，因为为工薪族或未来的工薪族诠释这个世界的棒球运动和媒体，很大程度上由同一个庞大的官僚企业控制着。

这个官僚企业就是读卖集团（Yomiuri Group）——日本最大的媒体帝国。在上一章我们已经提及广告公司日本电通集团在"管理现实"中扮演的重要角色，它在高速增长年代里确保日本人朝着一个方向齐心协力。读卖集团的角色大概同等重要。读卖集团拥有日本（如果不是全世界）发行量最大的报纸，一个主要的电视网，从体育报到高水平学术期刊等一系列报刊，大量房地产事业，一个交响乐团，一个大型游乐场，还有一大批小型企业。但它"王冠上的宝石"是棒球队"读卖巨人"，一支在高速增长年代雄霸日本棒球界的球队。就连纽约洋基队或英国的曼联队,它们各自在全国运动赛事中的地位,也无法与巨人队在日本棒球界的地位相媲美。在棒球赛季,电视上播出的似乎只有巨人队的连续比赛。当然,这不完全是真的,但体育报纸确实会用无数篇幅报道巨人队的起起落落。

日本棒球的规则基本上和美国的一样。美国球迷观看日本队的比赛不会有任何困难。(最大的不同可能是,日本棒球允许平局。)但与企业和政治一样,内容是另一回事。

美国棒球界诞生的文化英雄,比如巴比·鲁斯、威利·梅斯、桑迪·柯法斯、乔·迪马乔,拥有突出的个人特质。与此不同,在高速增长年代,日本棒球的典型代表是长岛茂雄、王贞治这样极具团队精神的球员,只为读卖巨人一队比赛。他们从不为薪水多少争吵,给多少他们都能接受。日本的棒球训练强调的不是个人技能的发展,而是普遍的努力和艰苦,以至于球队经理被指责把有天赋的球员逼过了极限而最终毁掉了他们。这直接反映了日本人力资源管理的核心原则:克服困难是一件需要可见的努力与团队协作的事;日本企业的优势就是它卓越的团队精神和人民无私的工作伦理——用日本人自己的话,就是他们的"韧劲"(根性)和"干劲"(ガッツ)。

要进入日本企业和政府的上层,就要经过十多年的寒窗苦读,并最终通过大学的入学考试。与此相同,日本职业棒球之路始于学校运动场,到初中校队和高中校队,最后是参加每年在神户甲子园球场举行的全国高中棒球联赛。即使在今天,甲子园(已成为联赛的代称)仍有一种近乎神圣的光环。其他任何"业余的"体育赛事都不能与甲子园引发的全国性的兴趣和热情相媲美。美国最与之接近的是大学美式橄榄球碗赛,例如玫瑰碗和砂糖碗。美国会对获胜的球队及其最伟大的球员大加赞扬,而在日本,往往是失败的球队引起最强烈的反应。每年,数百万人会紧盯着电视上一队队哭泣的男孩,他们已经付出最后的努力和热忱。

日本棒球界的伟大球员大部分出身于甲子园,其中最好的通常都会进入读卖巨人队。当然,巨人队需要有一些竞争好让其胜利可信,其他球队也不可能是完全的弱者。理想的比赛或赛季应该是看到巨人队艰难地取得胜利(或冠军)。对巨人队的拥护如此超出常情,以至于有人说,某个早上在东京数百个通勤车站中随便哪一个,只要看看上班途中工薪族的脸,大概就能猜到前一晚巨人队是输了还是赢了。在任何一家总部位于东京的大型私立或公立组织中,只要你不是巨人队的狂热球迷,马上会被怀疑为另类,有时甚至会更糟。

最大的例外来自大阪及其附近地区。大阪地方球队阪神老虎队所激发的热情程度,比巨人队有过之而无不及。但这是给一个永远的失败者的热情。不出所料,老虎队经常被比作波士顿红袜队,它与巨人队的对抗则被拿来与红袜队和扬基队之间的竞逐比较。当然,老虎队作为高贵失败者的地位可以说完全符合日本最古老的原型之一。但更重要的或许是,这种强弱悬殊的竞争象征着东京及附近的关东地区的最终胜出,而关西的大阪、京都、神户和奈良则处于劣势。自镰仓幕府建立以来,日本的重心便一直在向东移动。然而,关西一直坚持到高速增长时期。从整个江户时代一直到20世纪,大阪一直是日本最优秀的商业城市,而京都则一直是日本传统文化和价值的宝库。但东京官僚作风的最终胜利见证了京都和大阪的衰落,最终沦为只是有着过去荣光的地方省会。*上面提到的对京都的破坏,让它看起来只是一个平庸的地方首府。与此同时,所有在大阪崛起的大企业(如住友、野村、夏普、东丽等),都会在东京开设所谓的"第二"总部,而且随着时间的推移,大家都清楚真正的权力重心在哪里。

因此,巨人队的霸权不仅在日本棒球界,而且在工薪族的整个精神领域(他的梦想、他的奋斗、他对胜利者的认同)。它是东京官僚化组织的权力象征,在高速增长时期掌控着日本人的社会和经济生活。

然而,今天大家都知道,巨人队在日本棒球的整体结构中的优势及其在工薪族文化中的地位,即使没有被打破,至少也受到了严重挑战。上述情况的转变,大概始于1995年著名投手野茂英雄离开日本转投洛杉矶道奇队,接着是日本顶尖球员纷纷转投美国的职业棒球大联盟。自从20世纪90年代初日本所谓的泡沫经济崩溃后,其他日本组织可以说面临同样的命运。日本男孩现在梦想为扬基队或红袜队效力。铃木一郎或黑田博树参加的美国大联盟比赛在日本吸引的电视观众往往比巨人队的比赛还要多。在日本企业界,虽然没有看到野茂、铃木、黑田那样的"背叛",但正如痴迷体育运动的年轻人现在把目光转向美国一样,如今幼稚的"极客"痴迷的是苹果手机和平板电脑,而不是索尼的最新产品。与此同时,在经济高速增长年代,大藏省和通商产业省的经济精英们发号施令、施行控制,他们原来的使命感现在被没完没了的官场摩擦取代。日本经济已经失去优势,不得不将不断缩

---

* 但可以肯定的是,现代的京都也催生了日本一些最具创新精神的公司,如任天堂、京瓷、欧姆龙和华歌尔。不像那些发迹于大阪的公司,这些由京都培育的企业通常会选择留在发源地。

水的福利分配给日渐老化的人口。

上述变化的根源，部分可以追溯至高速增长体制对一大群人生活的改变，这些人对那些体制的形成毫无发言权，她们就是日本女性。日本的蓝领工人、工薪族、农民、小企业老板、身份模糊的极端右翼分子、野心勃勃的政治家，以及东京大学出身的充斥在日本金融和政府上层的官僚，他们在20世纪50年代都对高速增长体制的最后形成有一定的贡献，只有妇女是缺席的。她们被排除在外的后果将是无法估量的，对她们自己、她们所嫁的男人以及她们的孩子都是。

高速增长时期的日本女性

与西方女性不同，日本女性从来没有被看重过。当一个日本女人走进房间时，不会有男士因为她是女性而站起来。如果有人曾为她拉开椅子或打开一扇门，那不是因为她的女性地位。在其他条件无异的情况下，她应该服从男人。一个得体的日本妻子与丈夫同行时应该走在他后面。日本女性在公开场合的每一个姿势和她说的每一句话（日语中有女性单独用的动词词尾和代词），都要表现出顺服。她还要有这样一种意识，即在日本庞大的等级体系中，她的地位要低于与自己年龄、教养和阶层相同的男性。这也许是一种压迫（事实上，确实如此），但与西方女性相比，日本女性有一个优势，即她们永远不需要争辩女性是不是昂贵的花瓶这类问题。

因为她们有自己的角色，而在这些角色中，她们拥有一定的权力。妇女负责管理家务。当然，她们要表现出对丈夫的尊重。日本有句谚语,大意是说,女人年轻时应该顺从父亲,成年后顺从丈夫,年老时顺从长子。但在许多家庭,实际是女性掌控一切,这一点一直被嘲笑。她们管理家庭财务,教育孩子,通常还负责照顾丈夫年迈的父母。

日本丈夫会把薪水交给妻子,而妻子会给丈夫零花钱,让他来支付午餐、服装以及晚上与同事外出应酬需要的费用。从江户时代到现在,日本小说中有一种常见的人物形象:为生活所迫的妻子要在经济拮据时维持体面,东挪西借,但因为处理得合宜,她丈夫几乎不知道情况有多糟。20世纪50年代,美国电视上无所事事的妻子们外出闲逛购物,而她们的丈夫则被困在家里的书桌前,面对一叠叠报税单和未付的账单。在日本,与美国妻子的状况最接近的不是妻子,而是丈夫,他对家庭财务一无所知,只知道他的薪水和妻子发给他的零用钱。

妇女扮演的社会角色,传统上是由其广泛的亲属关系和其他女性的邻里关系网络定义的。但随着高速增长和工薪族文化的到来,外部环境发生了巨大变化,即便人们对女性的期望几乎没有改变。没有像贝蒂·弗里丹那样的人向日本女性阐明她们的全新处境,即她们处在一个高速增长的时代,但在成长过程中她们并没有为此做好准备。已婚女性仍然被安排管理家庭财务、教育小孩,在许多情况下,还要负责照顾丈夫的父母。但越来越少的女性生活在农村或昔日定居的城市街区。尤其是,如果她们的丈夫是工薪族,在婚姻的头些年他们会住在简陋狭小的公寓"团地"中。"团地"是战后建于各大城市外围的房屋聚落,它们如雨后春笋般出现,数以千计。大多数工薪族和他们妻子的梦想就是逃离"团地",搬进自己的房子。很多人可以存储足够的钱圆梦,尤其是在老牌的大型企业里工作的工薪族。这是家庭财务管理如此重要的关键原因之一：抵押贷款不足而且昂贵。日本女性在储蓄管理中发挥着关键作用，而储蓄又是经济奇迹的资金来源。如果他们想要拥有自己的房子，就别无选择。另一种选择就是求助于以受薪者为对象的高利贷（サラ金），放贷方会收取极高的利息，他们与集团犯罪有密切联系。很多耸人听闻的杂志没完没了地刊登漂亮的家庭主妇被迫卖淫以偿还贷款的故事。这些故事无疑有一些夸大和文学加工，但它们植根于现实的金融环境，读者会产生共鸣。就算工薪族家庭拥有了自己的房子，也会很小且用最便宜的材料建造，与周围的房子只有咫尺之隔。

因此，永远没有真正的隐私。女性常常发觉她们处在世界最糟糕的环境里：困守在狭窄的住所，小孩需索无度，小孩的父亲或较年长的亲戚不会帮助养育，有时还需要照顾年长的婆婆。

因此，战后日本的普通年轻女性只有一个真正的支持，就是其他和她一样的女性。她丈夫回家只是睡觉，星期日偶尔休息，他不懂，也没有兴趣帮忙或给出建议。她的母亲和姑姨也许会表示同情，但通常住得很远，而且成长于一个完全不同的世界，对她面临的难处很难有切身的体会。虽然邻里女性之间会很自然地发展出友谊，而且也确实发展了，但媒体更倾向于强调背后的中伤、流言蜚语和争竞，哪怕只是为了显得更有新闻价值。争竞常常围绕两件事：一是丈夫的地位，包括他本人的职级和公司的地位；二是孩子们在学校的表现，特别是他们在入学考试中的。

有许多关于工薪族妻子入门仪式的传说，比如"公园首次亮相"，它指的是一位母亲第一次带着蹒跚学步的孩子去附近的公园。一般而言，每个公园都会有一群相熟的母亲，带着孩子出来玩。新来的母亲能够融入吗？她会被群体接受吗？是否因为对年长的女性说了什么不得体的话，或者因为她的孩子穿着怪异（抑或对其他孩子行为不当）而遭排斥？

还有一件充满焦虑的事情就是准备盒饭。很多学校要求孩子自带午餐并在桌上食用。就算年纪最小的孩子也会在意盒饭的内容及包装。因此，随便一个盒饭，它的包装是否精美、味道如何、营养是否均衡，均会造成紧张的竞争关系。老师们也会参与对盒饭质量的评估。

教师和母亲之间的关系也充满了张力。教师可能是一份收入和社会声望都相对较高的职业，但它的工作时间让人筋疲力尽，需求没完没了，因为教师的职责不只是传授知识，还要负责训导和提供咨询，以及担任执行监护人。如果他们认为一位母亲无法充分履行其职责，便会毫不犹豫地介入，而母亲被评价的标准包括盒饭的质量、孩子的衣着，以及孩子在课堂内外的言语和行为等。

家长教师协会是联系父母和教师的体制工具。与棒球一样，它也是从美国引入的，但很快就被用于社会控制，而且样子已经变得面目全非，太平洋彼岸都无法辨认。日本的家长教师协会以学校为单位组织，其会员并非自愿加入的，所有关心自己孩子的母亲都必须参与其中。它具有日本其他机构的所有特征——具有地方派系主义的特色，但表面上无休止地鼓吹和谐与合作，再加上其"消极反抗"（实际上赋予了它新的含义）的策略。男性有时还能逃避职场遮天蔽日的强大压力，沉溺在廉价威士忌或女服务员充满同情的耳语中，但日本母亲则要每天生活在孩子、婆婆和家长教师协会的压力下。她们无法借酒解愁，至少社会不允许。她们与家长教师协会的其他妈妈住在同一社区，在同一家商店购物。无论她们怎么看待家长教师协会对自己在情感上和时间上的索取，她们都被对孩子的爱束缚住。

随着时间的推移，越来越多的年轻日本女性看到了自己母亲和姐姐的生活（以及媒体对她们生活的描述），她们选择了退出。高速增长体制的设计无意中将工薪族的妻子置于一个开始被数百万女性视为陷阱的境地。而正是这些体制的成功为她们提供了逃避陷阱的手段。其结果是日本的出生率大幅下降。

在高速增长早期，除了结婚以外，年轻女性仅有的选择是：要么在娱乐场所工作，美其名曰"酒水女郎"；要么成为老处女，落伍且处处受非议。一个出身于培养未来工薪族家庭的日本女孩，她正常的人生历程是进入一所两年制的专科学校，在那里学习一些可以用于未来她想从事的粉领工作的基本技能。毕业后，她应该继续与父母住在一起。有规模的组织不喜欢雇用独自生活的女性。一旦进入公司工作，她就穿上制服，成为职场女性。她应该端茶，准备文件，做其他一些适合"办公室花瓶"的日常工作。与男性同事不同的是，到了正常下班的时间她就可以离开办公室。她可能会在晚上或周末报名参加一些被认为对家庭主妇很重要的课程：茶道、插花，或许还有穿着和服的艺术。

这些年来贯穿所有变化的主题（或者至少是应该贯穿这些变化的主题），就是寻找一个合适的丈夫。理想的候选人是同一公司其他部门的年轻人。公司鼓励这样的婚姻，因为妻子们已经融入公司的文化，并且了解公司对她们丈夫在时间和精力上的要求，会更容易配合。但如果公司内找不到合适的伴侣，通过媒人联系的传统包办婚姻或者校友介绍的男性也完全可以接受。不过，对象最好是大企业的正式雇员，或在官僚机构任职。在婚姻市场上，对男性的要求，经济保障压倒一切。对女性的要求则比较多，她们要有好的容貌和好的家庭背景（近亲中不能有丑闻），有好的举止和教养（毕业于好学校，接受"妻子应该有的"训练，如茶道），还要有好的名声。

适合结婚的时间大概有 6 年，从一个年轻女子 19 岁或 20 岁大专毕业时开始。高速增长时期有个流行说法，就是把年轻女性比作圣诞节的特制蛋糕。*据说，"26"对年轻女性和圣诞蛋糕来说都不是个好数字。公司可能不会真的解雇找不到丈夫的女性，但这样的女性通常会被调到文书岗位，其实就是"老处女"的暗示。

向年轻女性开放的另一条道路上面提过的"酒水女郎"（江户时代浮世的现代委婉说法）。旧式的艺伎仍然存在，但已经成为博物馆展品。她们的恩客是富有的绅士，对日本的音乐和舞蹈等传统艺术更感兴趣，而不是与美丽时尚的年轻女郎打情骂俏。喜多川歌麿画中那些江户名妓的真正继承人如今在东京银座和赤坂的上层人士俱乐部里，优雅的女侍应在那里款待着日本的商业、金融和政治精英。这些女性帮助建立最重要的人脉关系。整体氛围都是性，但很少直接说出来。

不过，从事"酒水女郎"的女性只有成就最高的才能达到如此尊崇的地位。这些女孩不像她们江户和战前时代的前辈，她们不再是被

---

* 在日本圣诞节不是宗教节日，甚至也不是法定假日，但它从西方引入，混杂着世俗习惯，还有娱乐业及零售行业的大力鼓吹和装扮。无处不在的"圣诞蛋糕"也许源自法国的圣诞树干蛋糕或英国的圣诞布丁，虽然在西方没有完全类似的东西。

家人卖去做"酒水女郎"。但对于出身贫穷或来自单亲家庭，或者在学校成绩不佳、男女关系有问题的女孩而言，做"酒水女郎"的诱惑很大。越是美丽、聪明，甚至无情的女孩，就越有机会进入这个特别的日本精英专属俱乐部，在那里一群高管或政客的消费单据可达数千美元，而他们只不过是花两个小时与女侍应喝酒聊天。更常见的是为一般工薪族而设的普通俱乐部，那里一个晚上的消费是数百美元，而不是数千美元，不过同样由公司付账（在同一家公司，同一级别的男性之间不存在工资差异，但表现出色的员工往往会获得相当可观的报销额度）。一个女人在这些俱乐部做了几年后，如果无法升到高层（变成"妈妈桑"），她就会离开，也许会自己开一间酒吧，[*]也可能会向以前的恩客筹集资金，雇用一两个女孩，开始进入这一行业。在日本，这些酒吧被称为"小吃店"（スナック），集中在各大交通枢纽，在这里男人喝酒要自掏腰包，价格会比市中心的俱乐部合理得多。

那些容貌不佳，缺乏智慧和人脉的女孩，如果想走上俱乐部这条路，最终可能沦落到"酒水女郎"行业的底层——在"粉红卡巴莱餐馆"或者上文提及的"土耳其浴室"，在桌子底下为客人提供特殊的性服务。这些行业通常由黑社会控制。那些年轻雇员的生活可想而知。

6年的办公室生涯结束之后，数十年被困在狭小的房子里，再加上丈夫缺席，孩子需索无度，家庭主妇的生活虽然没有什么吸引力，

---

[*] 这些酒吧被称为スナック，日文发音是 sunakku，源自英语的 snack 或 snack bar。20世纪50年代，日本通过一项法律，要求所有酒吧必须提前打烊，但有一个法律漏洞，就是提供食物和酒类的场所不在此限制之列，因此酒吧都改名为スナック，但菜单上的食物都空有其名，很少供应。一切还是老样子。

总好过给喝醉的工薪族提供性服务。但几十年过去了，其他的选择开始出现。

由于大学入学考试的评估方式，女性也可以进入四年制的大学，事实上这样的女性越来越多。没错，对许多日本公司而言，一位女性的完整学士学位没什么价值。对于拥有四年制大学学士学位的女性，许多公司通常区别对待，而且正如我们看到的，学位背后的教育内容对这些公司来说并不重要。尽管如此，一些有抱负的年轻女性还是开始自学。部分迫于国际压力，一些公司开始向年轻女性员工提供管理职位。在日本的外国公司意识到受过良好教育的日本女性是宝贵的资源，但没有得到充分利用，于是开始雇用相当数量的女性员工。日本男性倾向于拒绝外国公司，他们认为这些外国公司缺乏工作保障，也没有什么社会声望。*但对女性而言，外国公司可以提供日本公司没有的机会。众所周知，外国公司的人力资源经理会说，在其他条件相同的情况下，相对于日本男性，公司更容易与日本女性达成合作。

但职业女性的出现对日本的出生率没有产生影响。一些日本公司和许多外国公司可能已经准备好让女性从事以前为男性保留的工作，但无意给予她们特殊照顾。20世纪50年代经过多番斗争才确立的终身雇用制度，某种程度上是一种交换，即允许公司对核心的男性员工提出任何关于时间和承诺的要求，而后者得到的回报是工作保障。这种承诺与孩子、年老的双亲和经营家庭的需求有竞争关系，不易兼容，而终身雇用制度就是要把男性从婚姻和家庭的竞争性需求中解放出来，

---

* 在高速增长时期，唯一的例外是IBM，它在日本拥有与其他日本大企业同等的地位。

让他们在家庭中的角色简化为开销费用的提供者。如果爸爸每年能带着全家度假3天，或者偶尔在星期天下午和儿子一起玩游戏，这当然很好，但不是严格要求的。有意思的是，这种活动被称为"家庭服务"——"服务"一词在日语中意思已经发生变化，指的是免费提供而不期望获得回报的额外服务。*

虽然越来越多的女性进入职场，更多女性继续涌向办公室女性的位置，但后来她们拒绝按照既定轨迹结婚成家。她们的薪水不是特别高（办公室女性的薪水通常只有男性的五分之三），不过因为继续住在家里，她们的花费要低得多。在经济高速增长初期，这或许不是一个好的选择。父母不会有太多空间留给成年子女。无法结婚的女性，不是被看作妓女，就是被视为年华已逝的老处女。

但这一切都开始发生变化。随着日本变得越来越富有，房子也变得越来越大。单身女性有了更多可能的生活方式，这在以前是无法想象的。女性发现只要维持单身，她们就可以自由支配收入，保证衣着入时、出国旅游以及和朋友在高档餐厅吃饭。年轻（或者越来越多不那么年轻的）单身女性在日本时尚、艺术和美食领域成为最重要的潮流引领者，她们在日本扮演的角色类似于雅皮士、时髦的男同性恋，以及纽约、伦敦等地的都市型男。

这不是妇女解放运动或女权主义的兴起。日本的政治、金融、商业、媒体、学术，以及艺术领域（流行艺术和高雅艺术）的上层仍然

---

* 在餐馆里，当服务员将客人没有点的一些小食放在客人面前时，他会说"这是一项'服务'"，表示客人无须为此付费。上一章也提到"服务"一词，用来指超时工作，既没有补偿，也不被正式承认。

由男性牢牢掌控。但现在，除了做"酒水女郎"或者得体的女儿，尽职的妻子和母亲这些角色外，日本女性有了第三条道路。随便看一眼星期五晚上东京成千上万的餐馆中的几家，就可以了解发生了什么。在其中一种餐馆，即无处不在的"居酒屋"，客人通常坐在柜台旁，一边狼吞虎咽地吃着传统的日本食物，一边狂饮着啤酒、清酒或烧酒。他们大部分是男性，领带歪歪扭扭，在一种老友会称兄道弟的气氛中或喝得醉醺醺的，或花尽气力玩模仿游戏，或吞云吐雾，高声刺耳的"演歌"（一种类似布鲁斯或日本乡村风格的音乐）掩盖了说话的声音。如果有女人在场，她可能是年纪较大的女侍应，她会竭力用色情回应男人的暗示。与此同时，在街对面时尚的法国或意大利餐厅里，客人是一群打扮入时的女性，她们一边啜饮着冰凉的白葡萄酒，一边品尝着摆在面前的精致菜肴，而巴洛克弦乐协奏曲或现代爵士乐则作为背景音乐小心翼翼地演奏着。唯一可见的男性便是服务员，他们都带着深情的眼神，发型整齐，彬彬有礼地介绍菜单。

　　上述情况吓坏了日本的卫道士，特别是当日本的出生率开始大幅下降时。这些女性被特别打上了"寄生虫单身族"的标签。在媒体的描绘中，男性俱乐部里的时髦年轻男子对女客百般逢迎，完全是女性俱乐部的翻版。耸人听闻的故事开始流传，绘声绘色地描述妇女在迪斯科舞厅里挑选强壮的美国黑人士兵，这些士兵是希望捞些外快来增加收入。日本男性组成旅游团到韩国或菲律宾度假，寻欢作乐，他们从来没有招致太多的批评。但现在一些女性也加入他们的行列，前往泰国或巴厘岛寻求肉体的欢乐，媒体却表达了强烈的愤怒。但很多女性从这些愤怒的声浪中看到的不是事情有多么可怕和恶劣，而是女性已经有可能在婚姻之外满足她们的性需求,而不损害她们在唯一对其有影响的圈子——像她们一样的女性——里的声誉。

松田圣子

在这群女性当中,最伟大的单身女英雄非明星松田圣子莫属。20世纪80年代早期,她在日本娱乐圈掀起一股旋风。当时,许多日本女性在全国范围内掀起一场消极反抗性的反叛,反抗一直以来强加给她们的生活方式。"小圣子"大概是有史以来日本明星中最接近朱迪·嘉兰、芭芭拉·史翠珊或麦当娜的人物。这些美国演艺界明星的拥护者多来自新兴的同性恋次文化圈。松田圣子的狂热粉丝则几乎全部来自日本单身女性阶层,她们白天在办公室工作,住在家里,空闲时间和女性朋友在一起。与上一代矜持的青春女星不同,*"小圣子"把她的婚姻和糟糕的私生活都展现在公众面前。她穿着模仿女学生的制服,以夸张的方式演唱着那些被认为适合日本年轻偶像的甜腻歌曲,反映出当时整个娱乐界的拙劣。新出现的俚语"ぶりっ子"(装可爱),指的是那些故作天真的女性,而"小圣子"在装可爱这方面是公认的女王。她们以故作可爱的形象示人,或许可以愚弄那些无知的男性,不管他们是父亲、潜在的男友,还是自以为是的"日本人论"(这种理论最为民族主义知识分子所拥护)的支持者。但

---

* 松田圣子与20世纪70年代最著名的女明星山口百惠不同,这反映出性别角色和期待的巨大变化。美丽、端庄和真诚的山口百惠在舞台上数年后便隐退,与以扮演"直男"著称的三浦友和结婚,此后便一直远离媒体,其粉丝多半是工薪族男性。

这显然是一种行为，至少对大多数日本女性来说是这样。

越来越多的女性拒绝按照她们"应该"遵从的方式行事，社会对此产生的绝望往往既没能认识到高速增长体制一开始就给许多女性设下了陷阱，也没能认识到不断变化的经济环境如何使这个陷阱越来越清晰地暴露在女性面前。当然，很多年轻女性仍然渴望婚姻、家庭和孩子。但是，越来越多的女性不愿走进为她们设置的陷阱，除非她们能找到出路。这意味着她们应该嫁给次子，这样他们就不用照顾年迈的父母，而且很快就能赚到足够的钱，买一套漂亮的房子。然而，日本的企业与官僚机构在调整薪酬和雇用制度方面行动迟缓。从1955年日本的人口和经济状况来看，这些措施对一个国家来说可能很有意义，但到了1975年就不太合适，到了1995年则完全没有意义了。面对变化的环境，掌权者不是重新考虑20世纪50年代出现的社会契约，而是在边缘进行小修小补：减少雇用终身职员；大幅降低薪水，聘请一些兼职人员去做原先分配给年轻人的工作。很多兼职人员是年轻的单身女性或重返职场的年长已婚妇女。因此，在年轻女性眼中，能够提供婚姻和家庭的好处，同时又能给她们希望摆脱婚姻和家庭陷阱的年轻男子越来越少。越来越多的夫妻选择不生孩子。"丁克家庭"也许是个美国用语，但它准确描述了走出工薪族或家庭主妇陷阱的另外一条道路——对男人、女人都适用。

到1975年，日本的出生率由20世纪40年代末的每名女性生育4个孩子，下降至2个（这是"生育替代水平"）以下。到2005年，出生率降至历史新低，即1.26。出生率的急剧下降被认为是日本体制没能成功应对急剧变化的经济环境的最严重后果之一。这些不断变化的环境部分源于全球经济架构受到的破坏，这种架构曾使高速增长体制按照过去的方式运转。破坏最早出现在日本以外，因此日本运作方式遭受的危险最初并不明显。当危险最终变得显而易见时，日本的精英们感到无能为力，只能竭力重建最初使高速增长体制如此成功的环境。

高速增长体制与全球经济架构

日本的经济模式是系统且有针对性地征服某些行业，同时在增值的过程中做出合理选择：先是20世纪50年代的纺织行业，然后是需要更多资本和技术投入的行业。在微观经济层面，日本的成功意味着它在海外的直接竞争对手失去了工作机会，而且在许多情况下，这些行业在某些国家甚至整个消失。这会产生政治后果。如果竞争对手是荷兰这样的欧洲小国的消费电子产品制造商，那么这些后果在更大范围内可能无关紧要。但如果日本扼杀的是美国的行业，其后果则是重大和无法避免的。与美国的关系构成了战后日本政治秩序的基石，而且"二战"后出现的整个全球经济体系也仰赖美国市场的开放。在一个又一个行业被日本抢走之后，美国放弃了自由贸易，这将导致全球经济秩序的崩溃，以及战后出现的日本体系的崩溃。

诚然，精明的政治家或许可以通过一些方式消除贸易保护主义的压力，让事情能在一定时间内如往日一样进行。因此，20世纪70年代出现了一系列化妆品贸易协定和"市场开放"措施，好让政治家能在电视上自吹已经解决了这个或那个贸易问题，但实际没有什么根本性的改变。但日本贸易顺差的出现导致金融失衡加剧，对布雷顿森林体系的僵化架构构成了直接而致命的威胁，这种威胁无法通过政治姿态和毫无意义的贸易协定来消除。

日本的顺差以金融形式流入日本的银行体系，大部分以美元计价。但是日本人没有把他们的美元兑换成黄金，而在布雷顿森林体系下他们有权这么做。他们只是让美元积累，使用各种策略来隔离这些储备，从而阻止教科书中预测的国内通货膨胀和随之而来的出口价格上涨（日本的做法被称为"黄金冻结"）。与日本相反，美国国内出现了通货膨胀。在林登·约翰逊"大炮加黄油"双管齐下政策的打击下，其名为"伟大社会"（Great Society）的社会复兴计划和越南战争将美国经济的需求方推高到供应方所能提供的范围之外，从而导致了通货膨胀和贸易赤字，正如任何一个大一新生在经济学课程上所能预测的那样。

在布雷顿森林体系下，日元对美元的汇率固定在 1 比 360，黄金与美元的比率则为 1 盎司黄金 35 美元。这种不平衡可以通过以下两种方式解决：一是日本央行使用其权利，用它积累的美元与美国兑换黄金，迫使美国减少进口，否则其黄金供应将消失；二是通过协商，日本政府与美国政府重新调整日元兑美元的汇率，使日本顺差与美国赤字之间的差距恢复平衡。

但这两种情况都没有发生。日本并不是唯一一个积累美元的国家。其他国家（尤其是法国）也使用了自己的权利，用美元兑换黄金，甚至在美国竭力劝阻它们不要这么做的时候。但日本从未抛售过美元，因此自动地为不断膨胀的美国贸易赤字提供了资金。美国试图说服日本和其他贸易顺差国家（尤其是联邦德国）重新调整其货币对美元的汇率。在美国就恢复德国对驻扎在他们国家的北约军队的控制这个问题做出一些让步之后，德国人勉强同意。日本则拒绝接受。

为什么日本不愿意接受？为什么不能说服日本采取措施，对陷入危机的全球经济架构进行补救？事实上，日本和其他国家一样从中受益很多。答案可以归结为三点。首先，在日本政府看来，日本忠实地遵守了战后达成的协议，即结束占领并巩固了美日安全"同盟"。左翼分子完全被排斥在权力圈子之外。对于美国的越南政策，虽然成千上万的学生走上街头抗议战争，日本政府还是选择保留它的担忧并保持沉默。日本群岛继续作为美国在东亚军事存在的重要支撑。同时，美国原来不是希望日本繁荣昌盛的吗？在华盛顿与北京和莫斯科争夺新兴发展中国家精英的意识形态斗争中，日本不是一个有用的例子吗？为什么日本人被要求修补一套在他们遵守战后协议方面非常有效的方案呢？

其次，日本政府很难相信美国真的陷入了经济困境。日本精英很难相信他们在看起来羸弱又破败的祖国所做的事情真的会影响到另一个国家的生活与政治，更何况，在人们的记忆中，那个国家曾将他们的城市夷为平地。

最后，在日本战后的政治体系中，没有人有权力改变旧有的习惯，强制推行改革，尽管有些人认为调整的时机已经到来。实际上，大藏省竭力压制金融媒体对日元走强可能给日本带来好处的讨论。

当危机到达顶点时，尼克松已经当上总统。他能在选票接近的选举中险胜，一定程度上是因为他承诺将日本的纺织品进口减少到一个行业，而这个行业在当时两个关键的摇摆州（北卡罗来纳州和南卡罗来纳州)雇用了大批选民。*尼克松认为,他已经履行对时任日本首相佐藤荣作的承诺,即日本限制其纺织品出口,美国则名义上恢复日本对冲绳的主权。² 主权在理论上得到了恢复(我们将在最后一章对冲绳发生的事情有更多讨论),但日本的纺织品仍继续流入。就像他的前任和继任者,尼克松原来认为已经得到日本首相的承诺,但后来发现他没有权力兑现。

尼克松的反应是威胁终止布雷顿森林体系。他单方面关闭了黄金窗口,而美国原本"有义务"将外国央行持有的美元兑换成黄金的。这再次表明,如果条约没有强制机制,使各国不只顾本国利益,大国就不会真正被限制,它们只会按照自己的国家利益行事。尼克松拒绝重开窗口,除非汇率调整到华盛顿认为足够公平。他将矛头直指日本,对进口到美国的日本产品征收10%的附加税。似乎这些还不够。白宫与北京谈判的消息开始出现,最终导致美国结束与中国台湾的正式外交关系,转而承认中华人民共和国才是中国的唯一合法政府。东京对此一无所知。

结果是,日本政体遭受了自中途岛战役以来的最大冲击,当时东京内部人士首次意识到大势已去。日本媒体将尼克松的声明以及白宫与北京谈判的消息统称为"尼克松冲击"。这次冲击的余波还将新型的政治家带入东京,他们善于从官僚体制攫取好处以安抚难以驾驭的利益集团,没有后者,他们便无法应付美国的要求。

---

* 1968年,旧南方各州已经不再是坚固的民主党,但仍未变成团结的"大老党"(Grand Old Party,美国共和党的别称)。

但无论是官僚还是政客,都没有看到成功出口和累积美元盈余下的经济结构需要进行根本性的改革。1971年12月,日本参加了史密森学会会议,会上重新调整汇率,黄金的官价提高至1盎司38美元,在这个价格上美国"不会出售黄金"。东京方面很有技巧地通过谈判达成了一个日元兑美元的新汇率,这个汇率既没有美国希望的那么高,也没有日本准备接受的那么高。[3]

重新调整的布雷顿森林体系只维持了不到两年,就被"水门事件"和1973年石油输出国组织的石油禁运摧毁。尼克松再也没有政治资本去监督或护卫这个固定汇率制度。世界跌跌撞撞地接受了浮动汇率的新金融架构,并最终结束了与黄金的任何联系,而这个架构以前没有人设计或计划过。

世界抛弃了日本。这个国家几乎完全倚赖进口能源,但在经历了自20世纪30年代以来最严重的全球经济危机之后,日本比其他任何国家都更快地恢复了繁荣。到1976年,日本又回到正轨。

这一次,没有固定汇率来阻止对贸易不平衡的调整,无须进行令人担忧的政治谈判。米尔顿·弗里德曼等学者曾预测,浮动汇率会促使严重的贸易不平衡消失,货币会随着贸易和投资的需求而升跌。但日本的贸易不平衡并没有随着浮动汇率的出现而消失,反而加剧了。继任的美国总统卡特指责日本政府的"肮脏浮动",意谓日本央行暗中干预,将日元汇率维持在预先确定的水平。在国际压力下,日本放弃了肮脏的浮动汇率,日元汇率升至战后最高水平。1971年,1美元兑换360日元,但到了1978年7月,1美元只能兑换177日元。

日元走强的对立面是美元走弱,对美元的信心似乎正在崩溃。在不到10年的时间里，美元的购买力下降到原来的三分之一。卡特被迫任命硬通货主义者保罗·沃尔克出任美联储主席。在政治上，沃尔克没有受到卡特的影响，而是开始采取他认为必要的措施来捍卫美元，将利率提高到美国需求崩溃（经济衰退）以及投资者再次愿意持有美元的程度。

这些投资者中有很多是日本人。1978年夏天，日本加入了一个秘密四方小组，目的是要挽救美元。*1979年的伊朗革命和日本最大市场的沃尔克衰退接连出现，在这双重打击下日本经济放缓，而且当年日本连续两个季度出现了贸易赤字（直到2009年才再有）。

但对美元信心的恢复很大程度上要感谢日本机构投资者对沃尔克上调利率的热情响应，还有大藏省在1980年放宽了外汇管制法律（根据修订后的法律，日本金融机构进行海外投资时，无须再事前申请核准）。罗纳德·里根以其减税政纲当选总统。他假装减税实际上会增加税收收入，也许他真的相信这一点，但他所谓的"里根革命"带来的是美国历史上和平时期最大的赤字。在这个过程中，里根和他的顾问们无意中证明了一件事，即凯恩斯是正确的。只要能获得融资，重振奄奄一息的经济最快和最可靠的方法就是巨额的政府赤字。

1978年，人们还不清楚美国是否有足够的空间来为更大的政府赤字融资。但由于保罗·沃尔克上调利率以及日本人愿意持有美元，这已经不再是问题。里根的赤字支出产生的后果正如凯恩斯预言的。到了1982年，美国经济开始复苏。

---

* 其他三国是联邦德国、瑞士和沙特阿拉伯。

日本出口商的最后一个黄金时代开始了。随着美国财政部提供两位数的利率，全球对美国政府债券的需求飙升。美元对日元及其他货币的价值大幅上升。随着美国经济复苏，美国人又开始消费，他们开始购买日本商品：索尼随身听、松下录像机、夏普电视、丰田汽车、富士胶卷、尼康相机、新日铁钢管、本田摩托车、雅马哈钢琴、小松蒸汽挖掘机、理光复印机、精工手表、卡西欧计算器、富士通电脑、日立半导体。这份名单还可以继续下去。回头来看，那些年对美国的经济来说似乎并不像当时许多人认为的那样灾难深重。高价美元和高利率无情地将美国产业淘汰出局，导致资本流入新的企业，这些企业的名字在极客世界之外几乎无人知晓：微软、苹果电脑、思科、英特尔和太阳微系统公司。

但当时如果有人预言美国公司（在日本人眼中，这些公司薪水过高、员工懈怠和产品劣质），将在30年后凭借人人都必须使用的操作系统和协议主宰高科技领域，那一定会被认为是疯了。无论是最疯狂的梦想还是最糟糕的噩梦，没有人能预料世界上最受欢迎的消费电子产品将由一家总部设在加利福尼亚州库比蒂诺的公司生产。要求针对日本人对美国产业的破坏采取行动的政治压力（大部分来自共和党内部）变得势不可当。

里根在第一任期被空谈理论者掌控，他们拒绝接受政府干预可以带来正面结果的想法。正如其中一位所说的："美元的适当价值应该由市场说了算。"[4] 但里根在第二任期任用了一些意识形态上灵活的人，让他们担任经济政策方面的职位。出于爱国和政治原因，他们深信必须要有所作为（他们担心美国的工业基础受到侵蚀，也担心这会给贸易保护主义的民主党人带来强有力的政治问题），而且相信货币水平是导致贸易失衡的原因，因此威逼日本政府同意加入一系列的协调干预行动，旨在打破超强美元的态势。

与1971年不同的是，这一次东京有了回应。中曾根康弘本人是日本战后最有力的首相之一。他担心持续的贸易不平衡会破坏美日关系。与14年前大藏省积极压制日元走强的言论不同，现在日本政府内部的一些关键人物已经同意中曾根康弘的观点，认为或许是时候彻底改革日本的经济模式了。日本的巨大成功现在正威胁其最重要的外交关系。日本似乎即将成为世界的"经济总部"，几乎每一个关键行业的主导地位都已稳固或在掌控中，是时候进行变革了。日本政府将与美国政府合作，重新调整两国的货币政策。更重要的是，日本政府将采取措施，为经济寻找出口以外的其他推动力。

但事实将证明，这项任务是不可能完成的。

第二部分

当今日本的枷锁

图7　1986年，东京歌舞伎町的红灯区和新宿的摩天大楼，那是泡沫经济的第一年。(《北海道新闻》提供)

第七章

经济与金融

20世纪80年代末日本的"泡沫经济"在许多方面是有史以来最大的金融泡沫,即便与美国最近的房地产和衍生品泡沫相比也是如此。20世纪80年代末,东京的土地估价到了荒谬的水平,在一个著名比较中,皇宫的土地居然比整个加拿大还要"值钱"。股票价格和发行公司的每股收益之间已经失去任何可辨识的关系。随着泡沫不断膨胀,社会关系良好的企业发现它们被迫发行债券,因为它们被告知发行债券不用花什么"成本"。银行向它们承诺,如果它们"借入"这些钱,永远不必偿还,而且在"借款"到期之前,它们将被"收取"负利率。你不必偿还所借的钱,同时还能在贷款期间得到一小笔可观的款项,就算美国泡沫时期被忽悠去借不可靠的抵押贷款的人也会对此表示羡慕。但正如他们的美国同行感到贷款条件好到难以置信,结果也的确如此一样,日本企业的财务人员利用了这些表面上"免费的"钱,后来却发现根本不是免费的。但在当时,无论他们还是银行界,都没有看清这一点。银行界和财务人员都相信东京股市只会朝一个方向走:上涨。这就是为什么这些金钱交易看起来是"免费的",就像兜售给美国房主的抵押贷款看起来是很棒的交易——但前提是，你自己必须相信房价永远不会下跌。

这就是泡沫的定义。资产的价格和资产所能产生的现金流有极大差距，这些现金流可能是租金，也可能是企业利润。泡沫还在继续扩大，因为大多数人相信，"某些事情"已经发生，而这会导致资产价格永远上涨。在一段时间内，这似乎不是问题，因为资产持有者只需要以高于买入价的价格将资产卖给"更大的傻瓜"，就能偿还购买资产的融资。谁会在乎资产所产生的现金流本身不足以偿还债务呢？美国经济学家海曼·明斯基以模拟金融泡沫的进程和后果而闻名。他坚持认为，这种被他称为"庞氏融资"的现象是泡沫正在滋生的明确迹象。

日本的泡沫当然符合明斯基的描述。在其他许多方面，它也遵循了经典的抛物线规律：先是金融狂热，然后是恐慌和崩溃，最后是长期的后果，包括停滞和彻底衰退。正如明斯基认为的那样，日本狂热的最初动力源自信用的过度扩张。随着这股热潮的升温，越来越多的人被卷入其中，他们看到自己的邻居不费吹灰之力就发了财，于是也决定加入这场游戏。掌握内幕消息的内部人士编造故事，不但让外面的投资者相信，更重要的是连他们自己也相信"这次不一样"（一本关于金融泡沫的书的标题，即《这次不一样》）。[1] 欺诈和集体贪污腐败日益成为政治与经济生活的标志，模糊了合法与犯罪之间的界限。日本泡沫的这些特征与金融危机史上的事件完全吻合。

对于研究"疯狂、惊恐和崩溃"[2]（关于金融危机的另一本著作的标题，即《疯狂、惊恐和崩溃》）的学生来说，日本在衰落过程中的经历与其在上升过程中的经历一样容易辨识。当狂热到达顶峰，很多人看到规模开始下降,这就是明显的"明斯基时刻"。像往常一样,这个"时刻"是由于突然意识到无法进一步抬高资产价格而出现的。(日本的"明斯基时刻"出现在1989年的圣诞节——那一天并非日本的假日——当时,日本央行突然大幅度提高利率。)随之而来的价值崩溃不可能像许多人最初预测的那样,只局限于与犯罪分子有关联的那些更阴暗的金融机构。最终(而且不可避免地),金融体系的核心机构也被卷入"价值重估",让决策者面临艰难的选择,是保护那些造成和推动狂热的机构,还是袖手旁观,任由金融体系崩溃并波及一般经济。数百万人失去了他们一生的积蓄,深刻的政治重组已经启动,精英和普通百姓一向视为理所当然的智慧也受到质疑。在日本的案例中,公认的智慧里需要被丢弃的最重要观念有两个:在日本,土地价格永不会下跌;大藏省有意愿,也有能力支持房地产和股票价格以及所有受其控制的金融机构。

这次泡沫源于上一章结尾提到的1985年日元对美元汇率的重新调整。这个故事展开的方式——狂热本身,随之而来的泡沫的破灭,以及之后长期的通货紧缩——有助于强化学者和分析人士的理论大厦,以理解金融泡沫的一般进程和后果。在很大程度上,我们应该感谢经济学家辜朝明。他对20世纪90年代的日本经济进行了仔细研究,并从其他泡沫的历史中总结教训,然后创造出一个新的术语,即"资产负债表衰退"[3],用来形容泡沫过后的经济。

资产负债表衰退

辜朝明认为,资产负债表衰退通常发生在一场影响深远的金融狂热爆发所引发的崩盘之后。大量的公司发现自己理论上已经破产或者接近破产，因为它们在狂热时期融资购买了价值已经崩溃的资产。因此，债务超过了公司资产的价值，这是破产的理论定义。但其中有些公司仍在运转，因为它们的核心业务继续产生正向现金流。它们的债权人不愿关闭这些公司并瓜分其资产，因为这些资产无法以必要的价格收回当初为收购它们而进行的融资。（想想美国的房主，他们抵押的房子现在价值低于抵押贷款的金额。）在这种情况下，公司会将经营所得的所有利润用来偿还债务，而不是扩张或投资新领域，银行也会帮助它们摆脱困局，而不是逼迫它们宣布破产，因为毕竟这是它们偿还银行债务的唯一机会。

由于太多公司处于此种状况，需求逐渐减少。再没有人下订单购买新机器或开设工厂，也没有人雇用新员工。每个人都在拼命地偿还债务，也就是修复其资产负债表。资产负债表衰退其实是合成谬误的一个经典案例。对个体企业有意义的做法可能会破坏整体复苏的希望。在资产负债表衰退中，宽松的货币政策（对普通经济放缓通常的补救措施）毫无用处。无论利率下调到多低或者中央银行试图向经济注入多少额外资金，公司都不会为任何目的借入更多资金，除了以较低的利率对现有贷款进行再融资。因此，货币最后汇集在一个巨大的停滞不动的资金池中。

辜朝明根据日本20世纪90年代的经验，同时，往前推是20世纪30年代的大萧条，往后推是2008年开始的大衰退，对金融狂热之后的经济状况做出了理论解释。（2009年，是数百万美国家庭而非日本公司深陷资产危机，前者发现自己房屋的价值远远低于当初为买房而借来的贷款。）辜朝明的理论帮助我们理解很多事情：大萧条的时间长度及棘手性；奥巴马总统在就任头几个月所实施的经济刺激计划的不足；截至本书写作时，美国的就业率未能回到政治安全水平（对在任者来说是安全的）；尽管美国实行了非常宽松的货币政策，但通货膨胀仍几乎接近于零，等等。如果辜朝明是对的，那么日本的经验不仅在许多关键方面符合"疯狂、惊恐和崩溃"的历史标准模式，而且为其他类似现象提供了范例。

日本的差别

虽然各个国家会遵循一个可识别的类似模式，甚至一个国家的情况可用作另一个国家的参考，但没有人能说每个国家的"疯狂-惊恐-崩溃-资产负债表衰退"抛物线完全相同。尽管日本的泡沫及其后果大致符合标准模式，它的经验也在其他时候给其他泡沫带来了一些启示，但仍有一些关键性差别使日本的"泡沫经济"不一样，甚至区别于那些看起来与它非常相似的经济体。

日本泡沫的独特之处并非只是重复一个观察结果，即它发生在20世纪80年代的日本，而不是17世纪70年代的荷兰、20世纪90年代的泰国或者21世纪初的美国。日本泡沫与其他国家泡沫的最重要区别可以从引发泡沫者的动机中找到。

明斯基认为，金融泡沫的根源在于他所谓的"外生冲击"，这种冲击导致投资者重新评估某些类别资产的潜在回报。外生冲击的一个例子是重大的技术突破，它会带来整个经济的转型。这种冲击的著名案例是 19 世纪中期铁路的出现，它导致了 1873 年的大崩溃，因为当时太多的钱涌入太多轻率的铁路修建计划。*其他案例包括同时出现的收音机和汽车，它们成为经济大萧条的背景，还有互联网的"杀手级应用软件"，它导致了 20 世纪 90 年代末的互联网泡沫。

外生冲击不一定是技术性的。它们可能包括战争或新信贷来源的突然出现（16 世纪，新大陆的黄金和白银流入西班牙；随着北美自由贸易协定的通过，投资者纷纷涌入墨西哥）。但在所有这些案例中，关键词都是"外生的"，也就是说，是发生在既定经济进程和政策之外的事情。

然而，在日本，冲击不是外生的。它是被故意使用的。冲击源于日本所有重要掌权者的共识，即他们认为，日本能从战争的破坏中"奇迹般"地复原，关键在于它掌握了制造技术并将其商业化。所以人们认为，日本输掉战争，是因为它在技术上的不足。自占领结束以来，日本就一直致力于建立并完善工业的主宰地位，为日本争取它在战前所缺乏的东西：在几乎所有的关键工业技术领域全面维持其领先地位。

到 1985 年，不少高瞻远瞩的日本人认为这种主宰地位已经受到威胁。这种威胁既有政治上的，也有经济上的。政治威胁在美国日益高涨的反日情绪中表现得很明显，在东京看来，这似乎威胁到了美日关系。到 20 世纪 80 年代中期，几乎所有的日本人都相信——即使他们

---

* 安东尼·特罗洛普在其巨著《如今世道》（*The Way We Live Now*，1875）中，用小说化的手法探讨了铁路泡沫及其后果对价值观与社会凝聚力的影响。

没有公开这么说（很多人公开这么说了）——美国已经陷入债务、依赖和衰退的循环，而且很难摆脱。但与此同时，美国对日本的政治和经济秩序一如既往地至关重要。但与此同时，美国对日本的政治和经济秩序仍然至关重要。它提供了一个安全保护伞，没有它，日本将不得不再次面对自1945年以来它一直设法回避的事关存亡的问题：如何在一个危险的世界中保卫自己，同时约束一个足以承担防卫任务的强大军事力量。美国不仅帮助日本确保安全，还提供了一个政治框架，使真正的全球经济得以运转，在这个框架下，日本得以建立并驾驭自己的主宰地位。这个框架的关键要素包括以美元为形式的全球结算和储备货币，以及一个全球开放的贸易体系。对于当时的日本当权者来说，美国为全球经济提供的安全保护伞或政治框架似乎是不可替代的。

与此同时，对日本主宰地位的经济威胁源于该国海外市场购买力的下降。自明治维新后期以来，日本经济的主要驱动力便是出口，这并非主要体现在其出口在国内生产总值中所占的百分比（荷兰和新加坡等贸易小国的出口在其整个经济中所占的比例肯定远远高于日本等大型经济体的出口）。而是说，出口市场的竞争是促进技术进步和实现规模经济的主要刺激因素。企业的赢利能力和融资能力，在很大程度上取决于其海外市场能否成功运作。但到了1985年，当日本在几乎所有重要的制造技术上都占据主导地位时，其他国家怎么买得起日本的产品呢？当日本似乎已能制造所有具有实际价值的东西时，来自海外的需求不足以支撑这一巨大力量的那一天似乎正在逼近。

由于日元贬值，那一天被推迟。首先，是布雷顿森林体系下的固定汇率，它曾在战后几十年给予日本一定好处；其次，是20世纪70

年代中期的"肮脏浮动";最后,里根革命的特殊环境使得美元一度强势。

许多日本人只是希望政府能继续采取必要措施,维持日元的廉价。但了解情势的人知道这只能维持有限的一段时间,而且无论如何,这在政治上变得越来越难以实行,因为华盛顿已经锁定日元/美元的"不公平"汇率,东京的汇率操纵被视为日本的竞争利器,并被视为美国工业基础流失的原因。

日本的主要政治家和官僚构想的解决方案有三方面。首先,日本与美国协商降低美元价值并提升日元汇价(联邦德国、英国和法国同意给予支持)。其次,日本政府将采取其他措施来缓解与华盛顿之间政治上的紧张关系,签署一系列的贸易协定,移除一些比较明显的冲突,同时鼓励日本公司将生产设施转移到美国,以减少美国因为日本贸易顺差而产生的失业问题。

最后,东京金融当局开始推动根本改革,不再以出口作为经济的主要驱动力。显然,投资是新驱动力的最佳选择。对新工厂的一大波投资会巩固日本作为世界经济龙头的地位,同时提供了一种前景,即工厂和设备投资将取代出口成为经济的驱动力。

刺激投资热潮最常见的方法是低息信贷。1985年9月,与美国签订协议(该协议被称为"广场协议",因为它是在纽约广场饭店谈判达成的)启动日元升值后,日本当局既有意愿,也有能力提供贷款。低息信贷在政治上也有影响——许多日本商界人士对"广场协议"大为不满,以至于自1960年以来一直作为日本政治稳定基础的商业-官僚-自民党联盟面临解体的威胁。曾经参与"广场协议"谈判的大藏大臣竹下登则得了一个惨淡的绰号"高日元大臣",而且因为很不受欢迎,他一度被劝减少在公开活动中露面。一些企业在出口市场上遭遇强势货币的突然威胁,在安抚这些企业方面,低息信贷起到了一定作用。

但光是低息信贷不足以刺激工厂和设备投资。它很容易导致通货膨胀或助长奢侈消费的恶习。不过,日本当局相信自己有办法让贷款流向它们该流向的地方。这些办法,首先包括此前当局规定和设立房地产一般价格的各种手段。*其次源于第五章所讨论的日本企业独特的财务结构。日本企业投资工厂和设备,通常不是从股票和债券市场筹集资金,而是以短期贷款的方式由银行借入,而这些贷款可以无限期地延续。

日本当局一方面采取措施提高土地价格,另一方面又放开对银行贷款的数量限制,希望这些措施可以确保大部分新增信贷直接用于工厂和设备投资。随着投资热的升温和讨厌的副作用开始出现,当局却不愿出手叫停,尤其是在1987年10月纽约股市崩盘(这场崩盘在东京触发,也在东京停止)之后。1987年8月公布的贸易统计数据显示,自两年前达成"广场协议"以来,日元兑美元的汇率已上涨近一倍,但美日双边贸易逆差的规模几乎没有变化。美国人开始明白,日本结构性贸易顺差的原因可能更为复杂,不单是汇率失调。他们也了解到,对于日本企业而言,仅仅因为利润率开始下降,无法迫使它们放弃最近获得的市场份额。(正如我们在前面提到的,在日本体系中,利润在

---

* 在这些手段中,最重要的是农业用地规划,它抑制了城市房地产市场,以及出于税收和申报目的而进行的任意定价。

历史上无足轻重，重要的是技术领先地位和市场份额。)但与此同时，由于美元可能再次疲软，这些数据令日本的机构投资者感到恐慌。他们抛售美国国债，导致其价格下跌。换言之，这些证券的收益率上升，实际上升到了两位数。当美国投资者意识到美国国债的年回报率超过10%时，他们便卖掉所持有的股票，将其换成债券，从而引发了股市崩盘。危机有蔓延全球的危险，但日本当局通过向日本证券公司发出一些目标明确的非正式指令，得以阻止并逆转了全球崩盘。随后，它又迫使日本的机构投资者重返美元债券市场，从而阻止了对美元的大规模撤离。为了强化其行动，它们进一步敞开信贷闸门。这些额外信贷附加在一波又一波投资热潮的融资之上，使得日本原本就相当可观的美元储备又大幅增加，从而稳定了美元汇率。

额外信贷的作用不止这些，它还有不可避免的溢出效应。本章开头提到的一个例子是：这些交易让日本企业获得了它们以为永远无须偿还的免费资金。在日本企业的财务人员看来，这似乎是他们修建新设施所得的报酬。(这些"免费"资金仰赖的是一直上涨的股票价格。*)有了这些"免费"资金的流动，企业可以建设豪华的新总部和最先进

---

* 这些交易包括发行附认股权证的美元债券，认股权证持有人有权以通常略高于当时股价的预定价格购买发行者的股票。认股权证从债券中分离出来，出售给日本的投资者。这些债券的票面利率通常很低，在欧洲以很高的折扣出售，以使债券收益率与市场利率保持一致。在日本，几乎所有人都认为认股权证持有人会使用其权利，以预定价格购买股票，从而允许发行者用所得资金偿还债券持有者。(标准的公司财务理论认为，出售额外股本是有成本的，因为这会稀释现有股本的价值，但在日本，它只不过是纯理论问题，股东很少要求取得企业利润和企业资产的剩余价值两者对应比例的股票。)由于债券的票面利率如此之低，发行者可以签订货币互换协议来支付票面利率，而这实际上会给发行者带来小额的日元收益——因此人们会认为本金是"免费的"，利率为负利率。随着泡沫的破灭和东京股市的崩溃，认股权证变得一文不值，迫使原来的发行企业寻求新的财政来源以偿还债券持有人。

的工厂。与此同时，数百万拥有小块土地的人发现自己发财了，并开始像有钱人那样行事，以尽可能引人注目的方式大肆挥霍金钱。其他数百万人看见他们周围的这种情况，也拼命借债买入价格飞涨的资产。鉴于银行实际是在乞求小企业以极低的利率贷款，而资产价格每隔几个月就会翻一番，所以好像真的是稳赚不赔。

上述现象是所有金融狂热达到顶峰时的明显指标。但在日本的例子中，一个关键的区别是，许多推动这个热潮的人自己并没有发财。他们这样做，是因为相信为了达成国家的共同目标必须如此。21世纪头十年华尔街在房地产衍生品泡沫最后阶段的大规模腐败，与20世纪80年代末日本银行家在泡沫顶峰时期的行为之间的对比揭示了这一点。是的，日本银行业最著名的人物都与黑社会犯罪组织沆瀣一气。但通常情况下，受益的并不是银行家个人。他们参与哄抬股价的阴谋，并与黑帮进行其他交易，因为他们认为这样做是在帮助他们的机构和国家。

当然，他们错了，但动机问题对于理解泡沫是如何结束的以及泡沫的后果至关重要。日本当局完全了解泡沫的所有副作用，出现泡沫也不是当局愿意见到的。它推动了热潮，但无意让那些被宠坏的暴发户开着名贵的德国汽车在城市的高档街区兜风，然后去餐厅享用侍者撒上金叶的鹅肝酱，或者允许企业高管用数千万日元换取高尔夫球场的会员资格。但1987年的事件让日本当局相信，它在必要时有办法让事情冷却而不会引发崩盘。因此，一直等到确信美元已经稳定，美国经济已经从1987年的股市崩盘中复苏，与美国的关系重新建立在坚实的基础上，日本制造业的霸主地位已经完全巩固，它们才开始行动。

到 1989 年秋天，一切都已经就位。1988 年的美国总统选举让东京的许多人感到不安，开始时民主党似乎要提名理查德·格普哈特，他的政纲是贸易保护主义和反日。但最后是布什总统赢得了选举，他是温和派的共和党人，日本政治精英一直与他相处得最融洽。似乎从那以后，美国便不会再有任何重要的政治力量反对"日美"或"G–2"全球经济格局（太平洋两岸的学者和分析家逐渐这样称呼它），换言之，全球经济的重要政策会由日本和美国两个超级经济强国决定。美国将继续提供安保及全球货币，同时提供各类商品（小麦、玉米、大豆）以及一些"软性"产品（如电影、流行音乐）。而索尼和松下等日本企业则会取得全球流行文化中心好莱坞的主要股权，保证它们的电视、录像机和随身听的内容。其他公司则获保证，可以在必要时买下美国新发展的技术，美国仍擅长创新，而日本则可以把技术商业化以巩固其核心竞争力。日本会在美国设立一定数量的工厂，使就业水平达到美国的政治要求。日本也会把几个主要的制造行业留给美国，例如与国防工业有广泛重叠的商用飞机行业，但日本供应商会提供这些领域的大部分附加值。东京和华盛顿将携手管理全球货币和贸易框架，而华盛顿将继续扮演全球警察的角色，并得到日本广泛的金融支持。

到 1989 年夏天，泡沫经济的政治目标和经济目标已经明确，但其副作用也越来越令人担忧。钱潮在东京泛滥，使犯罪分子和外来者可以用令当权者害怕的方式挑战他们。最重要的事件大概就是第五章谈到的那个丑闻，一个有野心的企业家成立了一家名为利库路特的公司，试图用一个真正的劳动力市场取代日本传统的雇用惯例。泡沫经济给利库路特创始人江副浩正提供了足够的现金，用来贿赂一大批重要的政客。

是时候叫停这些过度行为了，日本当局以一种非常系统的方式行动起来。这再一次显示了它不同于其他金融狂热的一个关键区别——不是狂热达到顶峰后崩溃。这种情况在日本也发生过。不同之处在于，日本的狂热是被人为叫停的。

日本当局的错误在于其信心，它认为既然能控制狂热的上升，也能控制狂热的后果——实现"软着陆"，而不是崩盘。这种想法并不愚蠢。它的确有强力的控制手段，这些手段足以阻止日本经济陷入萧条，或许更厉害的是，可以躲过一场通常紧随价值崩塌而来的银行全面恐慌，尤其是日本在泡沫破灭后遇到的价值崩塌如此大规模。日本的确出现了金融崩溃，但崩溃是缓慢发生的，因此日本得以避免金融体系的彻底崩盘和数百万人的贫困。

虽然它是缓慢发生的，但仍是一场崩溃。在狂热达到顶峰后的20年里，日本经济增长缓慢，或者根本没有增长。破产的银行纷纷退出全球市场，日本金融业的巨头也在一系列的兼并中被吞并。也许那里没有排队领救济的人，也没有乞丐，但它的视野似乎在缩小。即使是从一流学校毕业的年轻人也不再能自动找到稳定的工作。人们开始谈论"迷惘的一代"。拯救金融体系和防止大萧条的代价比任何人预期的都要大。这一代价包括发达国家中最大的累积财政赤字。或许最让东京感到不安的是，曾被大肆吹嘘的技术或制造业霸主地位原本看似已是日本的囊中之物，但事实上就算不是幻觉，也是被过分渲染了。

避免萧条：日本金融体系的紧急援助

日本实施了两套政策来避免大萧条，而这场大萧条，考虑到其规模和之前的狂热，似乎是不可避免的。沃尔特·白芝浩和凯恩斯是这些政策的思想教父，他们肯定会理解日本当局所做的一切，最多会指责它前后不够一致，而且应该更努力一点。

白芝浩曾向金融当局提出一个著名的建议：在金融恐慌期间，它最重要的任务是通过充当最后贷款人确保信贷继续可用。银行恐慌造成的最大破坏是，即使是稳健的金融机构也不得不关门，因为惊恐的储户或其他资金提供者纷纷提款。银行被迫清算其资产组合，即收回贷款，这样企业就无法获得信贷。然后订单被取消，员工被解雇，经济陷入混乱。为了防止这一连串的事件，中央银行必须介入以保持信贷流动。

白芝浩的名著《伦巴第街》(Lombard Street)于1873年出版，但很明显，直到2008年，人们还没有完全领会书中的教训。小布什政府在美国投资银行雷曼兄弟倒闭时袖手旁观，这被称为自胡佛总统时代以来可以避免的最大政策错误。诚然，雷曼兄弟并非白芝浩在撰写《伦巴第街》时所想的那种银行。它不接受存款，也没有放贷。但它是美国第二大商业票据公司，并处于银行间交换短期债务市场（"回购"市场）的中心。商业票据已经成为美国公司营运资本融资的最重要来源，而回购债券为银行体系和华尔街提供了至关重要的流动性。雷曼破产后，这些市场的冻结很有可能会导致美国经济内爆。

日本当局从来没有犯过这种错误。尽管它不断被批评后知后觉，不了解日本银行界的整体问题，让太多受创的金融机构长期处于崩溃边缘。但它成功地解决了优先问题：防止出现普遍恐慌，即货币不断流出金融体系导致维持信贷流动的机制失灵。事实上，它面临的是一项艰巨的任务，因为金融体系已经破产，其资产的全部价值已经远低于支撑这个体系的资金数额。

在这种情况下，对个人储户来说，把钱从银行取出是完全合理的，以免银行在储户拿到钱之前就被迫关门。货币统计数据显示，确实存在相当数量的这种存款流失。很多人确实取出他们的存款，购买了黄金或以外币计价的证券，甚至有人把现金放在保险箱里。

但这种流失从未演变成全面的银行挤兑。从某些方面看，这是历史上最严重的金融崩溃（尽管是缓慢发生的），但日本金融体制下的储户没有一个因此有损失。结果，人们把钱存在银行里——或者，更确切地说，有足够多的人这样做，以维持金融体系的运转。1997年秋天，当一系列大型银行和证券公司在数周内相继倒闭时，情况最接近真正的崩溃。大藏省马上介入，以确保这些机构的所有储户都得到完整保护。（在法律上，大藏省只需要为1 000万日元的存款承担经济责任，当时约合10万美元。）大藏省随后在国会通过了两项银行救助计划，其中第二项是日本在和平时期最大的一笔政府支出：1998年10月国会通过的72万亿日元的救助计划。差不多10年后，美国国会为拯救美国的金融体系通过了"问题资产救助计划"，两个救助计划的规模大致相当，但日本的经济规模还不到美国的三分之二。与美国的问题资产救助计划一样，日本的银行救助计划也不受欢迎。事实上，时任首相桥本龙太郎不得不求助于日本由来已久的一项惯例，即"海外压力",以提供必要的政治掩护。这一海外压力来自桥本与美国总统克林顿的电话会谈,由美国财政部部长罗伯特·鲁宾安排,此事后来被大肆宣扬。据称,在那次谈话中,克林顿敦促桥本采取必要措施。鲁宾对日本银行业崩溃的可能性深感恐惧,更担心它扩散至全球金融市场,因此帮助日本上演了一出必要的政治大戏。

金融体系最终被从悬崖上拉了回来。如果没有躲开,日本和世界都会被拖垮。但这并没有解决日本的问题,也没有使日本经济回到20世纪80年代初的水平。

错误的假设和日本财政赤字的开启

日本银行家曾在三个假设下运作,而所有这些假设,如果不是错误的话,在泡沫爆破后也都失效了。第一个假设是,日本企业若有良好的关系网,便不会破产。第二,如果企业以土地作为抵押品,就算它没有许多行业关系,也可以放心给它贷款,因为土地总是会保值,甚至增值。第三,大藏省不会允许任何一家机构倒闭。

但在泡沫爆破后,大藏省无法保障其监管下的所有机构,不仅如此,几乎所有的日本主要金融机构不是消失,便是合并到其他机构去了。著名的日本长期信用银行甚至为外国人掌控,他们对其进行重组并改名为新生银行。储户也许没有损失,老牌银行永久雇员的"终身雇用"也继续维持(公众普遍的反应是表示厌恶)。但整个事业是毁掉了。

然后,2000年7月,崇光百货公司宣告破产——更确切地说,是维持这家原本要破产的公司生存的财务生命线被收回。日本媒体将其视为影响重大的事件，就连严肃的报纸也用黑色加框的标题作为头条。当时的处理是恰当的，因为崇光百货的倒闭表明再没有人能幸免，也表明日本的金融体系面临解体的危险。崇光的"主要"支持银行日本兴业银行的董事长也承认，截至1994年崇光就已经负债超过资产（实际已经破产），其运营的现金流量也已经变成负值，尽管如此，崇光在此之前一直受到官僚及金融界的支持。

崇光的破产终结了日本兴业银行的独立性，也终结了日本战后的金融结构。日本兴业银行原来是一家重要的体制内银行，它的成立是为了给经济奇迹的支柱产业输送资金。随着它的消失，很明显任何事情都可能发生。

日本银行家的所有关键假设显然都落空了。银行家们不知道该如何行动，或不知道该做什么。日本银行不习惯做西方模式的信贷分析，在各种情况下进行预估，以测试贷款和利息能否得到偿还，即使是在困难时期。它们也没有建立起自己的资本结构，以允许一定比例的贷款变成坏账。毕竟，当大家都认为破产不会发生，就算发生也应该由抵押品（主要是土地）来偿付时，谁还需要资本呢？银行为日本工业提供了循环融资，雪球越滚越大而不需要偿还。融资的基础是房地产抵押、公司的业绩记录及其在日本权力结构中的地位，而不是银行对公司商业计划可行性的评估。

这再也行不通了。因此，银行基本不再放贷，除非是那些人脉极好、生意昌隆的公司（不需要借债的公司）。同时，它们收回了未偿还的贷款，这加剧了资产负债表衰退的问题。20世纪90年代末，一位企业界朋友万分沮丧地脱口而出:"我需要的是银行,而不是保管箱。"他的公司与政府有合同和订单,但这对那些犹如惊弓之鸟的银行家来说显然还不够。他们唯一愿意做的就是处理他支付给供应商的货款,提供账户让他的客户可以汇款,并为他保管现金,至于信贷则一分钱也不肯给。

相反,银行用储户的钱和从政府获得的救助资金来购买日本政府债券以及政府的其他金融工具(如日本银行发行的票据)。存款利率甚至低于日本政府债券的收益率,这使得银行在日本政府债券上可以获得一些蝇头小利。

日本金融的崩溃原本因此可以避免,但因为金融体系没有在经济中发挥应有的作用,加上企业界无论何时只记挂着偿还债务而非扩大需求,因此要避免经济走上螺旋式的向下沉沦,就必须从某些地方寻找需求。这种需求可以来自海外,最终来自日本政府本身。

凯恩斯曾呼吁政府利用赤字支出,在其他手段都不起作用的情况下重振经济。在普通的衰退(由商业周期的正常运转引发的衰退)中,仅凭货币政策,即将利率下调到企业相信它可以通过借入资金投资于新设施而获利的程度,就能恢复经济活力。但当企业拒绝借贷或银行拒绝放贷(或两种情况同时存在)时,政府就必须介入,否则储蓄就会被摧毁。

这可能无法直观地看出来,如果以今天美国和欧洲的情况来评估,就更不容易。然而,当家庭和企业不断偿还债务,同时其整体储蓄大于支出时,差异就会表现为更多的资金流入金融系统,换言之,变成存款或金融机构的其他项目。金融系统必须对这些钱做些什么。所以,这些钱会流向下面两个地方中的一个：海外（银行向海外放贷）或者某种形式的政府债券。在家庭和企业偿还债务之际，如果要保留储蓄，没有别的选择。

为亚洲金融风暴做了铺垫

日本银行可能不愿或无法在国内放贷，但仍会向外国金融机构提供信贷，尤其是在1995—1996年所谓的龙舌兰酒危机（Tequila crisis）之后。这场危机最初与日本无关。北美自由贸易协定通过后，大量资金涌入墨西哥，在该国催生了泡沫。泡沫破灭时，墨西哥经济也随之崩溃。通常，在这种情况下，国际货币基金组织会介入，毕竟，处理这类危机是它成立的目标之一。但在1995年初，国际货币基金组织的金库储备过低。墨西哥一向被视为美国的问题，所以国际货币基金组织不足的部分应该由美国补足。但此时恰好是共和党在野40年后刚刚控制众议院。共和党人看到了让克林顿政府难堪的机会，于是与不信任国际货币基金组织的左翼民主党人联手，拦下了这笔急需的款项。

其结果便是美元大跌，引发了一场全球货币危机。如果美国不能或不愿救助自己后院的墨西哥，那将标志着美国全球金融霸权的终结。但是，财政部部长鲁宾找到了绕过国会阻挠的办法，允许美国财政部在没有国会批准的情况下向国际货币基金组织注入约500亿美元。最后是危机结束，美元止跌。

但对日元的汇率除外。日元继续升值，打破了战后的纪录，甚至一度接近1美元兑80日元。这时，很多日本企业在外销时，连可变成本都收不回，也就是说，它们每卖出一件商品都在赔钱。政府承受的压力空前加大。

大藏省打破了一般官僚的委任程序，找到了特立独行的榊原英资出任国际金融局局长这一重要职位。此后，榊原英资被媒体称为"日元先生"。据媒体报道，他被选上是因为与当时的美国财政部副部长拉里·萨默斯交情甚佳。（萨默斯在哈佛大学任教时，榊原是哈佛大学经济系的客座教授。）1996年6月，榊原飞到华盛顿，说服鲁宾及萨默斯帮助他压低日元汇率，否则一旦日本的机构投资者被迫抛售手中的国库证券，债券市场恐慌会随之而来。距离总统大选只有6个月了，白宫可承受不起这样的事情。美国人同意了榊原的方案。8月实施的联合干预取得了预期的效果，既降低了日元兑美元的汇率，也稳定了债券市场。

但上述事件向市场传递（也许并非有意）了一个信息：美国和日本两国有意愿且有能力控制美元兑日元汇率，底线是1美元兑100日元。这种错误以前也犯过。1978年夏天的货币危机之后，日本投资者确信，日本和美国政府不会再让美元兑日元的汇率跌至1比180以下。结果，他们大量买入美国国债，为"里根革命"提供了资金，但广场协议达成后，美元兑日元的汇率跌至1比140，他们输得精光（以日元计算）。

但金融市场的记忆是出了名的短暂。这一次，犯错的将是外国银行家和对冲基金运营商。1996年8月的干预非常成功，以至于他们认为，美国和日本政府有意愿且有能力确保1美元兑100日元的底线不会再被打破。因此，他们做了一件外国人以前很少愿意做的事情：他们在没有任何对冲的情况下借入大量日元。

这种做法后来被称为"日元利差交易"。当时的想法是，以最低利息借入日元，转头再以利息更高的货币（如美元或泰铢）借出，以赚取利差。假如日元不会走强的话，这是一个稳赚不赔的方法，但事实上日元最终会走强。与此同时，日元利差交易助长了曼谷房地产等市场的泡沫。1999年夏天，随着俄罗斯债务违约后日元汇率飙升，这些交易突然平仓，引发了战后最严重的金融危机，直到被2008年的金融危机超越。为了救援危机，美联储出资援助著名的对冲基金美国长期资本管理公司。为了避免普遍的金融恐慌，纾困是必要的，因为许多大银行向这家对冲基金放了贷。

不过，尽管在海外造成了损害，但日本各银行贷款给外国人进行利差交易这件事，对日本经济有直接或间接的帮助。它给日本银行的存款提供了出路。它也为中国和泰国等国的投资热潮提供了资金，这些国家可以增加对日本资本货物的出口订单，这有助于为日本泡沫后的困境提供长期的解决方案。

但就当时来说，这些还不足以阻止日本经济陷入萧条。这就需要政府支出，日本政府正是这么做的。

日本政府的开支

辜朝明声称，1990—2005年，日本政府用了460万亿日元的赤字开支，创造了2 000万亿日元（2—2.5万亿美元，视汇率而定）的GDP增长，换言之，1日元的开支换回4—5日元价值的GDP。他认为，这是个非常划算的交易。没有它的话，日本政府可能已经陷入萧条的深渊。

问题是，对选民和政策制定者来说，这种反事实并非显而易见的。辜朝明的建议是，政府必须维持开支，直至经济完全恢复。但这做起来很难，因为政策制定者和选民看到的是螺旋式上升的债务，而不是如果政府不消费会发生的事。*辜朝明引用1937年的美国，今天的美国和欧洲，当然还有出现经济泡沫的日本。面对不断上升的债务水平，政策制定者和选民极易被经济复苏的最初迹象蒙蔽，急于希望通过提高税收或削减支出（或两者同时使用）来解决螺旋式上升的债务问题。他们常常没有意识到的是，由于就业水平停止上升，这会使债务问题变得更糟。税收收入下降，企业继续囤积现金。日本的政策制定者肯定没有看到这一点。1996年，当经济开始出现零星的复苏迹象时，大藏省便在国会推动增加消费税，这次增税使经济迅速陷入混乱，直接导致了1997年的银行危机高潮和大规模救助计划。萧条避免了，但付出了比原来要高的代价。

令事情更糟的是，日本的政治架构使投入经济的所有资金不能用在最值得的地方：把支出直接用于提高城市中产阶级的生活水平。例如，全面改造日本市区房屋的计划不但可以直接创造数十万个就业机

---

* 让人最难理解的一件事是，在20世纪90年代的日本、20世纪30年代的美国或者2008年后的世界，如果政府没有以财政刺激（赤字支出）为经济注入动力，赤字实际上可能会更大。原因在于崩溃的税收收入和所有发达国家拥有的自动稳定机制（如失业保险）。政府用赤字支出换取GDP，其实也是换取税收收入，并最终降低了总支出，因为更多的人在工作并纳税，而不是靠政府救济生活。当一个单位的刻意支出换来4—5个单位的GDP时，这种交易是值得的，即使是从狭义的财政角度来看，更不用说财政刺激所避免的人类苦难和潜力遏制了。

会，而且可以通过为耐用消费品提供空间以间接刺激需求。但考虑到东京政治力量的平衡，这些资金不可避免地流向了日益衰落的农村地区大手笔的基础设施建设，其中大部分花在了造价高昂而无用的工程（密集到几乎相邻的机场，破败城镇的文化娱乐中心）上，这让地方政府的运营赤字不堪重负。正如辜朝明指出的那样，这些支出确实让日本免于陷入萧条，但仅此而已，代价却是日本财政状况的急剧恶化。（必须再次强调，如果没有这些支出，日本的财政情况会更差。但如果这些钱能更明智地使用，而不是到处乱花和被既得利益者巧取豪夺，今天的情况会好得多。）

  公平地说，不断攀升的债务作为让日本经济摆脱萧条的后遗症，有理由让大藏省担心。日本的债务在国内生产总值中的比例达到了发达国家的最高水平。更令人担忧的是，日本的债务相当于家庭总资产的93%，而美国只占41%。换言之，要还清所有债务，需要日本家庭几乎所有的储蓄。此外，日本日益迫近的人口危机意味着，日本的适龄劳动人口与退休人员的比例会降到至关重要的三比一以下。大藏省迫切希望在这个问题出现之前彻底改革日本的税收结构。

  幸运的是，在不产生经济破坏性影响的情况下，增加税收还有很大的空间。在征收消费税之前，日本的大部分税收来自大型的赢利公司以及对受薪工人征收的所得税。后一种税可能很重，但在政治上几乎是无形的，因为在工人收到工资之前就已经从支票中扣除。日本受薪工人的家庭不用像美国人那样，每年都要经历报税的痛苦。除非有重要的外部收入来源，否则就不需要报税，而大多数受薪工人是没有的。

20年来，这一体系在政治和经济上越发站不住脚，这一点已经很明显。人口结构的变化意味着，20世纪50年代因劳工运动而产生的补偿制度走向终结。当时就业市场化虽然没有完全实现，但已是大势所趋。我们将在下一章更仔细地研究这个问题，但其财政影响是明显的：日本不能再如此严重地依赖受薪工人的所得税。要实现政治上的公平和经济上的有效，应推动普遍税制，让所有日本人公平地分担税务，而不是完全倚赖受薪工人。

在日本，未完税收入主要源自农民、个体经营者（如医生的诊所）、宗教机构以及小型企业（主要是建筑公司），这些小型企业的经营方式使其几乎没有申报应纳税利润。但这些群体是政治结构中的关键因素，给了大藏省决策上的一些自由度。大藏省一直担心如果直接追查其税务状况，这种保护会遭破坏。

为了普及税收，大藏省选择了征收消费税。从原则上讲，消费税没什么错。可以说，这是增加税收最公平、最有效的方式。但它遭到了日本广大民众的强烈反对（不是没有道理的），这一点我们将在第十章谈及日本政治时讨论。

此外，提高消费税会立即产生通货紧缩效应。通常只有在经济强劲增长，再加上需求强劲时，才应该适当提高税率。日本已经有20多年没有出现过这种局面了。

然而，大藏省没有等到经济复苏开始，然后在商业周期的适当拐点开征税收，而是选择了先开征，然后在政治上可能的时候提高税率。1996年，大藏省曾实行政治开放，但结果如我们所见，是灾难性的。一直到16年后，日本政坛的要角才能再次团结一致。这一次，大藏省更为谨慎,在2012年底推动国会通过了一项只有在满足某些条件的情况下才会生效的增税方案。(政府认为这些条件已经得到满足,税制上调于2014年4月1日开始实行。)在实行新税制的同时,大藏省也引入了类似美国社保号码的制度,过去个体经营者和小企业老板经常隐藏其收入,现在他们很难这样做了。按照新计划,他们未来若没有这个号码,便无法在银行开户。

可以这样说,大藏省的行动并非完全是官僚权力操作。大藏省的担忧是真实而合理的,其中最主要的担忧是,在赤字得到控制之前,日本政府债券的利率会上升。如果国债利率攀升至2%区间,日本的财政赤字在没有削减支出、增加税收或两者兼而有之的情况下将难以为继。

日本遭受通货紧缩已经超过15年。这通常被认为是一件坏事。按照传统的定义,这肯定不利于经济增长。然而,通货紧缩确实允许日本开列一个高赤字预算,而不必担心债券市场崩盘。正如我们看到的,由于企业不是在国内投资,而银行在放贷方面也太过惊慌,日本的大部分企业和家庭储蓄通过金融体系流向了日本政府债券和其他政府工具。

然而,通货紧缩也许就要结束了。2012年,安倍晋三组成内阁,其直接针对的目标就是通货紧缩。他的努力是否会成功,撰写本书时仍言之过早,但无论如何,人口统计的风向有利于安倍政府。在日本的补偿制度下,收入高峰期是20世纪50年代初期。婴儿潮一代的增长已经过了这个高峰期,并且正在减少储蓄。结果是,家庭储蓄总额正在下降。与此同时,大部分企业已经完成去杠杆化过程,很早便修补好它们的资产负债表。当一小部分年轻工人群体开始进入收入高峰期,他们也许能够抬高薪水。他们可能开始消费,特别是在住房上。

因此,日本的国内需求可能最终开始恢复。当企业再次看到国内的机会,便会提取在修复资产负债表时积攒的储蓄。它们甚至开始需要融资,银行也许会跃跃欲试,乐意为其提供贷款。

当投资需求增加而储蓄下降时,日本的经常账户(有时被称为"衡量一个国家的贸易地位最广泛使用的标准")会掉到结构性负值范畴里。要理解这一点,先要绕个弯谈谈会计法规,它管理国与国之间的贸易及资金流向。如果一个国家没有足够的储蓄支持投资(这种情况日本早晚会遇上),便要倚赖进口资本补足差额,否则便没有投资了。会计法规(也称之为"会计恒等式")规定,进口资本的净流入应该等于该国贸易和其他"经常"资金流动(主要是股息和利息支付)总额的赤字。(一个国家不能有贸易和其他经常资金流动的赤字,除非它能利用进口资本支付额外的进口。)用狭义方式界定的日本贸易收支(货物与服务)已经是赤字了,这是由于2011年3月的地震与海啸后,日本的核电设施被迫关闭,再加上当时全球能源价格不断上升,使赤字更为严重。正如上面刚提及的,经常资金流动包括股息和利息的支付,也包括货物与服务的交易。在过去数十年,日本已在其他国家累积了一大笔可观的股息和利息,它们流入日本仍足以超越贸易赤字,故目前仍不需要进口资本以补偿赤字。但如果国内投资增加而储蓄下降,那些流入日本的股息和利息便会减少,特别是日本的利息流量有相当大一部分来自美国政府证券,而那些证券的利息目前比较低。

日本经常账户的结构性盈余的终结在政治和经济上有重大意义,

对日本和世界都是如此。（从20世纪70年代末至21世纪初，日本累积的经常账户盈余是美元最主要的支撑力量。）但在这里，我们关注的是其财政意义。

经常账户结构性赤字的出现，表明日本完全以国内资源支持其财政赤字的日子宣告结束，它要转向倚赖上文提及的进口资本了。日本政府要向外国人出售其部分债券，而外国人无疑会期待获得比现行债券更高的受益。

对日本而言，这不一定是灾难。事实上，若其他情况不变，这将是件好事。但要确保这是件好事，整个趋势必须走对方向：提高税收；若非绝对削减开支，起码开支的增长率要降低。

在经济复苏的过程中，上面的事有一部分会自动出现。但若要保证经济复苏走在正确的方向（充分提高税收，以避免出现妨碍经济复苏的财政困难），则须小心地平衡各方利益。要实现这个目标，就要同时实行日本商业改革，促成社会转变，提升活力又不破坏团结，建立能够带领日本走出困境的政府，最后，还要与主要大国维持健康的关系。这是个艰巨的任务。

KEYENCE

图 8 基恩士公司的商标,在 21 世纪的头十年,它是日本最赚钱的公司。(图片来自网络)

第八章

商　业

2011年3月，全世界的生产线都陷入混乱。从汽车到电子产品，各行各业的制造商突然发现，由于缺少一个或多个关键部件，它们被迫停产。

原因很简单，地震加上海啸冲击了日本主要岛屿本州岛的东北海岸。人们知道灾难不可避免地会造成破坏，但很难一下子了解它为什么会对生产产生如此严重的影响。最近的大城市是仙台，逃过一劫，几乎毫无损伤。在全世界电视和网络上吸引大部分观众的可怕情景是小渔港遭到的破坏，而不是日本经济的崩溃。日本工业基地的核心远在数百英里以外。实际上，只有少数几家工厂被"3·11"事件（日本人对这次灾难的称呼）摧毁。但结果是，这些工厂生产的一些关键零部件很难从其他地方采购。

当年涉及日本制造商的供应链中断事件并没有就此结束。地震结束大约4个月后，泰国遭遇了一个世纪以来最严重的洪灾。因为缺乏主要零部件，全世界的生产线再次停止。原来，这些零部件主要由在泰国的日本工厂或日资工厂生产，而这些工厂已被洪水摧毁。

两场灾难接踵而至，迫使采购代理和分析人士开始思考在关于日本"失去的十年"的讨论中被许多人忽视的一些东西：日本企业在一系列关键的上游零部件和材料的生产上占据主导地位。这似乎与人们广为接受的关于日本商业的故事有些矛盾。

故事大概如下面所述：日本企业曾在某一时刻掌控世界，但几件事情的发生终结了它们的统治。泡沫经济的内爆削弱了日本出口的龙头企业。韩国与中国等国家开始用日本的游戏规则打击日本。20世纪80年代初在美国商业领域实施的高价美元/高利率政策，催生了美国新一代的IT行业领军企业，这些企业现在遥遥领先于"日本股份有限公司"。随着互联网的出现，"制造"、"分销"和"服务"之间的差别开始在全球范围内消失。苹果和亚马逊等新兴企业通过提供复杂的产品和服务组合打破了传统的分类模式，从而不断壮大。

与此同时，日本企业发现自己很难适应一个新的世界：在那里，最成功的企业越来越多地向消费者提供直至产品上市他们才会产生需求的东西。通常，这些"产品"不是像电视机或汽车那样的单一产品，日本公司很容易对其进行解构和再设计，然后以比国外竞争对手更高的质量和更低的价格销售。它们可能是产品和服务的混合体，比如iPod或Kindle平板电脑。甚至在电子游戏这个领域，最初是世嘉、任天堂、索尼等日本企业拔得头筹，它们把软件和硬件整合，制造热门产品营销全球。但现在日本人已经逐渐被国外对手超越，后者可以将游戏接入更大的硬件/软件/媒体组合。

日本体系中曾促其强盛的那些因素——忠诚与"终身"雇用、"共识"管理与"事前沟通"（根回し，即"为了使正式决定通过而提前跟每个人进行沟通"），以及保护企业免受短期赢利压力的循环贷款，现在可能正变成负担。

不过，2011年的自然灾害说出了关于日本商业的一个完全不同的故事。这个故事始于改革，并随着对赢利能力的新重视而展开。这个故事的特色不只是定价权和横跨一连串行业的准垄断能力，也包括在中国、泰国、越南、马来西亚和美国建立大型海外工业平台，这些平台最终由位于东京、大阪和名古屋的公司总部控制。

如果我们进一步详细检视，会发现两个故事都是正确的。像索尼这样曾经让世界眼花缭乱的公司，如今在没有任何明确战略目标的情况下艰难前行。这家曾经发明便携式音乐播放器的公司在这个行业已经失去战斗力。日立、富士通、日本电气公司等大型电子集团公司，已经被韩国巨人三星赶超，望尘莫及。丰田仍是世界上最强大的汽车制造商，但其经营之艰难也是数年前无法想象的。大多数人想到"日本企业"时，出现在脑海的多半还是上述公司的名字。

但在今天的日本，利润最高的企业已经不是这些制造商。*如果以营运利润率衡量，现在产生最大利润的是一个完全不同的群体。在它们的经营范围以外，这些公司鲜为人知。它们很多是处理上游零部件或材料，是终端用户多半看不见的。它们在相关领域拥有技术优势并在全球市场占有相当大的份额。同时，它们拥有定价权。

在21世纪的头十年，日本最赚钱的公司是基恩士，它制造传感

---

* 在讨论日本利润最高的企业时将医药公司排除在外，因为它们的地位部分源于国家医疗保险强制规定的垄断市场。

器、条形码阅读器、数字显微镜，还有各种高精度的测量设备。第二个最赚钱的非医药公司是机器人制造商发那科，它擅长自动化系统。第三名是广濑电机集团，生产各种类型的连接器，应用于打印机、复印机和平板显示器等。第四名和第五名分别是太平洋金属和佑能工具，前者是日本最大的镍铁生产商，后者的专长则是生产钻头、钻挖相关的设备，以及用于生产高质量导螺杆的精密卷板机。[1]

上述公司鲜为人知，但在许多工业领域造就了日本的优势地位。举例来说，在电子行业的精细化学品生产中，日本公司的全球市场份额合计超过70%，碳纤维领域是65%。[2] 撬开一部苹果手机，你不会发现很多零部件上有日本字样。这个有名的小玩意由美国设计，在中国制造，里面塞满韩国和中国台湾的零部件，但30%以上的附加值来自日本公司。为什么？因为它们提供制造上述零部件所需要的关键材料和资本设备。在新型波音梦幻客机的附加值中，日本企业所占的比例与之相似。波音与空中客车的竞争常常被描绘为欧洲公司与美国公司之争，但如果把制造与增值分开分析，更准确的描绘也许是法德技术专家和美日技术专家体制间的碰撞。

日本的"隐形冠军企业"（Hidden Champion）*主要是制造商，这绝非偶然。在泡沫经济破灭以后，财务省发现自己无法阻止一波又一波的破产，因此被迫重组其金融体系。但制造商受到了保护，即便在

---

* "隐形冠军企业"一词由西奥多·莱维特（Theodore Levitt）和赫尔曼·西蒙（Hermann Simon）于1990年创造，指的是年销售额低于40亿美元，在其自身领域拥有本地和全球市场的相当大份额，但大众或投资圈对其所知甚少的公司。日本有200—250家这类公司。瑞士、德国和美国也有许多这样的公司，但不同之处在于，日本95%以上的"隐形冠军企业"是制造商。

崇光百货等服务业的老牌企业获得财务援助时。正如一项研究指出的，"从本质上讲，不可能让拥有精英人脉的制造商破产"。[3] 研发支出照常，占国内生产总值的 3% 以上，位居世界前列。

制造业是经济繁荣的关键这种想法常常被正统的经济学家蔑视，在他们看来，这是一个世纪前"福特主义"思想的遗留。福特主义主张浓烟滚滚的大型工厂才是经济实力的必要条件，在某种程度上，它们比训练有素的人提供的复杂服务更有价值。然而，这些经济学家通常也拥护比较优势理论（每个国家都应该专注于自己最擅长的领域，而不要理会其他国家在做什么），并认为这才是一个国家产业结构升级的合适指南。但是，众多日本公司擅长的精密制造正是日本的比较优势所在——换句话说，如果你愿意承认，比较优势并非简单地来自可量化的要素投入，而是来自一些无形的东西，比如对细节的狂热关注，对外观和精良设计的强调，以及耐心、社会凝聚力和团队合作——这一切源于日本文化、历史和社会的传承。

不可否认，"日本制造"曾经意味着廉价和劣质。但即使在占领结束之前，日本战后工业政策的设计者们也明白这种情况必须改变。他们求助于爱德华兹·戴明的著作。戴明是一位才华横溢的美国统计学家，于 1947 年到日本协助驻日盟军总司令部计划人口普查。戴明主张生产的每个步骤都要重视质量，而质量需要通过统计过程控制来达到。对于日本的经营者和工程师来说，这个信息犹如大旱中的及时雨，因为在此之前他们一直被占领官员逼迫大量生产廉价的劣质产品。戴明的方法受到热烈拥护，以至于日本商界将质量改进的最高奖命名为戴明奖。*质量革命在日本如此完全和彻底，以至于"日本制造"成了最高标准的同义词。这源于日本经济当局有意识地制定和执行决策。但质量革命也动员了日本最大的社会和文化力量，为实现经济政策的目标服务。

今天，恶劣的宏观经济环境及其他因素也许使日本某些最知名的大企业前景暗淡，但该国在很多上游零部件和材料领域持续处于领先地位，这显示出质量革命的深远影响。随着工业化深入日本的邻国（最重要的是中国），从经济层面讲，利用那里的廉价劳动力并在更专业的领域发挥日本的技术和资本优势是合理的。在"奇迹"年代锤炼出来的制造能力推动了这个转变，尽管这种转变被"著名"日本公司在迎合终端消费者过程中的煎熬所掩盖。

服务行业

制造业一直是日本经济政策的特权宠儿。今天日本生产率增长缓慢通常被归咎于服务部门的效率低下。这些服务部门既指主要工业企业的行政部门（而非工厂），也指分销和零售等服务行业本身。但即使是在这些行业，情况也已经发生变化。

《福布斯》著名的日本富豪排行榜可以让我们对事情有一些了解，排行榜的第一名是柳井正。他经营何种业务？他创立了日本迅销公司，

---

* 数十年来，戴明在自己的国家一直是不受尊敬的先知。直到被日本人抢走了市场份额，困惑不已的美国制造商才开始听从戴明的建议。他在20世纪80年代帮助福特扭转了前景，这使他获得了特别的赞誉。

优衣库（为日本消费者*提供了时尚、质量好而且价格合理的服饰）就是其旗下品牌。第三名是日本软银的创始人孙正义，他与日本已有的电信行业一起推动该国进入互联网时代。第四名是三木谷浩史，他在日本的地位类似于亚马逊的创始人杰夫·贝索斯。（日本的网上零售基本是由三木谷的公司乐天引进的。）第七名是田中良和，他的公司 Gree 是日本最大的社交网站，他本人或许会成为日本的马克·扎克伯格。第十二名是伊藤雅俊，他的公司主要经营一家大型的连锁超市，他拥有（或特许经营）世界各地所有的 7-11 便利店，他开办的便利店遍布全国，从而彻底改变了日本人的购物习惯。还有一位没有登上《福布斯》排行榜，但被认为是日本最富有的人之一，他就是山田升，他的公司山田电机是日本最大的家电连锁企业。

这些人证明，只要解决日本服务业中一些声名狼藉的低效率问题，的确有可能在日本赚到钱，而且可以赚很多。谈了这么多的低效现象，我们必须记住，日本的服务标准远远高于其他大多数国家。如果你对这一点心存怀疑，可以比较一下在日本和在美国运送、安装家电的经历。在日本，即使是在一家普通的餐馆或商店，你也能受到礼貌、守时和"顾客至上"的礼遇，而这些在大多数西方国家只有在最昂贵的地方才能享受到——而且这些在日本都不需要小费。

日本最高标准的服务随处可见，这为该国带来了巨大的竞争优势，虽然日本公司有时没有充分利用这些标准。根深蒂固的客户服务传统

---

* 优衣库的业务逐渐扩展，其消费者不再局限于日本人。2012 年，一家大型优衣库门店在纽约第五大道开始营业。

连同"隐形冠军企业"所展现的持续的制造能力，表明日本商业的前景可能更加光明，而并非像通常所说的那样会衰落下去。但衰落的故事也不是无中生有。孙正义和三木谷浩史等高管受到追捧似乎表明，只要其他墨守成规的高管效仿他们，日本就能解决自己的问题。但日本的管理层不是不明白要精简机构、提高效率，而是不愿意这样做。

对于日本商业面临的困难，传统的分析可能会得出这样的结论：日本缺乏适当的运行机制，将人力和金融资本从出现问题的经济领域分配到发展良好的经济领域。这样的分析是正确的。在日本，企业控制的市场、积极的股东和寻求回报的投资者某种程度上确实存在，但他们很少能够决定最终结果。日本当然要为丧失效率付出代价，但到目前为止，人们认为这代价是值得的，因为大部分人获得了社会稳定和经济安全。日本商业面临的最大问题在于确定何时代价过于高昂：临界点到了没有？如果到了，应该做些什么？

要想解决这个问题，需要对日本商业的某些方面进行考察，这些方面不容易被投资回报率和产出统计数据等常见的评估标准涵盖。我们将从挑战的核心（雇用惯例），以及典型日本企业的权力中心（人事部门）开始。

不断改变的雇用惯例

战后几十年形成的雇用惯例仍是传统日本企业的一个标准，尽管这个标准与实际情况的差距越来越大。人们认为"最好的工作"仍然是社会关系良好的知名企业的正式雇员。*"知名"大学的毕业生进入这类公司的上述职位，在各种岗位工作大约20年，在构建强大人际关系网络的同时学习公司业务的所有方面，然后开始在公司一步步往上爬，同时收入和社会地位也稳步提高。升到顶层后——也许是部长、事业部长、董事、常务董事、专务董事或社长——一个人可以通过在子公司或附属公司担任一些清闲但享有声望的职位而体面地退休，并获得经济上的保障。

对许多公司而言，资助这条职业道路需要耗费巨大的财力，同时很多优秀的年轻人也不想接受上面描述的生活方式。这不仅是因为工作热忱要牺牲家庭生活和其他兴趣：很多有雄心壮志的年轻人面临这种取舍。在日本更特别的是，人们越来越不愿把职业发展的所有决定权都交给大公司的人力资源部门，也不愿耗费一生最好的时光去学习各种肤浅的一般管理技能，而是希望通过多年浸淫在自己喜欢和最合适的事业里掌握真正的技能。

日本的年轻人完全了解，软银和乐天等公司公开鄙视日本传统的职业道路，也不保证终身雇用。一个世代以前，一张印有这些公司（更不要说外国公司了）名字的名片，代表的不是"失败者"就是"庸才"，尤其是当你想娶一位美丽又有修养的女性，或者要让孩子进入知名幼儿园时。但今天，Gree这种公司的高层管理人员会公开受到赞

---

* 严格来讲，有两种"正式雇员"。"综合岗位"是管理类职位，通常给予男性大学毕业生。"综合岗位"带有涉及终身经济保障的隐性交换条件，作为交换，雇员的工作地点和工作内容完全由管理层决定。"一般岗位"通常分配给女性，主要是一些文书工作，没有太多晋升的机会。现在一些女性也可以获得"综合岗位"。

赏,更不要说苹果和谷歌了。每个人都知道这些公司看重的是专业性和积极性,而不是日本当权派那种随波逐流的心态。如果可以选择,许多日本年轻人为了获得经济保障,仍然会选择旧式公司或官僚机构的"终身雇用"之路,而不是"隐形冠军企业"或外国公司充满风险的职业道路。尽管如此,他们许多人知道那种选择是不存在的。在日本,没有特定专业技能的人有薪水可预见的稳定工作,这种情况越来越少见。

当然,发达国家的好工作岗位也在减少,随便看一眼晚间新闻便可知道。在当今世界,政府和私人投资者都为工业产能提供了太多资金。数百万来自中国、印度和巴西的充满活力的年轻人,渴望并且有能力从事迄今为止在日本、欧洲和美国完成的工作,而薪水只是后者的零头。掠夺性金融部门被允许(甚至被鼓励)去玩摧毁了数万亿美元财富的游戏,最终导致了我们今天看到的一切:成千上万的年轻失业者走上雅典、马德里和罗马的街头游行,而美国总统候选人则互相空喊就业口号。随便翻翻马克思主义的教科书,就会看到它提出的警告:利润下降最终会暴露资本主义的矛盾。

但我们现在关注的是,对于发达国家或多或少的企业都在面临的状况,日本企业做出了怎样的反应。迄今为止,美国工业界那种"何不食肉糜"的理念和大规模裁员的做法,在日本是行不通的。日本也没有欧洲福利国家那种明确的社会安全网。社会福利在日本一直被视为一种企业责任,这种责任得到了官方和非官方的认可。在日本解雇人现在仍然很困难——不仅因为法院和官僚机构本质上不允许这么做,也因为在日本的体系中,解雇员工就等于公开承认企业有财务困难。

大部分日本公司只有生存出现问题时,才会而且才能这么做。*

老牌的日本公司通常不会解雇员工,而是实施"自愿"退休计划,即劝说40岁左右的受薪雇员离开公司,同时一次性支付其一笔可观的薪酬。它们越来越依赖临时雇员来填补较低级别的职位,这些临时雇员通常是由职业介绍所提供的。这些雇员现在占日本劳动力总数的三分之一,而1984年只有15%。[4] 这些数字接近法国等国家的水平,在那些国家,由于法律和社会限制,很难解雇全职的正式员工。

"自愿"退休和临时雇员都会带来问题。必须为某一特定群体中的每一个人提供自愿退休。通常,正是那些对公司最有价值的人最终离开了公司(很多时候,他们去了中国台湾、韩国和中国的公司,尤其是工程师)。那些留下来的人担心他们可能找不到另一份工作。这些担忧是有根据的,这是几十年来为处于职业生涯中期的人打造的真正的劳动力市场的遗留问题。结果就是日本人所说的"窗边族"(窗際族)。这个词是指在日本的办公室里,工作分量最轻的人被安排在离中心的指挥控制岗最远的位置上办公。通常,窗边坐着没精打采的老人,他们终日整理文件和翻阅报纸,按月领取工资,因为公司不能解雇他们,而他们也找不到其他工作。

与此同时,由于越来越依赖临时雇员,社会稳定以及在现代日本经济的成功中扮演核心角色的职场默许假设都隐然受到了致命威胁。我们在第五章提到,被称为"终身雇用"的整套人事管理方法构成了高速增长的关键体制之一,除了其他方面,它还鼓励管理层进行长期

---

* 软银和乐天等公司是例外,它们明确表示,达不到公司期望的员工将被解雇。

战略思考，因为最重要的管理目标归结起来就是确保几十年后仍有工作。确保职位依然很重要，但并非"所有人"的工作都优先考虑，更确切地说，优先考虑的是那些仍受终身雇用协议约束、比例不断缩减的雇员（主要是较年长的男性和数量不断减少的仍能获得"终身"职位的年轻同行）的工作。

日本的体制始终存在剥削成分，但这种剥削过去大多发生在供应商和供应商的供应商群体之间，它们是日本工业机器的减震器。在不断降低成本的压力下，这些公司的工作条件可能接近狄更斯笔下的场景——很重要的例外是有经济保障。工人可能要忍受长时间的工作和几乎无止境的要求，但即便是每个季度都勉强维系的小公司也不愿意解雇员工，除非它们别无选择。而且正如我们前面提到的，它们更大的客户会提供一些援助，尤其当它们是大公司的企业联盟或集团公司的成员时。这种情况之所以会发生，有些是现实因素，有些是情感因素。一家公司如果未能拯救"它的"供应商，就会被自己的客户和银行怀疑陷入财务困境。但无论出于什么原因，最终结果都是某种程度的经济安全。

但这一切都在崩坏。在新千年的头几年，许多日本公司，尤其是在消费电子产品领域，发现自己陷入了双重竞争：一方面是邻国的大规模生产，另一方面是硅谷带着手机、便携式音乐播放器和高端笔记本电脑等热门的新奇小玩意儿扬长而去。削减成本变成了生死攸关的问题。大公司放弃了它们在日本的传统供应商，转而在中国和泰国等国开设新工厂。但当涉及自己的雇用惯例时，大公司不能或者不会解雇其正式雇员，因此只好实行"自愿退休"。核心员工为了保住自己的职位，只好停止雇用新的"正式雇员"，代之以临时雇员——他们和正式雇员基本上做同样的工作，但薪水是后者的一半（假如把未来的收益转换成现值，甚至会不到一半）。正是这些人在日益受到剥削。过去的减震器是名义上独立的小公司，现在正被低薪、超时工作的临时雇员所取代。

还有更糟糕的做法。所谓的"黑企业"指的是那些假装提供永久职位但其实无意真正实行的公司，有关它们的故事到处流传。这些公司吸纳年轻人，但要求他们从事高要求、高强度的工作，最后他们不得不离开，取而代之的是一群拿着最低工资的新员工。

临时雇员的激增以及对渴望"终身"就业保障的年轻工人赤裸裸的剥削，造成了一个宏观经济陷阱和社会学陷阱。自20世纪60年代末以来，需求不足一直阻碍着日本经济的发展，因为当时日本出口导向型产业的收入开始超过日本的需求。我们也看到，试图用投资取代出口以成为经济的主要推动力，结果带来了泡沫经济灾难及其后遗症。如果没有强劲的国内需求，日本就不可能长期保持经济健康。部分日本经济决策者了解这一点。比如，于2012年11月上台的安倍晋三政府就曾向主要企业施加压力，要求它们提高工资以补偿政府有意实行的低税率和低汇率。我们会在最后一章讨论这一点，但即便日本主要企业愿意在这一点上让步，开始给它们的正式雇员加薪，对低薪临时雇员的日益依赖意味着，这可能不会转化为整个经济购买力的增长。*

相反，它可能会破坏对战后日本至关重要的社会凝聚力。很难想象这种凝聚力如何能在一个两级社会中幸存。在这个两级社会中，享

---

* 到本书写作之时，实际的平均工资还在继续下降，而能源和食品等商品的价格则开始上涨。

有稳定、高收入工作的劳工贵族人数较少,他们月复一月地剥削着更多人的生活。

因为在日本,"临时雇员"〔由英语的 free("自由")和德语的 arbeiter("工作的人")组合而成的复合词,而"工作"(arbeit)一词在日语中单独使用时指的是兼职工作或临时工作〕仍然被视为火车驶出车站时,因为无法赶上火车而被落在站台上的人,即使这并非他们的过失。这些临时雇员或许不算是完全的"社会人",就是承担起工作和家庭的责任,同时是成熟合格的社会成员的成年人。这涉及很多日本企业面临的另一个问题:全球化。

全球化的烦恼

在纽约、伦敦和曼谷等城市,日本侨民有两个不同的群体。其中一个群体其成员几乎全部是日本主要企业在当地分公司的男性员工,以及他们的妻子和孩子,他们基本上每 4 年轮流一次。他们其实不满意这种委派,只不过没有选择的余地,只能听命于人力部门的安排。他们也害怕远离总部太久会最终"被遗忘"。与日本的家相比,他们现在住的房子更大。他们发现,从居住的地方搭乘地铁到中央车站时沿途可以坐下,而不用像搭乘京滨东北线火车到新桥站那样,车厢拥挤,又要站立。不过,他们的生活方式从加入公司的那一刻起基本不会改变。他们的办公室与国内的一模一样。虽然会有相当一部分当地雇员从事比较初级的工作,但所有重大决定都来自日本管理者。他们会与其他日本人社交,就像在东京或大阪那样:在专为日本客人而设的餐厅大啖烤鸡肉串和寿司，或者在女侍应酒吧大口喝烧酒或威士忌；对后者而言，它们与新宿或难波的酒吧仅有的不同就是价钱稍微便宜，而女侍应大部分不是日本人，不过其中比较受欢迎的大多会学着用日语开玩笑。他们会住在有大量日本家庭聚居的郊区，如纽约的拉伊、伦敦城外的芬奇利以及曼谷的通罗。他们的妻子互相来往，他们的小孩都去日本学校读书。如果该城市没有足够的日本海外家庭，无法建立全日制日本学校，小孩则会上星期六的特别日语班。他们不想看到自己的孩子失去进入日本顶尖大学的机会，而且如果孩子在美国或英国学校待了很多年，行为举止变得"不像日本人"，回到日本后容易在学业上表现不好。这些家庭晚上都会看日本电视，周末会去日本食品专卖店购物。

这些专卖店是他们唯一能遇见另一种日本侨民的地方：一些移居海外的年轻人，通常是单身，以女性居多。这些人可能住在市中心狭窄的公寓里，也许还和当地的男女朋友住一起。他们一般更容易融入当地发生的一切，甚至对商业也有益处。但日本当局还不知道如何利用这些人，这反映了更深层的问题。

这种深层问题的表现到处存在。与德国和瑞士等国家的企业相比，日本"隐形冠军企业"的最大弱点不在于工程的质量或经营者的投入程度，而在于海外运营时的不利因素。这不仅是市场本身的问题，还涉及它们融入全球网络的能力问题，而全球网络塑造着一个行业的整体方向。手机就是一个很好的例子。由于卓越的技术和满足日本消费者强力需求的挑战，日本制造商很早便在这一领域占据了领先地位。但它们错失了更深入发展的机遇，例如移动设备与网络的整合，而苹果和三星先后在这一领域占据了全球领先地位。留给日本人的是技术复杂的产品,但只在日本市场销售。日本的商业媒体称之为"加拉帕戈斯"现象,即日本的产品独立于其他地区,独自发展。这一现象对规模经济等决定全球成功的关键因素有着发人深省的影响。

我们可以用硅谷(世界信息技术产业的发源地)的例子说明。日本管理者发现自己错过了硅谷特有的"喧闹"。为什么?有时,答案既简单又晦涩:他们没有在星期六带孩子去和其他国家的孩子一起踢足球,也没有与印度、中国、韩国和美国的父母聊天。相反,由于他们的孩子去的是日本学校,他们只会和其他日本父母交谈。他们可能是尽职尽责、不知疲倦的推销员,提供的是一流的产品,但在蜂巢一样的硅谷,他们错过了蜂巢传递情报的关键途径。[5]

全球性品牌和外国直接投资

如果"全球化"一词涉及的仅仅是形式上的存在,那么说日本企业没有"走向全球"则是错误的。漫步在任何一个发展中国家的城市中心,处处可见日本汽车和摩托车,商店里摆满了印有日语名字的耐用品,你会发现那些认为日本公司正在放弃其全球影响力的想法是错误的。日本的百货公司掌控着曼谷、新加坡等城市最时尚的购物区。日本在上海的商会让美国和欧洲类似的商业组织相形见绌。从曼谷的苏凡纳布新机场(其资金主要源于日本政府的低利率贷款)往南到著名的芭提雅沙滩度假胜地,在两个小时的车程内会经过几十家日本工厂。类似的情景也见于吉隆坡市外的工业园区或香港北面的深圳,加州的托伦斯和俄勒冈州的波特兰也一样。

在过去的30年,"外国直接投资"一直是日本企业的重要故事之一。在这方面,如果没有日本工业在"奇迹"年代所取得的制造业优势以及尽可能多地控制供应链的决心,成功是不可想象的。除了20世纪70年代在东南亚的低薪组装生产外,第一波外国直接投资出现在20世纪80年代,其中大部分为了应对贸易摩擦而进入美国和欧洲。但在1985年的"广场协议"之后,日元升值,成本竞争取代贸易摩擦成为吸引外国直接投资的主要动力。20世纪90年代中期以后,日本的外国直接投资加速并形成了21世纪最初几年的所谓"中国热潮",当时日本公司纷纷到中国设厂,以回应中国国内两位数的增长率、相对低廉的商业成本及政府压力。

结果到了21世纪初,日本工厂和设备投资总额的25%以上都花在了国外。到2004年,日本公司大约有六分之一的生产是在国外进行的。[6]可以预见的是,这引发了日本人所谓"空洞化"的恐惧,即担心日本的工业基础会被挖空。仔细研究之后会发现,这些担忧一定程度上被夸大了,尤其当涉及日本对关键上游技术的控制问题时。日本的技术秘密被泄露给韩国和中国的竞争对手,可能主要是由于数百名日本工程师被公司强迫"自愿退休",因而不得不去这些国家的公司工作,除此之外,日本的外国直接投资也是原因之一。尽管如此,附加值最高、技术最复杂的制造业仍在日本。

因为尽管大家都在抱怨"空洞化"的问题,但事实正如我们看到的,日本公司在决定对外直接投资时没有别的选择。将部分职能转移至海外的压力可能实际增强了日本工业的某些领域,特别是对汽车与电子等下游行业至关重要的材料和精密部件的制造商。在过去的25年，日本企业不只学到了如何出口（寻找海外市场），也学到了如何应对各种挑战，包括法律的、金融的、政治的、技术的以及管理的。这些挑战源于在不同的文化和商业环境中运作，而这些环境与它们成长并取得最初成功的环境不同。许多公司出色地应对了这些挑战。正如一位商界领袖[7]指出的那样，其结果是，如果人们不是用通常的国民收入和就业统计数据来衡量日本经济的表现，而是用日本机构拥有的实际资产的总生产力（日本国内持有的资产及其对外直接投资的总和）来衡量，"日本股份有限公司"的表现看起来会比使用传统标准衡量好得多。

尽管日本企业取得了种种成功，但它们在全球化的一个关键问题上却步履蹒跚，即引导外国人进入重要的决策角色。上述问题在中高层管理中都很明显。一个众所周知的事实是，如果你以外国人的身份加入一家日本公司，那就不要指望晋升到一个职位，可以对公司的战略或决策做出任何实际的贡献，这一点几乎没有例外。很多公司不是不想让外国人参与决策过程，它们非常了解当地专家的重要性。但对日本经营者而言，容纳外国人是很麻烦的事情。它不仅仅是语言的问题，虽然这的确是个不易克服的障碍。*它更涉及一大堆协同完成任务需要的理解，这些理解对任何一个半社会化的日本成年人来说都是第

---

* 只有少数外国人能真正讲一口流利的日语。做到这一点，需要长时间待在日本。而且除非在日本长大且上日本学校，否则花那么多年集中学习语言，势必会影响他们同时承担一份责任重大的工作。可以流利地说英语的日本人要比可以流利地说日语的非日本人多得多，但如果考虑到日本在全球的影响力，这个数字仍然偏低。说到第三语言，包括西班牙语、阿拉伯语、俄语等，能掌握的日本人极少。汉语是个例外，因为汉字虽然字体有些不同，但对于以日语为母语的人来说，仍有些优势。也许还有韩语，因为它的语法和句子结构与日语类似。

二天性，但对外国人却要一一解释，除非他在日本长期生活过。即使是最有意愿全球化的日本人和日本组织，当不得不每天与外国人亲密共事时也会感到疲惫不堪。如果能高效轻松地与其他日本人打交道，那就舒服多了。

当然，更喜欢和自己人打交道的不限于日本人。对于今天受到追捧的政治正确的"多样性"，随便看一下商业历史，就能发现紧密联系的网络的诸多益处。它建基在真实的信任和不言自明的默契上，举例来说，19世纪重要的德国犹太商业银行家族和今天东南亚华侨商业精英均属于此。但当对国际市场的感知能力成为能否赶上潮流的决定因素时，日本人与外国人之间的交流障碍就成了很大的难题，正如本书曾提及的日本公司相对失败的案例——它们无法解读硅谷透露出来的信息。这些障碍有时似乎无法跨越，特别当涉及外国人融入日本组织时，其间决策、权力运作、谁是谁的派系等默会知识，对在日本公司工作的外国人来说实在过于复杂，就好像一名饶舌音乐歌手尝试与阿玛迪斯弦乐四重奏（Amadeus String Quartet）合作表演一样。

与此同时，爬升到日本大企业高层位置的外国人屈指可数。日产的卡洛斯·戈恩和新生银行的蒂埃里·波特是其中两个例子，他们被邀请担任上述企业的领导，主要是因为两家企业面临倒闭危机，而且已经卖给外国机构（分别是雷诺公司和利普伍德资产公司），它们不得不最后一搏以谋求生存。其他三个著名的例子是索尼的霍华德·斯金格、日本板硝子公司的克雷格·内勒尔和奥林巴斯的迈克尔·伍德福德。

他们三位的经历没有一个是愉快的。斯金格原来是哥伦比亚广播公司高层，被索尼公司招揽为美国市场的领导人。2005年，正值索尼三位有远见的创办人盛田昭夫、井深大和大贺典雄先后离开公司，公司内部派系斗争激烈，任何接手的日本人都无法明快地处理这些派系问题。在这种情况下，斯金格被任命为首席执行官。公司内外的人都在批评派系斗争，认为这导致索尼丧失了在消费电子领域领导潮流的优势。无论这是不是委任斯金格的真实原因，索尼在其任内依然步履蹒跚，跌跌撞撞。2012年2月，他离开首席执行官一职，但仍然是主席。*

内勒尔原来是杜邦公司高管，在任时曾外派日本若干年，退休后被聘请领导日本板硝子株式会社，但任职不到两年。引用他离职时公司发布的新闻公告，他离职是因为"在企业战略上的基本分歧"。[8]

最具轰动性的是奥林巴斯公司伍德福德的故事。该公司可以成为日本整个企业界的缩影——这是一个规模宏大的特许经营企业，却受制于一连串经营不佳的部门，这些部门与公司的核心专长业务精密影像设备（世界上70%的内窥镜由奥林巴斯制造）很少或完全没有关系。该公司曾进行一连串令人怀疑的海外收购，后来证明这些收购并非战略性的，而是要隐藏公司在20世纪80年代末泡沫经济时进行的不当投资。

奥林巴斯管理层能隐瞒其糟糕的投资，主要是因为日本的积习：董事会充斥着内部人士；银行家相互勾结；还有容易摆布的商业媒体，

---

* 日本媒体极有兴致地报道，斯金格和戈恩这样的高管（2010年，他们是日本薪酬最高的两位高管）比丰田总裁的薪酬高10倍。当时，索尼是在亏损状态，而且索尼和日产都没有派发太多股利。

记者纵然知道大企业的不良内幕，但因为没有公共检察官的信号，他们也很少报道。但随着糟糕的数字继续恶化、增长，要掩盖它们便越来越难。伍德福德被出人意料地委任为主席，最直接的原因与日产和索尼类似：外国人比日本人更能自由地精简并集中业务。但伍德福德也许被刻意设局，成了替罪羊。因为很快便发现，原来的投资或对这些投资试图做的掩饰（或两者加在一起）引起了黑社会的注意。奥林巴斯与犯罪组织纠缠太深，自身难以摆脱。

这在日本并非第一次。正常的资本主义经济会设立制度，以避免隐瞒坏的商业决定，更不要说明确的企业不法行为。这些制度包括：公正的会计行业、"能把关"的商业媒体、确保外部人士的投诉能被听到的有效法律制度、由企业掌控的能淘汰不良管理层的市场、由真正的监管者而非协调人员组成的监管机构，以及"企业管治"名下的整套实践规范——而最重要的是积极的股东和独立的董事会。在日本，这些制度（如果有的话）大部分以不完整的形式存在。不可否认，最近几年日本采取了一些举措以强化这些制度。例如，2000年规定必须实施合并会计，2006年颁布的企业法理论上加强了股东权力。但上述制度的历史问题为威胁打开了缺口，这些缺口为犯罪分子所利用。

日本敲诈大师掌握的最厉害的武器就是利用曝光作为威胁。在奥林巴斯案件的确凿证据浮出水面之前，间接证据已经十分清楚，奥林巴斯多年来用以掩盖不良投资的可疑支出，大概都进了"总会屋"的口袋里。"总会屋"是一个专门以公开见不得人的消息威胁捣乱股东大会和非法获取钱财的团伙。

伍德福德的错误（如果能称之为错误的话）不是他发现了这些账

第八章 商　业

目,而是他把问题摆在了台面上。他就这些可疑支出质问奥林巴斯的董事长和审计师。董事长没有回应指控,而是直接解雇了伍德福德。伍德福德立即打电话给《金融时报》驻东京记者并告知其整件事情的经过,这一举动很可能救了他一命。第二天,《金融时报》把它放在了头版,不但引起全球金融媒体的轰动(《华尔街日报》和《纽约时报》马上派出记者团队报道此事),也促使一直想了解日本黑社会金融犯罪的美国联邦调查局展开了详细调查。日本体系对于想要反抗恐吓的人有一套有效手段让其保持沉默,甚至可以杀人灭口。*但伍德福德被解雇后,在世界范围内引起轰动,这阻止了扼杀出头者的一贯做法。

对于文化旧习,一般人会不愿意重蹈覆辙。但需要再次强调的是,几个世纪以来,组成日本统治阶级的武士们一直被灌输这样一种观念,即对主人绝对而且不容置疑的忠诚是唯一的最高美德。正如第三章指出的,在日本经济中处于制高点的大多数公司某种程度上是明治政府早期建立并授予昔日武士,然后通过不同方式传承下来的。其文化遗风深植在这些机构中,至今仍在延续,正如我们在奥林巴斯一案中看到的那样。在日本,一个优秀的企业战士不会让他的公司或上司难堪,日本的统治精英也会团结起来保护自己。

---

* 两个最著名的案例是电影导演伊丹十三和律师坂本堤。伊丹是广受好评的电影《蒲公英》的导演,由于他在电影《民暴之女》里描述过黑社会,后者非常不满其叙述方式,对其施以殴打。后来,伊丹筹拍另一部电影,内容涉及某一特定的黑社会组织与最有影响力的"新宗教"团体创价学会之间的关系。期间,他表面上是自杀,但许多人怀疑他是被谋杀。坂本则对邪教(包括文鲜明领导的统一教和奥姆真理教)提起集体诉讼。坂本和妻子、孩子一家三口在1989年被谋杀,但6年后凶手落入法网,因奥姆真理教在东京地铁站发动恐怖袭击行动。日本TBS电视台曾采访坂本,然后私下把录制的节目交给奥姆情报人员。

这种不成文的规则不要期待外国人能够理解，或者就算他弄清楚门道，也很难把这些规则融入思想行动，尤其当他原来浸淫在一个价值完全不同的环境中，强调对至高无上的普遍原则的忠诚。但这种规则有一个经济面相，经常被人忽视。

冲销沉没成本

日本企业在赋予外国人决策权方面遇到的困难，最能显示日本的商业机构仍充斥着忠诚（如果你想礼貌表达）或共谋（如果你想批判）的规则。然而，这种规则的经济代价不只是难以吸引和留住高素质的外国高管。还有一个更大的问题，可以直接追溯至忠诚或共谋的规则，就是识别和应对失败。日本体系缺乏制度性手段应对失败和"创造性破坏"，而后者是伟大经济学家约瑟夫·熊彼特指出的资本主义的必要条件。

人们可以提出一种论点称资本主义在世界范围内出现危机，正是因为"创造性破坏"无法正常运作，事实上已有这样的论说。2008年金融危机以后，无差别援助逐渐反映出，今天决定一个公司生存的重点不在于高品质的产品、市场悟性和成本控制，而在于它的规模和政治关系。如果这是真的，它再度说明世界正变得越来越"日本化"，而不是反过来。但不管是真是假，日本在应对失败方面特别困难：难以识别失败，难以解释失败，也难以消除失败。因为忠诚规则不限于需要时自裁以保护上级或团体，它也可以走另一个方向：首席执行官辞职以为公司的不幸"负责"，同时公司继续向长期供应商下订单，虽然有人提供更好的价格。但忠诚或共谋远不只是互惠共存这么简单，它涉及整个关系网络，把个人与团体捆绑在一起。引用福里斯特的话，面对压力时，一个好的日本人应该宁愿违背"股东价值"或"公共利益"等抽象原则，也不愿背叛那些与他或他的团体有一定关系（包括依存、义务，当然还有友情）的人。

不愿意将很努力但没有什么结果的个人或团体割舍，有情感和实际两方面的原因。在一个个人与团体互相倚赖、彼此负责且有机相连的社会里，一些人或一些团体的失败，若为大众触目或令人颜面无光，不可避免地会对负有连带责任，有权力化解失败却拒绝行动的一方造成不良影响。从实际来说，它也会让人怀疑这些负责方是否出了问题。一家公司如果因为无法为员工提供工作而将其解雇，或者一家银行如果明知客户长期陷于困境而收回贷款，而且知道这意味着客户会因此破产，这表明它们自身也深陷麻烦。因为，如果不是做决定者本身出现了危机，为什么要让被决定者沉沦呢？否则这样的行为（在此情感因素便起了作用）是不人道的，或者至少不合日本之道。

不可否认，"升职或出局"这种任人唯才的雇用做法，理论上从有绝顶能力、雄心壮志和干劲的人才身上挖掘出了最大潜力。现实的银行家和投资者为了追求利润，也迫使金钱流向能取得最高资产回报的公司和经理人。企业掌控的市场能够以有效的方法，除去表现不佳的业务，把资产分配至生产效率更好的领域，事实上它真的这样做了。当然，这种做法也会加速对公共利益的系统性掠夺，最后陷入日渐扩大的收入不平等陷阱中无法摆脱，造成社会性危机，美国和英国等国家都发生过上述现象。日本新自由主义改革的反对者很快便指出了这一点。但更根本的是，若由企业并购市场或股东利益至上价值主宰日本的经济和政治决定，它将相当于一场社会、政治和文化革命。然而，这就是主张对日本商界实行彻底改革的人（也许无意）呼吁的，即一场革命。

这样的革命倡导者大量出现在日本内外。毕竟，日本商界领袖身在其位，他们或许比任何人都更能理解全球化带来的困难，以及缺乏足够的经济和政治机制来应对失败（冲销沉没成本）对日本商业与经济造成的影响。他们也了解到日本很多著名公司正在失去世界各地的市场和品牌地位。在这个时代，连夏普这样的著名高科技巨无霸公司也得公开承认，它别无选择，只能开放给外国公司收购；丰田汽车总裁在电视上对其犯下的上一代人无法想象的错误表示痛悔。在这个节奏日益加快的世界里，令人窒息的官僚作风和日本商业生活中的所有例行公事让决策过程举步维艰。他们知道事情不应该这样，但又不知道该如何应对。理论上，他们也许同意要简化"事前沟通"（与所有相关者、受到影响者共同讨论问题及可能的解决方法，收集意见并对解决途径取得共识）或"书面请示"（禀议，每一个决策都有文字记录，需要一连串企业官僚签署批准，其中的任何一个人都可以延滞或破坏整件事），但真的要实践这些想法时，大多数人会发现原来培养他们的体系现在已经成了障碍。

20世纪90年代初，倡导改革的人经常被指责想要模仿美国，把日本变成某种新自由主义的产物，包括滥用金融服务行业，通过瓦解体面的公司来为少数掠夺者牟利。但这种指控已经不再让人新服。日本商界现在明白，要求彻底改革并非只是模仿美国资本主义（日本人喜欢称之为"盎格鲁-撒克逊资本主义"）。诚然，在这个苹果、谷歌和脸谱网的时代，日本人基本不会再说美国企业的衰落，但日本商界领袖可能还是会对美国残忍好斗的做法表示不满，并表示这些做法在社会凝聚力很强的日本永远不会奏效（这种说法有道理）。他们并没有真正把目光投向太平洋彼岸，寻求更多可以效仿（或不值得效仿）的例子。相反，他们将目光投向日本海对岸的韩国，既恐惧又惊叹不已。长期以来，他们一直轻蔑地将韩国视为"穷亲戚"。

韩国的挑战

没有人会把韩国误认成美国。与美国相比，韩国的政治和经济体制与日本的更为相似（在许多情况下，比如，韩国的财阀或商业集团，它们其实是复制了日本。韩国人不愿意承认他们的许多制度源自日本，但无论如何，韩国在至关重要的35年里曾是日本的殖民地）。事实上，世界上没有哪个国家比韩国在文化上更像日本（或者，更准确地说，与日本的差异相对较小）。然而，从消费电子产品到大众娱乐，韩国公司正在彻底颠覆日本。

日本企业领袖经常把强势日元和弱势韩元当作理由。强势货币可能确实会给出口商带来障碍。但对汇率的抱怨往往会成为未能直面更深层次问题的借口。今天，许多日本主要出口商对韩国人的抱怨，让人想起1985年广场协议签署前夕，美国商界领袖对日本竞争的看法。*协议达成后，美元兑日元的汇率接近减半，但这对解决美国汽车或消费电子行业当时面临的问题几乎毫无帮助。同样，目前尚不清楚近期日元兑韩元汇率下跌是否会抵消韩国的竞争挑战。韩国将其流行文化在海外商业化的卓越能力与弱势韩元毫无关系。

如果要全面解释韩国企业的崛起对日本企业构成的致命威胁，可能需要另写一本书了，因为已经超出汇率的范畴。但有三个因素肯定很重要。

首先，韩国有一批更全球化的精英。韩国青年不会受到"非韩国化"的猜疑，对他们而言。如果想进入韩国精英圈子，海外经验和真正的英语能力几乎是必要条件。韩国商界和学术界的领袖大部分在西方顶尖大学取得学位。这样说也许有点夸张，在韩国，就读常春藤联盟院校（加上麻省理工学院和斯坦福大学）是成为统治精英的门槛，这与东京大学在日本社会扮演的角色是一样的。

其次，韩国的经济和政治制度有更清楚的权力结构，其责任更为明确，这使得决策过程快速、果断。它们见证了日本大部分信息产业的步履蹒跚与三星公司对苹果手机的反应（极力超越苹果成为世界最畅销的智能手机）之间的差别，也见证了现代汽车紧咬日本汽车制造商，在它们最大的出口市场美国展开争夺。在韩国国内，财阀可能因其寡头政治倾向而受到批评，但关键决策者在这些大型集团公司中的

---

* 日本人经常抱怨，韩国的主要出口商在国内享受着相当于垄断的利润，后者利用这些利润来补贴出口。不过，这让人想起美国人过去对日本竞争所发的怨言。

身份很明显，与大多数日本企业普遍存在的集体决策有很大差别。

最后，韩国整个国家都处在危机边缘，没有犯错误的余地。为了整个国家的生存，首尔要应对不到30英里之外的生存威胁，即对韩国怀有敌意、意图摧毁韩国的朝鲜。更糟糕的是，在20世纪90年代末的亚洲金融危机之后，韩国经济接近崩溃，但它无法像日本那样胡乱应付。对韩国来说，自欺欺人、思维模糊和犹豫不决的代价太大了，它承受不起。

日本曾经也是这样。但在过去的40年里，日本已经不是曾经的那个样子，要对此负责任的远不只是商界。韩国发生的事情表明，一个国家无须破坏自己的文化也可以进行彻底的改革。韩国人就像最狂热的日本民族主义者那样，认为自己的文化与其他文化不同，不允许别人对其贬损，尽管可能没有日本人那么自觉。此外，三星与现代这类公司在世界范围内的成功，以及被韩国首席执行官们包揽的常春藤名校学位，还有风靡全球的热门歌曲《江南Style》，都激起了民族自豪感，而不是担心其国家正在失去其内核。

日本企业的未来与资本主义全球性危机

一个多世纪以来，几乎所有的日本公司都采用了有限责任公司的制度形式。这种制度形式是由明治政府从西方引进的。但它并非被植入某些经济真空地带的土壤中。就像同时引入的议会政府制度，出于同样的原因，有限责任公司的外部形式被嫁接到根深蒂固又非常复杂的现有制度上，正如我们在第三章中看到的。因此，有限责任公司制度从来没有按照最初在荷兰、英国和美国这些使它首先成形的国家的方式在日本运作起来,对此人们不应该感到意外。

特别是,有限责任公司所依生的基本理念在日本也从未内化。在日本的文化或思想中没有各种洛克式的理念,如契约、权利、开明的利己主义,以及人类作为原子论决策者追求个人财富等。因此,股东价值至上以及经济结果应由客观市场中的一只看不见的手决定这些基本思想,日本连口头承诺也做不到。

但就帮助维护日本独立而言,这一制度发挥了实际作用——甚至可以说比议会制政府更有效,更不用说几乎是在同一时期引入的大学或全民男性征兵制等。日本企业为日本对世界上最强大的国家发动战争提供了物质手段。它们本来可以给全社会带来的福祉因为日本统治机构没有发挥发挥正常的功能而失去,但面对灾难,日本企业重新振作,奋起迎接战后世界的挑战,担负起重建一个伟大国家和为普通民众提供衣食的重任。

日本企业现在明显处于危机中。但若要尝试对日本企业整体及有限责任制本身进行分析和预测,则必须分清两个层次:一部分危机源于制度在日本政治经济方面的具体表现,另一部分则源于更广泛的制度本身的问题。

我们也许还没到马克思所预言的资本主义危机的最后阶段,但我们已经相当明显地经历了有限责任公司的全球性危机。依法建立的政治权威机构打造了这种制度,目的是加速资本的形成,方法是为商人提供一种在失败时可以避免破产的选择。但是,尽管有限责任公司源于合法的政治组织,现在看起来它正努力摆脱政治的控制。强而有力的新式封建企业在很多地方取代了有限公司制度原本的目的，将财富与风险的关系模糊化，使有限责任公司逐渐变成富贵强权者摆脱社会责任的关键手段。文化、社会和政治对企业行为限制的逐步衰落，不但磨蚀了政府，而且就像抵抗癌细胞扩散的机制崩溃那样，现在威胁到人类赖以生存的自然系统的存亡。

但有限责任公司的危机在不同地方有不同的表现形式。在华尔街从合伙制公司转变为有限责任公司之后，银行家们挟持了美国政府机构，而日本没有类似的例子。有一件事必须注意：日本企业从来没有认为自己是为追求个人私利而设立的机构，也不以此为行动准则。在一个似乎一直浪费资本的国家，现在却要试图"改革"企业，以利润为先，也就是说要更尊重资本。毫无疑问，这会与另一个界定模糊的真实观念——公司服务于社会，而不仅仅是为了赚钱——产生矛盾。

企业是有公共责任这种观念在日本十分普遍，很多日本管理人员亦身体力行，这也是为什么日本公司即使无利可图，也愿意多付出一点。这些可以从2011年3月的灾难之后，理光和瑞萨电子等公司的行为中找到证明。它们诉诸代价甚大的英雄式做法去弥补损失，因为其他公司和行业仰赖它们。与上述英雄主义相反的是东京电力公司，它在管理所建和所经营的福岛核电站时表现出的是卑劣和无能。之所以给民众这种印象，主要是因为它表面上是为公共利益而建，它所做的一切本应该为民众着想。它为人诟病的那些行为包括：挪用企业资金用在公关宣传上，在世界上地震最多发的国家大肆推动一种致命且无法宽恕的能源，以及故意压制任何强调核能危险性的研究。东京电力公司是一家公用事业公司，不可否认，世界各地的公用事业公司都享有准垄断地位，而且出于公共利益的考虑，政府还保护它们不受市场力量的影响。但东京电力公司的行为表明，一个以社会利益为前提的组织可能会掩盖最浪费、最自私自利，甚至最危险的经营行为。

东京电力公司本身可以说是日本企业的一个缩影。在灾难发生后那些令人恐惧的日子里，许多在福岛现场的东京电力公司的职员表现得很英勇，甚至近乎自我牺牲。但东京电力公司的管理高层却很明显没有尽到他们的责任——不但玩忽职守，而且造成了灾难性的后果。同样，一方面，我们看到日本企业高水平的服务和极致的质量追求，这是很多国家梦寐以求的；另一方面，我们也看到"黑企业"和无情剥削临时雇员这些现象，这反映出日本大部分管理阶层抱团维护彼此的地位和特权，如果不是谋求个人私利的话。

但无论日本企业精神在具体案例中如何表现，期望这项或那项改革能恢复日本企业在那个独一无二年代的活力，似乎不太可能，因为它已经一去不复返，纵然当时日本有限责任公司确实创造了奇迹。因为日本面临文化和政治上的不稳定性，其商业问题不能摆脱这一更大的挑战。要展望日本商业的未来，不但要关注全球地缘政治和经济因素，还要关注其蕴含的文化和政治的未来。

图 9　日本流行文化的新女性典型：辣妹。(此图摄于 1999 年 7 月,《读卖新闻》提供)

第九章

社会和文化的变迁

日本曾以樱花、富士山、木刻版画与艺伎闻名于世,后来是它的狂热和残暴,后来又成为工作狂和优质产品的代名词。如今,全球潮流引领者将其视为民族美食、凯蒂猫、御宅族以及变态动漫(以描述极端性瘾为特点的淫秽动画)的原乡。

这留给我们一个问题:是什么把所有这些文化现象汇聚在一起的,它可以连接山本耀司和川久保玲的时装、村上春树的小说、士郎正宗的漫画、塞尔达系列游戏、《幽灵公主》等动画电影或者《午夜凶铃》等恐怖电影,更不用说《精灵宝可梦》、任天堂 Game Boy 系列游戏,以及吸引整整一代西方年轻人的动漫和漫画?这些东西如何同属日本制造?这种文化对可爱和娇嗔似乎永不厌倦,为何又为世界带来了最丰富的性变态叙事?上述这些现象何以与室町时期的伟大水墨画、京都的桂离宫,以及小津安二郎和黑泽明的电影同源而生?

遍及全球的日本文化

人们总是忍不住对日本的创造力喋喋不休——的确，不管用什么标准来衡量，日本人无疑都是具有非凡创造力和艺术性的民族。但在解释这种创造力时避免老生常谈却很不容易。或许，我们可以从试着理解日本的创造力为何能在今天的世界产生巨大反响，以及日本社会如何在保持"日本性"的同时发生变化入手。其实，这样的反响以前也曾有过。

19世纪末，日本的艺术一度令西方惊艳，在从绘画到建筑的各个领域都引起了近乎革命的回响。但让莫奈和凡·高等艺术家着迷的并非日本传统的高雅文化，而是浮世绘（描绘花街柳巷的木刻版画）的颓废作品。我们在第二章提到，它的源起至少部分来自色情画，在日本精英眼中与垃圾无异。江户的吉原和京都的岛原是当时两个最著名的政府特许寻欢地区，日本人常去那里寻欢作乐，浮世绘的灿烂文明正是在那里孕育，继而让全世界为之着迷。

同样，如今流行世界的日本文化并非体制内的主流文化产品，大部分其实源自游走在日本官方"文化"边缘的创作者，他们在创作时并未考虑要迎合外国人的需求。如今，作为精致健康餐饮最高境界的日本料理在全球享有美誉，任何注重饮食的老饕都可以喋喋不休地讨论荞麦面中荞麦粉与普通面粉的正常比例，或者做金枪鱼寿司时用鱼的中腹和上腹究竟有何差别，但日本人还是普遍认为外国人不可能喜欢吃生鱼片或使用筷子。日本传统文化的守护者总是希望外国人能在封闭的博物馆里或官方安排的交流中体验日本文化，然而当西方孩子开始抢购忍者或精灵宝可梦的图本，或者日本艺术家在互联网上设定极端情色绘画的黄金准则时，他们完全不知该做何反应。当全球兴起一股当代日本文化热潮时，日本商界和政府当局还不知道如何将其商业化——就其本身而言，这表明这种热潮不在控制范围内。

人们倾向于认为，日本人特有的创造力源于他们对矛盾和模糊空间的容忍。亚里士多德教导西方人不要容忍矛盾，但日本人的头脑中从来没有这种观念。正如我们在第五章"对现实的管理"一节中讨论的，日本社会和经济的成功往往源于一种适应和处理矛盾的能力，而这种矛盾会让西方人发疯。面对本书提及的各种不同且相互矛盾的"现实"，日本人在不得不为此调整自己时或许会感到不适，但从小接受现实管理的训练有助于人们应对心理创伤。

艺术也是如此。日本社会存在的大量矛盾长期以来为日本各流派的艺术家提供了取之不尽的资源。作为回报，艺术和酒精一起成为帮助人们从矛盾所带来的紧张中得释放的关键方式。

工薪族是日本战后文化一个重要体现，从社会如何对待他们中可以发现许多绝佳案例。当日本官方文化的工具（棒球和主流电视节目）宣扬引领工薪族走向成功的道德规范时，众多的漫画和颠覆性媒介却将工薪族描绘为"软弱，不负责任，沉迷于永不成功的性爱和金钱"。[1] 工薪族不但需要对公司和工作表现出自我牺牲的热情，而且很关键的是，为了表现得令人信服，他们需要真心相信自己所做的。日语的"诚"很好地传达了这个精神意义。这个词在西方通常被翻译成"真诚的"，指的是一个人如果不真心相信自己所做的事便会产生罪疚感。但日语的"诚"并非如此，它是指一个人必须强迫自己的内心感受符合社会的期待。工薪族必须相信他是某项事业（他的公司）的战士，而且这项事业值得他为之牺牲生命。但他同时必须知道，自己只不过是一台无名工业机器上的齿轮，可以任意被替换、被剥削。漫画可以帮助他做到这一点，《游吧！鲷鱼烧君》这首歌有异曲同工之妙。这首20世纪70年代中期家喻户晓的热门歌曲最初是一首童谣，表达的是对深受欢迎的鲷鱼烧的哀伤。（鲷鱼烧是一种日式点心；"君"是对男孩和年轻男子的充满爱意的后缀。）面糊被注入那些形状相同的鱼形模子里，而有一只鲷鱼烧做着在大海里遨游的不切实际美梦。歌词朗朗上口，但曲调悲伤，有点像唯一一首登上西方流行音乐排行榜榜首的日本流行歌曲《努力向上吧》——在西方，由于某些令人费解的原因，它被称为"寿喜烧歌"。《努力向上吧》这首歌原本与食物无关，描写的是一个失恋的年轻人走在路上，为了不让眼泪掉在地上，抬头去看星星。这是典型的日本式情感，就是内心在哭泣，但外表要假装坚强。同样，《游吧！鲷鱼烧君》的主角明知自己不可能逃出鱼形模子，像真正的鱼那样自由自在地在水里游，但仍不放弃梦想。

在耶稣的教导里，思想与行动在道德上同等重要，但这在日本毫无意义。看到日本男人公然翻阅色情杂志，色淫淫地看女性裸照，看那些很怪异、很暴力的性变态漫画，西方人常常感到愤怒。但犯罪统计数据显示，日本人实际参与性虐待的数字并不比其他国家高。西方人如果发现自己的性幻想与良知相违背，会感觉很不好，所以西方的色情作品给人一种偷偷摸摸、污秽不堪的感觉。但对许多日本人而言，欲望只不过是幻想的一种，不会带来任何损害。这或许是日本的色情作品比西方的丰富得多的原因之一——而且说实话，艺术价值也更高。*

  这种情况不限于色情作品。日本文化中毫不掩饰的多愁善感也让西方人难以接受。如今,西方人只有在扭捏作态的包装和讽刺手法下才能接受这些丰富的情感。但日本人喜欢多愁善感,因为他们喜欢天真的孩子、可爱的宠物、无病呻吟的言情小说,还有热血青年排除万难实现梦想的故事。西方人明白这些不是真实的世界,因为小孩会是小魔王,宠物会脏兮兮的,而人与人之间会互相利用。这些道理日本人也明白,只是不予理会,或者至少不能让它们妨碍自己痛痛快快地哭一场。

  西方人对日本美学的认知可能只存在于日本餐馆中的精美菜肴,或者园林、庙宇的图片。当他们第一次来到东京,看到日本的城市景观如此混乱、丑陋时,可能会感到震惊。为什么一个如此注重美学的民族能够容忍这些呢?但在日本,关于是否应该"审丑",人们有一种不成文的共识。某些地方(如花园、传统餐厅的入口)被视为"美丽的",它们的确美得天衣无缝,几乎令人窒息。但花园旁边那些丑陋、平庸的房屋,或者餐厅外面布满电线杆和乱七八糟的广告牌的肮脏街道,则不应该给予关注。但因为人们不可避免地会注意到那些所谓"丑陋的"东西,艺术家会通过醒目的方式唤起人们的注意,从而刻意营造出一种不平衡的美妙时刻,这完全符合日本艺术的最古老传统。正是这种不平衡让日本电影、动漫、时装和电子游戏呈现出一种

---

* 拍摄软性色情电影一直是初出茅庐的电影导演的典型任务。一旦通过这些电影证明了自己的能力,他们就会提升到更"严肃"的主题。不过,互联网的出现几乎摧毁了日本色情电影的商业市场。

令人瞠目的特质，并且一直令世界震惊。

这可能是日本文化在全球引起共鸣的原因。要想保持清醒健全，越来越需要学习处理矛盾。日本是这样，其他国家也是如此。但日本文化中完全实现的噩梦般的景象与开放的多愁善感并存，使得它显然对世界各地的人都有吸引力，尤其是年轻人。它也向我们展示了这个国家实际发生了多大程度的变化。

日本人自己也敏锐地认识到他们的国家自战争结束以来所发生的变化，有些很微妙，有些则没那么微妙。最明显的证明是家喻户晓的三部曲电影《永远的三丁目的夕阳》（*Always: San-chome no Yūhi*），第一部于2005年上映后获得了日本与奥斯卡奖同等分量的电影大奖。这部电影描绘了奇迹年代开始时一群普通人相互交织的生活。经济奇迹的象征最初是1957—1958年东京塔的建造（第一部的背景），后来是1964年东京奥运会的到来（第三部的背景）。这三部曲对那个时代的服装和语言，以及首次出现的冰箱、电视、电吉他等战后繁荣标志进行了独特而细致入微的描写。但电影的真正主题并非生活水平的提高，而是繁荣后的社会变迁。

当然，正如美剧《广告狂人》（*Mad Men*）或者来势汹汹的英国年代戏所展现的，并非只有日本人对最近的历史感兴趣。虽然《广告狂人》的制片人们与《永远的三丁目的夕阳》的导演山崎贵都极度关注时代细节，但《永远的三丁目的夕阳》这类日本电影与英美同类电影的不同在于，前者更多缅怀过去，没有讽刺意味，使观众感受到某些重要的东西在现代性浪潮中无可挽回地失去了。

正如一位作家所言，《广告狂人》可能一方面让观众着迷于它所描绘的男性至上氛围，另一方面又让他们摆脱一种错误的观念，即男性至上主义已经从我们的世界消失。[2] 与此不同，《永远的三丁目的夕阳》三部曲无意兼顾两者，而是要观众了解，这些由一贯自然而善感的手法描绘出的主角间的情感与爱正面临消失的威胁。

日本人创造了一连串词汇来处理过去数 10 年中一些最显著的变化。为了了解正在发生的事情，我们可以从那些最广泛使用的新词讲起。

辣妹

在日语中，"辣妹"（ギャル）一词是对英语的 gal（"姑娘"）的风格化演绎，它涵盖了日本女性在过去 20 年来表现出的一系列表象人格。她们的风格千差万别。"大叔女郎"（おやじギャル）模仿老年男性的举止，大口大口地喝啤酒，用响亮的男性化语言说话。"高中女生"（コギャル）把校服的裙子拉高到胯部以上，露出微胖的大腿，膝盖以下则穿着"宽松"的白袜。"黑妹"（ガングロギャル）则炫耀着自己夸张的人工晒黑的皮肤、漂白的头发，以及如同用水泥抹了涂抹的浮夸妆容。各种"辣妹"所表现出来的这些特征是对传统日本女性形象的公然反叛。

在传统范式中，日本女性的一生从一个梳着马尾、穿着白色及膝袜的小女孩开始，她对世界充满好奇，整个人洋溢着欢欣与快乐。稍微长大一点，她会穿上千篇一律的校服来掩饰自己初露的性感。她穿着长裙、短袜和宽松的上衣，就像修女一样，这样的打扮是有意要模糊及压抑女学生显露出来的性别特征。她不应该有任何激情，除了有时会单纯仰慕较为年长的女孩。如果有男性表示爱慕，她应该以羞涩惶惑和欲语还休回应。到了适婚年龄，她应该穿上和服或优雅古典的法式长裙，用柔和的女性语言表达其渴望，她的打扮应该细致但不着痕迹，气质优雅而顺服。作为妻子和母亲，她应有无限慈爱和温柔，言谈举止要显示她的兴趣和舒适应排在丈夫、婆婆及孩子之后。最后，当她自己成为婆婆和祖母时，可以对儿媳妇有一点点盛气，这是可以原谅的，因为无论如何，她把儿子及孙子的利益放在心上。她是溺爱孙子的祖母。她对丈夫无微不至地看护和迁就，因为他日渐衰老而无用，而且越来越难以照顾，但是没有人会将这一点告诉他，尤其是她。她确实是主要策划者，刻意隐藏所有明显的证据，不让他知道自己正变得没有用处。

各种"辣妹"表象人格以及相关现象打破了上述所有的刻板印象。传统的小女孩的天真可爱变成了"洛丽塔时尚"（年轻女性打扮得像不具性征的小女孩），而制服裙则被尽量拉高，好像在嘲笑传统校服的迂腐守旧。即便在日本也有许多人将这些时尚与性诱惑混淆。超短制服裙最早出现时，媒体寻根究底，引发了追查"援交"的热潮。不可否认，一小部分女学生的确收了年长男性的钱，所付上的代价就是陪着他们（通常不涉及性），只允许他们看和抚摸。但援交的程度被严重夸大了。和往常一样，这种歇斯底里更多反映了父母对新技术的恐惧（大部分"援交"通过手机短信安排）和对年轻人特殊语言的误读，而不是年轻人中自由性交易的实际激增。的确，这种时尚背后的一个关键动机就是引发误读。打扮得像洛丽塔的少女穿着夸张的短裙，并非要向变态者传递色情信号,而是在表明她们已经看透自身性吸引力带来的恐惧,这种恐惧隐藏在刻意压制了"未成年"女性性别特征的被认为适合女孩穿的传统服装背后。

与此同时,那些走过中学生年纪的日本女孩装扮成"辣妹",她们妆容俗艳,故意做出不雅动作,以挑战那些针对"适婚"女性形容仪态的普遍准则。第六章提到的20世纪80年代的装可爱的女性,其实已经是一种心照不宣的嘲讽,直指男性对女性行为的期待,而"辣妹"则给了他们狠狠一击。今天,在东京、大阪的街道上和地铁里,或在酒吧和咖啡厅里,到处都可以见到穿着狂野去参加"女子会"(字面意思是"女性聚会",但隐含的意思是"从男性的期待中解放出来")的年轻女性,她们故意用粗俗的语言互相尖叫。这幅画面的每个细节都是对传统日本女性形象的彻底反叛——有人怀疑,这就是全部意义所在。

不可否认,"辣妹"人格是一种夸张,就像演戏一样。大部分"辣妹"最后安定下来。但新词的出现再一次表明对"现实"的适应只能是部分的。"御姐姑娘"(お姉ギャル)或许会比以前穿得含蓄些,她或许嫁了人,甚至成为母亲,但仍然保持着"辣妹"的元素。作为母亲,她也许会是"少女妈妈"(ヤンママ,该词最初是指"不良少女"或"失足妈妈",现在也指非常年轻就当了母亲的女孩)。另外,一直在办公室里工作,年近30岁却没有按照惯例辞职结婚的女性被称为"御局"。这个名词有很长的历史渊源,最初是指德川幕府后宫里年长的女性。"御局"通常精于幕府宫廷的阴谋及派系斗争,她们甚至比理论上最有权势的幕府官方顾问还要厉害。现代的"御局"就好像其江户时代的前辈，知道公司里所有秘密的来龙去脉，因此她们看起来不可捉摸。

"蛮不讲理的中年妇女"、"无用的老男人"和"银发离婚"

一个更有趣的新词可以追溯至1985年的美国僵尸喜剧电影《活死人归来》(*Return of the Living Dead*)，它在日本很受欢迎，甚至比在美国还要卖座。这个新词指的是中年妇女"营"（电影在日本上映时的名字为《军营》）。据说，她们吵闹又粗俗，衣着俗艳，成群结队地涌进时装店抢购打折的名牌商品，或者组团出国旅行（身边看不到一个男人），在机场的免税商店扫光所有商品。她们肆无忌惮地对丈夫发号施令，如同她们打扮成"辣妹"的女儿一样，她们颠覆了社会认可的另一种日本女性原型——这一次是甜美、温柔的"阿姨"。

与"蛮不讲理的中年妇女"（オバタリアン）对应的词汇是"无用的老男人"（粗大ごみ）。后者的字面意思是"大件垃圾"，在日语中指需要扔掉的旧电视或旧显示器等，由于体积太大而不能走正常的垃圾处理途径。但在这里，它指的是退休老年男性，他们在家无事可做，成为妻子的绊脚石。就像报废的洗衣机需要特别处理一般，安置退休赋闲的"无用的老男人"不是件容易的事，结果往往是"中年离婚"或"银发离婚"。

大部分"银发离婚"是由女性先提出的。离婚在日本历史上很少见，即使到了丈夫与妻子无法相互容忍的地步，他们通常还是会维持夫妻关系。离婚会毁掉男性的职业前景，也会让女性身无分文。但现在，如果一个女人可以坚持到丈夫到了退休年龄并以正式雇员的身份拿到一笔退休金，对她而言，离婚在经济上就是可行的。她可能找不到工作，但日本法院通常会将离婚夫妇的全部财产一分为二。

自 1990 年以来，离婚率急剧上升（几乎增加了一倍），因此日本出现了一种非主流文学试图解释这一现象，尤其是当离婚率在老年人中上升最快之时。这些作品的主角各有不同：有贪婪的女人，当她们的丈夫无法再赚钱养家，也就是变成"无用的老男人"时，便把他们扔到一边；有无能的男人，他们 30 年来一直忽视妻子，现在却期待得到她们从头到脚的伺候。很多人将这种现象归咎于更广泛的社会和经济因素：传统日本公司的人力资源管理方式，使男性没有时间履行丈夫和父亲的职责；第六章谈及日本女性传统角色的衰落，她们在工薪族的生活中完全是幕后角色，没有任何地位可言；日本家庭规模的缩减（今天理想的家庭大概是一夫、一妻、一子和一女），使得传统的家庭主妇和母亲在小孩长大上学后几乎无事可做。

"草食系男子"

"草食系男子"在西方媒体上有诸多报道，因为这个新词引发了世界各地对传统男性角色转变的关注。美国作家汉娜·罗辛在讨论美国的类似问题时，称之为"男性的终结"。[3] 同西方男人一样，许多日本男性现在的行为在一代人之前是不可想象的。现在，年轻的日本父亲不会觉得年幼的女儿跌倒受伤后，他在公共场合安慰一下她有什么可羞耻的，但他的祖父可不会这样做。战前，男人从来不会和他们年幼的孩子一起在公共场合出现，除非是在一些仪式化的场合，比如婚礼和葬礼，但即便在那种情况下，也只有母亲会关注孩子的举止。但今天，与西方男性一样，年轻的日本男性也会公开表达他们对女朋友、妻子和孩子的情感。青少年躲开女性以前被认为很正常，但现在他们不会因为女孩在身边而感到不自在。同时，如果说日本年轻人还无法像美国大学宿舍那样无视性别差异，但至少成群的日本男女一起工作、玩耍已经不再被认为有什么特别的。现在，青少年男孩都用名字而非姓氏称呼彼此（对此老一辈是无法想象的），甚至在办公室里，年轻的日本男性也不会再像他们的父亲那样面对女同事表现出不自在，不会再把她们当作只能奉茶或复印文件的"办公室花瓶"。

但"草食系"的标签表明，我们面对的不仅是明显放松的道德观念。新词汇再一次提供了线索。正如"无用的老男人"这个绰号用来指代退休男性一样，用来形容年轻男人的一些轻率用语已近乎公开的嘲讽。今天，许多日本年轻女性称呼她们的男朋友为"保持君"（キープ君）。"キープ"来自英语 keep（"保持"），而"君"是日语称呼男孩时的后缀。*"保持君"的意思是，男朋友被留在身边是因为他在某些物质方面可以满足女人，而不是因为她对他有很深的感情。因此，"足君"是说他有一辆车，可以提供代步工具；"名刺君"（字面意思是"名片"）是说他会带她去高档餐厅，给女性一种高贵身份的象征；"贡君"（字面意思是"礼物"）是指他会给她买昂贵的礼物。

---

* 一个男人在与其他男性交谈或谈论其他男性时，如果那个人是其下属或儿时的朋友，无论年纪大小，也会使用"君"这个后缀。

这是个翻天覆地的变化。传统上只有男性可以对女性使用物化的语言，现在女性也可以随意使用同样的物化词汇在男性身上。当然，这种现象在其他发达国家也可以看到。但这里有趣的是，关于男性身上发生的事情的基本假设存在差异。美国当今流行文化中普遍存在的对男性的厌恶心理，将男性（至少是异性恋男性）描述为无能的失败者或者麻木不仁的粗鲁汉。但在日本，男性多半被描写成受"肉食女"支配的懦弱、被动的食草动物。

看一看1979—1980年的热门电视节目《淘气大王樱间长太郎》，我们就能了解自那以后日本对男性的期待发生了哪些变化。这个节目的名称几乎无法翻译。它讲的是一个小孩精力太过旺盛，以至于无法控制。故事围绕着这位11岁男孩的探险，以及他与姐姐、父母、老师、好友、对手、喜欢的同班女孩之间的关系。2011年，在剧中饰演小男孩父亲的演员去世，引发了人们对这部电视剧的怀念之情。它在日本民众心目中的地位，与《天才小麻烦》和《邻家小鬼》在美国的地位相当。

主人公樱间长太郎是日本传统观念中初露男子气概的典型代表。这个小小的男子汉，无论天气多冷都会穿着超短的牛仔短裤。他表达情感的唯一方式就是打架，以及一次又一次地惹祸。他的功课不好，但严厉又可亲的老师很难不喜欢他。他的姐姐假装成得体的年轻淑女，认为他是个难以忍受的顽童，但他那位好心的母亲知道怎样容忍他。他的父亲想当木匠，很明显，这本是他的志向所在，但为了过上体面的生活，他被迫在郊区的一家百货公司找了份工作，在那里销售需要自己动手制作的木质家具，而且每天都要向顾客和高傲的老板卑躬屈膝——这对于讨论男子汉气概问题很重要。父亲通常用社会上唯一接受的方式发泄情绪，即对孩子的惹是生非大发脾气，但两个人总是会和好，因为他们本质上是彼此的老年版本和青年版本。对长太郎而言，父亲的经历给了他一个直接明白的先例，他长大以后，孩子气的精力和热情被社会与经济现实驯化得服服帖帖时，他会过怎样一种人生。

但就当时而言，长太郎的唯一真正弱点在于他对同班同学瞳的纯真感情。他不知道如何表达这种情感。瞳觉得长太郎很难相处，因此更喜欢他的对手，也就是温文尔雅、彬彬有礼的正弘，而正弘的父亲是长太郎父亲的老板。不过，在遇到真正的危险或道德难题时，长太郎通常表现得更好。瞳在某种程度上是理解这一点的，尽管她对长太郎粗鲁和笨拙的方式感到恼火。

从日本传统的各个角度看，长太郎都是一个男孩应该成为的样子。正如剧名显示的，他身上洋溢着超级男孩的活力。他长得很帅，但他所有的男子气概都与其对手正弘的漂亮外表形成鲜明对比。他可能不太会表达，功课也不好，但他正直善良。他是一个真诚可靠的朋友，可以了解别人的感受，虽然有时不知道如何处理。

长太郎代表的人格特质在日本并没有完全消失，但在今天的媒体上，它往往表现为一种怀旧的复古。(《永远的三丁目的夕阳》中的男主角和他儿子就是典型代表。)在电视剧中，是长太郎打败了对手，但在现实世界中却是"正弘们"赢得战争并得到了瞳这样的女孩。外表俊秀而女性化，温柔而有礼有节，在日本各地被视为普遍标准，无论男孩还是年轻男人都要遵守，尤其是如果他们希望吸引女性的话。

人们很容易得出这样的结论：日本女性现在决定了日本男性应该

如何行动和表现自己。但这太简单化了。从某些根本意义上讲，雄性打扮而雌性选择的现象不仅出现在所有文化和所有时代，而且出现在整个动物王国中。雌雄莫辨的爱美男性，其原型可以追溯到日本平安时代的贵族那里。当时，社会对书法与诗歌艺术的重视远胜于军事和男性功勋。正如前面提及的，在江户时代，"女形"（扮演女性角色的男性歌舞伎演员）是时尚和艺术潮流的重要引领者，而且绘画中"美少年"的形象根本无法同女子区分开来，除非暴露他们的性器官（正像春宫画中展示的）。作为一种性别表象人格，"美少年"在现代社会中依然存在，虽然他的性别特征在明治以后变得很明显，但仍然柔弱而敏感。不可否认，男同性恋现象在日本文化中有很长的历史。但在今天，"美少年"通常很受女性欢迎，而且是有意为其打造。可以作为证据的有：当代人对"少年之爱"故事（这类故事通常由女性且为了女性而创作，其主角是极为俊俏的少年同性恋情侣）的热情；或者是一群少女挤在运动场上对杰尼斯事务所的作品尖叫，这家经纪公司在过去的两代人中发掘了无数美少年，让他们在舞台上激情飞扬。

因此，日本丰富的历史和艺术记录充分表明，日本女性一直把有修养且敏感的唯美主义者视为理想的男性类型（也就是说，这并非过去 20 年里突然出现的现象）。但在过去，经济和社会现实不可避免地介入其中。直到最近几十年，女性很少能自己选择丈夫。就算她能自己挑选，最重要的因素还是年轻男性的前途，是他在社会上获得一份稳定工作的能力，因为这是她能过上体面生活的唯一途径。在战后的大部分时间里，这意味着他能否被公司或官僚机构等强大的经济组织接受，而接受程度（就像我们前面看到的）取决于他的教育背景、上进心、没有丑闻以及适合融入日本组织生活的性格特征。如果他相貌英俊，而且喜欢现代爵士乐或安东·布鲁克纳的交响乐，那也不错，但无论如何，他在未来不可能有时间培养这些兴趣。

今天，许多日本女性不再需要通过男性获得经济独立，也不再需要通过男性来获得她们在女性圈子中的社会地位。她们现在可以自由地运用性、浪漫以及经济标准来选择伴侣。其他发达国家也面临同样的情况：世界各地的男性面对的都是要求更高的女性；在发达国家，仅仅作为"好的供应者"的男性已经没有优势。

但在上一代人（自从《淘气大王樱间长太郎》俘获了电视观众的心的那一代）那里，日本特有的一些东西也发生了变化。日本男性获得情感满足和争取他们作为男人的自尊的传统方式被打破，正如日本女性获得了一种新的独特能力，这种能力使得她们可以对未来的丈夫和男友提出西方女性不会提出的要求。

日本的男性认同

日本文化与社会长期浸透在同性关系中，尤以男性为然。日本男性数百年来都倚赖没有血缘关系的其他男性，这种关系对建立亲密情感以及经济政治网络都非常重要。当然，血缘关系和异性联系仍然一直存在，没有它们社会是无法存在的。但让观察者震惊的是，与传统中国和西方相比，日本的男性连带关系相对更为核心。在传统中国社会，家庭的血缘关系是至高无上的，而在西方，至少在引进基督教后，以性爱为基础的男女配对是人际关系中最重要的。在前现代的日本，对领主和男性群体的忠诚总是优先于家庭关系，更不用说对情欲的迷恋了。在战后初期，说美国男性和日本男性对家庭与学校（或工作场所）关系的看法完全相反，这不夸张。对穿着"灰色法兰绒西装"的美国男人而言，办公室是他必须去的地方，他在那里建立的人际关系大多出于必要，没有情感沟通，只有在家里他才能放松下来，做回自己。对日本的工薪族而言，真正亲密的关系是在同事和老校友间，而不是在家里，家庭只不过是他们的加油站。

从性的角度看待日本的男性群体是错误的。不可否认，迟至百年以前，年轻男性对女性的兴趣会被视为不健康和懦弱的，他们对同性反而会产生依恋的感情。* 但到江户中期，被武士阶级视为"光荣"的同性恋已逐渐式微。到了明治时期，随着政府效法西方模式立法禁止同性恋活动，它就完全消失了。

日本男性并非为了满足性爱而加入男性群体，他去那里主要为了情感寄托。能够与此竞争，提供一个轻松自在的环境让他们"做自己"的，就只有童年时与母亲的关系了。** 父亲、老师以及其他权威人物都遥不可及而且很苛刻。至于女性，除了母亲（有时候还有姐姐），她们是焦虑的来源。"好"女子是不存在的，恋爱和婚姻都是梦魇，只是为了实现各种社会期待（父母和其他权威长者照管他们的恋爱与婚

---

* 这种情况在美国同样存在，虽然同性爱欲没有日本的明显。丹尼斯的《我们男孩在一起：为女孩疯狂前的青少年之爱》（*We Boys Together: Teenagers in Love before Girl-Craziness*）一书研究"二战"以前美国的大众文化。它指出，就算无关性爱，男孩也被期待在感情上互相吸引，而对女孩过早产生兴趣会被视为有碍男性性格发展。

** 传统日本母子间的亲密关系在一些国家会被视为不健康的（至少在北欧和美国是这样的）。日本男孩直到6岁都可以亲近母亲的乳房，而整个孩童时期，他都可以与母亲同床。

姻事务）。当然，性释放可以从妓女那里得到，但要付费的性爱远不如自在的情感寄托有吸引力。作为人类，日本男人发现自己有时会陷入热烈的爱情中，但从历史上看，正如我们在第二章中提到的，任何爱欲感情的爆发都会被视为破坏性的悲剧。

当然，西方意义上的婚姻也常常能为男性提供一辈子的寄托与陪伴。但对数百万日本男性来说，他们最重要的情感关系是与其"仲间"（老友）的。在日本，由男人来决定男孩在什么环境下成长为男人，由他们设定成年男性身份的标准，并决定谁符合这些标准，谁不符合。

再次申明，上述情况并非日本特有的。在我们所知的几乎每一个传统社会中，男孩都会离开以女性为主导的家庭领域，虽然有时是被强行赶出来的。无论如何，他们都会花几年时间在全是男性的环境中，无论是学校、工作场所、狩猎群体或战斗群体还是牧师培养阶段。只有在被其他男性证明了他们的男子汉身份之后，他们才会以丈夫和父亲的身份回到女性王国。这种男性的生命历程不仅在所有的人类社会中普遍存在，甚至在其他灵长类动物和其他高度进化的社会性哺乳动物（如大象）中也能看到。

正如我们在本书中看到的许多其他东西一样，日本的经验与其他国家的不同只是程度问题，而不是本质内容的差异。男性群体几乎在所有社会中都扮演着重要的社会和政治角色，但在日本，他们占了不成比例的主导地位。今天正在侵蚀男性群体的力量——妇女政治和社会赋权；新的经济现实更青睐女性的同理心与情商，而非男性的竞争力、等级和发达的肌肉——绝不是日本独有的。但对日本男性来说，后果可能更具毁灭性，而且会以与我们在西方看到的不同的方式将他们撵出局。

日本男性群体动力的变化

在战争年代，不受约束的男性群体动力在战术辉煌和战略灾难中发挥了关键作用。* 到了战后，这种群体动力会被重新部署以服务于经济的发展。在整整一代人的时间里，日本企业成功地把战争时期父辈在前线的情感生活传递给了日本的年轻人，它是另一种版本的"兄弟组合"英雄主义和亲密感。不少观察家注意到"奇迹"年代中日本企业的半军事化氛围——显而易见的上下尊卑制度，对牺牲及"耐力"的强调。日本人事经理非常刻意地利用男性群体的动力以树立团队精神，并激励他们的员工投入到工作和牺牲的狂热中。年轻的公司新人在工作的前几年通常会住在全是男性的宿舍里。他们一起工作，一起生活，也会像一般的工薪族那样，到新宿和大阪的夜店玩乐、狂欢。

换言之，他们像士兵那样生活、行动和思考——这是有意为之，以激发那种奉献的热情和精神，让年轻人共同作战，甚至为对方牺牲。当然，有一个重要的差别：日本工薪族的牺牲不是为了保卫家庭、国家、朋友，或者保护母亲和姐妹，而是为了生产和销售更多产品。

在战后的头几十年，上述目标非常重要，以至于日本文化似乎可以从心理上说服年轻的工薪族，要求他的思想如同士兵一般，准备做出最后的牺牲。在第四章中讨论的战后解决方案，使得生产和销售产品成为使日本恢复其某种程度的伟大的唯一途径。从个人层面看，成

---

* 一篇新的重要论文指出，日本士兵在"二战"中的战术优势并非（如当时西方媒体宣传的）源于其"狂热"，而在于"提升团队凝聚力的主要群体联系或联结经验"。

为一名优秀的企业战士会让年轻的日本男性获得作为男人的社会价值和自尊,为同侪钦羡。此外,他还可以加入一个优越的男性群体(取代了过去的日本军队)。加入后的回报不单是稳定的收入和地位,还有情感上的亲密关系和社会认可的性释放——首先,可能通过"酒水女郎"("娱乐"费用通常可以在企业的开支项目下报销),然后通过婚姻。

今天,文化对待工薪族的方式已近乎公开嘲讽,时尚的年轻女性称呼工薪族男性为"老家伙"(おやじ)。今天,人们欣赏的男性不是工薪阶层,而是企业家、设计师、由杰尼斯事务所力捧出来的"偶像",以及一些通过自我奋斗成名的体育明星,例如棒球运动员铃木一朗、足球运动员中田英寿和年轻的高尔夫球手石川辽等。

然而,文化描述的理想与现实的机会之间存在着根本差距。可与之比较的是,美国职业体育向年轻黑人男性传递的信息与他们在现实中所面临的选择之间也存在巨大差距。很少有年轻的日本男性能在商业世界成功出头成为企业家,因为商界从根本上还不信任他们。对于那些想在设计和平面艺术行业出人头地的人来说,能得到好工作的只占很小一部分。而像铃木一朗这样的运动天才或由杰尼斯事务所捧出来的男明星,他们看起来星光四射,但在日本男性中实属凤毛麟角。

在第六章里我们提及,读卖机器及其棒球队等现实管理者大肆吹捧的旧式工薪族道德规范,至少引导日本男孩和年轻男性走上一条可能会带来合理结果的道路。然而,在上一章我们指出,过去20年的经济创伤让年轻人更难在企业和政府机构中获得稳定职位,而这些仍然是日本人获得社会地位和安全保障的唯一可靠途径。

其结果就是一波又一波的性焦虑和社交恐惧，随之而来的是数百万年轻日本男性相互不来往或与异性绝缘。新词汇再一次提供了线索。最有名的就是"御宅族"这个词了，它跟"寿司"一样，在世界各地都很流行。在国外，这个词指的是对动漫或漫画等日本流行文化有狂热兴趣的人，而在日本，它指的是一个人（通常是年轻男性）痴迷于某种事物，以至于放弃和真实的人接触。这种痴迷通常与科技或流行文化有关，但也不尽然。"御宅族"一词的关键不在于迷恋什么东西，而在于这种迷恋压倒了生活中所有其他的东西。

其他词更消极。例如，"萌え"（从其本来的含义"萌芽、发芽"引申而来）一词指的是那些不愿意和真实女性建立关系的男人。他们崇拜虚拟世界中的可爱人物，通常是对一些年轻女孩想象的投射。"蛰居族"（引きこもり，字面意思是"长期待在家里不参加社会活动"）指的是那些从来不离开卧室的年轻人，很明显，它与"御宅族"有重叠的地方，一个人可以同时是两者。但"蛰居族"不一定会迷恋某些东西，他只不过讨厌、害怕这个充满责任和期望的世界，以至于想要逃避。当然，要成为"蛰居族"，他必须有一位母亲为其提供食物，而且住在有卧室的房子里。

这个词反映了一个潜在的问题：不愿意长大，不愿意成为一个男人。当然，对小飞侠彼得·潘不愿承担成年人的责任和义务的抱怨随处可见。但无论在伊夫林·沃笔下的英国还是菲茨杰拉德笔下的美国，能永远像男孩一样无须承担责任和义务的只有上层社会的男性，否则只会穷困潦倒。但今天的日本、美国或英国已经没有人挨饿了。

在美国和英国，年轻男性在前途无望的职场苟延残喘，他们的姐妹则不断加入单身职场母亲行列，这种情形多半发生在中低收入者与工人阶层。日本的"御宅族"和"蛰居族"则多半来自上层中产阶级。

这些词传达的消极和畏缩似乎是我们上面提及的新反叛女性的另一面。但简单地把"草食"男性和"肉食"女性并列，会忽略阶级因素的重要性。典型的"蛰居族"一般出生在富裕家庭。他小时候可能很少见到自己的父亲，因为他父亲已经爬到日本大型企业或官僚机构的高层，很少在家。他母亲则耗费全部精力为他找一所好学校，并竭力满足他的一切需要。"黑妹"可能有一位整天在外工作的母亲，做的是商店服务员这种工作，而她父亲是出租车司机或者在小型家庭公司从事体力劳动，这类公司在日本不计其数。

换言之，"蛰居族"和"黑妹"不是兄妹，无论字面意义上还是象征意义上。英国的足球流氓或美国那些认为男性"无用"的单亲妈妈，也许是由相似的经济和社会力量造就的，但这些人在社会上的相对地位其实并不一样。

阶级的再兴起

一个世代以前，日本人认为他们绝大部分是中产阶级，也就是说，实际上没有明显的阶级之分。对于一个等级制度已经渗透到生活方方面面（甚至包括语言）的社会来说，这是值得注意的。当然，这从来都不是真的。即使是在20世纪50年代，也没有人会把一个在大藏省或日本兴业银行担任高级职务的官员与一个在"下町"（东京传统的工人居住区）的农民或工人相提并论。

但"二战"确实摧毁了日本的财富储备。占领当局的改革废除了除皇室之外的所有世袭头衔，没收了农村地主的财产，剥夺了财阀家族对日本最著名公司的所有权。从严格的经济角度看，在战后初期，日本确实变成了一个很大程度上单一阶级的社会———一个非常贫穷的社会。在接下来的几十年，战后经济的高速增长让日本全体民众共同获利。同时，大企业的补偿措施也避免了美国式骄奢银行家和首席执行官富豪阶级的冒升，他们高高在上地从经济顶层发号施令，统治整个社会。在"奇迹"年代发家致富的日本人大多是地产商或建筑公司的老板。他们在当地很有影响力，与自民党也有千丝万缕的联系。不过，与东京大学出身的官僚，以及大银行和知名企业的上层相比，他们不过是人们眼中野心勃勃的暴发户，没有真正的地位。像首席执行官、银行家、高级官僚这种日本最有影响力的人，他们的薪水其实相当微薄，更不用说大学教授或大报纸的编辑了。但这基本是中产阶级社会的幻觉，导致其形成的原因不是相对平均的金钱分配，而是工薪阶层文化的传播、电视的出现，以及读卖和电通等这些传媒帝国成功地利用新式媒体确保大多数日本人切身奉行工薪族价值。

米基·考斯[4]和迈克尔·林德[5]等作家提到美国也有类似的情况。尽管"二战"后美国变得比以往任何时候都富有，但20世纪50年代的美国人（至少是美国白人）看同样的电视节目，吃同样的食物，对是非对错很大程度上有相似的观念。然而，今天阶级之间的差距如此之大，如此之明显，因此无论你喝着微酿啤酒还是百威淡啤，打开电视看福克斯新闻还是看美国公共广播公司的节目，都能清楚地看到阶级的划分。

毫无疑问,美国的阶级分化和阶级仇恨现在比日本要明显得多。在日本,没有人能像拉什·林博或格伦·贝克那样,对教育阶层的学识、行为和生活方式尖锐痛斥。美国的精英阶层也没有对下层阶级男性的道德观念的蔑视。但在这两个国家,一个在人们的记忆中似乎没有阶级,几乎所有人都团结在一起,每个人几乎都有相同品位和追求的社会消失了,这让大家感到迷惘和痛苦。新词汇再一次提供了线索:"赢家组"和"输家组"是最常用的两个词。一个世代以前,这两个词即使不是毫无意义,至少也不会引起足够注意。但在今天的"格差社会"中,每个人都能感受到它们的力量。美国经济和日本经济建基于如此不同的出发点,但在阶级问题上却遵循着相似的概念轨迹。这就强调了一个论点,即有金钱以外的因素牵涉其中。

在大多数地方和大多数时候,下层阶级受制于贫困的威胁。亚当·斯密有一句名言:"一个星期的……挥霍便(可以)永远毁掉一个贫穷的工人。"但现在在美国和日本这样的富裕社会里,挥霍对每个人来说都是可能的。

斯密认为大多数社会存在两种道德体系,上述情况的结果与斯密的论述完全相反,至少在美国是如此。在两种道德体系中,一种是"松懈的体系……由所谓的时尚人群采用",特点是"追求享乐,已达某种疯狂的程度";另一种是"严肃的体系……为平民崇拜和崇敬",在这种道德体系中,过度是被"痛恨"和"厌恶"的。在今天的美国,真正努力工作、维持婚姻、过着节制而严肃生活的是中上层和上层阶级的成员。挥霍钱财、过着放荡生活的不再是富人的儿子，而是社会底层的男性。经济形态在改变，以前工作需要强壮而有竞争力的男性，现在需要的则是有同理心的勤奋女性。同时，学校也在女性掌握下，喧闹的男孩使其忙乱不堪。在这种情形下，美国和英国下层社会的年轻男性很早便离开学校，逃避对工作和家庭的责任，通过追求更宽广的文化和他们渴望吸引的女性来获得慰藉。与此同时，经济和生理的力量迫使女性进入劳动大军，她们因为对孩子的关注而成为相对驯服和勤奋的工人。对于不愿意上进、只等她们养活的男人，她们越来越不愿接触，何况他们还那样难以驾驭。

如果今天美国和英国两极分化社会的最大危机是：流氓无产阶级男性在一边，被剥削的单身贫穷女性在另一边，而精英逐渐忽视两者的悲惨状况。日本的危机则完全不同，它下层社会的男性很少表现得粗鲁不文，而这在美国和英国是司空见惯的。不可否认，一小撮青少年会中途辍学，穿着糟糕的衣服招摇过市，沦落为摩托车族，若没有一些年纪较大且老于世故的权威男性相助（日本电视剧充斥着这种故事），他们甚至会沦落至进入黑帮或监狱。但他们的数目不多。绝大多数日本年轻男性（尤其是那些出身贫寒的人）是值得尊敬的，他们勤奋工作，彬彬有礼，对自己、家庭、朋友、组织以及整个社会有着强烈的责任感。也许，这就是为什么日本是一个旅游和生活的好地方，为什么这里对许多世代的外国人产生了令人难以置信的影响的关键原因：普通的日本人认真对待他们的责任。他们掌握着顺从但不卑躬屈膝的艺术，在表达自尊的同时，表达同理心和乐意帮助的诚意。

从历史上看,日本女性的表现(假如不是更多的话)与男性一样,与男性不同的是,社会各阶层的女性都是如此(日本上层阶级的男性经常妄自尊大,要求别人顺从)。顺从与会关心人是个美丽的组合,是传统社会对日本女性的期待,从最底层的女仆和妓女到最上层的女性,无一不具有这种特质。这一点也有助于解释在过去一个半世纪中,为何日本女性对西方男性有如此强烈的震撼力和吸引力。但在新世代里,年轻的下层日本女性被认为有了某些"态度",而其上层阶级的姐妹则拒绝履行一直以来为她们设定的贤妻良母和自我牺牲的角色,这表明日本文化中的一些基本元素正在发生转变。

很多人会说:"时候到了!"我们在第六章已经提及,战后的解决方案剥夺了女性许多传统上的支持网络,但没有提供任何沿着西方路线的补偿,无论是自主性还是接近婚姻平权。就算丈夫同意,工薪族的习惯做法也会干预,条条框框的限制使大多数此类婚姻的质量难以保证。在这种环境下,难怪日本女性集体发声,表示她们已经受够了。

但这也带来了棘手的挑战。日本最强大的力量之一是其社会凝聚力:近乎普遍的团结感、相互信任感和责任感。如果普通的日本男性不再被温暖慈爱的母亲抚养长大,他们不再理所当然地期待婚姻和家庭,上述一切则很难完好无损地保存下来。男性群体会幸存下来。当婚姻和家庭崩溃时,男性群体作为卓越的社会组织重新出现。但男性群体可能会变得粗野不文,就像在西方的许多地方一样。*迄今为止,

---

* 任何人只要到华尔街公司的交易大厅一趟,很快就会打消一种想法,即粗野不文的男性群体只能在较低阶层的男性中找到。

日本社会中形形色色的"辣妹"表象人格和越来越普遍的对男性的公开蔑视仍停留在表演阶段，如姿态、时尚和俚语。人们不知道这种情况会持续多久。

今天，出身"良好"家庭、聪明而成功的日本女性越来越多地获得教育，她们很清楚地表示，希望自己可以像西方女性那样，在日本领导阶层取得她们应有的地位，而不再只是精英儿子的母亲。但与西方女性不同的是，她们仍未能真正融入日本核心组织的权力结构。今天，在重要的企业、大学、官僚机构和媒体中，女性可以担任真正负责的职位，但数量仍然不多。

结果可能是对两个世界都最坏的状况。日本可能正在失去史上最佳贤妻良母的服务，但又没有足够的能干且有学识的受过良好教育的女性进入社会统治阶层的最重要机构。可以想见，日本很可能会陷入女权主义反对者早就警告过的局面，即整个社会的男性将被取代：上层社会的男性羸弱而娘娘腔，下层社会的男性则粗野不文。但很明显，日本并没有像女权主义支持者所预言的那样，在女性全面赋权后收获相应的社会益处：各类制度包容而富有同理心，并且拥有向前迈进的使命感，而不只是求生存和竞争拥挤的职位。

到目前为止，日本男性的粗野不文多半限于想象范畴，或是男孩子晚上到警察严加管制的娱乐区（如东京的歌舞伎町）寻欢。但这个国家的领导阶层不仅看起来羸弱和娘娘腔，而且没有任何迹象表明准备承载包容性、同理心或任何超越其愤愤不平的民族主义的使命感。正如我们会在本书最后一章看到的，这将越来越妨碍东京建立健康、长久的外交关系。

日本领导层的衰落

即使把日本领导层的失败归咎于性别角色的转变,也不能改变其肉眼可见的衰落的事实。同时,只是抱怨而没有政策回应,本身就代表着领导层的失败,因为已经不可能回到战前的"贤妻良母"时代。日本今天的政治领袖与吉田茂、石桥湛山、池田勇人等人是无法比拟的,这些人带领日本走出战后初期的废墟。即使是前面提到的在道德上有争议的岸信介(他在东条英机内阁担任军需省大臣,战后出任首相,在国会中强行灌输日本服从美国的法律基础),他的智慧、能力和世故都是其外孙、现任首相*安倍晋三所缺乏的。人们可能会说萨科齐与戴高乐,小布什与艾森豪威尔之间也有类似的差距,但这依然不能减轻日本所面临问题的严峻性。日本的领导能力问题不限于政治,正如上一章提及的,今天日本的企业家及执行官可以具有本田宗一郎、盛田昭夫、大贺典雄、松下幸之助、稻山嘉宽、稻盛和夫等人的胆识和远见,但他们再也无法执掌日本的大企业。与此同时,战后初期通产省和大藏省的高级官员们被迫重建被摧毁的经济,他们除了依靠自己的智慧,几乎没有什么可依靠的,这与他们小心谨慎、士气低落的继任者们的对比是显而易见的。

2011年3月11日以来发生的事和福岛第一核电站的核泄漏危机,将日本核心领导层的腐败暴露在全世界眼前。大灾难犹如一把炽热的利刃,正面插入腐败已久的日本政治框架内。就像打开肮脏房间的电

---

* 安倍晋三于2020年9月16日正式卸任日本首相,是日本历史上任期最长的首相。——编者注

灯,成群的蟑螂就会找地方躲藏一样,在切尔诺贝利核危机、卡特里娜飓风、2008年的金融海啸等灾难向公众暴露出领导层的共谋、渎职和颟顸无能时,那些吸食公共利益的"肥虫"纷纷惊惶逃走。

这就是随福岛而来的一切。大家都知道,事件始于一场可怕的地震以及它所引发的海啸。海啸有很强的破坏力,会摧毁沿途的一切,包括核电站,历史上就曾发生这样的事情。上千年前,这片海岸发生过一次更大的地震。东京电力公司未能防范这千分之一的危险因素,而考虑到核熔毁的后果,有关人员在建造和操作这些设施时,本该完全排除这项风险。事实证明,核电站的第一个设施不是被海啸而是被地震摧毁的。人们可以通过远离海岸来躲避海啸,但在日本,要逃离地震则是不可能的。

在灾难发生后的一段时间里,事件逐步表明,日本选择倚赖核能其实是在与魔鬼共舞。东京电力公司的高层管理人员几乎完全崩溃。尽管当时政府通过其喉舌在主流媒体上大肆歪曲事实,遮遮掩掩,甚至干脆说谎,但东京本身已经危机四伏。切尔诺贝利式的毒气云可以轻而易举地迫使3 000万人撤离,而这意味着现代日本国家的终结。

事情的发生经过有两个版本。一个版本是,时任首相菅直人在得知东京电力公司可能要放弃整座核电站后,马上乘直升机飞到福岛,要求东京电力公司竭尽所能挽救核电站,即使牺牲一些管理人员和工人的生命也在所不惜。另一个版本是,菅直人的干预弄巧成拙,使原本逐渐得到控制的局势又开始恶化。没有人能确定哪一个版本是真的,虽然第一个版本更为可信。菅直人有充分的理由不信任东京电力公司这样的企业,以及它们在官僚机构中的保护者和协调人。菅直人首次成为全国瞩目的人物是在16年前,当时他在联合内阁中担任厚生大臣一职。他发现,省内官员准许某些日本制药公司出售的血液制剂曾被告知感染了艾滋病病毒。结果,日本出现了数十宗血友病患者感染艾滋病的案例。有人曾劝菅直人不要公开这段丑闻。在日本官界,一省的名誉及其业界关系者的福祉通常比普通百姓的生命更为重要。但菅直人还是选择了公开。

"3·11"事件的过程与此类似,虽然其灾难的规模无可比拟。核电站最初的设计者通用电气曾警告东京电力公司,有一些严重的缺陷必须修补,但这些警告被忽视了。根据警告采取行动就等于承认核电站可能存在风险,这将与东京电力公司的"原子能村",以及学术界、政界和官僚机构中的拥护核能者发布的信息相矛盾,因为他们始终声称核能是一种清洁、无风险的技术。对正在运转的核电站进行维修,或将备用电力设备转移到海啸无法到达的地方(那里高于为保护核电站而建立的海堤),其实等于承认风险并未消除。这让人想起了没有为贷款损失而预留资本的日本银行。如果一定比例的贷款会变成坏账,就等于承认某些贷款决策可能存在缺陷。

当然,国家的领导层变得如此自私和沉迷于自己的宣传,以至于有可能摧毁所领导的国家,这种情况并非只出现在日本。你只要看看第一次世界大战时的英国军部,它不断把英国青年送到德国机枪的枪口下,或者看看勃列日涅夫领导下的苏联权贵阶层,抑或是今天美国崛起的MBA阶层,他们到处猎食,搞砸了世界经济。

不过,我要在本章最后一次(也是全书最后一次)提请注意:日本有其独特之处。在本案例中,所谓的"独特之处"是日本的领导层变得如此无能和危险的方式。在上一章我们提到日本企业在冲销沉没成本方面的困难，但问题不仅仅出在商业和金钱上。在承认和正视战略错误方面，日本体制有超乎寻常的困难。个人可以被谴责，甚至被当作牺牲品。日本机构名义上的领导人因为这样或那样的原因而陷入丑闻，为此他们进行例行公事的道歉和辞职，这些伎俩世界已经习以为常。许多这样的动作只是为了作秀，被牵涉的人会在幕后得到补偿，并在风暴过后重新掌权。尽管如此，无数日本人确实愿意为错误或更糟的情况承担责任，这很令人钦佩。他们不会像很多美国人那样躲在律师背后，耻于站出来承认自己犯了错误，以避免为自己造成的混乱承担责任。但在日本体制层面，不能承认错误，迫不得已才会进行剧烈的变革，这些我们可以从上一章谈及的日本商业中看到，但又不限于此。这种情况随处可见，从"二战"期间日本帝国军队的所作所为到已经批准便几乎不可能撤销的公共工程，即便有大量证据表明这些工程会成本超支和有可怕的附带损害。这些工程就像僵尸或吸血鬼一样不断起死回生，因为它们毕竟是由有权势的政府部门或它的委托人签署的，将其彻底取消就等于承认该政府部门犯了错误。

这种无法承认过失的作风或许可以追溯至围绕着日本体制的半神圣化氛围。在第二章中我们谈到，德川幕府刻意使日本的制度秩序具有绝对的权威性，它不仅由一个神圣的实体颁布（例如神授皇权），而且本身便是神圣不可侵犯的。正如我们看到的，这种制度的神圣性不但在幕府倒台后继续存在，而且得到明治政府的加强，用作建构民族主义思想的基础，团结日本人民，使得日本在19世纪末的霍布斯式全球秩序下能作为一个独立的民族国家生存下去。

1945年，日本天皇正式否认他的神圣性，同时战后宪法也在日本政体中植入法治和人民主权等观念，减轻了过去日本权力结构核心散发出来的神圣氛围。但这种神圣氛围并未完全消失。大约40年前决定实行雄心勃勃的核能计划就是一个例子。核能工厂只能由中央集权的大型组织管理，这些组织的本性使其将技术、金融及政治力量汇聚在一起，也使这些工厂立即吸引了靠积聚权力而发迹的日本官僚。* 而且，核能提供了实现梦想的前景：从幕府消亡之际开始，日本的领导层便一直憧憬着要摆脱对反复无常的外国人的依赖。因此，在通产省和建设省的精英官僚、前首相中曾根康弘等有权势的政客，以及地方上受未来源源不断的利益丰厚的赞助合同诱惑的自民党领袖这一庞大阵容的支持下，日本最大的公用事业公司做出了一个重大决定，即要在世界上地震最高发的国家建造几十座核电站。科学界和学术界的著名"专家们"为它们打掩护，而主流媒体则宣称，核能在技术高超、有良心的工程师的控制下完全是安全的，能给日本带来难以估量的好处。（读卖帝国特别热心散播这个信息。）一旦做出决定，便没有回转的可能，因为投下了巨额资金，更重要的是，没有制度上的机制可以推翻这样大力度的决定。推翻这个决定，就等于承认有关部门犯了不应该犯的错误。

但是，无论《读卖新闻》选择披露还是不披露有关"原子能村"收买影响力的做法，辐射的影响都无法改变。能够隐瞒的只是受辐射的程度有多广泛。"3·11"事件之后，媒体充斥着政府发言人和为原

---

* 因此，毫不奇怪，在发达国家中，比日本更倚赖核能的是国家干预经济的法国。

子能村辩护的人的声音，他们敦促民众保持安静，淡化风险，而更多批判的声音则被边缘化。在一段时间内，这种掩饰可以对付辐射毒害（与有缺陷的堤坝不同），因为这种毒害是看不见的，而且多年后才会显现。但掩饰始终无法长久。当一些国家开始建议本国公民不仅要离开核电站周围地区，还要离开东京时，就连平时不怎么关心这类事情的普通人也意识到自己被骗了。

人们开始将其与"二战"即将结束时做比较，那时候的报纸充斥着日本光荣胜利的报道，尽管当时美国的轰炸机在夜晚轰炸，年轻人的伤亡数字不断增加。大约 68 年以后，核电站重灾区内的南相马市市长直接上优兔呼吁，恳求世界各地的志愿者来帮助他灾难深重的城市。他说，日本官方媒体撤出了所有记者，因此消息无法传播出去。政府命令核电站 30 公里半径范围内的人都要留在家里，这意味着商店和加油站无法补充存货。这座城市因为地震和海啸损失惨重（这座大约有 75 000 人的城市已有数百人死亡），它的居民现在既不能离去（没有汽油），也无法久住（商店没有足够的食物）。

时间一天天过去，与日本普通民众的表现相比，那些先将他们置于危险境地后又将他们抛弃的人的行为很难不让热爱日本的人感到愤怒。在整个受灾地区，成千上万善良、正直的人失去了一切，甚至包括他们的整个家庭。更糟糕的是，他们面临着几乎无法想象的不安定性前景。他们很多人无法重建家园，因为他们的家园不但被毁坏，而且遭到辐射。但他们没有怨天尤人，只是在做应该做的事，自发地维护秩序，给予彼此关怀，让全世界为之感动。他们所做的一切催人泪下，让许多人（包括我）理解了是什么让他们如此深爱这个国家。

做当做之事的责任感延伸至身处事故现场的东京电力的普通职员和下层管理人员。例如，福岛第一核电站站长吉田昌郎发挥了关键（甚至核心）作用，无视东京电力公司总部要求停止向核电站灌注海水的命令。吉田领导一群被称为"福岛50勇士"的东京电力工作人员，冒着生命危险，从无法想象的灾难中拯救了自己的国家。核物理学家加来道雄是弦理论的创立者，他认为吉田命令大量灌注海水是核心爆炸得以避免的唯一原因。2013年7月，吉田因为食道癌去世，在此之前，东京电力曾以他不遵守命令之名对其实施惩处。

将所有的日本领导人都归为无能和麻木不仁，以此来指责那些在日本推行核能的人是不公平的。当时执掌政权的是日本民主党，该党于1995年组建。当年，神户发生大地震，地震几乎毁灭了整个城市，而政府人员似乎都对市民推诿责任。为了表达愤怒，包括菅直人在内的许多领导人愤而组织了新党，就是日本民主党。我们前面已经提到，历史会正面评价菅直人的行为，是他的介入（他也对吉田站长表达了支持和信赖）帮助挽救了当时的局面。至少在开始时，时任内阁官房长官的枝野幸男在其例行的记者招待会上采取开放、务实的态度，与人们记忆中1995年的含糊和推诿截然不同。但后来流出的证据显示，枝野报告的"信息"由原子能村提供，他只是照葫芦画瓢。于是，官方媒体转向攻击政府，指责它在救援行动上缺乏组织性。它们的行动的确协调不力，但这在很大程度上是民主党继承下来的积习，而民主党能够当选，正是为了解决导致这种协调不力的结构性问题——对此，媒体有意避而不谈。

6个月后，菅直人下台。他成为牺牲品，部分是因为人们对"3·11"

事件处理方式的强烈不满。随着福岛发生的一切从一个危及性命的紧急事件变成一个伤口，尽管它可能会化脓，但暂时不会再威胁到日本自身的生存。"3·11"事件之前一直困扰日本的问题重新成为关注的焦点：通货紧缩；经济低迷；冲绳民众公开反对美军基地的继续存在；在任何可以设想的情况下，财政数字都无法平衡；随着外国公司继续在曾是日本引以为豪的行业抢占市场份额，令人窒息的不安情绪重新回到日本。与此同时，日本陷入了自1945年以来与中国最严重的冲突。

结局如何？做出日本核能化的决定，20年来在停滞的经济下主宰日本，最后搞砸了与中国的关系，刻意讨好华盛顿提出的每一个自私又粗疏的倡议的那群人将在2012年底重新执掌权力。他们不但重新掌权，而且像外国媒体说的，是"胜利回归权力"，因为乍一看，似乎是压倒性的选举胜利把他们推至权位。这就像苏联，实行了几年的"开放性"政策之后，要求共产党恢复勃列日涅夫领导的苏联；也像美国人要求切尼、拉姆斯菲尔德、沃尔福威茨等人重掌美国安全及外交政策机器，同时恳请卡特里娜飓风事件中声名狼藉的布朗出任内政部部长。

一个古老但难以消除的谎言告诉我们，人们得到了他们应得的领导。日本是这样的吗，纵使这里的人民操守和品性俱佳？

并非如此。但要了解原因，我们需要进一步看看日本人的政治。

图 10　田中角荣，战后日本最有实力的政治家，此图摄于 1974 年 1 月田中出任首相时期。（《每日新闻》提供）

第十章

政　治

　　日本政治的功能障碍可能会令观察家震惊，甚至绝望。政府的核心功能表现不佳，甚至毫无表现。日本与其近邻的关系几乎一团糟，虽然这不全是日本的错，因为各国无法选择自己的邻居。邻国越棘手，越具有威胁性，这个国家就越需要精明的外交和可靠的长期国防安排，但日本两者都没有。与此同时，在国内，现有的经济模式——依赖出口，低价日元，企业巨头拥有金融和人力资本特权——应该被取代，这已经是一代人以来的共识。但是，每当潜在的经济痼疾恶化为严重的危机（它反复出现并在 2012 年年末再次来临），政治领袖总是拿陈腐的方案应对：日元贬值，继续用各种庞大无用的工程摧毁人口日渐流失的农村，然后期待世界各地吸收更多的日本产品。正如上一章提及的，最糟糕的是，当日本的制度面临终极考验，即自然灾难时，日本的政治遭遇惨败，尽管日本社会以赢得世界赞誉的方式渡过了难关。将日本禁锢在一个可能导致其毁灭的能源基础设施中的，是其政治阶层而非人民。但经过一年时间，事情逐渐明朗化，日本的应对方式是在核能上加倍投资。毫无疑问，放弃核能是痛苦的，会导致贸易赤字飙升，可能出现能源短缺，投入核电站的数万亿日元也可能会被冲销。但有远见的政府就是要领导国家渡过难关。日本在世界"绿色能源"专利中占有相当大的比例，而且在全球不可避免地向可持续能源转型的过程中，日本在文化上（有节俭的悠久传统）和地理上（有丰富的太阳能和水力能源）都有绝佳的优势。[1] 那些在能力和远见上堪比明治早期领袖的人本可以带领日本进行能源转型，在这个过程中重振国家，恢复对人民的使命感。相反，既得利益者一心想重启核电站开关，并强行通过立法来保护核电站免受审查或问责，好让他们继续与魔鬼在能源问题上玩高风险的游戏。

这是一场规模空前的政治失败。人们禁不住会问，一个国家在过去25年换了19位首相，它想尽办法为其摇摇欲坠的政治架构寻找其他可持续的替代方案，却遭到官方媒体和公诉人的阻挠，再加上目光短浅的美国政府显然更想要一个服服帖帖的附庸国，而不是一个自身拥有健康和强大政治的真正盟友，他们对这个国家还能有什么期待？

但如果将日本视为一个"失败国家"（就像上面的反问中暗示的），那么这个表达就完全失去了意义。在日本，如果有人病重，只要打电话给当地的消防局，几分钟内就会有救护车抵达。接下来的护理会十分周到，患者也不会收到令自己或全家经济崩溃的账单。街道既安全又干净，公共交通效率惊人。日语是世界上最复杂的语言之一，但许多人接受教育并从学校毕业。日本的货币没有其他支撑，全靠它的经济和政治制度信用，成为仅次于美元和欧元的全球结算与储备货币。日本经济活动的集体力量能够影响世界最大的金融市场，即美元和美国证券市场，同时对其他国家的经济命运扮演举足轻重的正面或负面角色，例如，它的直接投资为泰国提供了成长平台，它的资本对中国工业化有关键作用，而它的出口浪潮则迫使美国经济做出结构调整。

然而，不能将日本想象成一个没有政治仍能运作的社会范式。一个无政治运作的日本社会，最多同新自由主义者追求的没有政治和权力干预的市场一样，是个空想。政治在日本无处不在，约束和限制着市场，渗透到生活的各个方面，只是不容易看到。

部分问题是观念上的。西方世界（特别是美国人）习惯认定这样一种观念：在正常的政治秩序中，权力的行使仅限于明确的规则制定、规则执行和安全保障。因此，他们很难掌握组织社会的其他方法。当然，美国人知道，20世纪的极权主义国家企图将生活的所有方面政治化，取消公私之间的所有差别，同时摧毁任何独立于国家以外的权威符号或地位。但正是由于其极权主义，这些地方成了不容侵犯的可怕独立体。日本显然并非其中之一：它所鼓吹的各种权威符号或地位与任何可识别的国家权力中心都没有明显关系。此外，日本引以为豪的是民主资本主义社会里在公民与国家之间进行协调的各种众所周知的机构，包括法院、有限责任公司、股票市场、私立和公立学校、大量宗教团体、宪法和看似独立的媒体，以及在自由公开的选举中争夺选票的各个政党。从表面上看，日本与其他发达资本主义国家的不同之处在于，它的中央政府比正常情况稍弱——这就是为什么观察家们有时会将日本与意大利进行比较，以寻求一些理解。

但上面列出的大多数协调机构是被移植到现行的政治体制上，不是因为内部的自然发展，而是因为日本如果想被接受进入民族国家"群体"，就需要沿袭西方路线，组织成一个外表像样的现代国家。在很多情况下，早期的体制原封不动，大部分按照原有的方式运作，为社会和经济生活提供秩序与组织。在第三章中我们看到，明治领袖是如何采用两套制度，即立宪政府和天皇直接统治来使其攫取的权力合法化。我们在第四章中指出，日本在被占领之后，为了恢复名义上的主权，被迫引进第三套合法化的政治制度（这一次是由美国强加给日本的）：新宪法、人民主权、民主教育和妇女权利。这些制度产生了一些实际影响，这些影响日本保守派的统治精英一直未能扭转（尽管他们仍然在尝试，而且可以说比1945年以来的任何时候都更接近成功），但它们肯定从未被视为政治合法性的一种象征。

其结果是政治权力的真正来源模糊不清，这非常符合日本的政治历史，而且一直持续到今天，不仅妨碍了彻底的制度改革，也阻止了任何真正的革命。如果你找不到统治阶级，就不可能推翻它。幕府将军假装他们是按照天皇的意愿在行使权力，而且正如我们看到的，三个幕府建立后不久，权力很快就从将军手中转移，分散到统治机构中的其他强大实体。所谓的萨摩长州派打造了明治维新，虽然他们的行动是以执行天皇敕令和遵从国会任命的名义，但大家都知道他们才是真正行使权力的人。但这些人去世后留下的权力真空使得他们之前的所有工作实际上毁于一旦。

在20世纪的不同时期，日本最敏锐的政治权力分析人士对权力的来源得出了类似的结论。[2] 在讨论日本现实时，人们经常会碰到"封建"这个词。在这里，它并非"落后"的同义词，而是说在封建制度下，权力被一群独立的权力中心分割，其中许多权力中心仅在名义上、仪式上服从于统一的政府权威。在战争年代，由于帝国陆军和帝国海军之间缺乏协调，加上政策经常被战场上的下级军官挟持，这一点表现得十分明显。但权力的分散一直延续到今天：主要的政府部门仍然自行担任最关键的决策角色，不受实质性（与仪式性相对）的立法监督或司法审查的制约。

自从明治领袖从舞台上消失后，日本政治结构的核心状况就是没有任何实体享有明确的统治权力，也没有一套被各方都接受的完全合法的程序，用以解决互相竞争的权力中心之间的纠纷。日本发动那场没有胜算的战争，直接原因就是缺乏一个公开的政治程序。

日本的政策几乎毫无目标可言。它具有的一致性并非源于政府正式机构的倡议，而是源于外部世界对日本政体的要求，以及日本社会内部已经积累起来的庞大且不容忽视的群体。正如我们在第四章中看到的，这种情况在"二战"之后并没有得到改善，尽管20世纪30年代发生的事件已经证明，一个没有自制力和方向的国家会给自己带来灾难，而且如果它足够强大，还会祸及邻国。我们注意到，日本在战后能够实现更为宽容的政治秩序，是因为美国为日本提供了两大关键力量，即提供外部安全和外交行为准则，它们是国家身份的组成部分，也会引发最具争议性的政治议题。与此同时，第三种关键性的国家权力，即包括税收和货币安排等事项的经济决策，在当时则无须进行政治讨论，因为所有人都接受了重建这个压倒一切的目标。战后初期的10年给了经济决策者史无前例的实验自由度，直到他们找到一种可行的方案。然而，由于缺乏必要的政治基础结构，方案一旦落实，即使外部环境发生剧变，也很难再次改变。

不过，战后这种更为宽容的政治秩序的出现确实需要某种政治。

这种政治无须在形势变化时为日本指引新方向，而是应该具有以下特征：能容纳或抑制（抑或两者同时做到）潜在的主张权力者；能介入政府重要部门内部以及部门与其他权力集团之间；可以消除其他国家的顾虑，使它们相信自己在日本面对的是一套熟悉的制度——政党、选举、首相和法院模式。

这种政治后来被称为"55 年体制"。

55 年体制

我们在第四章首次提及这个名词。当时，我们指出美国中央情报局如何秘密提供资金帮助两个主要的"保守"政党合并成自由民主党。[*] 东条英机的得力副将岸信介出狱后成为日本战后初期政治的重量级幕后操作者，他是此番合并的主要推手。岸信介此举是为应对日本左翼有可能接管国会这一非常现实的威胁。日本左翼因为 1951 年《旧金山和约》引起的争议而分裂，但第四章讨论的方兴未艾的工人运动以及不断增加的选举优势，为左翼提供了一种诱人的可能性，即如果能搁置分歧，它们可能会彻底赢得选举。1955 年 10 月，日本社会党的两个主要派系联手，强行推动选举。这足以让华盛顿、商界和其他主要的右翼领袖感到恐慌。如果右翼不采取类似的行动，社会党将取得胜利。一个月后，自民党诞生，众议院的大多数议员也加入了该党，这

---

[*] 20 世纪五六十年代美国中央情报局系统地向自民党提供秘密援助的行为一直受到质疑，但最终在《纽约时报》（1994 年 10 月 9 日）的一篇名为《美国中央情报局在五六十年代花费数百万支持日本右翼》的文章中被揭露。

就阻止了社会党本可以轻松获胜的选举。

对普通的旁观者而言，1955年发生的事情看起来是两党政治之初诞：自民党在右边，社会党在左边。[3] 两个政党确实巩固了各自作为日本最大政党的地位，并把这种地位保留给下一代。但实际形成的并不是所谓的"两党制"，如果这个术语指的是一种由左倾政党和右倾政党轮流主政的政治体制，两党都有治理能力，以不同的政策愿景争夺选票，进出权力之间。自民党最初的目的并非与社会党竞争，而是关闭后者在日本掌握权力的任何机会，这也是为什么只要自民党在国内筹措资金出现困难，随时都可以依赖美国中央情报局的秘密非法资金。当时，大多数日本选民赞成实施左翼的政策目标：全民经济保障、生产资料的集体所有制以及美日军事关系的终结。一个主张上述政策、可靠又团结的政党本来可以赢得按照英国路线组织的选举，并一路走进20世纪70年代。日本表面上执行的国会制度，乍一看很像英国的翻版，但实际的选举方式让社会党根本没有机会。

这不仅是自民党从美国中央情报局和日本商界获得资金的能力问题——社会党显然无法得到这些资金。日本体制的两个关键因素确保了自民党在财政上的压倒性优势转化为政治上的掌控力，让自民党在此后50年内尽管很少能控制50%以上的选票，但依然能对国会实行绝对控制。首先，农村地区在众议院的代表比例过高，而众议院理论上是立法之源，而且随着人们离开农村前往城市，城市和农村之间的选票差距越来越大。其次，每个选区都可以选出多名代表到众议院。大多数选举制度是选出一名代表到立法机构，与此不同的是，在一次选举中，日本的每个选区最多可以选出5名得票最高者进入国会，虽然每个选民只有一张选票。(美国各州可以选举两名参议员,但他们不是在同一次选举中。)因此,要保住一个席位,不需要获得比对手更多的选票,只要进入名次内便可以。一个候选人"赢得"选举不能证明他会成为比别人更好的立法者,也不能证明他所在的政党对日本的未来有更令人信服的愿景。"赢得"选举需要确保在选举日有最低数量的支持者出现在投票站,而最可靠的办法就是用这种或那种方式付给他们钱。

自民党控制国会的钥匙就是以资金拉拢足够多的农村选区,确保它的候选人不断当选。政府的主要部门也要参与进来,因为自民党本身分配的现金不足以保证选举胜利。各部门可以将经费分配到各个选区,而选区中同一阵线的立法者会为该部门通过必要的预算分配。

因为这些安排,日本的政党政治具有以下三个特色。首先,大多数议员会围绕具体的部门形成不同的"族"。最有权力的"族"与建设省有关,因为这个部门是大量基本建设支出的来源,其他重要的"族"则涉及农林水产省、国土交通省和邮政省。

自民党内臭名昭著的派系斗争,是1955年构建的日本政党政治的第二个特色。这种派系斗争与政策立场的差异无关,更与意识形态无关,也就是说,这不是西方所理解的"自由"派、"温和"派或"保守"派的问题。大多数自民党政治家无疑发自内心地反对共产主义,但并非因为他们信奉古典自由主义,而是因为他们仇恨苏联和日本本土的左翼分子。正是左翼分子的意识形态狂热激怒了自民党和日本右翼。这似乎是"非日本式的"。如果说自民党政治家有任何政治思想,那就是强国社团主义,它成为20世纪30年代"革新官僚"

的执政哲学。

　　大多数有组织的日本右翼可能最终走到了自民党的政治保护伞（这个保护伞也为那些在其他地方被称为"中间派"的人提供了保护）下，但日本的右翼并非由经济自由主义者或其他自由市场的拥护者组成。这种日本人在1955年并不存在，在下一代也不会出现很多，只见于某些学术领域和商业领域。无论过去还是现在，组成日本右翼的是那些要求恢复战前和战争时期赤裸裸的民族主义，以及公开的威权主义社会等级制度的人。日本右翼吸引了各种社会背景的人：宫内厅里环绕天皇的官员；旧贵族与战前官僚及商业精英的后代；痴迷于寻求日本"本质"的知识分子和作家*；在建筑和"娱乐"等领域白手起家的老板；还有放高利贷和勒索艺术家的暴徒，他们开着广播车在东京市中心游荡，车上播放着震耳欲聋的战时歌曲。（事实上，日本的政治和文化右翼与黑帮之间没有明确的界限，自民党的各个派系长期以来一直利用黑帮来恐吓政治对手。）

　　然而，无论何种背景和阶级，右翼分子团结在一起，是因为他们对理想主义左翼和占领时期的改革怀有仇恨。那些改革不仅使教育制度民主化，而且（在右翼眼中）摧毁了日本儿童对祖国的热爱（这也是为什么，日本教师工会会在整个战后时期一直是日本右翼最大的眼中钉）。切斯特顿（G. K. Chesterton）曾说，当人们不再相信上帝时，他们不是什么都不信，而是什么都相信。日本右翼的世界观可以说是

---

* 这方面很典型的一个例子是石原慎太郎，他的职业生涯始于打破旧习，是日本的诺曼·梅勒（Norman Mailer），之后从写作转向政治，担任东京都知事，曾经领导一个明显排外的右翼政党，还故意对中国人和韩国人使用侮辱性言语。

对这一评论的间接证明。明治政府成功地摧毁了日本民间无处不在的佛教信仰，取而代之的是一种精神上的极端民族主义和对"国粹"的崇拜，留下了一场地方性的精神危机。我们在第三章谈到的"新宗教"的兴起是很好的明证。但这场精神危机导致的最严重后果是，日本右翼无法接受他们的国家可以犯下罪行。对他们来说，承认南京大屠杀的规模、重庆大轰炸的恐怖或731部队犯下的暴行，简直是无法容忍的，因为这会玷污他们拥有的唯一基于本体论的神圣感，即"日本性"，以及他们作为神圣土地上的神圣种族成员的优越地位。

因此，右翼政客自然会倾向于自民党。边缘性的左翼政党自20世纪40年代末就已经出现，但直到20世纪90年代自民党的霸权暂时被打破，边缘性的右翼政党才有所发展。但是，自民党的各派系不是根据对天皇或旭日旗的共同热爱而联合起来，而是通过金钱和护荫关系组织起来的——要理解日本政治在接下来半个世纪的演变，这是一个关键点。

一个简单的思维实验就能说明为什么日本的多席位选区使得党派之争不可避免。为了维持对国会的掌控，自民党必须在每个选区都推出好几位候选人。这些人最终将不可避免地为获得选票而相互竞争，尽管他们中的大多数人（或全部）会在国会赢得席位。为了向党内的元老证明自己是合适的候选人，他们既要表明自己能获得资金并可以将开支引导到某一选区，又要表明自己有足够数量的当地支持者，以确保获得最低当选的票数，这两方面是相辅相成的。因此，候选人甲或许会与建筑行业有密切联系，并与建设省有良好的关系（他很可能曾是该省的官员）。他在当地的支持者网络（"后援会"）将由当地建筑公司的社长领导，这些社长则会期待日后能获得该选区基础设施建设开支的合约，作为确保他们的员工全部投票支持这位候选人应得的回报。候选人本人则要倚靠己方的派系领袖，后者通常是东京一位重量级政治家，他要确保该候选人一旦当选，就能在合适的委员会获得席位，而他所在的选区将获得建筑支出的份额。与此同时，候选人乙或许与运输省接近，会找日本铁路集团在当地的站长担任他的"后援会"的领导，而候选人丙会从全国农业合作社（"农协"）的地方分支获得支持，同时炫耀他与农林水产省的密切关系。和美国政治史上的所有选举机器一样，"后援会"组织和维护得都很好。虽然芝加哥戴利或堪萨斯市彭德格斯特的选举机器运作得很好，在本地没有遭遇太多反对，但日本的每个选区都不可避免地会有一些重叠的"后援会"，它们支持的候选人会在国会与其他从别的选区相似"后援会"选出的议员群聚。

55年体制或许巩固了自民党对国会的控制（这确实也是它的目的所在）。但它的第三个特色说起来则有点矛盾，即它给予了小党生存空间。自民党可以说近乎垄断了农村选举代表，但由于是多席位制度，它容许小党从城市商店店主和家庭企业的员工中争取选票，否则这些议席会归社会党或共产党所有。这些小党中最重要的是公明党，它是所谓的"新宗教"中最大和最成功的创价学会的政治力量。新宗教大部分可以在组织及信仰上溯源至前现代的各种都市佛教宗派（日莲宗是最重要的）。明治政府摧毁了日本传统的宗教，这些新宗教便趁着精神真空发展起来。这令新宗教与日本右翼的"神圣日本主义"在某种程度上意见相左（事实上，新宗教在20世纪30年代曾受到迫害），这也是为什么它们在体制内与自民党保持一定距离，而不愿只是成为自民党的一个派系。但其政治力量在55年体制内仍担任有用角色，尤以公明党为然。公明党不但抽走了左翼的选票，也替那些原来完全没有声音的人发声（尽管声音很微弱）——这有助于维持这个政治体制表面上的仁慈和宽容，尽管有组织的右翼被排除在外。*

日本的选举运动变成了催出选票的操作，广播车在特定区域巡游，震天响地播出候选人的姓名。宣扬政策或美式负面宣传没什么作用，真正有效的是提醒人民应该把票投给谁。商界为自民党整体输送资金（五六十年代还有美国中央情报局的协助），确保自民党能在每一选区控制足够数量的候选人，以保证自民党控制国会。首相、内阁大臣、官房长官等主要党政职位透过协商由各派系轮流担任，协商通常在办公时间以外进行，地点是赤坂的豪华餐厅和俱乐部，这个高档的夜生活地区紧挨着东京政府公署最为密集的区域。

日本也许是个一党独大的国家，但自民党不是那个"一党"。自民党的角色是为整个日本统治架构的掌权者提供政治保护。除了自民党外，这个架构还包括官僚和日本人所谓的"财界"，或者企业界和金融界组成的"经团联"等团体中的权势人物。自民党并不决定政策。如果说有人在决定政策，应该是各部门的常务次官。自民党的主要任务包括收买有能力制造麻烦的所有重要参与者（自民党与所有的重要

---

* 公明党动用很多力量否认它与创价学会有任何正式的关系。但大家都很清楚，该党存在的目的主要在于维持其"宗教"机构的免税地位，同时转移对创价学会及其创办人池田大作财务状况的调查，池田在该党被当作神一样的人物崇拜。过去60年里，在很多情况下，公明党或其制度上的继承者新公明党，在历届政府的邀请下加入自民党的统治联盟，以求达成上述目标。

团体都维持某种关系,包括黑社会、家长教师协会,甚至是抗议物价上涨的家庭主妇协会),同时在统治精英的其他团体间扮演缓冲者及协调者。

在整个架构中,最接近政治中心的并非国会或党派林立的自民党,而是财务省的主计局,它是最有权势的部门中最有力量的科局单位。但是,虽然主计局理论上有权力规范行为不当的部门,或削减不合作部门的预算,但上述权力很少使用。一名评论者指出:"财务省权力的秘密在于,它能给予官员自由,确保其免受政治干涉。关于分配预算的政治讨论(民主政治的重要部分)所产生的压力在日本并没有出现,因为财务省采取行动以维持各部门之间现有的财政权力的平衡。"然而,虽然财务省有最后的责任维持日本制度的运作,但当国家有需要时,它并没有政治或思想资源为其发展提供一条不同的道路。但如果财务省没有这种资源,其他机构就更不可能了——尤其是自民党,它没有多少组织资源独立于官僚和"财界"之外,允许该党实行一些中央调控或摸索新政策的方向。日本没有布鲁金斯学会或传统基金会这样的机构,更不用说大量法律人员的缺乏,自民党无法从中寻求独立的建议。有关政策拟定的步骤(从资料搜集到立法草案),自民党完全都要依赖官僚。

最初,这并不是问题。55年体制出现主要是因为当时的历史环境——美国的占领以及明治政府无法提供合法权力过渡机制这双重遗产。55年体制的主要参与者成功确保了这个制度能发展下去。他们透过本书第四章和第五章所讨论的制度与方法引领战后的复兴,并极力不让左翼接近真正的权力和决策,也因此得到华盛顿的持续保护。

然而，遏制左翼的选举胜利不仅是投票机制的安排问题，也包括消解左翼的诉求。我们在上面也提及，至少在55年体制存在的头20年，日本选民大部分倾向于全民经济保障、生产资料的集体所有以及美日军事关系的终结。我们看到，这种体制最后的确能够提供近似全民经济保障的东西，而且虽然左翼梦想中的生产资料集体所有无法沿着教条化的社会主义路线得以实现，但掌握日本经济大权的并非这样一些人——他们认为自己的主要任务是为私人投资者赚得高回报，更不用说让自己发财。无论名义上是"公有"还是"私有"，掌握经济的人一般都视自己为爱国者，正以集体的力量致力于恢复日本的工业力量和国家的荣光。

左翼唯一完全遭漠视的要求是终止与美国的军事关系。不过，即使在这一点上，很快便可以明显看出日本当权的领导层无意卷入美国的军事冒险。他们乐于从越南战争中获利，并躲在美国的核保护伞下，但他们很快便学会了如何转移美国要求更大规模重整军备的压力，即使他们不得不忍受美国分散在日本群岛各处的军事基地。有人甚至会辩说，不管有意还是无意，日本左翼在支撑这个完全仰赖美国鼻息的体制上扮演关键角色——日本社会党必须足够可靠，当华盛顿强推军备或后来的贸易冲突开始时，它可以扮黑脸吓走美国人。20世纪60年代在日本各大学泛滥的学生抗议，其导火索之一的确是对美国外交政策的不满，但正如我们在第四章里谈到的，上述抗议始终无法动摇整个体制。

但55年体制有两个严重缺陷：它没有一个可以容许大幅度转向的机制；它很容易被一个能掌控其复杂的网络和权力均势的野心勃勃的

外来者接管。毫无意外，当日本自占领结束以来首次因外部环境强制进行"路向修正"时，在那个历史的交汇点，一个外来者便出现了。

田中角荣

田中角荣是战后日本最伟大和最有影响力的政治家。这不是说日本没有其他杰出的领袖。我们在第五章中指出，池田勇人也许是20世纪世界上最被低估的人物。但池田勇人、吉田茂、岸信介等人虽然担任过首相，但并非政治家，而是沿着日本精英体制爬升上来的政界要员。池田曾担任大藏省事务次官，是精英官僚的顶层；吉田茂曾负责《旧金山和约》的谈判，是战前日本最杰出的外交官之一；岸信介则来自通商产业省的前身商工省。

池田的继任首相佐藤荣作也是如此，他其实是岸信介的亲弟弟。*佐藤曾就读于东京帝国大学（1945年以前，东京大学旧称），在"步入政坛"前曾任铁道省（战后并入运输省）官员，事业十分成功，在省内站得很稳。1964年出任首相前，佐藤历任内阁官房长官、建设大臣、大藏大臣、通商产业大臣等，在关键职位得到历练。他的职业路径可以说是一条既定坦途：童年生活在一个显赫的家庭；毕业于一所精英大学——东京大学（日本人都喜欢称之为"东大"）；在重要的省部工作大约20年；如果有能力，之后会在国会获得一个席位，获得

---

* 岸信家族收养了岸信介，以确保其家族有一名男性继承人，这种安排在日本精英家庭一度十分普遍。因此，岸信介的姓氏与弟弟的不同。

一系列重要的政治任命；最后升任首相。一个人吸引和动员选民的能力与这些几乎没有多大关系。吉田茂、岸信介、池田勇人和佐藤荣作都是才华横溢、精明能干的人，但他们不具备在民主政治中取得成功所必需的魅力。（吉田茂的确有一种固执的风格，这使他获得了"独夫"的绰号，并被拿来与丘吉尔进行牵强附会的比较。但其他人给人的印象都平淡无奇，难怪戴高乐会对池田不屑一顾，称其为"半导体推销员"。）

但田中角荣是一个天生的政治家，充满传奇色彩和个人魅力，而且通过运用典型的政治技巧取得了这些成就。这些技巧包括：打造选举和立法联盟的能力，理解金钱和个人野心是权力来源的天赋，迎合和驾驭这些野心的完美手段，以及对何时该让步、何时该威吓的直觉。在这个过程中，他打破了55年体制的缔造者们遵循日本长期的政治传统，为了防止纯粹的"政治"对国家事务的干预而构建的防御体系。他的这种做法引发了内部的激烈反弹，到今天仍余波荡漾，更促使55年体制重组，重新界定了今天的日本政治。

最像田中角荣的美国人物是林登·约翰逊，他们的相似之处有时让人觉得不可思议。他们都来自极度贫困和落后的地区——得克萨斯山区和本州岛的西北海岸，后者一直被蔑称为"里日本"（日本的背面），因为当地的特殊气候（从西伯利亚吹来的冷风经过日本海时吸收了水分，然后将其倾倒下来），那里的降雪量比地球上其他任何低海拔的地区都要多。（诺贝尔文学奖获得者川端康成最著名的小说《雪国》，就是以这片荒凉而寒冷的土地为背景的。）他们的父亲都是梦想家，因为失去一切而负债累累，被迫从事体力劳动。他们的母亲都自命不凡，将所有的怨恨和破灭的希望都倾倒在所偏爱的儿子身上。他们的童年都充满屈辱，十几岁时被迫做过普通劳工。他们年轻时都体弱多病，但工作时却表现出令人惊叹的耐力和体力。他们都没有接受过正规的教育——田中14岁时便辍学，约翰逊上过大学，但它顶多相当于一所被吹捧的高中。然而，他们都有理解和掌控细节（姓名、日期、关系、谁欠谁多少等）的能力，因此，天才是他们最合适的标签。他们说话的口音和言谈举止与所谓的"哈佛群体"（约翰逊对肯尼迪周围的那些人的称呼），抑或东京大学出身的东京官僚精英（池田会称呼田中为"人力车夫"[4]）截然不同。但从早年开始，他们就有本事吸引社交范围广泛的人的注意，那些人能在关键的时刻提供帮助，把他们引入权力和财富的圈子。因此，他们都受惠于体制内的重要人物，例如罗斯福总统和萨姆·雷伯恩，或者就田中的情况而言，是吉田茂和大河内正敏子爵。大河内是战前贵族，经营着日本军方最大的分包商之一，是他最早发现了少年田中的能力和智慧。但是，约翰逊和田中都与其他没那么有名望的人建立了更密切的关系。这些幕后人物拥有巨大的财富，例如创办了布朗-鲁特公司（Brown and Root，也就是今天的KBR，一家颇有争议的军事承包商）的赫尔曼·布朗，还有1986年去世的地产大亨小佐野贤治（日本最有钱的人之一，拥有怀基基海滩的大部分所有权），他们向各自的政治门生提供了重要的经济支持。约翰逊和田中的配偶分别是"伯德夫人"·泰勒和坂本花子，社会地位高于丈夫的她们毫无怨言地忍受着丈夫频繁的不忠，为他们提供不可或缺的情感支持和财政支持，更不用说她们为丈夫不知疲倦地工作了。

也许最关键的是，约翰逊和田中都在追求政治权力的过程中大量调配了金钱，其规模在美国和日本都是史无前例的。这些钱大部分来自他们对各种策略的娴熟把握，与立法机关的议员掠夺公众钱包的手段别无二致。但部分经费的来源如此见不得光，以至于田中可能会因此入狱，而如果不是肯尼迪总统遭到暗杀，约翰逊可能也会如此。

尽管存在着经济上的腐败，但他们都对各自社会中受鄙视群体被本国精英看待和对待的方式感到愤慨。二人都将自己视为这些群体的捍卫者，这是毋庸置疑的。约翰逊将电气化和其他公共工程引入得克萨斯州农村地区，引领关键的民权法案通过，启动"与贫穷作战"计划，通过医疗保障制度提升了因医疗费而贫穷的老年人的生活。田中在日本农村地区推动了大量的公共开支（并特别关照了他出生的新潟县），使得日本历史上农村总是被城市精英剥削的现象得以终结。

田中最突出的天赋并非推翻了55年体制，而是挟持了它。田中在新潟建立了日本最具威力的地方"后援会"，而且将各地忠于自己的议员连接成一个全国性网络，号称"田中军团"，这与约翰逊成为美国现代最有权势的参议员的方式再度呈现出怪异的相似性。

"尼克松冲击"与田中首相任内

但田中的手法能够呼风唤雨，是因为20世纪60年代结束时在更宽广世界中所发生的一切。对于"尼克松冲击"带来的短暂日美关系危机（黄金窗口的关闭、对日本进口美国商品增收的附加税，以及未通告东京的中美外交接触），田中——策划解决方案。作为当时的通产省大臣，田中的交易决策能力和政治技巧使他展现出日本工业伟大保卫者的魄力。与此同时，他与美国贸易外交官及日本纺织企业持续进行幕后秘密协商，企图达成让各方挽回面子的台阶，即美国取消关税，而日本则"自愿"限制过量出口。相比之下，不幸的佐藤因被指控危及东京与华盛顿的关系而下台。由于在自民党议员中获得了足够的支持，田中最终击败了佐藤指定的继任者，即前大藏省官僚福田赳夫，然后自动成了首相。

同时，田中写的一本畅销书包含重要线索，有助于了解他所建立的政治机器的运作，以及日本经济模式是如何在布雷顿森林体系及其固定汇率系统崩溃后幸存下来的。这本名为《日本列岛改造论》（*Plan for Remodeling the Japanese Archipelago*）的书倡导大规模的公共工程支出，这种支出方式只有在日本开始积累贸易顺差的情况下才有可能实现。但这种特别的支出方式不仅为田中政治机器的下一世代提供了财务生命线（从本质上说，就是利用公共支出来锁定选区，进而锁定国会），也允许曾经以积累美元为主的外汇储备为目标（到20世纪60年代末，这一目标实际已经失去意义）而建立起来的经济模式能够继续下去。

日本已经成为世界第二大经济体，再也不需要用美元购买必要的进口产品。但日元汇率的大幅提升——在一个汇率浮动的世界里，这似乎是不可避免的——会带来无法接受的政治后果，因为传统行业的企业会失败，而在决定经济结果时，市场力量越来越压倒官僚指令。阻止这一切意味着要阻止日元升值，或者至少不要让它升值太快。

在这里无法细致说明它的运作过程，*但其本质是公共开支的刻意浪费，所谓浪费指的是某项特定工程耗费的金钱远过于实际的需要，而工程本身不会带来多少经济效益。（很多工程的确是赔钱事业，其收入不但无法应付运作成本，甚至连建造时借来的债务亦不足偿还。）这些开支清理了日本出口商大量盈余带来的过度需求。不把钱花费在乡村大而无用的工程，而是用于改善城市的生活水平，会给货币升值带来压力，因为口袋里有余钱的家庭开始购买进口商品——这正是联邦德国和瑞典的情况，它们和日本一样，由于出口高质量产品而享有相当大的贸易盈余。但通过将出口盈余"浪费"在面子工程（例如田中选区乡村小车站旁的宏伟建筑）上，日益增长的贸易盈余导致日元升值的过程得以终止。

由于上述原因，官僚机构不会认真反对田中的方法。他或许炫耀（不全是虚言）了自己能够强制大藏省承诺开支的超凡能力，但他也让大藏省能继续维持过去30年来的做法而不用做出根本调整——这种调整要求一种田中不愿看到的官僚政治方向。他视官僚机构为金钱和庇护的来源，而不是实施任何政策（不仅仅是打开水龙头）的工具。为了防止日本体系中的各个水管在固定汇率系统崩溃后破裂，这个水龙头必须打开，因此田中的政治机器和官僚机构会不可避免地成为天然盟友。

无论如何，就当时的情况而言，田中的计划都是不成熟的。他在

---

* 有兴趣的读者可以参考三国阳夫与我合著的《日本的政策陷阱》(*Japan's Policy Trap*, 2002) 的第三章。

一片颂赞声中就任首相,不只让日本民众印象深刻,对尼克松、基辛格、周恩来等外国领袖来说也一样。田中与周恩来协商东京与北京正式建交的事宜,这在当时的日本是相当敏感的。但石油危机的到来以及随之而至的油价上涨了4倍,导致物价上涨了25%,这使得田中利用公共支出重振日本的说法似乎完全脱离实际。与此同时,田中的东南亚之行可谓灾难性的,他在雅加达和曼谷街头被大喝倒彩,使得他在外交政策上失去了可信赖的光环。也许是受到太平洋对岸"水门事件"的启发,也可能是接到敌对官僚的秘密爆料,一队队调查记者开始搜寻、整理田中的财务历史。

从本质上说,田中使用的方法与其他政治家没有什么不同——不同的只是他更为老练,这也是官方媒体长期为他开道的原因。但杂音已经达到优秀报刊无法忽视的程度。田中的财务丑闻不只出现在小型刊物上,连一向有威望的杂志《文艺春秋》(*Bungei Shunju*)也有刊载。* 田中在日本外国记者俱乐部(大部分日本首相会在其任内于此演讲一次)举行午餐演讲之前,美国的《新闻周刊》特别把它们搜集出来。出席的记者群嗅出抓住田中把柄的可能性,对其抛出各种敌意问题,场面顿时失控。不但是田中的表现很慌乱(这是很少有的),各主流日报也要回应针对在任首相的这种史无前例的待遇。整个日本媒体就好像按下了开关,对田中和他的方法展开了铺天盖地的讨论。田中的政敌由曾经在竞选首相时出局的福田赳夫带领,他们计划在国会

---

* 这是另一个与约翰逊总统类似的地方。和《文艺春秋》一样,《生活》杂志也派遣最顶尖的记者队伍深入挖掘约翰逊的财务状况。记者挖掘的信息足够《生活》杂志制作封面专题故事,而编排这个故事的编辑会议是1963年11月22日举行的。

就田中的财政问题举行听证会。1974年11月26日,田中辞去首相一职。

坏事接二连三地到来。田中不但永远不能再当首相,还被控以刑事罪且罪名成立。但其实,他尚未开始达到权力巅峰。

洛克希德丑闻

在充斥着一连串丑闻的日本政治史中,日本人所谓的"洛克希德事件"可以说是整个战后时期所有丑闻中影响最恶劣的。丑闻在日本的政治格局中发挥着至关重要的作用,它惩戒那些拥有一定影响力,但这种影响力高于权力结构内其他部分过多,足以威胁整个体制本身的人。田中方法的空前成功赋予了他这种影响力,尽管这些方法最终起到的作用是巩固而非破坏战后的日本体系。因此,在田中周围出现某种丑闻几乎是不可避免的,而且在适当的时候确实发生了。

但洛克希德丑闻与一般的丑闻不一样,因为它始于日本以外。而且,它非但没有套牢原本的目标,反而让田中摆脱了枷锁。

用媒体的话说,20世纪70年代的日本政治是一场"角福之争"(Kaku-Fuku War),指的就是田中与福田之间的战争。(田中是日本十分普遍的姓氏,因此通常用其名字称呼姓田中的人。)田中也许被迫辞去了首相一职,但在日本,名义上的权力与实际的权力很少合而为一,因此田中很容易否决福田要继承他的意图。三木武夫是自民党一个小派系的领袖,号称政治"清廉"(不知真实与否),最后当上了首相。

在《文艺春秋》爆料及田中辞职之后,所有事情都是根据传统剧本设定的情节在演出。同历代政治大人物一样,这种或那种叫嚣之后，田中被迫从其公职上退下来，但仍在幕后操纵一切，同时准备东山再起。

但1976年2月，在美国参议院一个专门小组的质询下，洛克希德公司副总裁科奇恩承认为了取得全日空（日本一家航空公司）的订单，曾贿赂一名政府"高级"官员，这名官员就是田中。贿款数字相对较小，约5亿日元（当时大约相当于160万美元）。田中说他不记得具体的细节，这种讲法完全可信。田中也许接受过贿赂，但不是因为他需要钱，而是为了帮助洛克希德公司的日本代理商丸红株式会社及其董事长，这名董事长曾为了这笔订单求田中帮助。这是田中的运作方式——向人伸出援手以建立人情，在未来加以利用。这也是大多数日本政治家的运作方式。事实上，这也是约翰逊、芝加哥市长戴利以及美国大部分国会议员处理事情的方式。与业余政治家不同，田中、戴利和约翰逊这些政治巨头的帮助对象不一定是有权有势的人。他们会帮助任何人，因为他们清楚，今天微不足道的市议员明天可能是身居高位的州长，而那位一文不名的寡妇，她的亲戚们不会忘记是谁把烦琐的官僚程序放在一边而帮她争取了一份养老金。

这就是田中权力的秘密，他运用技巧的能力在日本历史上无人能及。[5] 帮助一个商人——叫全日空的董事长接受一个订单——居然会遇上麻烦，对他来说很不可思议，尤其是当其他人也在做，只不过他做得更好、更周全而已。

但有两件事使他面临责难：他比敌手好太多；这并非日本人自己互相帮忙的事情。这一次，金钱来自海外，平日那些礼貌的假象便无法维持。（事实上，很多日本人私下里抱怨科奇恩和外国人。一个称职的日本人如果处在科奇恩的位置上，他会保护其老板、客户和代理人。至于科奇恩在宣誓的情况下做证这回事，对很多日本人来说根本没有意义。他本应该做好进监狱的准备而不是指证别人。）

华盛顿和东京的调查所揭露的事实令许多日本当权人士痛苦不堪。这就好像一位维多利亚时代的高贵女士被迫忍受人们公开讨论她丈夫的性生活一样，她也许已经知道丈夫有了外遇，而且流连妓院，但除非撕破脸面，她很容易装作不知道。洛克希德事件以这样的方式将日本政治运作的真实状况暴露出来，以至于没有人能假装看不见。同时，这一事件也危及美国中央情报局，揭露了它秘密资助自民党的整个历史以及它在自民党成立过程中所扮演的角色。（福特总统的白宫确实担心这一丑闻会对美日安全关系造成损害。[6]）

除此之外，这桩丑闻也让儿玉誉士夫成为聚光灯下的焦点。他是神秘的极右翼"中间人"和黑社会人物。被占领军逮捕时，他曾与岸信介同住一间牢房。从监狱获释后，儿玉开始替美国情报机关工作，并成为美国中央情报局向自民党输送资金的关键人物之一。

当时，这些事情并没有说得很清楚：关于儿玉、黑社会、岸信介和极端右翼分子之间的关系，整个情况要到20世纪90年代才广为人知。但洛克希德事件不可避免地暴露了儿玉的名字（洛克希德公司利用儿玉作为中介，得知公司需要贿赂东京的什么人以及贿赂多少），也暴露了他的影响力。本该受人尊崇的日本政府原来很大程度上是在一名暴徒的控制之下，而美国利用这名暴徒到处撒钱以操纵日本的政治，就好像日本是中美洲的香蕉共和国或中东无能的独裁政权。这种说法显然是事实，但日本的统治精英（更不要说知识分子和记者了）

无法接受。因此，他们把直觉的愤怒发泄到这个强迫他们照镜子的男人身上，就是田中角荣。

媒体尽可能将最侮辱性的字眼用在田中身上，去掉他名字上所有尊称。（在日语中，只去掉尊称或刻意使用错误称谓便能传达鄙视之意，英语缺乏这种简练手法。）田中遭逮捕，坐了3个星期的牢，接着要付巨额保释金，他的待遇与所有一般犯人一样。获释后，他被迫在法庭上公开露面。7年来，他每周都要接受检察官团队的盘问。他本来将于1983年1月被定罪。他再也没有回到监狱——在上诉终结以前，他因中风而去世。由于先被刑事控诉，接着等待判刑，田中不再有机会回到首相职位——在这种情况下，他也不可能回到任何公职，除非是他选区的后座议员。不过，他会成为日本最有权力的人，其权力之大，让他得到了"影子将军"的称号。

田中变身"影子将军"

也许因为田中被如此丑化，他摒弃了日本人通常对权力和掌权者动机的想象。按照人们的期待，日本有权势的群体要么假装手中没有权力，要么很不情愿地行使权力，也就是他们牺牲了自己的幸福来为人民、天皇陛下、国家、企业或上级服务。田中取笑这种空话的虚伪，吹嘘首相们是遵照自己的意思行事，并把自己当作老师，点评一群缺乏经验但有潜力的学生，他将自己与日本官方政府的关系比作某个公司的大股东与该公司管理团队的关系，他建议那些无法了解他在日本权力结构中的地位的分析人士，考虑一下与他同时代的中国领导人邓小平的例子。事实上，1978年夏天，邓小平率领官方代表团访问东京时，安排了一次对田中宅邸的"非正式"拜访。中国完全了解何人在东京主政。

田中继续牢牢把持着其家乡新潟县，无人能动摇，这确保了他不会被驱逐出国会。同时，"田中军团"的不断壮大意味着没有它的支持，没有人可以当上首相，因此没有首相可以公开反对田中。他还与反对派建立联系，甚至直入日本社会党的核心，这使他能在任何实质议题上掌握立法多数。

田中第一个成为首相的弟子是大平正芳，他与田中的头号敌人福田赳夫联手让自民党放弃了在任首相三木武夫。根据双方达成的妥协条件，福田会担任首相，然后由大平继任。直至小泉纯一郎于2001年上台为止，福田是最后一位不经田中政治机器或其在20世纪90年代初分裂出的支派明确支持的日本首相。

1980年，大平于任内病逝，田中安排铃木善幸继任。铃木能取得此位置主要是因为他看上去没有太多敌人。但铃木明显无法完成首相最低限度的任务，因此必须被替换。田中拜访岸信介，后者当时虽然已经80多岁，但仍然有权有势，操纵着不得不让路于"田中军团"的自民党各派系。他们一致认为，日本需要一位能被罗纳德·里根、玛格丽特·撒切尔和弗朗索瓦·密特朗这样的人认真对待的首相。他们选定了公开持右翼观点的中曾根康弘，他领导着自民党内部的一个中等派系。

中曾根需要经过很长一段时间才能消除日本首相给人的刻板印象——软弱无力。他出任首相后做的第一件事就是访问韩国，希望修复与该国的关系。他没有征求外务省官员的意见，更不用说征求他们的同意了，这让他们大为惊讶。然后，他与里根总统建立了似乎相当不错的交情，并向所有人证明，日本需要以首相为中心建立一个强大而自信的领导力量。

但他欠田中的实在太多了，而且明显需要向田中的愿望低头，因此他的政府被媒体称为"田中曾根"。中曾根是天分十足的政治家。1983年10月田中的判决被裁定时，中曾根在媒体的愤怒挞伐和国会的反对声中存活下来，尽管只要"田中军团"撤回任何支持，他都可能被迫下台。但中曾根继续顺着田中的好恶办事，这是无法掩盖的事实。

最终，摧毁田中的不是他的敌人，而是他最亲密的两个副手，以及被他称为"走失的儿子"的男人。1983年，田中被判刑，这意味着他在政府东山再起的希望完全破灭。然而，他不会退出或靠边站，因为那等于承认其政敌的指控，即承认他的贪污是独一无二的，而在他看来，这些事其他人也在做，只不过他比别人做得更好、更公开。但这一僵局阻断了日本大多数野心勃勃的政治家走向权力的道路，于是他们秘密合谋反对田中。当他们的阵营拥有足够的人数时，田中不得不面对这样一个既成事实：从"田中军团"的成员中分裂出一个新的"研究会"。这是一个只有马里奥·普佐，甚至莎士比亚才能公正评判的故事，因为它近乎弑父的背叛。田中患了中风，虽然在去世前撑了10年，但最终没能复原。在两个派系头目的领导下，他一手建立的机器完好地存活至20世纪90年代初。但后来，"走失的儿子"反叛，将机器毁坏，并在接下来的20年里数次尝试建立一个自明治领袖去世以后日本从未有过的东西：一个真正的政府，而不仅仅是一个为选举输送金钱的机器。

派系头目：竹下登和金丸信

前面我们已经提及竹下登，他是中曾根的大藏大臣，协助进行了1985年广场协议的谈判，从而结束了日元超级疲软的时代。1987年，他接替中曾根出任首相。与遭他背叛的恩师田中一样，竹下登也因为丑闻下台，但在离任后仍继续控制日本政坛多年。

竹下登不像田中那样独自控制一切，他有一个类似"双马头领导人"的金丸信。金丸永远不会成为首相，但从日本传统的方式看，他可能是两人中更有权力的那一个。他推举竹下上台，并在后者下台后，在其帮助下指定了接下来的三位首相。他最终也因丑闻下台，接着被捕、判刑。只不过在这段时间，与其他人一样，金丸接替田中的地位，成为日本政坛的"影子将军"。

金丸与田中的差别在于，前者的政治手段规模更大，行为也更加明目张胆，这部分源于他粗鲁和冲动的个性。田中看似滑稽的举动其实是经过精心谋划的，背后是他狡猾的政治思考。举例来说，他能够跨越历史的"雷区"和民族热情，与周恩来就如何搁置争议性问题达成谅解，否则这些问题会阻碍中日建立正式外交关系。但金丸则真像个小丑，比如，他自行前往平壤，与朝鲜达成无法执行的协议，这一过程使得首尔、华盛顿和日本的外交机构无不胆战心惊。

然而，最终使得金丸的粗糙手段可以被容忍，甚至在短时间内有效的，是我们在第七章提到的原因，即泡沫经济导致钱潮席卷日本。大藏省和日本银行在广场协议后所采取的措施使资金得以四处流动，其数额之大，连处于权力巅峰的田中也无法想象。

在日本体系中，过度无疑是丑闻的前奏。这桩发生在泡沫经济鼎盛时期的丑闻被称为"瑞可利事件"（"瑞可利"是涉事日本公司的名称）。该公司创办人和会长江副浩正所犯的错误是，利用大量涌入金融体系的融资试图改变其基本权力格局。房地产和金融业的从业人员轻而易举地就可以赚到钱，更不用说许多行业如雨后春笋般诞生，为那些暴发户服务，这些开始削弱日本传统职业道路的吸引力。我们已经看了上述现象的文化和人口统计学意义，但它还有一个重要的政治面相，因为工薪族文化在转移和抑制躁动的政治情绪方面扮演了重要角色。

作为一名天才的企业家，江副浩正意识到有必要为真正的劳动力市场建设基础设施。然而，当他着手建设，在杂志上刊登招聘信息并列出为雄心勃勃的年轻人提供有偿职业建议的组织时，他的行为激怒了那些习惯于监管日本雇用行为的人。他们准备提出一项法案，禁止通过非官方渠道传播就业信息。

在日本，当这种威胁出现时，企业通常的做法是向有关官员提供奢华的娱乐和一些不涉及公开行贿的赚钱方式（江副会以极高的稿费委托官员在他的杂志上撰写文章，也会邀请他们在他组织的会议上发表报酬丰厚的演讲），同时会找一些能介入官僚机构的政治家。这些都得花钱，但在20世纪80年代的日本，钱不是问题——特别是江副利用东京股票市场分拆出不少子公司，他为官僚们提供了在股票上市前购买股票的机会。当时，股票市场牛气冲天，卖出股份可以获得巨额利润。如果官僚们需要资金进行初始投资，瑞可利子公司可以为他们提供贷款。

江副所做事情的性质和规模激起了不可避免的反应，并导致竹下政府倒台。继任者是宇野宗佑，但他在任的时间不足两个月（他是日本历史上第一位，也是唯一一位因性丑闻而下台的首相）。之后继任的是海部俊树，他在日本政治家中算特立独行的，完全没有受瑞可利丑闻牵连，意外地深受大众欢迎，因此能在任两年。最后是宫泽喜一，他是大藏省出身的老式智库型官僚。尽管他有智慧、学识和几十年的经验，但要想获得首相的认可并继续执政，他不得不在玩世不恭的金丸面前忍辱负重。由此可见，田中的政治作风完胜旧式的官僚精英。

接着，1992年爆出了更大的丑闻：东京佐川急便事件。佐川急便是日本最顶尖的快递公司，与联邦快递（Fed Ex）和敦豪速递（DHL）等国际快递公司类似。就像瑞可利公司激怒了日本传统职业道路的控制者们一样，佐川急便威胁到了日本的邮局及其主管部门邮电省。公司开展业务需要各种许可，为了获得这些许可，该公司不得不贿赂政治家进行干预。

但在瑞可利丑闻发生后三年内，情况发生了变化。泡沫经济已经结束。玩金融游戏无法再轻易赚到钱。然而，问题不单是资金枯竭。1990年开始的泡沫收缩一再揭露了日本金融的核心已经朽坏。特别暴露出来的不只是政治家和金融家的朋比为奸，还有日本金融界和政界高层普遍存在的集团犯罪。有关黑社会犯罪丑闻的曝光最终引发了一场政治危机，因为这些丑闻撕去了依附在55年体制上的最后一丝合法性。

矛盾的是，只有卓越的政治家才会有必要的政治技巧，用来把对政治家的愤怒和厌恶转化成打破旧秩序、创建新秩序的力量。而当时最精于此术的政治家便是一度被田中称为"儿子"的小泽一郎。

小泽一郎

与田中一样，小泽也出身于日本一个相对贫穷、"落后"的地区。对小泽而言，那个地方叫岩手县。它在2011年为世界熟知，因为当年的海啸摧毁了它的大部分海岸线。小泽获得田中的注意是在1969年，当时他第一次参加众议院选举，准备接替其刚过世的父亲的席位。田中任命他为一群年轻议员的领袖，由他们负责监督"田中军团"，确保其成员对田中忠心耿耿。那群年轻议员被称为"少年侦探团"，暗指一个很受欢迎的动画片系列。* 小泽成为田中最信任的亲信，但后来，正如我们所见，他与竹下和金丸密谋推翻了田中，并接管了田中的政权（据说，在宣布倒戈前一晚，小泽彻夜哭泣）。在竹下和金丸的联合统治期内，小泽的权力越来越大。在宫泽喜一担任首相期间，他被任命为自民党的干事长。

1993年3月，佐川急便丑闻以金丸被捕而告终，新闻媒体幸灾乐

---

* 这部动画片源于1929年的德国儿童小说《爱弥儿和侦探们》(*Emil and the Detectives*)。它在日本引起了很大反响，并带来一系列衍生作品。在原著中，一个遭抢劫的男孩组织其他男孩追踪犯人并将其绳之以法。在日本的衍生剧中，一群小学男生（通常象征性地带着一两个女孩）决心追踪坏人，并帮助（通常毫无线索的）警察破案。

祸地对所有细节进行了详尽报道。除此之外，检方还在金丸位于东京的家中搜出一些金条和大约 5 000 万美元的可转让有价证券。随着金丸淡出政治舞台（与田中一样，金丸也中风，于 1996 年去世），前首相竹下要扶植他的新门生桥本龙太郎取代小泽，于是一场争夺"田中军团"控制权的斗争开始了。最终，竹下成功了，但他为这场胜利付出了极大的代价，因为小泽带领 42 名支持者出走"军团"，成立了自己的派系。

小泽相信进行根本性改革的时刻已经来到，而他就是那个推行改革的人。小泽可能是从作为田中的心腹执事开始他的政治生涯的。他不但把田中做事的方法学得出类拔萃，而且是在世的实践者中最娴熟的。田中已经非常出色，但小泽逐渐展露出田中所缺乏的东西：意识到政治的目的不只是维护个人和盟友的权力，还包括对下属慷慨地施与好处。此外，小泽对日本政治体制的基本结构缺陷也显示出越发深入的理解，并提出了旨在修正这一缺陷的计划大纲。

日本的政治机器因为我们讨论过的这些丑闻而深陷泥潭，而 20 世纪 90 年代初发生的两件事帮小泽看到了比这更大的问题。第一件事是海湾战争。老布什总统组织了一个全球联盟，以阻止萨达姆·侯赛因入侵科威特。但在华盛顿看来，日本不仅躲在声名狼藉的宪法第九条后面，以避免本国人民受到伤害，而且不愿支付战争费用的很大一部分。作为一个非常倚赖中东石油的国家，作为一个看起来到处花钱且一直吹嘘自己是世界首要经济体的国家（泡沫经济刚刚结束，当时很少有人明白，那些看似打嗝的现象实际上是日本尚未痊愈的慢性经济疾病的发作），日本连一张支票都没有开出，这使西方国家感到震惊，并将其视为最糟糕的吃白食行为。小泽震惊于日本政治阶层对利害的无知，于是拉拢各方人马，挤出必要的经费。多亏了小泽，日本最后对战争费用的贡献比其他国家都要多。但日本人拖拖拉拉、不情不愿的态度让人觉得捐款太少，也太迟了。*小泽开始相信，如果日本想得到其他国家的尊重，它就需要有一种不能只是消极响应的外交政策，而日本无法产生积极外交政策的直接原因是它的政治。

第二件事是1990年出版了沃尔夫伦的《日本权力结构之谜》(The Enigma of Japanese Power)的日文版，这对小泽的人生转折起了关键作用，使他从擅长短击的老练政治拳击手转变成有远见的领袖。沃尔夫伦的书是20世纪80年代末出现的一系列被统称为"修正派"作品中的一部。**根据这些书和文章，需要"修正"的是西方对日本的普遍认识：日本是一个普通的自由资本主义民主国家。然而，当其他"修正派"作者倾向于强调日本经济的强大力量对全球贸易和金融秩序构成威胁时，沃尔夫伦却指出了日本政治架构的核心缺陷，即缺乏他所谓的"政治问责中心"。

《日本权力结构之谜》一书激起了日本政府发言人的强烈愤怒，

---

* 事实上，日本的贡献发挥了关键作用，施瓦茨科普夫将军（H. Norman Schwarzkopf）在他的回忆录中也承认了这一点。日本驻利雅得大使馆悄悄向联军输送了数百万美元，使它们得以绕过华盛顿的官僚机构。

** 修正派的主要作品还包括美国前贸易谈判代表克莱德·普雷斯托维茨（Clyde Prestowitz）的著作，以及记者兼前总统演讲撰稿人詹姆斯·法洛斯（James Fallows）发表在《大西洋月刊》上的一篇文章。我也为"修正主义"在《哈佛商业评论》上贡献了一篇文章，但《商业周刊》的记者罗伯特·内夫（Robert Neff）——事实上，是他创造了"修正主义"这个词——在撰写封面故事探讨这种现象时，没有把我放在修正派阵营中，因为他联系不到我。当时是前网络时代，而我正在换工作的间隙度假。

他们甚至企图诽谤作者。但沃尔夫伦所呈现细节的深度，让人无法做出有理有据的批判（沃尔夫伦曾担任荷兰最有影响力的报纸之一《新鹿特丹商业报》驻东京的记者，报道日本政治已经20多年）。

《日本权力结构之谜》不但引起阵阵涟漪，而且引发了实际共鸣。日本官方试图将沃尔夫伦描述为"反日"，但与此同时，他也不断收到处于权力结构高层的官员（不愿透露姓名）的信件，他们敦促他继续发表自己的见解。*专家开玩笑称这是第二个"兰学"（字面意思是"荷兰研究"）时代。"兰学"指的是江户时期完全依赖荷兰语文献对西方所做的学术研究，这些文献通过荷兰在长崎港的官方贸易基地传到日本。沃尔夫伦最终在日本收获了赞誉，音译自accountability的アカウンタビリティー（"问责"）成为一个广泛使用的新词。

小泽自己写了一本书，书中的观点明显地反映了《日本权力结构之谜》一书引起的震动，**以及他从海湾战争的后果中学到的东西。在《新日本蓝图》（Blueprint for a New Japan）一书中，小泽主张，日本应该成为一个"正常的"国家，即要有"正常的"政治、"正常的"的外交政策，以及在明确政治掌控下的"正常的"军队。很多日本人不相信小泽有能力写出这样一本书，更不用说他会花时间自己动笔，但不管这本书的很多部分是否找人代笔了，毫无疑问的是小泽对他的国家到底出了什么问题进行了长时间的深思。

在小泽心里，修整要从两个根本性的改革开始：第一，建立真正

---

* 沃尔夫伦接下来为日本市场写的另一本书，成为《圣经》之外最畅销的日文书籍。
** 沃尔夫伦撰写完《对小泽一郎的人身攻击》（The Character Assassination of Ozawa Ichiro）之后，与小泽私下熟识起来。

的两党制，迫使两党通过阐明清晰的政策愿景而非大撒金钱竞争；第二，对官僚机构实施政治掌控。田中已经证明一个强大的政治家可以随意操纵官僚。小泽计划使用田中的方法，但不只是慷慨援助。他想用那些方法设定政治优先级。

就像马丁·路德把《九十五条论纲》钉到教堂的门上，小泽向自民党领导层发出了一系列要求：改革政治规范以推动真正的政治竞争。不过，可以预料的是，自民党无法在小泽规定的1993年6月截止日期前做到。于是，他率领其派系脱离了自民党。田中曾教导他要与反对党的重要人物建立密切关系，尤其是日本社会党。小泽利用这些关系在国会通过了不信任案，强迫宫泽下野，举行大选。选举结果让小泽能够组建一个联合政府。小泽在首相位置安排了一位适合上镜的前县知事细川护熙，细川刚组建了一个新党，而且在选举中表现不错，令人惊奇。自民党48年来对选举政治牢不可破的封锁终于被打破。

开始时，一切都很顺利。日本民众为细川深深吸引，而美国总统克林顿则认为这位新任日本首相是某种程度的知己，他们都渴望变革，而正是这种渴望推动克林顿入主白宫。

使两人提升至这个位置，成为各自政府名义领袖的，是渴望变革这一因素。但这一因素（连同他们同样英俊的外表），是他们仅有的相似之处。诚然，细川是1955年以来第一位非自民党首相，但大家都知道他的上位是新"影子将军"的安排。细川个人的确很受欢迎，但新"影子将军"本人却无法得到同样的赞许。小泽有他的欣赏者，但他也是日本最受争议的人物之一——许多人讨厌，甚至可以说憎恨他。

小泽的所作所为对自民党的政客们产生的真正影响是，他们突然之间被剥夺了向选民提供慷慨援助的手段,而那些手段是他们保障自己生计的方法。因此,自民党憎恨小泽是理所当然的。但憎恨不限于自民党。有一部分是他自己的错。他或许是田中最有天分的门生,他所建立的更宏观视野也是他的老师没有的。但他有时不愿实践田中轻易就能做到的事情——多做一点点,去实际吸引所有人。据说,他缺乏田中在"事前沟通"方面的技能,就是在幕后招揽人。他还被指责过于吝啬。小泽在密室里协商和交易可能会非常有效。如果不是这样,他也不会有如此成就。但他毫不掩饰对主流媒体和其他政治家与日俱增的蔑视,而他们将小泽描绘成一个傲慢、冷漠的家伙以示报复,这个形象深入许多人的心里。

但还有更多因素。小泽引发的仇恨与他作为田中继承人的政治遗产密切相关。任何在日本待过的人都知道这里有两个方面——黑暗的一面和光明的一面紧密相连,就像某种邪恶的孪生兄弟。一方面,惊人的细致渗透进日本的艺术和设计;精巧微妙的正式日本语体为出身高贵的夫人和高级官员使用;优雅的礼仪无所不在,上至皇室活动、正式晚宴,下到各种商务会议。另一方面,在东京和大阪的街头可以见到那种你推我挤的疯狂;帮派兄弟横行无忌,说话声震耳欲聋,蓄意展示其恶毒与粗暴;在歌舞伎町和酒吧里,淫秽下流,毫不掩饰。身穿和服或香奈儿套装的古典美女身边却是女侍应或前面章节提到的辣妹;聪明上进的青年穿短裤,打领带,头发内卷,旁边却是不良少年,头发油腻不整,骑着一辆没有消音器的摩托车,隆隆作响——或者,如今越来越多的年轻"御宅族"住在脏乱的小房间,里面堆满他的偶像的各种东西。

东京大学出身的政府官僚尽心尽力，语言得体，致力于政策及大众利益，心无旁骛。他们"邪恶的孪生兄弟"则是善于交易的粗鲁政客，后者与"开发商"和腐败的建筑老板们勾结，用不正当的钱到处行贿。田中机器的统治地位最后在他的弟子金丸对日本政治的控制中达到顶峰，这不仅是对那些相信政治积极前景的人的侮辱，而且揭示了日本权力运作好坏并生的方式（无论使用什么样的说辞），再也无法视而不见。官僚机构可能已经被田中机器挟持，但包括佐川急便在内的一系列丑闻表明，官僚们本身愿意同流合污。

对于那些负责维护日本"面子"（这"面子"主要是给日本人自己看，而不是给世界其他地方的人看）的人来说，这一切都很可怕。这些人包括公共检察官和法官、著名报纸（特别是《朝日新闻》）的编辑、学者和知识分子，更不用说那些聚集在社会党周围的政治理想型人物。这些人所憎恶的发生在日本的一切都由小泽代表的机器囊括在内。无论小泽对日本政治弊病的诊断有多么透彻，无论他在治疗这种弊病方面证明了自己多么有能力，他们都不会原谅他。小泽成功地代表了两个方面：一方面代表日本政治中让人难堪、上不得台面的体制内特点；另一方面承诺以对所有受益于这些体系的人构成直接威胁的方式消除它们，尽管这些受益人自己也讨厌被提及上述体制特点。称之为伪善并非重点所在，它是奥威尔所分析的双重思想的一种：在两套彼此矛盾的思想下活动，同时能够掌握思想潮流的走向，并能在它变得危险时马上脱身。小泽所做的就是让日本的政治阶层感到这种思维已经行至末路，而他自己也必然会被那些自封为日本政治秩序守护者的人拉下政坛。

日本政治秩序的守护者

有两种守护者存在，他们以双马头的方式发挥作用：公共检察官和优秀报纸的编辑（再加上 NHK 的高层制作人）。他们有一套标准剧本。日本的政治是这样安排的，政治家几乎随时可以被起诉违犯这条或那条法令。法令又有足够模糊的空间，因此，公共检察官在决定起诉谁以及基于什么理由起诉时具有极大的自由裁量权。（日本的法律架构源于欧洲大陆法而非习惯法，其判决先例不像在美国、英国这些国家那样，扮演十分关键的角色。）

公共检察认为自己是日本完善管治的终极捍卫者。当他们认为某位政治家会成为日本秩序的威胁时，便会选择这条或那条违法指控（通常是微不足道的），同时通知优秀媒体。为了吸引电视观众，他们精心安排检察官"突袭"嫌疑犯的办公室的场景。像《朝日新闻》这样的报纸，会突出其对大众信任的"背叛"以营造一股愤怒的热潮。如果政治家（或银行家或商业领袖——对经济组织的监管模式是相似的）表现出合理程度的忏悔，也就是说辞去职位，深鞠躬并正式道歉，那么整个事件便如午后的雷雨，很快就会晴空万里，经过一段时间的"反省"后，问题政客们便可以恢复公共生活。但如果猎物拒绝扮演既定角色，他们可能会激起近乎歇斯底里的反应。（田中和金丸对这个做戏过程不屑一顾，这是他们激怒检察官和媒体的原因之一。）

守护者按照固有剧本破坏了小泽在日本建立真正两党制的首次尝试。在战术上，他们巧妙地避免了对小泽本人发起直接攻击。他们找了一项罪名以诋毁小泽的盾牌——清新干净的细川护熙。细川出身于日本最显赫的家庭之一，有着贵族的血统（他的先祖在足利幕府建立时扮演重要角色），他大概是最不像会加入"军团"的那种人。但结果是多年前，他不从别的地方，却从佐川急便接受了一笔贷款。他已经还清借款，但没有付利息。在当时的气氛下，这已足以让媒体大事张扬，逼迫他辞职。

继任者是羽田孜，他是小泽的坚实盟友，和小泽一样，也曾是"田中军团"的一员。但羽田在任只有9个星期，在桥本龙太郎的领导下，"军团"留在自民党内的其他成员想出了一个办法来反击背叛他们的小泽：用首相职位诱使日本社会党脱离小泽建立的联盟。

所发生的事情带有辛辣的讽刺意味。自民党最初是为了阻止社会党上台执政而成立的。随着时间的推移，社会党慢慢退化成一个只会空言的组织，徒对自民党拉高道德姿态，喊喊口号而已。假如只是摆出在野党的样子，实际却无法采取行动组织真正的政府，日本社会党最后不过是现存权力架构的有用装饰，妨碍一个真正的反对党的出现。田中对这一点了解得非常透彻，他与社会党的主要政治家结成秘密盟友，在经济上帮助他们，将他们道德上的高姿态丢在一旁，认为这是他们在政治上不得不做的事。

然而，1994年，当一个多世纪以来，日本首次迎来了真正的反对派建立的名副其实的政府时，社会党终于显露出它的本色。自民党把拥有首相职位的前景在社会党面前反复展现，极尽诱惑之能事。尤其具有讽刺意味的是，根据达成的协议，日本社会党只当一任首相，之后不是要扶持任意一个自民党候选人，而是要扶持指定的桥本龙太郎成为继任者。桥本由前任首相竹下登亲自委任领导"田中军团"在自民党内剩下的成员。桥本的右翼观点和田中培养的办事作风都是社会党在过去两个世代中表面上坚决反对的。这一切就好像乔治·麦戈文全力支持尼克松，以换取内阁中一个形式上的职位，几乎没有实际权力。

反对党政府的首次实验结束了。自1949年以来，日本社会党第一次，也是最后一次有了自己的首相：村山富市。如果说村山富市一事无成并不正确，他为20世纪三四十年代的事件正式道歉，这是自民党内的一些人一直龟缩不愿意做的。但实际的治理仍然原地踏步：各个部门和国会的自民党议员之间依旧四分五裂。1996年1月，桥本取得联合政府领袖的位置，再加上经济开始复苏，他要求在10月份举行大选，结果自民党获胜。日本社会党基本上毁灭了：引诱它的饵原来有毒，在该党的伪善下，日本的选举面对着彻底幻灭。

首次两党政治实验似乎失败了，但在自民党失去对国会控制权的这10个月里，有两个不易逆转的变化出现：首先，日本民众已经意识到非自民党政府不仅可行，而且他们能在其中有真正的发言权。其次，细川政府实施的选举改革使小泽曾经呼吁的激烈政治竞争有实现的可能性。

1994年的选举改革

1994年的选举改革弱化了55年体制的关键特征，即一票/多个候选人的选举制度，这种制度保证了金钱可以在选举中扮演关键角色。在新的制度下，在日本的众议院选举中，选民参与两次无记名投票。在第一轮投票中，第一位选民选出一名候选人，在其选区获得最多选票的候选人成为该选区在众议院的唯一代表。众议院有300名议员是通过这种方式选出的。

但众议院有480名议员。选民在第二轮投票中填写政党名称，而非候选人的名字。此次选举改革把日本划分成11个"比例代表制"选区，这些选区将剩下的180名议员选进国会。

因此，日本形成了一种混合体系，是英美单一代表制和欧洲大陆比例代表制的组合。（日本也有一个权力有限的参议院——它可以提出除预算外的法案送交众议院，众议院要有三分之二多数票才能否决。参议院有242个席位*，每隔三年改选一半议员，即121个席位。与众议院一样，某些席位是在单一选区竞争，其余的则按比例代表制分配。）

但这些改革并没有打破自民党的权力垄断。按比例分配席位表面上是为了让较小的政党在国会中保留一些席位。但是，比例席位的构成也让自民党（以及其他政党）能够把议员直接送进国会办公室，而这些候选人不必去争取选民的支持。同时，改革也没有纠正农村和城市间的不均衡。

然而，这些改革和短暂的非自民党执政的经历确实引发了一场真正的骚动，因为政治家们解散旧政党，加入其他党派，或分化出新的政党，其中规模最大的就是小泽一郎领导的新进党。

但该党的规模不足以再次推翻自民党。随着经济复苏的开始，桥本领导的自民党在1996年10月的选举（这是新制度下的第一次选举）

---

* 2018年7月18日，日本国会通过法案，将参议院的议席数从242个增加至248个。——编者注

中赢得了似乎是决定性的胜利。

所谓"决定性的胜利"只不过是就数字来看——自民党赢得了500个席位中的239席。*桥本能够组建政府，也是因为他拉拢了少数社会党议员，他们是社会党那次灾难性选举后仅存的几位（他们曾试图更名为日本社会民主党，但没有成功）。自民党最终会吸引足够多的议员加入其阵营，这样它就可以在没有社会党的情况下执政。但就控制国会而言，自民党在选举中拥有不到39%的选票，小泽的新进党则拥有28%的选票和156个席位。小泽对自民党霸权的威胁并未结束，一切才刚刚开始。

除此之外，桥本内阁的成员还未来得及温暖席位，大藏省即推动提高消费税。大藏省在20世纪70年代末开始考虑引进这项税收，部分是因为田中机器的庞大开销。1989年，大藏省终于成功了。这也是时任首相竹下登看到自己的民调数字不佳的原因之一。最初的税率是3%，但大藏省希望逐步提高税率，直到这项税收成为日本政府的主要收入来源。

我们在第七章提及1996年提高消费税的部分经济后果，其实它也有政治影响。正如我们指出的，这被证明是日本官员所犯的最严重的政策错误之一。它扼杀了刚刚萌芽的复苏，引发了一连串银行倒闭，并迫使当局在当年晚些时候出台了极不受欢迎的银行救援政策——这一切都被归咎于自民党，无论公平与否。

幸运的是，自民党直到2000年才举行众议院选举，但它在1998

---

* 当时，200席是用比例代表制选出，其后删减至180席。

年的参议院选举中失利。桥本辞职"以示负责",由他的外务大臣小渊惠三继任。小渊是"军团"的另一名成员,因为中风,在任不到两年,不久就去世了。森喜朗继任,成为临时首相。森喜朗利用人们对小渊的同情(大家认为他的早逝与压力有关),带领自民党在2000年6月的选举中取得了另一场胜利。提高消费税的记忆渐渐淡出,反对派四分五裂,而自民党依然拥有农村地区的多数代表席位。

森喜朗是个精明的政治家,但他扮演了一个小丑的角色,其功能是避雷针,吸引大众的怨愤之后在恰当的时机下台,让桥本能回到首相之位。但是,意想不到的事情发生了。

由于小泽成为反对派,"田中军团"剩下成员的实际领导权便传给桥本——也是这个原因,他再次被视为继任首相的人选。但作为一位政治纵横家,桥本与他的导师们并不属于同一阵营。为了回应媒体对竹下登等"影子将军"一直钦点首相而缺乏透明度的强烈抨击,自民党模仿美国,创立了一个类似"初选"的制度。自民党的"官僚派"是田中死对头福田赳夫的政治继承者,也是岸信介的徒子徒孙。他们认为初选是个机会,可以借此重新夺回日本政坛的合法掌控权。但自从他们的上一代被田中推到一边以来,他们已经学到了一些东西:要想在新千年的日本政治中取得成功,必须展现出令人信服的改革者姿态,即使你的真正目的与改革恰恰相反。

小泉纯一郎

与大部分日本政治家一样,小泉来自一个政治家庭,祖父曾任内阁大臣，父亲曾任日本防卫厅长官。小泉最初担任福田赳夫的秘书，而福田是田中的死敌，也是最后一位不是靠田中机器或他的继承人安排而入主首相之位的人。小泉在1972年首次赢得个人选举（参选众议院议员），然后在自民党内部步步高升，担任过许多重要职位，20世纪90年代成为自民党"官僚派"领袖，是"非军团"三位主要领袖之一。*

对日本政治家而言，小泉的经历与政治遗产正统得不能再正统。但他给人的印象并不正统：蓬松的发型，兼收并蓄的音乐热情（从猫王到瓦格纳，再到西贝柳斯），再加上平易近人的个性，这一切都为他打造出一位改革者的形象，令人深信不疑。凭借这一优势，他赢得了自民党的初选。尽管初选没有强制性，范围也只限于党内成员，但小泉的胜利是如此压倒性的，以至于自民党的领导层不能漠视选举结果，特别是自民党国会议员总裁选举将于三天后举行。小泉稳坐党首，这就意味着他会自动当选首相。

小泉是日本第一位充分掌握现代媒体政治用途的政治家。正如里根和布莱尔这些因擅长利用现代媒体而上台的国家元首一样，小泉也利用亲切又上镜的改革派外衣，遮掩其保守（甚至反动）的政治立场。

世界上很多人会将其立场与新自由主义混为一谈。当时，美国共和党在小布什总统的领导下逐渐强大，而巴黎和柏林是保守政府当道，东京没有理由戳破人们的认知：日本已经加入一种所谓的全球趋势，即摆脱国家控制，走向更自由的市场。

---

* 这三位领袖分别是：小泉纯一郎、加藤纮一和山崎拓。他们三人的姓氏缩写是YKK，而YKK是日本著名拉链公司，因此经常被拿来开玩笑。

小泉周边的人无疑受到了新自由主义思想的影响，尤其是他的经济财政大臣竹中平藏。*小泉本人也同情新自由主义思想，他代表了日本右翼观念的转变，即从战后初期右翼特有的裙带主义和强国家社团主义的混合，转变为当代反动民族主义和新自由主义的混合。[7] 但新自由主义言论和随潮流变动的姿态最终与其说是成为改革（不管是新自由主义改革还是其他形式的改革）的外衣，不如说是成为试图恢复田中掌握日本政治控制权之前盛行的局面的幌子，即恢复由训练有素的技术官僚精英实行的不分党派的统治。

恢复行动的第一步，是捣毁为田中及其继任者提供财政支持的机制。小泉最令人印象深刻的立法举措就是所谓的日本邮局的"私有化"。事实上，日本邮局是世界上最大的银行。日本邮局遍布全国，利用其较为亲善的服务和略高的利息聚集了比日本最大的名义上的私人银行还要多的金钱。这笔钱成为政府控制下的巨额贿赂基金，除了其他项目外，还被用来支持许多大规模无用的项目工程，田中及其继任者利用这些工程来攫取大量的选票。**这项法案的真正目的是要抽干这笔钱，人们可能认为小泉与它有密切关系，但小泉表示他甚至没有看过这项法案——它是在财务省内部写的。小泉的政治手腕帮助它在国会通过，然后被当作一项"改革"推销给民众。

邮局"私有化"只是剥夺田中机器的继承者们运转所需资金的第

---

* 竹中可以公然声称，他最终解决了日本许多银行的不良贷款问题，尽管辜朝明认为，这些贷款中的大部分在竹中就任以前就已经被注销。

** 从财务层面看，日本邮局本质上是个"庞氏骗局"，因为它资助的计划大部分无法产生足够的回报以偿还债务。邮局用新的存款和日本银行新发行的货币补充提用的资金。

一步。在泡沫破灭后，赤字开支对公共工程融资的重要性日益增强，而小泉政府的目标是削减赤字开支，故于2001年9月宣布了政府债券发行上限。（任何一位优秀的凯恩斯主义者都会告诉他们这种做法会适得其反。2003年，面对经济的急剧萎缩，政府取消了这一政策。）

小泉政府还着手改写社会契约，那一契约20世纪50年代的官僚们实际已经同意，作为结束那10年劳工斗争的代价。我们在第七章也谈过，在小泉当政时期，公司越来越依赖非终身制员工。竹中大肆吹捧的银行资产负债表清理工作阻止了信贷继续流向那些破产企业（它们被称为"僵尸"企业），但此前，这些企业提供了普遍经济保障。这一切被宣传为：自由市场的资本主义终于来到日本。然而，当一些企业交易人开始相信政府的话，对公司发动突袭并要求它们产生更多回报时，公共检察官介入并拘捕了其中最知名的两位：堀江贵文与村上世彰。他们犯的错误是混淆了新自由主义的姿态和政府的真正意图，以为当局真的会把经济结果的掌控权交给投资银行家和资本市场。对其他有同样想法的人而言，他们的被捕是个清晰的警告。*

在外交政策方面，小泉试图恢复美日关系的绝对首要地位，这是20世纪50年代保守官僚的遗产。小泉想尽办法对美国入侵伊拉克表达热忱，但实际上能做的并不多。没错，东京的确派遣了一些"军队"，不过都是非战斗人员，他们最大的作用是成为敌军目标。荷兰

---

* 确实，堀江曾支持以不正当的方式推高其公司的股价。但那些被控金融犯罪但人脉广泛的内幕者（如奥林巴斯公司高层）往往只是受到象征性惩罚，这与堀江受到的羞辱和严厉惩处形成鲜明对比。很显然，当局的主要动机就是杀鸡儆猴。

派出的"维和部队"大部分时间花在了保护日本人上。*

但这些做法的象征意义很重要。小布什政府想尽办法不将伊拉克战争描绘成美国的无端侵略，小泉的支持刚好帮助它做到了这一点。小泉也得到了回报。2006年9月，小泉卸任首相前夕，小布什亲自陪他前往田纳西州的孟菲斯市，在猫王故居"雅园"逛了好几个小时，小泉还唱了几首猫王的名曲。

日本对邻国的挑衅姿态是奉承华盛顿的又一表现，虽然这些姿态多半也是象征性的。除此之外，小泉开始参拜靖国神社，这一举动肯定会招致中国、朝鲜和韩国的愤怒。

靖国神社与小泉时期的对外关系

靖国神社是位于东京市中心的一座大型神道教神社，供奉着日本战争亡灵以及其他为日本帝国捐躯的人。我们在第三章分析过日本的国家神道教，靖国神社便是它的核心机构之一，也是战前及战时"国体"（国家政体或天皇体系）意识形态运作的精神中心，用来为20世纪30年代的日本侵略辩护并使其合法化。战后，靖国神社继续作为日本民族主义右翼及政治影响力巨大的日本遗族会的象征性神社。遗族会在日本的政治势力一度堪比美国的全国步枪协会。1978年，一位新

---

* 日本还购买了美国财政部为伊拉克战争发行的大量额外债券。但在以美元为中心的全球金融秩序中，这是不可避免的。由于无须加税便可以发动战争，美国增加了经济的需求方，但不用采取任何措施增加供给。其中的缺口由中国和日本等美国的主要供应国来填补，它们的贷款都是以美元支付的，所以它们不自觉地帮战争进行了融资。

的神社高僧在靖国神社供奉了14名被起诉的甲级战犯，其中包括东条英机。此后，日本政府高级官员参拜靖国神社的问题变得越发严重。

天皇裕仁停止参拜靖国神社。在14名战犯中有两名亲轴心国的内阁大臣，天皇将战争的部分责任归咎于他们。2006年，随着宫内厅一些内部文件的泄露，此事才被曝光。更关键的是，由于供奉的是被判罪的战犯，日本政府各大臣的正式参拜行动引发了邻国的强烈抗议。尽管如此，中曾根任首相期间还是两度参拜靖国神社，但在他于1987年卸任后，历届首相都对神社敬而远之，直到小泉为止。

小泉每年都去参拜靖国神社，这似乎有些反常。激怒邻国究竟有什么实际目的呢？提出这样一个问题的人，大概毫不了解日本政治舞台中象征举措与戏剧性表演的重要性。

日本的邻国倾向于将参拜靖国神社的行为进行如下解读：日本的右翼势力正在抬头，他们在测试全球风向，但这背后还有其他因素在起作用。在本章前面部分我们曾提及，明治政府对传统佛教信仰深厚的民间宗教的破坏留下了一个精神真空。对许多日本人来说，靖国神社是填补这一真空的唯一事业的具体体现，这个事业让他们能够抓住一些比自己的生命更为宽广的东西。靖国神社供奉着数百万为此事业牺牲的人，包括最突出的神风特攻队队员，他们被许多人认为是基督一样的人物，为国家和人民奉献了自己。若仅仅因为担心破坏贸易协议或伤害邻国感情便不向神风特攻队和其他为日本牺牲的人致礼，会被很多人视作一种冒犯。即使供奉"战犯"也没有改变许多日本人的看法。正如我们在第三章中看到的，东京的战争罪审判几乎完全被视为"胜利者的正义"的专断裁决。大多数日本人相信——而且有充分的理由——谁被指控为战犯，谁没被指控，与其说是由实际的、可衡量的罪责决定的，不如说是由运气和官僚间内斗的技巧决定的。

民族主义也许是尼采预见的从"上帝之死"所打开的深渊中爬出来的最恶毒、最具破坏性的怪物，但它也是给予数百万人生存理由的唯一事业。全世界都在想为什么日本人不能像德国人那样对待20世纪30年代发生的事情，但对许多日本人而言，要求他们这样做无异于要他们精神自杀。在日本，战争及其余波并没有像在德国那样扼杀对国家和传统的爱护，顶多是有所损害。日本人对其文化传统抱有单纯的喜爱，而且引以为豪。举例来说，在今天的德国，没有哪位导演可以坦然地把理查德·瓦格纳的任何一部歌剧搬到舞台上。这些作品或许是德国音乐剧至高无上的荣耀，是世界文化史上最辉煌、最具影响力的成就之一，但纳粹对这些作品的使用使得德国导演无法根据作者丰富而具体的指示把它们搬到舞台上，而最伟大的歌舞伎作品《假名手本忠臣藏》则完全没有类似问题。

当然，与其他国家一样，日本的许多右翼政治家为了攫取权力，非常虚伪地利用了民族的渴望和现代性产生的精神危机。但其他许多人（包括小泉和安倍晋三），确实相信日本当代的病症是精神危机，只是披上了经济和社会的外衣，而且只有他们能真正领导同胞，指出一条走出危机的方法。

确实，日本的立场与美国有关，也与其邻国有关。正如我们在第四章中看到的，20世纪50年代的保守官僚代表了日本权力结构能在战后及占领中存活下来的部分。我们追溯了他们是如何从美国当局和日本的自由民主分子手中夺回对自己国家的控制权的。在20世纪40年代末大逆转以前，美国人原来有意把权力交给自由民主分子。这些官僚做了个至关重要的决定，反映在岸信介强制国会通过安保条约，即在可预见的未来，日本会把自己的命运赌在美国身上，在其军事保护伞下寻求庇护，而不是尝试建立独立的东亚安保和外交体系。当时，这似乎是他们可以选择的唯一途径，既能保持对国内政治结果的控制，又能防止摧毁在他们看来缔造了日本的东西，即使代价是向华盛顿交出关键的主权。

对田中和金丸来说，这些事情可以用比较轻松的态度看待，与北京和平壤维持一个和平共存的框架就可以。小泽虽然不是左翼，但他仍然相信东京应与北京和华盛顿协商一个新的架构——以一个比较像真正平等盟友的关系取代对美国的屈从，日本应尽其所能地对中国恢复大国地位表示理解，同时日本应努力让中国视自己为伙伴。

但小泉代表的保守派完全没有上述想法。他们心怀恐惧地认为，至少在短期内，任何与美国现有关系的改变都可能使日本的文化和本质被中国的崛起淹没。他们认为，日本应该顺从美国的心血来潮，安抚美国不时的愤怒。关于如何迎合美国，同时保护右翼心目中的日本国粹，东京已经有60年的经验。右翼人士认为，与北京相处时，不可能采取任何类似的行动，这不仅仅是因为北京比华盛顿离东京更近。

但令整件事情有点讽刺意味的是，小泉的支持率从经济复苏中得到了提振，而复苏在很大程度上源于中国向日本企业所下的资本设备订单。资产负债表衰退终于结束，银行得以清理，企业获利上扬，这些在很大程度上要归功于所有这些订单。但企业利润的恢复还没有转化为就业水平的提高，更不用说加薪了，但这肯定只是时间问题，对吗？与此同时，从中国进口的廉价商品帮助降低了生活成本。

企业利润上扬并非小泉如此受欢迎的唯一原因。在2003年的选举中，有些事让小泉和自民党出了一身冷汗。1996年日本民主党成立后，小泽曾率领他的日本新进党加入。2003年民主党由其人气十足的名义领袖菅直人领导。民主党在选票数和国会众议院的席位上都有重要收获。而2005年则是完全不同的情势。作为一个政治战术老手，小泉利用这一看似失败之举（邮局私有化法案在国会失败），将其转变为压倒性的选举胜利。该法案失败后，他利用自己作为首相的特权解散了国会，并呼吁进行新的选举。他称这次选举为两股力量的交战：一股是由他领导的改革力量，另一股是阻挡法案的联合力量（包括反对派议员和投反对票的自民党成员）。大部分选民受小泉丑化对手的鼓惑，认定他们是守旧落伍的，不管是自民党内的还是党外的，最终给予小泉日本政治史上最重大的选举胜利之一。看来田中机器终于完全坏掉了。2005年的选举令仍然留在自民党的"田中军团"溃不成军，同时也给菅直人和小泽的民主党带来了在当时看来可能是致命的挫折。

小泉获得的回报是日本政治的最高报酬：第三次担任首相。这是1970年以来只有中曾根取得过的成就。邮政改革法案被重新提交给国会，并获得通过。为重新确立田中以前的自民党霸权模式，小泉做了他应该做的事情。他于2006年下野，把首相职位交给了岸信介的外孙安倍晋三。

小泉后的自民党

小泉安排他的继承人安倍升任自民党总裁，然后自动担任首相。没有什么能比这个信号更清楚地表现出，20世纪50年代保守官僚的接班人们相信，保守派的霸权已完全恢复。安倍的母亲是岸信介的女儿，他的父亲安倍晋太郎以岸信介秘书作为政治生涯的起点，而且一直是自民党内"田中军团"以外派系的重要领袖。作为任期最长的外务大臣，晋太郎被认为与亲美等观念紧密相连，同时多年来被认为是未来首相的不二人选。但他一直被"田中军团"阻挡，小泽率领"田中军团"退出自民党是1993年，安倍晋太郎在此之前便去世，当时相对年轻。现在他的儿子接任这一职位，可谓继承父业。

然而，安倍的爬升反映出右翼的过度扩张。小泉的成功让右翼冲昏了头脑，他们仍未能吸收小泉年代的重要教训：右翼霸权必须披上改革的外衣。安倍上任后不久就要着手实施小泉仅仅暗示过的举措：更换战后宪法；建立一支强大而坚定的军队；确立皇室在日本国家主权中的核心地位；促进对20世纪30年代所发生事件的理解，将其描述为对西方殖民主义和以武力强加给东亚的外来意识形态（共产主义、自由主义）等威胁的合理回应。

但这一议程毫无进展。很多日本人对这一切感到困惑不解，因为这似乎与他们的生活和所关切的无关。他们担心自己的生计，担心自己的退休金，担心子女能否找到体面的工作，担心如何照顾年迈的父母。与此同时，厚生省的社会保险局承认，它们弄乱或丢失了多达5 000万人的退休金记录。虽然这些不能直接归咎于安倍，但他所有的右翼言论让他看起来像个音盲。

媒体开始取笑安倍,指责他不接地气,称他为"obotchan"(用来形容被宠坏的富家子弟,意思是含着金汤匙出生,却以为一切都是由自己创造的)。安倍执政不到一年,便以健康问题为由辞职。继任者是福田康夫。2007年9月,康夫当选自民党总裁,接着担任日本首相,这似乎证明自民党除了安排昔日领袖的无能后代轮流进出官邸外,再也没有其他想法或计划了。康夫是福田赳夫的儿子。福田赳夫曾是田中的宿敌,也是大藏省出身,属老派官僚,但他给人的印象是思想敏锐、眼光独到。然而,他的儿子康夫看起来却像个疲惫不振的工薪族。康夫的职业生涯确实始于工薪族,这是他唯一与众不同的地方,因为大部分政治家的儿子如果有政治抱负,要么进入官僚机构,要么在年轻时就直接进入政界。康夫最终步入政坛时继承了父亲的人脉和支持者网络,但没有继承父亲的魄力和智慧。

康夫在小泉的领导下是个相当有效率的干事长,但作为首相,他是失败的。他曾经承诺要改善小泉和安倍对中日关系造成的某些损害,并畅想解决靖国神社问题,既能满足北京方面的要求,又能安抚日本右翼。但圆的不可能变成方的。田中也许有办法摆平它,福田康夫这类缺乏政治天分的人就不行了。他大声疾呼,要求75岁以上的人支付更多的医疗保健费用。由于退休金问题上的失败,当时由小泽的民主党牢牢控制的参议院弹劾福田,这是更换战后宪法后,首相第一次遭弹劾。

福田下野时刚好是他就任满一年,很明显他是被四周施加的压力击倒的。外部的环境迅速恶化。80年来最严重的金融危机正在美国展开，它会给日本的经济以沉重一击。虽然这不能直接归咎于自民党，但这似乎让该党更与现实脱节，尤其是在该党显然不知道如何应对的情况下。小泽领导的民主党在2007年的参议院选举中把自民党打得溃不成军。为了准备众议院选举（不能迟于2009年进行的选举），小泽正筹备建立一个全国候选人网络。这个网络似乎会形成最可畏的力量，是"田中军团"巅峰状态以后未曾见过的。

为了回应挑战，自民党唯一能做的就是再找一位20世纪50年代领袖的后代，在船下沉时由他掌舵，这个人就是麻生太郎。麻生的外祖父是协商《旧金山和约》的吉田茂。从麻生的角度来说，他于2008年9月接任时所承受的现实令人束手无策。麻生大胆地任命一些新面孔到内阁，但他有个嗜好，就是下班后喜欢到帝国酒店内的一家著名酒吧喝酒。当媒体有意拿此事大做文章时，麻生对此嗤之以鼻，并宣称自己是不会改变习惯的，而且他是自掏腰包。由于他这种行事风格，加上他又喜爱流行文化（他是著名的漫画迷），麻生有些像是回归了小泉的风格。

但这无法掩饰自民党的绝望。麻生周围的官员从田中的教战手册里学会了一手——大撒金钱以收买选票，但太少了，也太晚了。全球经济的不景气导致日本的出口急剧下降，日本家庭明白，它们赖以提供经济安全的体制正在崩溃。更重要的是，它们听说一个明确的福利保障网计划将取代这些体制，而推动它的正是日渐获得信任的日本民主党。

选举海啸即将来临，每个人都知道这一点。激励了小泽20年的梦想似乎即将实现。一个真正的政治时代——竞争激烈的选举和相互竞争的政策愿景——可能即将到来。日本最终会有一位真正的领袖吗？一位能够且愿意把各官僚安排到合适位置的领袖？一位有力量以平等身份与美国总统协商的领袖？一位能与崛起的中国塑造一种政治关系，使得日益紧密的经济联系得到支撑与巩固的领袖？

但令人扼腕的是，答案将是"不会"。那些希望看到小泽的梦想化为灰烬的人，不限于他在日本的敌人群体，也包括美国五角大楼、国务院和白宫西厢办公室的那些人。

图11 日本首相岸信介在美国总统艾森豪威尔的注视下签署《日美新安保条约》。(美联社提供)

第十一章
日本与世界

2010年4月11日，首相鸠山由纪夫抵达华盛顿，参加全球核安全会议。他领导的政府据称是美国在亚太地区最亲密的盟友，他的国家对于美国在东亚的军事存在至关重要。美国外交政策机构的大部分人认为中国是地球上唯一可能对美国构成生存威胁的大国，故日本的支持对其未来与中国或冷或热的冲突有决定性作用。

鸠山领导的国家其重要性不限于安全领域。它是当时世界第二大经济体，也是美国最大的贸易伙伴之一。它的工业和技术基础设施与美国交织得如此紧密，以至于很难分出彼此的界限。计算机、移动设备、商用飞机、汽车、军火……美国没有一件重要产品离得开鸠山领导的国家所提供的零部件和材料。在过去的30多年，它的银行和经纪行一直是美国政府、贸易与经常账户赤字的最大和最重要的外部资助者。早在1978年，它的金融监管机构就开始不断主动出击，干预全球外汇市场，以确保美元继续作为全球首要结算货币和储备货币的地位。

至于鸠山首相本人，他则鲜活地代表一种理想，据说这种理想将美国的全球影响力合法化了。美国人以将鸠山首相的国家重塑为一个自由的资本主义民主国家而自豪。要证明他们的成功，还有比鸠山首相更好的例子吗？他被拥为首相，不是通过不满士兵发动的政变，或者常务委员会和政治局的密谋，而是通过民主的终极考验：通过自由、公平、透明的选举（鸠山的政党刚从7个月前的选举中以压倒性优势获胜），权力从一个政党和平地转移到另一个政党。

因此，人们可能会认为，当47个国家的领导人齐聚一堂，参加那次重要的核安全会议时，鸠山首相会在名义上平等的那些人中被优先接待。当然，外交礼节要求对所有出席国家的代表给予正式的礼遇，包括在军事上包庇、保护恐怖分子的国家，以及明确表示要把美国赶出亚洲的国家。但在奥巴马总统与这些人会面（这是他不得不做的）前，他难道不想和鸠山首相坐下来谈上几个小时，探讨好盟友如何协作以推动会议的目标吗？毕竟，鸠山首相是日本这个唯一遭受过原子弹轰炸的国家经过正式选举产生的民主党领导人，因此可以期待他会对核安全的必要性有异乎寻常的深度关注和敏锐认识。或许，在正式会议结束，其他国家的领导人回国后，奥巴马总统会和鸠山首相在戴维营度过周末，回顾会议结果，就不太友好的国家可能采取的行动交换意见。在这个过程中，他们会抓住这个机会提出两人都曾面临的其他挑战吗？人们可能会这么期待。他们有各自独特的处境，可以就挽救崩溃的金融体系、应对政治反对派（这些人宁愿看到国家崩溃，也不愿看到其民选领导人成功）等问题向对方提供一些秘密的建议。随行翻译就不需要了，毕竟鸠山首相是斯坦福大学的毕业生，英语很流利。

但不管他们最终会谈论什么，也许最重要的是会谈本身。奥巴马很清楚不应该错过这个机会去与鸠山建立亲密的友谊，就像里根与撒切尔、约翰逊与路德维希·艾哈德所做的那样——特别是因为2010年鸠山领导的日本对美国的重要程度远远超过1981年的英国和1964年的联邦德国。

当然，一切都只是想象。鸠山首相的确出席了会议，但他连对总统进行礼节性拜访的时间都没有被安排，顶多就是在一次嘈杂的大型宴会上在后者身边待了10分钟。与此同时，中国、德国、巴基斯坦和印度的领导人却都与奥巴马进行了私人会晤。

这是刻意的冷落，而且已经不是第一次。4个月前，鸠山首相曾试图安排与奥巴马总统单独会面，当时两位领导人正在哥本哈根参加一个全球气候会议。白宫新闻秘书罗伯特·吉布斯则明确宣布两人不会举行会晤，理由很简单：上个月他们刚在东京见过面。最终，与鸠山会面的是美国国务卿希拉里，双方在晚宴上展开会谈。随后，鸠山向日本记者就他们的谈话进行例行描述时，提及"理解"和"合作"等词。对此，希拉里采取了极不寻常的做法，召见日本驻华盛顿大使表达她的不满。[1]哥本哈根会议前三个星期，美国国防部长罗伯特·盖茨访问东京，日本方面邀请他出席欢迎仪式及晚宴，但遭到拒绝。这种无礼行为是蓄意的，就如同在1954年商讨越南分裂问题的日内瓦会议上，约翰·福斯特·杜勒斯拒绝与周恩来握手一样。

鸠山受到这种无礼待遇的原因是显而易见的：他能够赢得选举，部分是因为他承诺就日本政府此前不久与美国签署的一项条约进行重新协商，内容涉及迁移美国在东亚的最大军事基地之一。

但问题不只是这项条约。要理解发生了什么，我们需要从如今在华盛顿决定对日政策的那些人开始，他们决定将鸠山视作敌人而非朋友。我们称他们为"新日本通"（New Japan Hand）。

"新日本通"

这些人在华盛顿形成了一个流动的半永久性的日本政策机构。他们往返于国务院、五角大楼、国家安全委员会、美国驻东京大使馆，以及战略与国际问题研究中心和新美国安全中心等智库机构。许多人同时在乔治敦大学的沃尔什外交学院或约翰斯·霍普金斯大学的保罗·尼采高级国际研究院任职，其中比较杰出的人物有迈克尔·格林、托克尔·帕特森、大卫·阿舍和库尔特·坎贝尔等。这些人大多很了解日本，几乎都在这个国家生活过，很可能也会说日语。

典型的"新日本通"最初以学生、军人或摩门教传教士的身份前往日本，在那里他掌握了流利的日语并熟悉了日本的运作方式。如果他聪明、表现突出且有志向，同时对安全问题以及其他日美关系的重要议题感兴趣，他（新日本通全是男性）会发现通向日本体制高层的大门向他敞开。他可以从自民党主要议员的实习生做起，然后在日本的大学或基金会找到一份待遇优厚的闲职。*

---

* 已故的笹川良一出资创建的基金会在塑造全球对日本的看法方面所起的作用尤为重要。作为狂热的法西斯分子和被起诉的战犯，笹川在战后通过对赛船事业的垄断积累起巨额财富，赛船是日本为数不多的合法赌博方式之一。他的财富使其成为日本右翼势力的重要政治人物，可以与美国的亿万富翁理查德·梅隆·斯凯夫和科赫兄弟相提并论。这些富有的美国右翼分子主要致力于影响美国国内的舆论，而笹川基金会——日本基金会、笹川和平基金会——主要是为了影响外国人对日本的看法。对于研究日美关系重要议题的新晋美国学者来说，他几乎绕不开与笹川金钱的关系。

在晋升的道路上，如果想继续获得资助并与东京决策层产生交集，刚刚起步的新日本通必须沿着下面的思路建立他的主张：日本与美国的军事关系是维持东亚和平的关键所在。考虑到中国的崛起以及朝鲜意图获取核武器的不可预测性，这一点可能会变得越来越重要。因此，没有别的议题——无论是贸易、金融、悬而未决的历史问题，还是其他任何问题——可以盖过安全关系的首要地位。这个关系一直运作得很好，只有一个领域需要改善：日本军队应该在提供防卫和协助美国调动军事力量（"行动相互合作"是新日本通很喜欢的一个词）方面发挥更积极的作用。

沿着这些思路往下，意味着新日本通更深地进入东京权力走廊，进而使其对华盛顿的影响力越来越大。如果白宫或五角大楼的某个人需要了解日本当局对某个特定问题的看法，他召见了一位新日本通并得到了准确、有用的解读，那么这位新日本通多半还会被召见。东京防卫省、外务省或者日本驻华盛顿大使馆的高级官员都明白这一点，并将确保这些新日本通得到他们需要的信息。在适当的时机，他们也会通过新日本通传递信息给华盛顿的主要决策者。

在过去的20多年，新日本通几乎完全控制了华盛顿官方对日本的态度与做法，但导致这种局面的因素有很多。与"新日本通"相对的是战后被称为"老日本通"[*]（Old Japan Hand）的一小群人，具体是指20世纪二三十年代美国国务院的官员和其他当权派人物，他们在当

---

[*] 最重要的"老日本通"大概是约瑟夫·格鲁（Joseph Grew），1932—1941年担任美国驻日本大使。

时帮助美国确定了对日政策。这些老日本通与东京保守派精英中的国际主义亲英派有密切关系。老日本通无法阻止冲向战争的列车，因而失去了华盛顿的部分信任，但他们仍然保留了足够的影响力，说服占领当局不要坚持让天皇退位。但正如我们在第四章提及的，他们的影响力后来输给了国务院的"中国党"，在占领问题上无法再发出任何声音。

新日本通没有遇到上述问题，他们为美国外交政策机构中最有权势的两个人培育和保护。这两个人分别是小布什政府的副国务卿理查德·李·阿米蒂奇和克林顿政府的国家情报委员会主席约瑟夫·奈，后者曾任哈佛大学肯尼迪学院院长。有了两党如此强大的支持，再加上没有其他竞争对手影响日本政策，新日本通发现他们拥有了类似盲人王国中独眼人所拥有的那种权力。

曾经有一段时间，日本在美国人的想象中显得很重要。回到贸易冲突的年代，由于担心日本会在全球经济霸权的争夺中超越美国，同时迷恋日本的经济手段和社会凝聚力，美国大学的学生纷纷涌入日语课堂。美国各大报纸把它们最优秀的记者派往东京，编辑也鼓励他们去寻找日本的特色。在许多人看来，日本的竞争是"不公平的"，美国商界可能对此颇为恼火，但东京确实是崭露头角的年轻高管们大展身手的地方——套用一首歌的歌词，如果你能在那里成功，就能在任何地方成功。当然，在泡沫经济的美好日子里，银行家们纷纷涌向东京这个世界货币的磁场。即使在经济泡沫破裂之后，世界各金融机构的领袖仍继续关注日本——他们都知道，如果日本的银行体系崩溃，每个人会遭遇什么。

但到2010年4月,日美贸易冲突基本上已经成为过去。没有人再预测世界经济是否会失去东京,虽然日本仍可能陷入停滞和债务的泥潭,但如今让各国财政部部长与央行行长们夜不能寐的已不再是对日本银行体系的担忧。立志经商的学生想学的是汉语而非日语,*而那些有抱负的商业领袖是在上海和新加坡发迹的,而不是在东京。顶尖杂志只派遣一名记者驻守东京,有的甚至将分社关闭,编辑们则明确表示,他们只想从日本得到一些有"人情味"的吹捧文章,而不是对其政治或商业的深入分析。为此,日本人创造了"日本过时"(Japan passing)这个术语来形容这一现象,与20世纪80年代的"排斥日本"(Japan bashing)形成对照。

今天,用英语深入分析日本现实的文章仍然存在,但你需要知道去哪里找。确实,财经媒体不时刊登有关日本经济和金融的全面性报道。有关日本政治和社会的深入讨论只能见于《亚太期刊:日本焦点》**或《国家亚洲研究局:日本论坛》等网络平台,但事务繁忙的白宫、国务院和五角大楼的官员不会上网搜寻这些信息。相反,他们会咨询新日本通中自己认识、信任(而且可能一起工作过)的人,快速获得一些大致的了解即可。

因此,当2009年奥巴马政府面对东京的新政府,而且后者明确表示需要重新讨论基地迁移问题并希望重新协商日美同盟的基础时,新

---

* 现在美国大学的日语课程吸引的主要是对当代日本文化感兴趣的学生。
** 在此,我开诚布公地说,我本人一直担任这个线上信息交流平台的协调员,该平台提供有关日本与亚洲的学术性和严肃考察的文章,其主要内容是"对塑造亚太……及世界的各种力量进行深入分析"。

日本通指导白宫如此回应：新政府不值得信任，在它赢得信任之前，应该在外交礼仪容许的范围内尽可能明确地粗暴对待并蔑视它。政府官员既没有能力，也没有意愿去检验这些说法的真伪，就直接全部照做。

新日本通并没有说谎。新政府的确想重新协商东京之前签署的条约。美国确实为日本提供了安全保障，同时如果美国地面部队的存在没有真正的伤害性，它们将不可避免地卷入东亚的任何全面冲突中——它们驻扎在那里的理由之一便是尽量减少冲突的可能性。鸠山在竞选时的确承诺会减少美国在日本的公开军事存在，并呼吁重新协商日美同盟的基础。

但这里涉及更多因素。2009年9月，在鸠山赢得选举后的几周内，这场胜利的设计师小泽一郎开始了对北京的一系列访问，高潮是12月12—13日率领了一个约600名的代表团，其中包括日本政界、商界和文化界的要人。小泽告诉中国领导层，东京的新政府计划对日本的安保和外交政策实行彻底改革。这完全是蓄意让新日本通察觉到红色信号。因为他们认为小泽腐败、不可靠而且反美，而鸠山则无能、古怪。这就是他们在日本主流媒体上读到的，也是他们从自己在东京最信任的消息来源那里听到的——几十年来，新日本通与这些政客交集颇深，他们不是自民党政治家，就是长期倚赖自民党政治保护的高级官僚。

要了解新日本通是如何得出上述结论的，需要从基地问题开始讲起。

冲绳和普天间海军陆战队基地

普天间是美国海军陆战队在日本经营的两个大型训练和空中支援基地之一，鸠山希望重新协商的条约就包括该基地的迁移事项。但普天间不是日本的一个普通的地方。在世界上参与空中支援和空中训练的 20 多个海军基地中，只有普天间位于人口稠密的市中心。更重要的是，它位于冲绳。

冲绳是琉球群岛最大的岛屿，该群岛实际上从日本本土延伸至台湾。琉球群岛曾经形成一个独立的王国，与中国和日本都有朝贡关系。*虽然种族上更接近日本而非中国，比如，琉球群岛上使用的语言与日语关系更深，而不是汉语，但琉球在文化和政治上都有其独特性，直到 1879 年才正式并入日本本土。

由于从明治时代至 20 世纪越来越强调日本"种族"的"纯洁性"和"独特性"，冲绳人现出一种令人不安的反常现象。他们不是外国人，但也不是纯正血统的日本人。他们不是纯正的日本人，所以既要受到歧视，又要被迫接受各种改造。这些改造包括对宗教、语言、艺术等各种制度和习俗的攻击，而正是这些使得冲绳人与众不同。

现代冲绳的历史故事大多屡见于世界上数以百计的族群与文化中，比如，法国的布列塔尼人、西班牙的巴斯克人、意大利的科西嘉人、加拿大的因纽特人、美国的纳瓦霍人、尼日利亚的伊博人、中东的库

---

* 17 世纪初期，九州的萨摩藩入侵该群岛，琉球没有抵抗就投降了。但为了避免激怒清朝，德川幕府命琉球继续维持与中国传统的朝贡关系，同时每年派遣使团到江户。

尔德人、俄国的车臣人、墨西哥的玛雅人等。在威尔逊主义的民族自决论和威斯特伐利亚体系的主权国家观念（每个"民族"都应该有自己的"国家"）主宰下，世界被划分成不同国家，而这些民族与文化群体却没能建立起自己的国家政权。但这些族群很少经历过冲绳人所遭遇的一切：先是被刻意设计成炮灰，接着被迫集体自杀，最后是永久军事占领，而且占领方不是征服国，而是第三方国家。巴勒斯坦人可能会对以色列在约旦河西岸的定居点感到愤怒，但以色列政府并没有与德国移民合作，驱赶巴勒斯坦人并夺取他们的土地。

在"二战"最后的日子里，日本政府把冲绳当作牺牲品，以阻止美国对日本本土似乎无法避免的侵略。这导致冲绳战役成为历史上最残暴的战争杀戮之一。多达三分之一的人口死去，很多是由于大规模的强迫性自杀，这是故意为之，为了要让美国看看如果侵略日本本土会有什么后果。

在美国人到达之前，日本军队已经把冲绳改造成一个军事区域。战争结束后，美国重建日本的军备，通过征用农田增加了一些新的设施，*并进一步将它们全部转变成美国在东亚军事存在的后勤中心。1952年，东京恢复了对日本本土的名义主权，但冲绳仍留在美国的军事管辖之下，持续了20年。1972年所谓的"冲绳归还"只是一块政治遮羞布，事实上冲绳仍被占领，岛上到处是美国的军事设施和美国士兵。

上述情况非常符合华盛顿和东京两方的需要。美国获得了一个重

---

* 那些被夺走土地的农民，最后由日本政府而非美国出资赔偿。

要的海上基地以展开朝鲜战争和越南战争，这个基地的费用大部分由日本支付。在美国战略家看来，冲绳更重要的角色是在强权政治的虚张声势的策略下起到威慑作用，以拦阻朝鲜的冒险举动。

与此同时，冲绳也让日本其他的地区假装自己是一个主权完整的国家，能控制自己的国防和外交政策，但其实它过去不是，现在也不是。一个国家如果把自己命运的掌控权交给其他国家，无论是否自愿，都一定会付出代价，这些代价包括在自己的土地上建立由其他国家控制的大型侵入性基地，在其周围会出现妓院和卖淫酒吧，就如荒地上不可避免地长出杂草。但令人难以启齿的事实是，如果基地不是为本国所有，当地的女孩就是在向外国人出卖贞操。人们要忍受外国士兵穿着外国制服在街上游荡，就好像那个地方为他们所有；人们要忍受这些士兵犯下的无数轻微的罪（其实不是那么轻微）；人们要忍受印有外国徽章的军用车辆在自己的道路上呼啸而过，以及在现代世界里，外国军用飞机在头顶轰鸣。在日本本土，很少会遇到上述情况，即使有，也只是出现在大多数日本人看不到，也想不到的遥远角落，比如横须贺，它在东京以南约30英里的一个半岛上，是美国第七舰队的大本营，又或者是岩国，它在本州岛西端，是海军陆战队另一个重要的空军基地。

但不是在冲绳。在日本本土，人们很容易忽视一点：在很多重要方面，占领其实从未结束。但在冲绳，这是无法掩盖的。[2] 那里八分之一的土地由美国军方控制，大约9万美国人（士兵38 000人，家属43 000人，国防部文职人员5 000人）和110万冲绳人居住在这个拥挤的小岛上，音爆夜以继日地从空中传来。

很自然，不少冲绳人对过去和现在所遭受的一切感到愤怒。但在"归还"后的20多年里，其他日本人大多设法忘记了它们。官僚机构和自民党则使用惯常的手段来控制冲绳的局势：给当地的建筑主管们"撒钱"；利用右翼黑道恐吓左翼和组织反基地示威活动的其他煽动者。

但上述手段在冲绳的效果不如在其他地方，因为那里的人大多变得很激进，而且美国人的存在是压倒性的。不过，日本当局仍有能力把事态维持在可控范围内，直到1995年9月4日为止。当晚，两名美国陆战队士兵和一名美国海军水手绑架了一名12岁的女学生，用一辆租来的汽车把她带到一个废弃的海滩上，然后轮奸了她。整个岛屿狂怒不已。超过8万人（超过总人口的7%）在普天间大门附近游行示威，这是冲绳历史上规模最大的抗议活动。强奸的象征意义再强大不过了。它让人们回想起冲绳战役中最锥心刺骨的一个事件——日本军方故意牺牲219名女学生，将她们组成"姬百合护士队"派到前线，她们大多死在了战场上。她们几乎一夜之间成为冲绳本身的象征：遭华盛顿强奸，被东京遗弃。

即使是最迟钝的人也意识到情况已经十分危急。东京方面看到用金钱和黑道把事情压下来的方法已经不再奏效。五角大楼还在为不到4年前由于当地强烈反对而失去其在菲律宾的重要基地感到痛苦，现在它也担心美军会被完全赶出冲绳。

有一个似乎显而易见的解决方案：关闭普天间基地，将其军事活动转移到附近的嘉手纳美国空军基地，后者是美国在东亚规模最大的军事基地。这个方案最具优势的逻辑源于战略、运输及威慑价值的前提，但其他前提更为重要，其中最主要的是各军种间的竞争，以及冲绳人希望完全摆脱美国的军事存在。海军陆战队会坚决反对与空军共享其两个海外永久设施之一的指挥权，华盛顿也没有人准备承受海军陆战队为了防止这种情况发生而采取的焦土策略。与此同时，冲绳的积极分子担心，任何巩固美国在嘉手纳军事存在的行为都会使强迫美国永远离开冲绳的目标更加遥不可及。

美日两国政府就普天间军事基地迁移一事展开协商，使其能够完全处于海军陆战队的控制之下。双方同意将基地的部分功能转移至关岛，同时为其他功能建造一个新的直升机场。但尽管日本政府同意承担大部分费用（美国政府会计总署自己也承认这些成本被夸大了），协商仍毫无结果。因为新计划的设施会毁坏大浦湾附近的边野古——冲绳最后的原始地带之一。不可替代的珊瑚礁面临毁灭，许多受保护的濒危物种也受到威胁。无论如何，这个计划遭到了当地居民的坚决反对。

尽管如此，在小泉担任首相的最后日子里，日本政府官员仍然继续推动条约通过。时任美国国防部部长唐纳德·拉姆斯菲尔德曾威胁如果不签署条约，美国将从日本全面撤军，并叫嚣道："我们不会留在不欢迎我们的地方。我们会收拾好设备立刻就走。"自民党倚仗的是一种模糊的观念，即随着时间的推移，它们可以手提"消防水管"，喷出足够的金钱和威胁以淹没当地的反对声音，最终使迁移工作进行下去。

但手边没有这样现成的"消防水管"。虽然承诺即刻开始修建新设施，并在2014年前完成普天间的搬迁工作，但从政治上讲，东京没有一个统治集团准备采取必要的措施来启动这一进程。

这是因为,围绕普天间和边野古计划的事件将华盛顿与东京的矛盾暴露无遗,以往两国为了巩固同盟而进行的愉悦会谈再也无力维系。而另一个无法掩盖的事实是,所谓的日美同盟依赖一个被征服人群的沉默,但这群人现在不愿再沉默下去。

当一个被征服的群体奋起反抗,当再也无法通过贿赂拉拢地方精英,当幕后恐吓不再奏效时,占领政府只有两个选择。它可以在大街上开枪镇压人民,就像1857年英国人在印度所做的那样。或者它可以承认,自己不愿意继续承担将令人憎恨的统治强加给一个被征服的民族所带来的道德和军事代价(就像1949年英国对印度,以及1989年苏联对波兰和民主德国所做的那样),并准备为新的现实环境做出调整。

冲绳起义的新现实给了日本两个选择。一个选择是,东京公开承认美日"同盟"根本不是同盟。日本不是美国的盟友,而且从来都不是,它更像一个受保护国——可以在一定程度上自由地管理自己的国内事务,但在所有重大的外交政策和安全问题(以及具有体制变革意义的经济政策问题)上必须听命于华盛顿。要公开承认这一点,就必须将美国在冲绳的大部分军事机构移至日本本土,这样,占领的代价——包括民族自豪感、主权的侵犯、占领军带来的腐败,更不用说大型基地的噪声和破坏了——就可以分摊到整个日本,而不是完全由一小块土地来承担。

另一个选择是恢复日本对自身命运和事务的控制,换句话说,20世纪30年代因日本不愿面对基本的政治问题,不愿驾驭有武装胁迫力的野心勃勃的鲁莽年轻人（他们在任何政治体制中都是最危险的因素）而放弃的主权，需要得到恢复。如果日本真的成功恢复成为一个主权完整的国家，最后它也许会成为美国的真正盟友。这的确有可能。现实主义的政治理论和常识都暗示美国是日本顺理成章的盟友。但在成为主权国家之前，日本不可能成为美国或其他任何国家的盟友。

这是民主党内部的普遍看法，特别是小泽的，也是鸠山呼吁重新协商日美同盟基础的原因。但五角大楼和华盛顿的新日本通的反应则是堵上耳朵，愤怒地尖叫。与此同时，在东京，55年体制的捍卫者和主要受益者，即自民党和官僚机构，拒绝接受冲绳起义所反映的现实，它们相信可以把破碎的东西重新拼好。所以，它们心照不宣地联起手来摧毁新政府，而且从三个意想不到的地方得到了帮助：北京、平壤和太平洋的海底板块。

鸠山政府的覆灭

2009年9月举行大选，民主党的政敌在大选前5个月开了第一枪。当民主党看来已经就位，准备开着那辆势不可当的"压路机"一路掌权时，公共检察官和主流媒体拿出它们惯用的招数对付那些威胁推翻现有体制的野心勃勃的政治家：运用本身模糊不清的这条或那条选举法令，将某位违反法令的政客绊倒，同时在媒体上大肆宣扬调查的"新闻"。作为民主党的领袖，小泽肯定知道此类事情即将发生，并且可能认为自己已经做好准备。尽管检察官们知道不会有太大进展，但还是对一宗土地购买案中所谓的虚假报告展开了调查。

检察官们很快就会因为缺乏证据而放弃调查，但小泽的政敌采取了一种巧妙的策略，让关于这个"不光彩"交易的"新闻"继续在公众面前曝光。人们普遍担心日本的检察官实际上已经自成法律（日本的定罪率超过 99%），为此，日本刚刚将由法院从公民中随机抽取的陪审员小组升级，类似于美国的大陪审团，据称就是为了抑制检察官的狂热行为。这些陪审小组是占领时期改革的遗留产物，过去主要参与一些轻微的违法案件，如交通违规。但这些重新获得授权的陪审小组表面上是为了约束过度活跃的检察官，其实是为了完全不同的东西：当目标站上法庭而缺乏有力的控诉证据时，它成为诽谤其名誉的一个有效工具。监督小泽调查案的公民陪审小组"要求"检察官"重开"案件。调查会一直持续，直到小泽的野心明显受挫，他组建的政府已经失败，然后调查才会悄悄终止。

不过，我们的故事讲过头了。调查的展开，再加上《朝日新闻》等媒体社论版上歇斯底里地指责小泽"出卖""公众信任"，让他相信自己别无选择，只能辞去民主党党魁的职务。经历了整整一代的丑闻，包括 1993 年破坏他组成真正反对党政府首次尝试的虚假丑闻，小泽非常清楚当日本的政治丑闻被允许按照剧本揭露时会发生什么——丑闻将以怎样的方式转移公众注意力，使其不再关心当前其他重要议题，包括检验日本权力的实际运作方式，以及设想日本现代史上的首次实权和平转移。他知道需要让最近的丑闻从人们的视野中消失，而要做到这一点，最快的方法就是辞去民主党总裁一职，让他的名字从聚光灯下消失。为了保证自己能继续在幕后有重要发言权，他设法选择了鸠山作为继承人，而不是据称人气更高的冈田克也。

小泽的恩师田中角荣的例子可能影响了他的思想，正如我们在上一章谈到的，田中的权力在他卸任首相后达到巅峰。小泽大概相信，他无与伦比的政治技巧与鸠山的清誉和好名声结合，足以使他实现自己的理想，即使他不是首相。

小泽的政治策略在短期内奏效了。他的辞职顿时瓦解了其政敌要使民主党的列车脱轨的最后希望。2009年9月，日本见证了历史上一次压倒性的选举胜利。民主党以压倒性优势获胜，自1955年以来一直控制着日本政治和政府的自民党与官僚之间的关系网络似乎彻底破裂。

小泽的策略短期来看或许无懈可击：这足以使田中感到自豪，小泽在全日本训练了一支政治"新军"，它在民主党的压倒性胜利中发挥了关键作用。但长期来看，这种策略失败了。小泽曾明确表示，他希望在官僚体制上施加真正的政治领导力，并重新协商日美关系的基础。从事后看，即使他当上首相，也无法确定自己能否完成这些艰巨的任务。诚然，田中已经证明有权势的政客可以迫使官僚机构屈从其意志，但正如我们在上一章看到的，田中最终没能挑战官僚在政策形成过程中的特权。

然而，小泽的意图远超过田中为盟友和依附者从官僚机构中榨取金钱的策略。官僚的大部分权力源于管控大量机关和程序，为大多数日本人提供经济保障。在前面几章我们看到一些例子：银行监管提供了各种激励措施，以确保信贷流向那些可能破产的公司；雇用协议使解雇变得很困难，甚至不可能；无数的许可和其他办事方式让效率低下的企业得以维持。

自从泡沫破灭以来，一直有人说，除非日本经济摆脱所有这些低效率的办事方式，否则不会恢复强劲的经济增长。这也许是对的，但小泽和民主党明白，仅仅除去这些是不够的。日本和其他国家的近现代史表明，一旦人们意识到经济安全是可能的，他们就会惩罚任何无法提供这些保障的政府。实际上，自民党失去对东京议会的掌控，完全是因为选民清醒而正确地认识到，随着"终身"雇用的减少以及原来对低效能企业补助的消失，经济安全已经不再被视为理所当然。

小泽试图用明确的、合法的手段取代原来的做法，以实现经济安全。通过终身雇用或在无用大工程上增加开支以促进萧条地区"就业"的做法将被终止，取而代之的是福利和失业补助的加强。民主党基本上接受了日本社会已经变得过分规避风险这种观点，但如果要鼓励企业家、管理层和年轻劳动者勇于冒险，就一定要确保他们在失败后不会面临终身贫困和社会死亡。这也是民主党决策者对丹麦等国如此着迷的原因之一，在这些国家，健全的社会保障体系支撑着充满活力和创业精神的经济。民主党最令人印象深刻的口号"民生第一"和"从混凝土到人民"，足以表达其计划的基本精神，即重新分配开支，从无用的大工程转移到福利，并以是否真正改善民生作为评估经济政策的基础。

但这种计划对日本有史以来的权力运作方式构成了致命威胁。它使政治家担心不能再利用政府资金来换取政治支持，也会剥夺官僚随性提供政治与经济保护的大部分自由决定权。

因此，官僚出于本能地厌恶新政府也就不足为奇了。这种憎恶无法用语言明确表达出来，除非彻底撕破日本官僚作为民选政府公仆的"建前"（表面上的主张，实则与现实不符）。但由于擅长被动性攻击，他们可以不露声色地用各种手段蓄意破坏新政府的所有努力，而且保证新政府背黑锅，让它看起来"无能"。

也许，小泽本来可以阻止这一切，但他受困于蓄意制造的"调查"，而且受困之深或许他自己也没有料到。这就把决定权留给了鸠山。

鸠山并不像人们描绘的那样古怪，他的血液里有政治和近现代日本历史的印记。按照日本政治的伟大传统，他来自日本最古老的政治家族之一，其祖父鸠山一郎在1955年自民党刚成立时就曾担任日本首相。鸠山有点内向，也太有同理心。如果说他有什么弱点，那就是厌恶政治中赤裸裸的权力斗争。如果说田中像林登·约翰逊，鸠山则很像阿德莱·史蒂文森或吉米·卡特。

完全可以预料到，试图诋毁鸠山声誉的攻击接连袭来，第一枪就是炮轰他的财务状况。但这些指控比针对小泽的更加毫无根据（鸠山的秘书称，鸠山的母亲写给鸠山的支票其实是其他支持者提供的），而且这些指控没有造成什么影响。

但随后民主党的政敌发现了普天间基地的秘密。正如我们所见，在拉姆斯菲尔德的压力下，小泉领导的自民党政府签署了搬迁普天间的条约，但很清楚该条约无法实施。从那时起，自民党就一直拖延着。但鸠山上任后，搬迁问题突然变成日美关系的首要任务。鸠山首先尝试把来自华盛顿和东京的压力放在一边，合理地询问这一议题为何会一夜之间变得如此紧迫，并建议应该将其暂时搁置。

日本的"影响力代理人"

要理解之后发生的事情，我们必须首先看清东京在过去 65 年里建立的影响美国舆论和政策的机制。任何国家如果想或需要从华盛顿拿点东西，都会培育类似的机制，但除了以色列这个著名的例外，没有哪个国家建立的机制能像日本的那样强劲有效。最明显的原因是华盛顿对东京有重大利害关系，而且日本做这种事情极有技巧：利用日本天下无双的"撒娇"（甘え，试图越过界限，取得宽容谅解）技巧以讨好强权。

正如我们前面看到的，日本始终无法摆脱"美国的拥抱"（这是约翰·道尔在其占领史相关著作中的深刻称谓），而且自 20 世纪 80 年代末以来，日本实际上已经停止相关尝试。大多数普通的日本民众现在倾向于欣赏和喜欢美国，虽然对它已没有特别的好奇心。20 世纪 60 年代和 20 世纪 70 年代初期常见的强烈反美情绪主要源于强加的安保条约和随后的越南战争，但现在几乎不复存在（除了冲绳）。在今天这个苹果平板和谷歌的时代，20 世纪 80 年代日本常见的那种对美国社会和商业的蔑视也消失了。与此同时，大部分精英（尤其是官僚机构、自民党，以及体制内的商业和金融财团）已经妥协，把主权中的关键部分移交给华盛顿，以此作为继续控制日本国内局势的合理代价。

但这种拥抱的舒适感取决于美国人的仁慈，而对于美国这样一个善变的国家来说，这种仁慈不能被视为理所当然。相应地，东京在过去几十年里建立了由基金会、记者、政府官员和学者组成的强大机制，负责监控和塑造美国对日本的舆论。另外，美国的大型日本企业团体也提供援助，它们往往充当"日本股份有限公司"的分支机构，因为东京无法倚赖美国国内的任何天然盟友以影响其对日政策。没有什么能与美国宗教右翼的基督教犹太复国主义者以及他们与以色列利库德集团的密切联系相提并论。日裔美国人虽然有数十万，但他们大多与日本本身已经没有什么联系，除了乡愁之外，他们对自己的祖先故地已经没有多少感情。* 美国总统在执行可能影响以色列、古巴和北爱尔兰的政策时明显犹豫不决，因为他们担心会受到犹太人，以及古巴裔和爱尔兰裔美国选民的报复。然而，美国执行对日政策时不需要考虑日裔美国选民的情绪。东京必须倚赖自己的力量去讨好、安抚华盛顿，必要时还得平息其怒火。

日本在美国没有天然盟友看上去可能是一种劣势，但这也让日本远离了美国媒体的关注，因此它可以在几乎不受监督的情况下塑造美国舆论。关于以色列影响美国政策的任何思想或说法都不会被忽略，同样的情况也一度发生在日本身上。回到 20 世纪 70 年代末和 20 世纪 80 年代，当时美国正担心自己会被日本的工业巨头变成日本的经济殖民地，大批愤怒的书籍和文章应运而生，描述日本的"影响力代理人"（当时最具爆炸性的标题之一）如何像藤蔓一样蔓延至美国经济和商业决策的核心。

这样的日子早已一去不复返。尽管日本政府为监督和影响美国舆

---

* 日裔美国人相对不关心美国的对日政策，尤其是与美国的犹太人对中东、爱尔兰裔美国人对北爱尔兰以及古巴裔美国人对古巴的关注相比。这可能与"二战"期间数以万计的日裔美国人被监禁，以及剩下的人决意扮演"好美国人"有关。

论而建立的强大体制工具很大程度上仍在发挥作用，但随着新千年的到来，已经没有什么值得兴奋的。美国与日本的贸易摩擦大部分已成为过去。在中国可能对全球秩序构成的威胁以及如何应对平壤最近的好战叫嚣等问题上，华盛顿和东京的政策精英往往持有相似的观点。即使日本人认为美国在中东问题上介入太深，也不会表露出来，而且无论如何，美国深度介入的意外结果是保护了该地区的航运线，这是日本乐于看到的，因为那些航线正是它大量进口石油的通道。华盛顿仍在向东京施压的一个领域是增强日本的防卫能力（"行动相互合作"），这也是日本大多数精英决策者希望看到的。他们发现，这种压力有助于实现他们中更右倾的人希望达成的最终目标：废除宪法第九条第二条款，该条款在理论上禁止日本维持"发动战争的能力"。

10年过后，日本在美国的影响力代理人工作越来越容易，尤其是考虑到小泉和小布什总统之间的友好关系。这些影响力代理人仍在密切关注美国的舆论，他们现在的工作也包括推动美国协助日本确保几十年前被朝鲜绑架的日本公民安全返回等事宜。东京希望解决这个问题，不希望自己被排除在任何与平壤的协议之外。当然，他们同时要向五角大楼保证普天间基地的调整很快就会进行，虽然当时还没有具体的方案。影响力代理人与新日本通保持着良好的关系，而且可以依靠这些关系确保五角大楼、白宫和国务院只听到日本希望传达的消息。当小布什政府在卡特里娜飓风的后续影响、伊拉克战争的失败、次贷危机，以及20世纪30年代以来最大的经济衰退等背景下任满下台，无论如何，基本不会有美国媒体将焦点转移至冲绳僵局的危险，阿富汗、伊拉克和银行业危机牵动着所有人的视线。

但日本民主党的胜利使得影响力代理人突然需要面对一个史无前例的新任务。在此之前，他们一直受命于日本自民党、官僚机构和财团等统治精英，而现在他们接到的是完全相反的工作：破坏和诋毁一个民选日本政府的声誉。

影响力代理人奋起应对挑战，到处宣扬同一个故事：鸠山政府无能且反美，会威胁东亚的和平与稳定。这个信息尤其引起新日本通和五角大楼的共鸣。新日本通并非对日本一无无知，他们非常清楚小泽是民主党胜利背后的推手，也了解他有多大的势力。他们中的许多人还记得是小泽促使东京承担了第一次海湾战争的大部分费用。他们知道他在1993年几乎瓦解了自民党与官僚的联结，也明白这次他很可能会成功：成功地限制他们在东京的朋友及同僚的权力；更关键的是，成功地终结他们对华盛顿对日政策的有效垄断，并有可能破坏美日之间舒适的准殖民地安全关系。

甚至在民主党获胜之前，新日本通就已经对小泽改革美日关系的有关谈话表现出恐惧和厌恶。2009年2月，奥巴马即将上任，希拉里·克林顿作为国务卿首次海外出访时曾飞往东京，希望更新2006年有关普天间搬迁的协议。华盛顿已经注意到，虽然谈了很多，但日本完全没有为履行协议而开展任何实际工作。新政府打算提醒东京不要错误理解奥巴马的竞选言辞，华盛顿没有任何改变其东亚政策的意图。奥巴马留任小布什政府的国防部长罗伯特·盖茨，并派希拉里带去口讯：日本是时候履行自己的承诺了。

到那时，事态越来越清晰地显示，华盛顿几乎无法阻止自民党即将面临的失败。为了确保小泽明白美国不会容忍对2006年协议的任何违背，希拉里坚持要与小泽会面，而小泽最初试图回避这一点。接着，她在记者招待会上尖锐地指出："一个负责任的国家会遵守已经签订的协议，我今天与中曾根外相签署的是我们两国之间的协议，不论谁当政都一样。"[3]

小泽一直表达这样一种观点：从客观军事角度看，对东亚安全真正重要的不是冲绳，而是总部在横须贺的美国第七舰队。冲绳基地主要放置训练和后备设施。在任何可能的冲突（再次爆发朝鲜战争或台海冲突）中，率先执行军事行动的会是驻守韩国的美国陆军部队，或者如小泽指出的，是第七舰队的水兵，而不是冲绳的海军陆战队。*

小泽的言论激怒了五角大楼的官员和新日本通，因为他们已经花了所有力气来协商这个无法解的问题，包括与东京的多次谈判，还有更重要的是，为说服海军陆战队迁出普天间所做的诸多努力。但真正令他们火冒三丈的是，小泽建议日本的防卫安排应该"以联合国为中心"，而不是"以美国为中心"。在小泽的所有言论中，再没有比这个更令华盛顿愤怒的了，这一点小泽可能并不完全理解。在那场小泽最初逃避、最后匆忙安排的会谈中，他曾向希拉里表达了自己对集体安全的看法，但后者的回应"很冷淡"。

一些日本评论人士暗示，正是在这次会面后，公共检察官接到华盛顿的命令开始调查小泽的财务。虽然没有确凿的证据证明这一点，

---

* 2011年11月22日，我听说已故的《洛杉矶时报》前驻东京记者萨姆·詹姆森（Sam Jameson，长期任美国驻日本记者协会会长）曾向知名的新日本通威廉·布鲁克斯（William L. Brooks）提问。当时布鲁克斯正在东京进行演讲，詹姆森问他美国海军陆战队在冲绳驻军的战略意义是什么。詹姆森补充说，他报道这个议题已经30年，但"从未搞懂"这个问题。布鲁克斯基本上同意詹姆森的观点：它是为日本和东亚提供安全保障的"一揽子计划"的一部分。

但小泽肯定是在这个时候被新日本通及其强大的支持者（尤其是阿米蒂奇）点名成为"日美关系"的敌人的。小泽在检察官调查后辞职，但这没有安抚新日本通。他们了解日本的作风，知道小泽很可能成为一个有权势的幕后操手，就像他的恩师田中一样。2009年12月，小泽率领代表团访问中国，这进一步激起了他们的愤怒。小泽受到的热情接待与希拉里对待他的方式（或盖茨羞辱鸠山的方式）形成明显而强烈的对比，日本和美国的媒体都开始猜测三国间的结盟关系可能会有根本改变。*

因此，当影响力代理人开始散播鸠山是无能的反美政府领袖这一信息时，很容易被接受。奥巴马的白宫正好落入这个陷阱，它对待鸠山的方式为日本主要报纸提供了它们所需的证据，暗示鸠山对日本最重要的外交政策关系造成了"威胁"。在大多数国家，华盛顿对待一国领导人的那种无礼和轻蔑会激起人民的愤怒，使政府与人民团结一心。在日本却不是这样。操纵日本主流媒体的是对小泽的憎恨、使日本政治摆脱田中遗产的决心，以及对与自民党政客舒适关系的怀念。至于看到本国首相被日本"盟友"的领导层当作误入歧途的学生那样对待，它们则没那么关注。

鸠山身上的压力越来越大。他当时的作为指向了历届民选日本政

---

* 阿米蒂奇于2010年1月20日在美国国际战略研究中心（Center for Strategic and International Studies，CSIS）的太平洋论坛上发表了演讲，这次演讲相当于影响力代理人与新日本通的一次公开秘密会议，尤其具有启示意义。虽然他闲话家常地使用了"我们的日本朋友"之类的礼貌辞藻，并声称不会干涉日本内政，但还是不可避免地不时表现出对民主党的困惑和对普天间可能受到的影响的担忧。演讲进行到一半时，他失去了礼貌和外交礼仪。阿米蒂奇不能直接点小泽的名字，但他暗讽小泽的北京之行为"日本解放军的幽灵降临北京"，并抱怨小泽"已经10年没有去过华盛顿"，就好像小泽是个不服从命令的叛逃军官。

府都面临的根本问题，这个问题可以追溯到明治时期：日本官僚认为自己"高于"政治，在这种情况下，民选政府很难对其进行政治掌控。

这情况并非日本独有。没有专家和有知识的官僚，就不可能治理国家。但高度复杂的现代社会有一个巨大的陷阱：官僚们逐渐变得傲慢，开始蔑视所有试图"干预"他们做事方式的行为。当美国人思考冷战结束后美国国家安全机构（五角大楼、联邦调查局、中央情报局和国家安全局）的遭遇时，他们应该对日本的困境有更多同情。奥巴马当选总统，一定程度上是为了揭开前任政府给这些官僚机构蒙上的神秘面纱。但他不仅没能叫停这些机构的扩张，反而成了它们的代理人。为什么？因为他发现它们已经不再处于有效的政治控制之下。

这个问题在日本更为尖锐，因为它从未像美国和法国那样完全实现民主政治：权力运行合法化。日本官僚系统中的高层决策者仍倾向于像战前的前辈那样将自己视为"天皇的侍从"或今天的"日本的侍从"，而不是服务于选民，更不用说那些选举出来代表民众的肮脏、贪婪的政客了。当面对诸如与华盛顿的关系等问题时，鸠山只能求助于他的专家和技术官僚——这些人花了几十年时间沉浸在美国舆论和政策制定的细枝末节里，他们与阿米蒂奇、约瑟夫·奈以及新日本通称兄道弟。他们不认为自己是鸠山的幕僚，负责执行其在首相办公室名义上的上级所决定的政策。他们认为鸠山和他所代表的一切是对"日本"的威胁，所以卖给他一张货物清单：他们可以用"某种方式"将普天间与华盛顿的纠葛抛在脑后。

后来，鸠山曾在私人谈话中承认，他当时做了其政治生涯中最错误的一个决定。因为急于解除媒体和官僚对他施加的压力，以及担心民主党希望达成的东西成为镜花水月，他接受外务省官僚的虚浮建议，宣布会"赌上他的政治生涯"，在2010年5月前解决普天间问题。

这是日本政治家处在不利环境时普遍采用的招数。举例来说，小泉就曾表示，会"赌上他的政治生涯"让国会通过邮局私有化法案。这个招数有时会有效，就像小泉在该法案未获通过后运用首相特权解散国会，并呼吁进行选举时所做的那样，最终他赢得了选举。但鸠山则事与愿违。冲绳爆发怒火，因为民主党曾答应当地选民要结束美国的实际占领。奥巴马政府拒绝向鸠山伸出援手，就像鸠山在核安全会议上受到的接待一样。白宫表示，只有等到有明确迹象表明新基地的建设工作已经开启时，美方对待鸠山的礼数才会符合其接待大多数外国政府元首（特别是那些来自民主阵营的"盟友"）的规格。

但无论官僚们对鸠山说了什么，普天间搬迁协议都不可能在5月份开始实施。如果自民党以前无法或无意部署必要的力量来强力执行协议，民主党同样也不可能。

紧接着，2010年3月26日，一艘韩国海军舰艇爆炸，造成船上46名官兵死亡。韩国和美国（以及其他三个国家的代表）官方调查的结论是，爆炸的起因是朝鲜的鱼雷。许多人指责这次调查工作十分仓促，甚至可能掩盖了真相。瑞典代表团对朝鲜蓄意制造此次爆炸的结论持保留意见，而一些韩国知名人士则公开表达了他们的怀疑。* 此次事故可能是朝鲜不久之后去世的领袖金正日有意策划的，目的是使

---

* 主要包括美国弗吉尼亚大学物理学家李承勋和约翰斯·霍普金斯大学保罗·尼采高级国际研究院朝韩研究中心主任J.J.徐，前者称官方的调查结论"很荒谬"。

紧张局势升级，以掩护与其子的权力交接（没有确凿的证据证明这一点），也可能是首尔或华盛顿（抑或双方合谋）对事故的机会主义反应，但无论如何，它都强化了日本对朝鲜的担忧。这种担忧常常与一种模糊的认知联系在一起，即只有美国的安全保护伞才能阻止朝鲜的疯狂举动，而鸠山的"无能"则在这把保护伞上撕开一个洞，将日本暴露在平壤的好战分子面前。

即便粗略地分析一下，也能看出这种认知是有问题的。朝鲜并非无所顾忌。考虑到近期在伊拉克、阿富汗、利比亚、伊朗、叙利亚和波斯尼亚发生的事件，以及更早一点格林纳达、危地马拉、印度尼西亚、尼加拉瓜、巴拿马、古巴和多米尼加共和国的历史，朝鲜感到自身受到威胁，需要将一手烂牌尽可能打好是必然的。朝鲜需要表明，企图扳倒其政权的代价是高昂的。

如果他们错误估计了形势（这种风险的确存在），如果他们的言论意外触发了战争，那么部署在冲绳的美军几乎起不到什么作用。200万韩国士兵和4万驻韩美军会是对朝鲜战争的主力。平壤方面可能会利用导弹威胁，并将大阪和首尔当作筹码，但不知道冲绳新建的海军陆战队训练设施能否与之抗衡，或许它只是让平壤感受到更大的威胁而已。

但这些没有进入典型的日本选民的思维模式，更不会出现在他们观看的电视节目和阅读的报刊里。相反，他们被引导着相信，自己选出来为搞好经济、以新政策取代陈旧安全网的政府，如今正以某种方式破坏着日本的安全机制，使他们的国家容易受到朝鲜的攻击。

鸠山面对的压力越来越难以忍受。媒体的抨击和支持率的直线下降,让鸠山担心自己和小泽的一切努力与计划会毁于一旦,因此他与小泽商量一起请辞,分别辞去首相和民主党干事长。也许他们的继任者能完成他们做不到的事,因为这位继任者是日本政坛最有魅力的人之一,他就是菅直人。

"3·11"事件和菅直人政府的命运

在这里,我们要继续第九章未完成的部分,在那里首次谈到菅直人。这位年轻的政治家曾参与学生抗议运动,早在1996年就已经摸清官僚的底细,并毫不退缩地与其对抗。菅直人和鸠山一起创立了民主党,鸠山辞职后,他立即参加竞选并成功当选该党党首,自动出任首相。在党内选举中,菅直人只受到一名与小泽关系密切的候选人象征性的反对。当时,有人猜测,所谓的竞争对手只不过是小泽和菅直人为了吸引媒体的注意而虚张声势。那些曾在田中和金丸的幕后操控下无能为力的官方评论员,对小泽虽然辞职却仍主持大局的任何迹象高度警觉,一旦证明确有其事,他们便准备让菅直人经历和鸠山一样的政途惨败。

但这不是虚张声势。菅直人确实与小泽保持了距离。上任不到两周,菅直人就开始谈论将消费税翻倍,这不仅直接违背了民主党的竞选纲领,也与小泽最热情的信念相抵触。税收是日本民选政府少数能真正制衡官僚机构的工具之一。正如我们在第七章和第十章所指出的那样,财务省在过去一代人的时间里一直试图将消费税变成日本政府的主要收入来源,不仅是为了解决日本的财政困境,也是为了让税收不再成为政治讨论的话题。小泽明白，实现财务省的梦想将意味着终结政治家对官僚机构的所有制衡，这也是他强烈反对增加消费税的原因。许多选民同意他的看法。

菅直人做了一个鲁莽的决定，铸成大错。鸠山对解决普天间迁移问题的承诺仍令选民记忆犹新，菅直人再度强化了民主党不会遵守竞选时的承诺的印象。菅直人很快就收回主张，但伤害已经造成。在7月的选举中，民主党失去了参议院的多数席位。小泽公开反对菅直人，并在9月的民主党党首选举中对他提出挑战，不过菅直人仍勉强获胜。菅直人随后开始清除内阁中支持小泽的人，可能是因为他希望官方媒体能接纳他，而不要用对待鸠山的方式为难他。

可以接替他的人选有很多，包括他的财务大臣野田佳彦、外务大臣前原诚司，以及后来出任内阁官房长官并在"3·11"事件时担任政府发言人的枝野幸男，他们都毕业于松下政经塾。松下政经塾由松下电器创始人松下幸之助创办，目的是培养特定的精英成为未来的政治家。松下政经塾及其毕业生代表着一种在2008年金融危机以前风靡全球的文化基因的日本版：只要管理国家的人是那些最杰出企业的领导者，是注重效率、技术、优先级、核心竞争力和双赢局面的演说家，是擅用演示文稿和数据挖掘工具，说话干脆利落，一派领袖风范的精英，该国的政治与政府治理问题都可以得到解决。这种强有力的构想誓将民主政治的混乱、幕后交易以及显而易见的不道德彻底终结。从小布什的白宫到萨科齐的爱丽舍宫、从他信·西那瓦领导的泰国到斯蒂芬·哈珀领导的加拿大，这种理念无处不在。这引起了日本商界精英的共鸣，他们越来越处于守势，将国家的困境归咎于统治阶级的失败。他们可能在某些方面是对的，日本政治的确出了一些问题。在根本上管理国家的确实不能是官僚群体。

但也不能是企业管理层，更不能是把管理公司与管理国家混为一谈的政客。松下政经塾的毕业生外表和言谈都与身份相符，像前原诚司和接替他担任外务大臣的玄叶光一郎这样的人都很英俊，穿着优雅，说话得体。他们很适合在董事室，与那些跻身达沃斯年度世界经济论坛的人平起平坐，促膝欢谈。但他们不知如何处理农村建设管理层的需求，后者只想知道下一个政府项目何时破土动工，好让他们支付员工薪水。他们不知如何安抚因贸易自由化问题而深感忧虑的个体农户，不知如何面对被"任人唯才"的日本雇用机制改革吓坏的年长工薪族，也不知如何引导那些难以找到过去倡导的稳定体面工作（这类工作现在越来越少）的大学青年。同时，这些松下政经塾的毕业生肯定不知如何安抚数千名愤怒的冲绳人，也不知如何约束数百名狡猾的官僚，这些官僚经历了一个又一个"改革派"政治家，但其官僚特权与势力范围仍能完好无损。

把小泽排除在外，菅直人和他周围的人终于开始尝试他们没有政治家的政治蓝图，或至少没有那种由田中训练出来的、擅长做幕后交易的政治家。假如没有"3·11"事件，它有可能成功吗？可能性不大。诚然，华盛顿已经决定暂时让菅直人松口气。奥巴马在与日本新首相的第一次电话交谈中，要求菅直人承诺继续推进普天间基地的搬迁，但这次没有设定最后期限。

然而，北京方面并没有配合。中国人已经注意到所发生的一切。他们认为华盛顿开始有计划地阉割日本政府，后者大胆声称要重新调整其外交关系和国防事务。一艘中国渔船驶入某些遥远小岛的水域，与日本巡逻船相撞。一名日本海岸防卫官员泄露了此次冲突的视频片段。看到日本政府的懦弱回应，该名男子十分愤怒。但这只是一系列对抗中的第一次，后来事态逐渐升级，成为1945年以来日本外交政策面临的最大挑战。不管有意还是无意，北京开始表示，东京可以成为华盛顿一个的附庸，也可以与中国维持良好关系，但两者兼得已经不可能。折中调和需要田中角荣这种政治天才，大约40年前，当钓鱼岛威胁到日本与中华人民共和国建立的正式外交关系时，田中成功地与周恩来搁置了这个重要议题。这种外交手腕所需的技能无法从零基预算的课堂讲座中获得，只能从真实政治的虚张声势与交易协商的经验中掌握——田中和小泽都老于此道，但菅直人及其外务大臣前原诚司显然缺乏这种经验。

我们在第九章里已经谈及围绕"3·11"事件发生的事情：在受损核电站的管理者东京电力公司濒临放弃该设施的边缘时，菅直人扛起了责任。

也许有人认为菅直人应该被视为英雄，而且如果那几周可怕的历史最终被书写下来，他还有可能成为日本的救世主，但这些不是当时人们对他的看法。的确，在灾难发生后的头几天，人们可以将其与1995年政府对神户地震的反应进行积极的比较，并能理解2011年大灾难带来的挑战远超过以往。但随着地震和海啸的消息逐渐被核电站的灾难所淹没，而且不知伊于胡底，公众看到的和媒体报道的是东京电力公司与日本政府最高层的无能和瘫痪。

华盛顿的作为可以说是典范。也许是因为海军陆战队被纵容危及美国最重要的关系之一而感到不安，也许是因为真正的同情，但最有可能的是为了挽救因冲绳事件而陷入严重危机的美日安全关系，美国慷慨地伸出了有力援手。仙台机场的重建尤为关键。美国军方以破纪录的速度修复设施，让飞机能够着陆。仙台是东京以北本州岛最大的城市，因为地震和受损核电站辐射的双重影响，它的对外联系已经被彻底切断。机场的重新开放缓解了这座城市绝望的隔离感。当然，这也显示出美国军方很擅长此类事务——重建工作如此高效，与福岛核电站周围发生的一切形成强烈对比。

两个月后，参议院军事委员会的三名成员，即约翰·麦凯恩、卡尔·莱文和前海军陆战队队员吉姆·韦伯说出了真相：普天间搬迁协议完全行不通。他们可能是华盛顿唯一能拦阻整件事，能真正站出来说皇帝没有穿衣服的人。正如美国驻东京大使馆前二等秘书罗德尼·阿姆斯特朗所说的那样：

> 边野古计划是美国军方自己造成的问题，他们没有认识到冲绳不仅无法容纳普天间基地，也无法容纳普天间基地的任何替代品。唯一的解决方案是与空军共同使用嘉手纳基地。这是所有中立观察员早在17年前问题出现之初就得出的结论。在2010年的报告中，莱文、韦伯和麦凯恩三位参议员也接受了这个结论。如果军种间的对抗阻碍了这一解决方案，那么海军陆战队必须离开冲绳。

但一切都太迟了，无法挽救营直人。在灾难发生前不久，以传统观点来看，菅直人撑不了几个星期。很多灾难发生后，人们通常会团结在当局四周，这种情况也出现在"3·11"事件中，但这也只是给了他一条暂时的救生索。他宣布坚决留任首相，至少要等到重建法案在国会通过。然而，在成功实现这一目标后，他已经筋疲力尽，周围的压力再次将他吞噬。辞职之际，菅直人痛斥"原子能村"背后的官僚、电力公司和自民党，他认为这些人要为灾难负主要责任。

随后争夺民主党领导权的斗争揭示了党内小泽派与其对手之间的致命分歧。小泽最重要的反对者包括：一方面是松下政经塾的毕业生，他们主张高效的技术专家治国；另一方面是投靠早已不复存在的日本社会党的人，他们习惯于摆摆政治姿势，而非实际治理国家。松下毕业生和前社会党人相合的地方不多，但两者均视小泽及其盟友为田中时代腐朽旧政治的代表。起初，小泽的候选人海江田万里是有胜算的，但后来他的对手们联合在菅直人昔日的财务大臣野田佳彦周围。揆之于民主党的历史，野田佳彦是最难以想象的人选。

在许多人看来，野田的胜利是对民主党本身所反对的那种政治模式的回归。他能通过是因为他的政敌最少。矛盾的是，他政治上的毫无色彩正迎合了党内各派系和官僚的口味，选民也未必不喜。野田也承认这一点，他将自己比作一条生活在水底的毫无滋味的鱼。同时，评论家重新使用"冷匹萨"一词，这是给予2000年死于任上的小渊惠三的别号。

其实，野田似乎是对旧式自民党作风的回归。他能升到高位，主要是因为他善于应付派系内斗，而且随时准备听命于官僚。但如果选民要找一个自民党政治家的翻版，为什么不去找一个正版呢？

野田政府的祭品

野田似乎真的相信，增加税收对于避免财政灾难至关重要。一个可能的解释是，野田可能与财务省达成了一项协议，为地震后的重建提供资金。作为菅直人的财务大臣，野田无疑要面向大众寻求赈灾资金，而且他似乎已经与财务省官员达成协议，同意把消费税提高一倍，以换取必要的重建基金。他支持增加消费税的一个重要因素，也许是众所周知的他很欣赏英国首相撒切尔，认同她不顾民意调查（在日本的案例中，民意调查显示大多数人反对增税），坚持为国家做她认为必要的事情。也有许多人怀疑野田是受迫于华盛顿的压力。

无论最终的解释是什么，野田以一种决绝的态度推动这一举措，很多精明的政治观察家将其视为对民主党的致命一击。重复本书前面提及的，野田宣布他将"赌上他的政治生涯"，以使国会通过增税法案。

但单靠民主党不可能得偿所愿。当野田坚持推动增加消费税时，小泽威胁他将重复1993年自民党拒绝同意选举改革时所做的事情：和追随者一起离开，组建新的政党。这迫使野田与自民党达成协议，而自民党开价很高。根据法律规定，直到2013年秋天为止，无须举行众议院选举，但自民党支持提高消费税的代价变成了野田承诺解散国会，并在2012年底前举行新的选举。

假如不是钓鱼岛发生的事，民主党和野田也许可以勉强将政局维持下去，纵使没有小泽的政治手腕——最初正是这种政治手腕使他们得以当权。但野田在钓鱼岛问题上的表现颟顸无能：日本右翼分子的挑拨使该争议被推向台前，野田做出回应，无论是与北京方面的外交，还是与华盛顿的协调工作，都让民主党的敌人加在该党身上的"无能"标签显得更加确实无疑。因为当前的问题不单单是税收和经济，还有真正可能爆发的战争。

安倍晋三卷土重来

正如上一章谈及的，安倍2006年第一次出任首相是个失败。从人气甚高的小泉手中接任，安倍以为他的前任已经做了足够的基础工作，整顿好日本经济并与华盛顿达成协议，可以让他专心致力于一些真正重要的事情：日本右翼长期重视的议程是撕毁战后的解决方案，恢复"国体"，即战前的天皇制度。写满了"非日本"的权利和自由的"美国"宪法需要废除；20世纪三四十年代的历史必须重写；日本国防要摆脱战后的限制；日本官员要公开参拜靖国神社，公开悼念那些为国家献出生命的人；学童应该接受正确的日本道德教育；皇室应该恢复适当的最高统治权。遗憾的是，日本民众面对这一揽子构想只是打了一个长长的哈欠，媒体抨击他不接地气，执政不到一年安倍便辞职了。

但在6年里情况发生了变化。日本经济完全没有恢复。事实上，在2008年全球金融危机爆发后，它几乎滑进了深沟。这是民主党可以上台执政的首要原因。但一旦掌握权力，（在民众眼中）民主党除了图谋增税之外，对日本的经济问题毫无作为。建立一个真正的社会保障网络，以及竞选口号中的用"人民"取代"混凝土"，都毫无进展。

与此同时，媒体成功地让许多选民相信，民主党几乎搞砸了日本与美国的安全关系，然后又怯懦无能地将日本推向与中国的对抗中。而且在面对自然灾害这一政府的最大考验时，民主党在众目睽睽下失败，用公关和谎言代替行动。

关于福岛发生的一切，过失应该直接归咎于日本战后政治制度的结构问题，而自民党正是这种制度的典型代表。民主党受到的破坏一方面来自官僚体制，另一方面来自日本在美国的代理人近乎叛国的行为。然而，这些都不再重要。人们对政治的记忆是短暂的，尤其是在日本这样的国家。在日本，媒体将自己视为维护秩序的力量，并将痛斥个别政治家的失败与对权力的行使方式进行客观、公正的报道混为一谈。*

与此同时，安倍和他周围的人已经吸取教训——或者更确切地说，是重新认识了小泉作为首相的相对成功令他们遗忘的东西：无论议题多么反动，都必须当作改革来兜售。同时，如果一个政府对人民有关经济的担忧和期望置之不理，就什么都不可能达成。安倍将小泉的秘书官饭岛勋引进自己的核心集团，此人的政治手腕经常被拿来与卡尔·罗夫相提并论。罗夫的工作是向美国民众贩卖小布什的"富有同情心的保守派"形象，而饭岛则负责为小泉打造"改革者"形象。

饭岛拿出同样的办法对付安倍。他说服安倍必须讨论经济问题以及再次加快经济发展的大胆计划，而不是空谈"美丽的日本"（安倍

---

* 现在，这种客观、公正的报道在美国也不多见。但职业素养较高的美国记者仍会认同这才是他们应该提供的报道，读者也是这样认为的。也是由于上述原因，许多美国记者对自"水门事件"和五角大楼文件事件以来美国新闻界发生的一切表现出不安和公然的羞耻。

在 2006 年发表的竞选宣言的标题）。右翼破坏立宪政府并恢复战前威权主义的"家国模式"的计划必须保密，直到自民党有足够的票数可以在国会通过宪法修订。若想成功，必须使选民相信自民党能治理好经济，确保自民党能在国会两院的选举中胜利，取得压倒性优势。2012 年 12 月 16 日，自民党赢得了众议院选举。这让安倍再次坐上首相的位置，但这一次他决心不再犯 6 年前犯过的错误。自民党需要赢得将在 2013 年 7 月举行的第二次选举——这一次是参议院的。要达成目的，安倍必须让日本民众相信他们终于可以有一位能够做实事的领袖，恢复他们对经济的信心。

经济复苏？

日本自从 20 世纪 80 年代末的狂欢派对以来，已经坐困愁城数十年。酒徒会了解过量饮酒后的紧张不安，以及口干舌燥和剧烈头痛的感觉，但若再喝一杯、或两三杯爽口的酒，这些症状就可以消除。当然，喝酒无法解决深层问题，反而会让情况变得更糟。但就当下来说，他们肯定感觉不错。不守，这个解酒的"药方"确实需要倚赖附近的酒柜。

幸运的是，安倍和自民党有这样一个"酒柜"，就是日本银行，但酒柜的钥匙由日本银行行长白川方明拿着。白川并非"禁酒主义者"（在他任职的 4 年半里，日本银行的资产已扩张 50% 以上），但他明确表示，自己虽然愿意提供足够的酒饮举办一场美好的鸡尾酒会，却不打算扫光他的酒柜，让客人们喝得酩酊大醉。

但安倍和自民党想来一场鲸吞豪饮的派对。他们控制了首相和众议院之后,就立即逼迫白川辞职,好安排自己的人主持酒柜。既然无法避免,白川只好屈服,悄然下台,由黑田东彦取代。

选择黑田是明智的。他担任过财务省国际事务方面的几乎所有高级职位(例如,他负责过外汇政策),后来升任亚洲开发银行行长,这是个上选的职位,向来只留给财务省最杰出的官员。* 因此,他的知名度不限于亚洲各国的财政部和中央银行,他也被华盛顿、伦敦、巴黎、法兰克福、巴塞尔和纽约的大人物们熟知,这些人负责扑灭了过去数十年各地频繁爆发的金融火灾。作为其中一个貌似冷静、谨言慎行的成员,黑田有一定的行动自由,而这种自由是不为西方决策圈所知的狂热民粹主义者无法拥有的。全球外汇和债券市场的动荡——更不用说海外同行的反击行动了——将挫败黑田的大部分计划。事实上,他在上任后因为日元突然贬值而不得不面对一些抱怨(比如,本·伯南克就对黑田所做的很有微词),但这差不多就是他在海外要应付的一切。

虽然黑田过去的行事作风和履历看起来十分正统,但他的思想一点也不正统。在思想上,他是美国经济学家欧文·费希尔的信徒。费希尔曾在 20 世纪 30 年代提出,经济萧条和通货紧缩要求货币当局采取激进措施,所以黑田有意利用货币政策让日本摆脱通货紧缩。他的计划是公布一个通胀目标,然后在全国采取宽松货币政策,直到目标

---

* 就好像世界银行和国际货币基金组织的最高职位,通常分别由美国人和欧洲人占据,亚洲开发银行行长职位是留给日本人的,而且实际上由日本财务省说了算。

实现为止。日本银行一直不愿公布其通胀目标,担心一旦无法达成,自己的信誉会受到损害。这些担忧是合理的。在美国,美联储过去一直能利用债券市场为经济注入资金(所谓的"公开市场操作"),其过程是美联储利用新发行的货币从投资者手中购买美国政府债券。但这种做法在日本效果要差得多,因为大多数债券不是由终端投资者持有,而是由吸收存款的机构(例如银行)持有。日本的公开市场操作通常只会导致银行的资产负债表膨胀,因为它们只会用新发行的货币购买更多的政府债券,而不是把钱借给企业。*

黑田通过让日本银行直接从政府手中购买新发行的债券绕过了这个问题。严格来说,这种创造货币的方式在大多数国家(包括日本在内)属于非法的,因为它允许政府在不承担任何责任的情况下为赤字融资。津巴布韦和魏玛德国曾使用这种机制,结果造成了恶性通货膨胀。但日本政府采取了一些措施,使日本银行的行动合法化,而且(至少在当时)日本没有出现恶性通货膨胀的危险。

黑田的行为令保罗·克鲁格曼和亚当·波森等西方凯恩斯学派中的自由主义者痴迷不已。终于有一位央行行长愿意尝试大胆的政策,以应对今天所有发达国家都面临的挑战。而且与同样愿意尝试非传统策略的伯南克不同,黑田的货币政策得到其政府同样大胆的财政政策的支持。一直以来,面对充满敌意的国会,奥巴马只能推动一个软弱无力的财政刺激方案,让伯南克领导下的美联储几乎承担了重启美国

---

* 2008年以后,这些问题开始在美国暴露。伯南克的量化宽松政策没有教科书上说的那样有效。没有足够的财政刺激措施,其中很大一部分最终变成了停滞的现金流,未能激发经济活力。这再一次表明,日本在过去20年的很多经验成了其他地区的风向标。

经济增长的全部责任。但安倍的竞选口号是修复经济的"三支箭"：货币政策、财政刺激，以及全面的放松管制与结构性改革并行。安倍可以诉诸"撒钱"的财政刺激方案而不受惩罚，因为黑田在日本银行的货币机器可以提供金融燃料。

与黑田在西方的支持者相比，那些更了解日本政治和制度现实的人则更为担忧，他们中有些本身也是热情的凯恩斯主义者。辜朝明认为，黑田"改变了过去20年的市场结构"，带来了"日本经济开始走向终结"的危险。[4] 凯恩斯式的刺激政策只有在能够融资的情况下才会奏效。到目前为止，日本在为其不断扩大的政府赤字融资方面没有任何困难——可以说完全没有困难。正如我们在第七章看到的，正是这一点使日本得以从历史上最严重的资产负债表衰退中复苏，不至陷入经济萧条。能做到这一点，是因为利率一直保持在较低水平，换句话说，赤字融资变得容易了。但如果黑田有意制造通货膨胀且能成功，无疑会推高利率。与此同时，日本政府收入和支出之间的差距不断扩大，可能会引发市场对日本政府债券的恐慌。

的确，大部分日本政府债券为金融机构持有，而且只要它们能以存款（以及黑田发行的货币）支撑其债券，同时只要其看不透的账目能继续让它们维持幻象，即债券的价值符合资产负债表上所说的，恐慌便可以避免，利率也可以得到抑制。然而，这忽视了一种可能性，即作为与日本政府债券相关的衍生品的交易工具，外国对冲基金不会迫使人们更广泛地承认这些债券的实际价值。从事与日本金融工具相关的衍生品交易的外国投资者，在过去20多年里不断破坏日本当局控制这些工具价格的能力。*人们不能不切实际地期待对日本没有丝毫感情的海外对冲基金，在看到如此大规模的放肆货币手段时不会疯狂地设计出做空日本政府债券市场的方法——甚至可能做空日本的整个利率结构。

  黑田和安倍做法的另一个危险是其对日元信心的影响。压低日元汇率曾经是一个主要目标，而且如果从狭义上界定这个目标，黑田无疑是成功的。日元对美元的汇价大幅下跌，这与野田政府时期市场对其做法的冷淡反应形成了鲜明对比。日本老式的出口巨头们欣喜若狂，但正如我们在第八章中看到的，它们已经不再是日本经济的动力。人们可能会说，廉价货币只是一种暂时的解决办法，不过是将痛苦的改革推迟。与此同时，廉价的货币使日本许多最赚钱的公司，即那些拥有高市场占有率和定价权的上游供应商处境变糟，因为廉价货币带来的后果只是增加了进口材料的成本。这也给一般家庭带来了负面影响，因为物价上涨后，薪水却没有跟着上涨。

  "3·11"事件后，强势日元有效地挽救了日本。它使公用事业可以进口当时全国突然急需的化石燃料而不至于耗资巨大，更不用说支付重建所需的各种物资。20年来，强势日元帮助日本家庭应对相对停滞的经济，日常必需品、住房、偶尔需要的奢侈品，以及到泰国或关岛短期休假等开销的降低，使得经济的日渐萎缩变得可以接受。对日元的信心是大多数人愿意把钱存进银行的主要原因，而他们的储蓄反

---

* 最有名的一个案例发生在20世纪90年代初。当时，日本当局发现，与日本股市日经指数挂钩的美国证券交易所和新加坡期货交易所的衍生品交易正在妨碍它阻止日本股市暴跌的操作。迫使这两家交易所停止交易的努力无果而终。

过来又给日本政府债券提供了资金。

现在，一切突然陷入危机。安倍和自民党辩称，只要通货紧缩的局面被打破，薪酬便可以上涨。为了确保这一点可以实现，他们承诺实行所谓的安倍经济学的"第三支箭"。货币政策和财政刺激这两支箭应该可以确保宏观经济环境的稳定，从而使体制改革（第三支箭）能够带来人们期待已久的日本经济复苏，让日本重返战后繁荣时期的光辉岁月，那时人们的收入每 10 年翻一番。

仔细观察就会发现，"第三支箭"的各种改革大多是过去手段的重新包装。它们要么过于温和，无法给整个日本经济架构带来真正的革命，要么类似于鼓励对农业部门进行结构性改革的那些措施，理论上很完美，实践中却很难实施。因为这些改革破坏了战后稳定的关键因素，这些因素是 20 世纪 50 年代斗争后出现的成果：雇用协议和以隐性补贴的形式向日本社会中的部分群体（农民、小规模经销商和零售商）提供的"补偿"。这些实际上已经作为确保合作实现经济奇迹的代价而获得通过。

许多人由此得出结论：安倍和黑田的货币与财政双重打击的真正目的是制造一种"高糖兴奋剂"，它将创造足够的热情，好使自民党在 2013 年 7 月 21 日的参议院选举中大获全胜。一旦选举取得胜利，自民党就会在两院拥有绝对多数席位，足以撕毁宪法，建立一个拥有必要的法律和胁迫力量的威权政府，为将日本重建为一流国家扫除一切障碍——当然也包括进行必要的经济改革。

这是一场豪赌，或者用一些美国评论家的话说，是"没有办法的办法"，但最终的赌注不是经济上的，而是政治上的。安倍身边的人最终想把田中角荣的阴影永久驱除。他们看起来成功了。他们采取了田中的方法,并将其用于反对田中曾试图从精英暴政中解放出来的那些群体:农民,满口乡音、作风务实的内陆开发商和小建筑公司老板,以及处在日本经济最底层的城市商铺店主和小型经济缓冲型公司。他们的支持者田中已经消失,田中的追随者被驱赶至政治的荒原。田中最出色的门生小泽一郎的政治力量已遭毁灭。他(田中)所建立的政党一度成为高效运作的政治机器,但后来背叛了他,现在甚至成为笑谈。

这些《朝日新闻》及松下政经塾出身的"有用的愚蠢家伙",耗费了一代人的时间发动堑壕战,打击田中和小泽等人。然而,他们最终会发现,自己帮日本发掘的一批人不是不谋权钱交易的高尚官僚,也不会致力于为自己的国家制定和执行公正有效的政策。他们发掘的只不过是日本历史上最黑暗篇章里的僵尸,后者复活后重新在活人中间行走。华盛顿一直自欺欺人地认为,它在20世纪40年代就从心底订正了日本人。日本的自由主义者了解得多一点,但由于鄙视田中、金丸和小泽这些人的方法与作风,他们看不到日本民主的真正威胁来自哪里。

安倍和他身边的人并不满足于简单地恢复田中在20世纪70年代初控制日本选举政治机器之前的状态,或是回到田中反叛以前,安倍的外祖父岸信介一手打造并监视的世界(岸信介对此所做的超过同时代的任何人)。因为对日本右翼而言,20世纪50年代的秩序——不仅包括屈从于美国的外交政策这一最重要的问题,还包括利用终身雇用制、企业工会和工薪族文化消除左翼的诉求——是权宜之计,是为了应付日本战败和左翼造反而采取的必要紧急措施。如果有一天情况改变，这些政策便会被取消——看来这一天终于到了。

安倍有足够的自制能力，在2013年7月参议院选举前不让其计划外露。有好几次差点露了馅儿：在讨论历史时，他使用克林顿式的含糊其词来谈"侵略"的含义；他派遣其财务大臣麻生太郎（此人曾于2008—2009年担任自民党政府的首相）参拜靖国神社，并且带了他的供品前去；当被要求政治表态时，他通常表现出不耐烦的样子。但右翼候选人的出现帮了安倍。人气甚高的大阪府知事桥下彻带领他的日本维新会与东京都前知事石原慎太郎的政治团体合并，后者是一批狂热的仇外煽动者。桥下在性别议题上口不择言，在全球媒体中引起轩然大波，*这让安倍看起来不像实际上那么右翼。与此同时，安倍的头两支箭带来了日元贬值、股市飙升和物价上涨。但这些政策并没有带动薪水上涨，也无法保证以后可以。但面对大部分民众心里"霸道而张扬"的中国，安倍好像终于在经济上做了"某些事情"，安倍和自民党传递的这种感觉让他们得偿所愿：在选举中获胜。

这次选举胜利的规模没有达到他们的预期。自民党没能在参议院获得三分之二多数的席位，因此不能启动撕毁战后宪法的行动。选举刚结束时，安倍和他周围的人仍然小心翼翼地维持竞选前的形象。极

---

* 桥下曾经指出，虽然日本有责任为战时强行征召妇女（多为韩国女性）做妓女而道歉，但历史上组织妓女以满足士兵性需求的不止日本一个国家，这些国家没有无视士兵的自慰行为。在朝鲜战争及"二战"中，美国就是假装看不到。假如美国对待己方性欲旺盛的士兵时能面对现实，客观实际地采取对策，那么引爆普天间纠葛的事件就不会一再发生。不过，桥下的言论被全球媒体描绘为要洗白过去，支持在冲绳组织妓女团。仔细看桥下的言论，就会知道那并非他的原意，大部分日本人也了解。但由于做出完全没有政治敏感度的评论，桥下被骂得体无完肤。类似的案例是托德·埃金（Todd Akin）在2012年密苏里州参议员选举中关于强奸的言论。

右势力逐渐抬头，但安倍政府的广泛民意支持是没有动摇的。2013年9月，东京获得了2020年奥运会的主办权，更是大大提升了政府支持率。由于许诺会提升日本人民经济与其他方面的幸福水平，也由于让人们回忆起1964年东京奥运会的盛景，东京获得2020年奥运会的主办权这一点激发了一种名副其实的"动物性精神"，安倍与其政治顾问指望凭此振兴经济。

跨太平洋伙伴关系、《特定秘密保护法》和安倍政府的优先事项

2013年将要结束时，安倍和他的顾问们露出了尾巴。政府可以通过掩饰和宣传在一段时间内隐藏其真正目的。但没有哪个政府能百分百做到它想做的事。在某些情况下，它一定要设立优先级，将特定的政治资本分配到政府认为最重要的事情上。由于自民党两个重要选举的胜利，以及官僚和旧式商界"日本股份有限公司"在民主党毁灭与旧秩序恢复后的明显复苏——更不要说新日本通在舞台下的欢呼*——安倍有更多的政治资本可以支配，是小泉2005年在选举中获得压倒性胜利之后，任何一位日本首相都无法与之相比的。

安倍将如何利用他的政治资本？会用在宣传已久的各项改革中吗，这些改革会为雇用及补偿方式、企业控制、服务业、金融市场、农业、土地使用、分配制度、教育、女性权益，以及日本内外主张进行

---

* 此类欢呼最好的例子可见于新日本通领队人物格林（Michael Green）于2013年12月在网上发表的一篇文章。

彻底的微观经济改革的那些人宣扬了整整一个世代的清单带来真正的变化？

很快就可以看出，安倍无意在这类事情上动用太多的政治资本，尽管"第三支箭"的说法不绝于耳。也许是无意的，华盛顿又一次给安倍的拖延无为提供了便利的掩护，大力鼓吹跨太平洋伙伴关系协定（Trans-Pacific Partnership Agreement，TPP）。乍一看，该协定似乎只是"自由贸易"或"市场开放"倡议中的一环，这些倡议华盛顿断断续续地鼓吹了大约50年。从日本的角度看，这些现象有点像夏天的雷雨，在万里晴空的天气里突然出现。日本各行各业遵循的是以往美方需求突然增长时的做法。华盛顿一时激动挥舞着跨太平洋伙伴关系协定，而美国企业家、政治家和贸易官员就像一束束闪电打向东京市中心的窗门。日本的决策层则像过去的异教僧侣般聚在一起商议要献上什么才能安抚愤怒的神祇。女式衬衫、汽车零件、半导体、香烟、橙子、工程承包、保险、卫星、纸张、日元、律师执照、玻璃片、猪肉、牛肉、樱桃、车辆检测、各种金融工具、钢筋——产品或服务项目每年都不同，但轨迹普遍如一。当风暴严重到一定程度时，企业、政治家、官僚、工人、农民、承包商等依赖受攻击的协约或产品的特定群体必须被劝诱放弃足够多的东西，以说服美国人离开。双方会签署某种协定，让美国总统可以在全国电视上炫耀。于是，雨势变小，风平静下来，雷声也逐渐减弱，变成了太平洋彼岸对日本象征性承诺自由贸易的质疑声。日本的贸易谈判代表和外交官会尽最大努力将结束这场特殊风暴需要做出的牺牲降至最低，而政治家和官僚会默默地为受到牵连的团体提供补偿。（田中角荣在处理这类事情上的天赋是他登上日本政治顶峰的关键原因。）

大部分日本人假如对此有过思考，可能会认为 TPP 的情况也将如此：当原有的自民党-官僚-财界联盟重新运转起来，某些团体在某方面肯定会提出足够的让步以安抚那些喜怒无常的美国人，这样美国会派出第七舰队保护日本免受平壤和北京的伤害。农民们害怕这一次他们的脑袋会被放在砧板上，于是开始组织示威发声。

但如果更仔细观察，会发现 TPP 并非我们父辈一代所谓的自由贸易协定，或者至少不是安倍父亲在任时的自由贸易协定。（安倍的父亲安倍晋太郎曾担任过内阁中应对美国自由贸易威胁的大部分职位，这些职位涉及农业、外交、国际贸易和工业等。他做事的技巧以及因此在华盛顿得到的高度尊重，使许多人认为他很有可能会成为首相，但正如第十章中提到的，他去世得太早。）首先，TPP 不是在美国开始的，而是在太平洋周边的一些小国——智利、新加坡、新西兰和文莱。然而从中攫取利益的是美国企业，主要来自华尔街，还有医药、娱乐、农业和高科技公司，它们希望以此为手段扩张它们对版权和其他知识产权的掌控，同时将争端解决置于政治进程之外。不可否认，TPP 有一些针对食品的旧式"市场开放"条款，但批评者[5]指责它更多是为了给孟山都等公司提供法律及制度手段以掌控全球农业，或允许美国媒体公司永久延长其版权，而不是为美国企业在日本的某个封闭市场打开缺口。

一直以来，日本贸易和农业官员的职责是要适应美国的各种要求，即允许华盛顿州的农民在日本销售樱桃，但同时不会损害山形县种植者的利益。（他们的确成功了，现在在日本可以买到高价的当季美国樱桃，价钱是在美国的三到四倍。它们与日本的樱桃作为不同品种的产品卖出，但大部分会在日本樱桃上市前从超市货架上消失。日本的樱桃被定位为适合馈赠的名贵水果。）而孟山都的律师与游说团*常常要求垄断日本的种子供应，或在秘密法庭上挑战日本的食品安全法，应付这些行动对日本官僚而言是个非常不同的挑战——他们对此没有做好准备。

受 TPP 潜在影响的不限于少数设法解决其细节问题的日本官员、记者和政治上活跃的公民。2013 年 11 月，维基解密网站曝光了 TPP 谈判的秘密文字记录，指出它"对医药、出版、互联网服务、公民自由及生物专利均有广泛的影响"。[6] 保罗·克鲁格曼在《纽约时报》TPP 专栏中写道："有利于医药巨头的不一定有利于美国。"[7] 2014 年年初，参议院多数党领袖哈里·瑞德宣布，他反对为 TPP 谈判重新启动"快速通道"授权。**

对 TPP 的疑虑广泛传播，再加上国会通过法案的可能性十分渺茫，这些都对安倍有利。他可以大谈 TPP 问题以转移安倍经济学的"第三支箭"的问题，同时为他真正关心的事情积累政治资本。安倍在意的并非经济改革。2013 年年末，他将政治资本用于推动国会强行通过有关处理机密信息的法案。该法案被称为《特定秘密保护法》，使政府有权规定任何东西为"机密"，有权起诉任何人，即使此人只是要挖掘真相，无意碰触所谓的特定秘密。安倍的外祖父岸信介在 54 年前也

---

* 截止到 2013 年年底，TPP 的美国首席农业谈判官是西迪基（Islam Siddiqui），他曾任职于孟山都游说团，也是著名的转基因食品倡导者，反对日本在这类食品上贴标签。
** "快速通道"授权总统向国会提出贸易方案，国会直接表决而不需要其他程序。

曾做过类似的尝试，试图恢复政府在被占领前享有的无限警察权力，但由于反对强烈，岸信介不得不放弃。

岸信介的外孙终于成功完成了这一遗志。诚然，该法案的通过引发了日本政府长期以来从未遇到过的公开反抗。安倍不得不使用高压手段来确保法案的通过，他的民调支持率自众议院选举以来首次跌破50%，东京市中心出现了示威活动。但这与岸信介曾经面对的情况不可相提并论，当时有数百万人涌上街头，抗议岸信介明目张胆地试图恢复20世纪30年代的警察国家。回到1959年，示威者对生活在一个任何人都可能以任何借口被捕的国家仍记忆犹新。但到2013年，很少有人能真正理解官僚机构巩固其社会控制并扩大权力究竟意味着什么，也没有人知道装备了武力胁迫工具的官僚机构将恐吓和自我审查延伸到主流媒体之外的各个角落是怎样一种情形。除了那些亲身经历过思想警察、大规模逮捕左翼支持者、狂热的军国主义，以及公开宣布不再信仰马克思主义和基督教的年长者，大部分反对新法案的示威者成长于对这些事情记忆犹新的家庭。尽管老一辈知识分子和记者警告人们，安倍并未将政治资本用于经济改革，而是用于破坏民主与法治的基础设施上，但年轻人往往对这些警告置之不理，他们庆幸经济终于动起来，而对中国则抱有恐惧。

因此，安倍和自民党最终只为该法案付出了很小的政治代价，甚至大部分代价是他们自己造成的，因为自民党的干事长石破茂把反对该法案的示威者比作恐怖分子。这样说十分愚蠢，瞬间揭露了法案背后的真正目的，但即便如此，也无法引发半个世纪以前的那种大规模的愤怒，以阻挡恢复不受法律约束的威权国家的意图。

据称是华盛顿对日本的安全漏洞表示担忧，安倍以此为借口提出了该法案，就好像在美国中央情报局前雇员爱德华·斯诺登泄密之后，美国在控制敏感信息（或者就那件事而言，对国家安全机构施加任何形式的问责）方面就没有什么可信度了。华盛顿再也不关心安倍统治下日本民主的命运，甚至连口头说说也没有，取而代之的是在所有场合都说清楚，美国当权者对日本的关注只有"行动相互合作"（把日本的国防设施并入五角大楼的架构中），以及减少五角大楼内军种间的竞争，也就是给予海军陆战队它所坚持的补偿，好让它迁出普天间。安倍给出了华盛顿所要的东西，即《特定秘密保护法》，还有整车的现金，冲绳县知事仲井真弘多最终屈服，并于12月26日表示不会拦阻冲绳县新海军基地的破土仪式。

在安倍按照自己的理解满足了五角大楼的要求的同一天，他也满足了自己的要求，就是参拜靖国神社。对此，北京与首尔愤怒抨击，而华盛顿则表示"失望"。由于美国的决策机构对安倍重回首相职位负有直接责任，当时便没有什么能说或能做的。但这件事显示出，两方或许都错误预估了形势。五角大楼和新日本通速战速决地除掉了有意使日本走向独立的鸠山政府，他们估计安倍会像他外祖父一样，在国防和外交关系方面会听从美国的指示。毕竟，这是长久以来岸信介和吉田茂这些人协商好的：以日本屈从美国为基础，在美国国家安全机构的秘密支持下，日本精英可以自由地在国内做他们想做的事，只要他们遵守美国的外交政策，并在经济上支持美国在日本的军事基地。安倍方面则认为，他已经完成美国的要求，可以对北京做任何事，并很有把握能得到世界上最强大军队的支持。但他发觉华盛顿并不准备给东京开一张空白支票，就是柏林当局在裴迪南大公被刺杀后开给维也纳的那种。华盛顿的确已经很清楚地说明，它不允许东京自行与北京达成协议，就像小泽曾经想做的那样，但它也不会给予日本权利，让它自行选择条件和时间与中国面对面交锋。

日本对华关系

现实主义政治理论认为，从和平与稳定的角度来看，东亚的政治和地理格局导致现代世界出现了最糟糕的国家权力格局。日本和中国可能不会像悲观的现实主义者所说的那样，注定成为永远的敌人。但要避免这种命运，首先要有意识。

现实主义者认为，大国间军事和经济水平大致相等，即所谓的"力量均衡"，有利于维持一个相对稳定的秩序。当一个国家在经济、军事和技术上拥有压倒一切的优势，绝对超过其潜在对手时，会出现另一种稳定。其他国家可能会对此表示不满，但不会发起严重挑战。

现实主义者为不稳定和战争开的药方介乎两者之间：当一个国家比它的潜在对手更强大，但优势不是压倒性的，这个国家会倾向于将其他大国视为威胁并采取相应的行动，而其他国家将尽其所能，通过与其他二线国家结盟或引入有助于"平衡"这个临近的潜在霸权国家的外部力量（也可能两种手段都采用），来防止自身的独立性受到损害。然而，这些举动可能会被强权一方视为威胁，增加爆发战争的可能性，也可能造成对抗和误判，引发更大的麻烦。历史上相似的例子可追溯至古代雅典（修昔底德认为，雅典对斯巴达崛起的恐惧是导致伯罗奔尼撒战争的最终原因,而战争也结束了雅典的霸权)。最近且最相关的例子是19世纪中期,一个统一德国的出现打破了此前维持了50年和平的欧洲均势。随着德国越来越强于邻国,这些国家不得不结成同盟,使柏林感到威胁而发动了三次毁灭性渐增的战争。这些战争不但终结了欧洲在全球事务中的霸权,而且使得欧洲政治实权的对立双方不再是法国与德国,而是域外两个新的超级大国:美国和苏联。

东亚具备了发生类似悲剧的所有条件。中国是该地区最强大的国家,过去一直是,将来也会是。不错,过去某些时期,汉族统治者内部的羸弱导致蒙古族、满族这些外部的少数民族一度掌握了国家机器,尽管是通过汉族的制度来统治的。最近(也是最长)的羸弱时期始于鸦片战争,但最终也结束了。中国重新崛起为亚洲超级大国的趋势是不可改变的。

在历史上的大部分时间里,中国是如此强大,以至于它的大多数邻国不可避免地落入其政治和文化轨道。然而,东海和日本海形成的天然屏障,使日本得以独立发展,尽管它的许多体制也是基于中国模式,但它的文化轨迹十分独特。正如我们在第一章提到的,在过去的1 000多年中,日本海盗一直是中国沿海恐惧和忧虑的来源;13世纪,日本确实曾受到来自中国大陆入侵者的威胁。但除了这些侵扰外(值得注意的是,入侵者是征服中原的蒙古人,而非汉族人),日本和中国从来没有实质上威胁过对方,也根本没有类似的说法。(16世纪丰臣秀吉对朝鲜的入侵可能是另一个例外,他对中国有所企图,这也是中国援助朝鲜的原因,但这是近1 500年历史中仅有的一例。)

然而,随着西方人的到来,运输与通信技术的现代化克服了距离因素，日本与中国的关系彻底改变了。清朝的羸弱让日本明治政府的领袖大为震惊与恐惧。从19世纪60年代开始，日本的外交政策基本上只有一个考虑：防止亚洲大陆再度出现一个单一的强权。事情发展之初，日本更害怕的这样一个强权是俄罗斯，但随着孙中山的1911年革命，日本在亚洲大陆的军事和外交政策越来越多地指向中国，防止它再次独立、统一。正如我们在第三章提及的，日本先是支持军阀，然后又试图维持中国的分裂，最后陷入了一场残酷的持久战。

当日本将战场上的战术优势与战争目标的实现混为一谈时，结局只能如此。1939年，日军对重庆进行了一波又一波的地毯式轰炸，毁掉了无数建筑物，也屠杀了成千上万的中国人，但在战略上他们没有达成任何目的，除了让中国人更憎恨日本人，除了带来一场至今纠缠日本决策者的漫长噩梦。

正是由于这样的原因，人们说战争事务过于重要，不能仅仅交给军方。但令人失望的是，日本还犯下大量无法忽视的重大错误，容许战略意识相当于10岁左右的小男孩的民族主义狂热分子大胆妄为，挟持整个国家的外交关系和国防体制。日本战败和被美国占领，让它在面对一个强大又具威胁性邻国的崛起时别无选择：只能利用外部势力来"平衡"这个强权。然而，在上一代人的某个时候，事情慢慢地从日本没有发言权变成了它自愿默许。

日本的一些右翼分子幻想着，有一天当日本摆脱了与美国的同盟关系并有足够的力量时，中国将不得不依照东京的条件进行谈判，或者至少日本可以与越南和菲律宾等国构建一系列包围式同盟。这在一个世纪以前可能是可以想象的,但今天看,它只不过会重蹈1914年欧洲自杀式做法的覆辙。

日本只有两个现实的选择:一个是与北京达成和解;另一个是让自己更紧密地投入美国的怀抱。

日本感觉后一个方案更容易接受,这是可以理解的。但从长远来看,这可能是更危险的选择。

难以持续的日美"同盟"

我必须非常痛苦地指出,美国从根本上并不关心日本。这不是说,很多美国人与日本没有某种个人联系,因此对它没有感情。喜欢日本料理、村上春树的小说,以及黑泽明和小津的电影的人成千上万,还有成千上万的美国人在日本动漫的陪伴下长大,因此对日本有一种笼统而模糊的好感。但美国的精英只是将日本视为军事资产和实现梦想的工具,而这个梦想比日本自民党欲逃避对华事宜的想法更危险、更鲁莽。这个梦想就是美国能以某种方式在全球范围内实现一种可以与历史上它在北美实现的相媲美的局面:一个美国无须面对潜在威胁和潜在挑战的世界——用美国受蒙骗的军事策划者的话来说,就是"全方位统治"。

关于美国是如何陷入这个可悲又莽撞的幻想的已超出本书的范围,但有几点需要强调。首先,美国近几十年来发生的许多事情,对于任何一个研究日本现代史和政治架构的学生来说都不陌生。曾经为了打赢"二战"而设,之后又在冷战中发挥重要作用的国家安全机构，如今已经逸出政治控制范围，其原因与20世纪30年代帝国军队挟持日本的原因类似。因此，毫不奇怪，对美国军事过度扩张背后的力量及其后果做出最敏锐研究的是已故的查尔默斯·约翰逊，这位花了大半生研究日本官僚主义的学者。当一个强大的官僚集团或官僚网络达到特定的临界规模时，它将对政治生活产生巨大的影响，再也不可能为政治所控制，特别是当它手上有着实质性的胁迫工具时。艾森豪威尔总统曾警告这种局势将会出现，正如他所说，一个军事工业复合体正在产生，如果不加控制，会摧毁美国的民主。他的警告被忽视了。

在现代历史上，只有一位政治家成功地迫使强力而顽固的官僚机构改变了方向，而这个官僚机构控制着实质性的胁迫工具，而且作为国家的捍卫者得到民众的广泛支持。这位政治家就是戴高乐。如果戴高乐是日本领导人，在20世纪30年代带领日本撤出中国，而不是法国领导人，在20世纪60年代带领法国撤离阿尔及利亚，今天的世界会是什么样子？当然，这只是个梦幻般的想法。

很可惜，美国的政治舞台没有戴高乐。先不说有一位戴高乐式的总统，但凡五角大楼运作顺畅、思维清晰，便永远不会任由普天间基地问题发展成这样。在破坏性方面，海军陆战队可能不像关东军，但在为自身组织的狭隘需要而挟持各自国家的长期战略利益方面，两者则太相似了。

美帝国注定要失败，因为它在结构和制度上对更广阔的世界一无所知。只有瓦解整个国家的安全体制才能纠正这种无知。这不是说普通美国人对外国缺乏兴趣，不是说学习外语和地理知识的人很少，也不是说美国的大众媒体关于更广阔的世界除了捧场文章外而没有其他报道。有相当多的美国人有海外生活的经历，他们会说外语，了解世界其他地区的情况，可以为美国政府负责安全政策和外交事务的机构工作。正如我们在新日本通身上看到的，美国的问题在于，招募、雇用、训练及提拔这些人的标准会筛掉那些倾向于挑战传统智慧的人，即使那些智慧明显是荒谬的——这种现象，任何学习过日本官僚主义主导的决策过程的学生都会很熟悉。*它会导致在任何具体问题上最严重的集体盲目。有政治警觉性的人应该明白，小泽与北京的主动接触远远不会威胁美国，反而对美国的长远利益有好处。但理查德·阿米蒂奇和他身边的人关注的只有一件事：这件事会如何影响美国在日美"同盟"中的利益。

尽管领导人和管理者明显无能，但美帝国仍能步履蹒跚地继续前行，这在很大程度上要归功于以美元为中心的货币和金融秩序的运作，正如我们看到的，日本在这一秩序建立的过程中扮演了重要角色。假如只是说这个秩序促成了日本的经济奇迹，以及韩国、中国等国家对日本的模仿，就低估了东亚发展模式对这一秩序的从属关系，就像书中的文字离不开书本身一样。此秩序的结构要求美国维持大量的贸易赤字和经常账目赤字，也要求日本、中国和韩国持有大量美元——这三国若要保持（或受困于）出口和投资导向的增长战略，便没有别的

---

* 官僚主义的动态体系使得最明显的道理都被革除在决策考虑以外，这一点在伊拉克战争的大溃败中暴露无遗。在入侵伊拉克前夕，《大西洋月刊》刊登了一个封面故事，精准地预测了事件未来发展的细节，事后人们都震惊于其先见之明（《第51州？》，2002年11月1日）。作者詹姆斯·法洛斯（James Fallows）在写这篇文章时不需要特别接触机密文件。

选择。[8]

　　这些美元储备让美国得以逃脱帝国的正常财政负担：需要通过税收来支持一个经济上没有效益的军事机构。这不是说美国不需要为支持这一机构付出任何代价，而是说，这些代价基本上不是来自贷款所需支付的利息

　　军事工业复合体的成本是最重的负担，而这个负担正是落在美国工人及中产阶级身上。以美元为基础的全球货币体系和供给美帝国的融资导致了美元长期升值的压力，以及伴随而来的制造能力（和现在的服务能力）系统性地从美国转移到它的亚洲伙伴。不过，可以肯定的是，成为世界经济龙头的不是日本，而是美国。当今世界的金融形态和技术架构是由华尔街、硅谷、美国一流的研究型大学、国家安全部门的实验室决定的。但生产和组装产品的实际工作大部分是在海外完成的。

　　由此产生的不平等是造成政治和阶级仇恨的直接原因，而这些仇恨现在正威胁帝国机器的正常运转。美国民众越来越不愿意支持帝国精英们认为必要的战争，无论是在叙利亚、伊拉克、伊朗、阿富汗，还是在东海。北京明白这一点。中国的军事实力尚不能与美国匹敌，更不用说美日联合指挥的"行动相互合作"的力量了。以前越南民主共和国的情况也是如此。中国想要美国离开亚洲的意愿远比美国想要留下的意愿更强烈。北京开始了一场长期而高风险的比赛，希望能达成目标。对东京来说，风险可能同样高，对大多数美国人来说却不是这样，而且当这一点变得明确时，日美"同盟"将分崩离析，到时日本将孤立无援。

重入亚洲

日本处在一个不足为人称道的状况。最初的问题源于它试图与亚洲分离。这种做法可以理解,但后果很糟糕。当日本在19世纪中期从自我设限的"锁国"(自我孤立)中惊醒时,它发现整个世界已经倒转。在日本人的概念世界中,中国一直被视为权力、文化和技术的源头,但现在它已经变成俎上之肉,任由远方的"蛮夷"宰割,而这些所谓的"蛮夷"其实并非野蛮之人,而是现代性的化身。我们曾在第三章提及,日本奋力与其昔日的文化和民族亲缘拉开距离,以建立它加入所谓的"先进"国家俱乐部的资格。在这个过程中,日本从这些国家引入了一些最糟糕的意识形态,即企图从血缘和土地中追溯文化、民族和身份认同的根源。日本的动机是可以理解的。明治时代的精英们试图向自己和西方证明,日本与中国和韩国等弱小国家完全不同。为实现这一目标而引入的意识形态虽然很大程度上已经被西方国家放弃,*但在日本仍盘桓不去,而其起源已被浑然忘却。

其结果之一是日本与亚洲的普遍分离感。在日常的词汇里,日语的"亚细亚"指的是除日本以外的亚洲。到日本旅行的西方游客会惊奇地发现,日本友人竟宣称自己从未去过"亚细亚"。即使是开明友善的日本人也会跳出来指出他们与中国人、韩国人是多么不同。但就日本的未来而言,能否重新融入亚洲是最大的问题,重入亚洲不仅包

---

* 的确,法西斯思想也许已经从西方大部分文明圈子中消失,但在俄罗斯、美国和欧洲大部分地区的政治结构中仍有这种思想因素,只要政治气候适当,便会随时发芽生长。经济紧缩性政治的代理人们似乎决心促成这种政治气候。

括已经广泛存在的经济联系，也在于认同日本自身及其命运是与更广泛地区的命运交织在一起的。

似乎可以很有把握地预测，西方500年来的优势地位将会终结，人类历史的支点将回归亚洲。日本可能会在其中扮演核心角色，但它必须是亚洲国家的一员，而且为其他亚洲国家接受。

这就需要日本处理好历史问题。我们在前面讨论过日本为何难以面对其历史。现代性带来的精神危机使许多日本人除了"日本"外，没有其他更神圣的东西可以依附。日本后明治维新时期的执政体制存在缺陷，使得帝国陆军可以挟持日本政府，而这一缺陷至今没有得到纠正。今天日本的许多当权者是昔日曾陷日本于灾难的人的直接后代（血缘和其他方面），安倍和他周围的人是最明显的例子。

日本的政治辩护者会迅速指出，其他国家也会犯错，而且无论日本做什么或说什么，邻国永远不会满意，会继续利用历史攻击日本。这些都不是重点。日本人不得不面对一个事实：是他们自己把国家交给那些破坏其独立的人，并看着他们使自己的国家成为野蛮和不人道的狂热的代名词。像安倍这样，企图用一个道德净土的神话掩盖既往事实，只会使旧事再现，重蹈覆辙。

安倍与他的文部科学大臣下村博文等人，似乎在阻止儿童认清过去方面有着超强的执行力。他们或许认识到，爱国主义的崩溃是日本问题的根源，要想达成任何持久的协议，使日本能够与世界其他国家共处，首要条件是日本人恢复爱国心。但这种无法真正面对人类犯错和作恶的可能，需要像温室里的花朵般呵护而逃避严肃辩论的爱国主义，也只能用在儿童身上。安倍和下村这些人可能确实把大多数日本人当成孩子了,他们给人的印象就是试图统治一个儿童化的国家。但这样的政体无法应对中国崛起的挑战。

与此同时,许多日本人认为韩国别无选择,只能与日本合作,因为朝鲜的威胁和中国对朝鲜的支持排除了其他选择。但这是一种静止而狭隘的历史观。该地区当前的权力结构不会永恒不变,甚至也不会继续太久。

一个有远见的日本政府会防患于未然,因此要尽量与韩国建立密切的关系。当美国军队不可避免地撤出亚洲,亚洲人掌控亚洲事务的时刻到来时,如果日本与韩国结成紧密同盟,其地位将远比被视为衰落的美帝国仅存的一个前哨更为有利。

妨碍与韩国建立密切关系的问题有二:一是日本坚持宣示竹岛(韩国称为独岛)主权,它在日韩关系中留下一道阴影;二是韩国人提出历史问题,特别是日本在战时招募(多半是强迫)韩国女性作为"慰安妇"满足其士兵的问题,这让日本人很愤怒。

谈论这个话题仿佛闯进雷区。对很多日本男性而言(特别是那些支持自民党并宣扬民族主义的作家),韩国人打破了东亚男性之间的一种心照不宣的共识,那就是有些事情是不能公开讨论的。他们对这种冒犯感到愤怒,尽管表达时有些窘迫。事实上,韩国精英中的保守分子在日本殖民统治时期便沆瀣一气,积极与殖民者合作。这是众所周知的事,只不过很少有人提及。(现任韩国总统朴槿惠*是朴正熙的女儿,朴正熙被视为韩国经济奇迹的最大功勋。他对社会化的观念,

---

* 在本书中文版出版之际,朴槿惠已卸任韩国总统。——编者注

以及对权力和发展问题的思考几乎完全是日本式的。他曾在伪满洲殖民地接受教育，在日本的顶尖军校学习，也曾在日本军队服役，改了日本名字。1960年夺取政权时，他强力推动韩国进入世界工业国家行列，指导他的规章手册大概就是由日本"革新官僚"写的。这些人我们曾在第一部分提及，20世纪30年代他们使日本经济处于战备状态，管理过伪满洲，并在战后形成通商产业省的核心。）日本或许推迟了对20世纪30年代事件的任何真正反思，但韩国许多最有权势的人情况也差不多。诚然，日本军方组织和管理着一个性奴隶体系，这个体系威胁到朝鲜的每一位年轻女性，但掮客往往是朝鲜人自己，他们在日本殖民以前就已经建立起性"服务"设施，这些设施在殖民统治结束后依然存在。[9] 20世纪五六十年代，韩国还是一个极端贫穷的国家，很多日本男人常常开玩笑，说去韩国相当于一次性旅游。在那个年代，每个特定年龄的日本男人都知道"妓生屋"是什么。现在，韩国政府坚持要东京官方为剥削韩国女性道歉，对很多日本人而言，这只不过是电影《卡萨布兰卡》中雷诺上尉的另一个版本，一方面要求禁止赌博，另一方面把赢来的钱放进口袋。

但他们不能这样说。在今天这个性取向正确的世界里，"你也是！"不能当作借口。于是，日本右翼分子退缩了，只能生闷气，对此外人也许很难理解，但他们就像到处受欺凌的小孩，逃到母亲宽大的百褶裙后，向首尔和北京扮鬼脸，参拜靖国神社并重写高中历史教科书。但美国的国家安全机构并非"母亲"，对日本没有任何母性或其他感情，仅将日本视为另一个军事属国，对它的期待就是听话和不要惹麻烦。

安倍的不自量力及日本的未来

2014年冬去春来之时，安倍及其强硬右翼战友不自量力的迹象已随处可见。安倍参拜靖国神社的做法不仅是在蔑视北京和首尔，也是在挑战美国国务卿克里、国防部部长哈格尔和副总统拜登。2013年10月访问东京时，两位美国内阁部长强调，敬献花圈的地点不是靖国神社，而是其附近埋葬着无名战争死难者的千鸟渊公墓。接着，12月，拜登打了一个多小时电话，试图说服安倍取消靖国神社之行。但这些都失败了。安倍需要向自己和他的支持者证明日本不是美国任意指挥的木偶，不理美国的要求而参拜靖国神社是最有效的证明方法。自20世纪80年代贸易冲突以来，华盛顿和东京之间的关系从未如此紧张。为了表示不满，中国举办了纪念安重根的展览。安重根是朝鲜爱国志士，1909年在哈尔滨刺杀了伊藤博文。伊藤博文是明治时期最伟大的领袖，他的肖像被印在1 000元日元上。韩国人将安重根视为反抗日本占领朝鲜的英雄，一直有向其致敬的意愿。但在日本，很多人对此的反应就像美国人看待古巴对委内瑞拉的要求：古巴希望委内瑞拉树立一座李·哈维·奥斯瓦尔德的纪念雕像，作为对猪湾事件的报复。也正是这个原因，北京无意刺激日本的舆论，一直推搪举办这个展览。但在安倍参拜靖国神社后，中国和韩国两国的评论者很快指出：哈尔滨不但曾是日本殖民统治区伪满洲的中心，也是臭名昭著的731部队的所在地，而这支部队曾对成百上千活生生的中国人和俄罗斯人进行无耻的人体实验。

与此同时，太平洋对岸的弗吉尼亚州州议会通过了一项法案，规定教科书里过去称日本海的地方也称东海（韩国的首选名称）。同时，美国众议院呼吁日本政府对过去负责,并以20世纪30年代的真实历史教育日本儿童。众议院也采取措施落实2007年敦促日本对"慰安妇"进行适当道歉和赔偿的决议。*美国各地的韩裔团体纷纷要求纪念"慰安妇"。

  话题回到东京。在2014年2月的东京地方选举(也算是对安倍经济学的第一次公民投票)上,安倍公然计划影响选举,把右翼守旧们安插到NHK的董事会。安倍若想得到有利的选举结果,必须消除对《特定秘密保护法》、福岛第一核电站的后续问题以及"原子能村"重启核电站计划等一系列问题的不利报道。"原子能村"由官僚、电力公司高层以及依靠核能供养的政治家组成。控制NHK是影响新闻的最有效方法之一,报道什么与不报道什么尽在掌控之中。NHK被称为日本的英国广播公司,理论上是超越政治之上的,有点类似于克朗凯特时代的美国哥伦比亚广播公司,决定在日本何为新闻。NHK的新闻也许读起来枯燥乏味,但整个公司的确曾尝试维持表面中立和超越党派。如今再也不会了。安倍新委任的NHK官员中,一名公开否认南京大屠杀,另一名则赞扬一个极右翼恐怖分子在《朝日新闻》的办公室以天皇的名义执行自杀,而新任会长籾井胜人则公开宣称,此后NHK存在的目的就是作为政府的宣传工具。对此,一位很受欢迎的播音员宣布退出NHK,在此之前,公司的新领导层将他制作的一部有关美国核电站事故的纪录片痛斥了一番。一名评论者则表示,他不会再出席

---

* 有趣的是,支持2007年决议的国会议员本田(Mike Honda)是日裔美国人,他的选区位于硅谷的中心地带。在韩裔美国人力请纪念"慰安妇"时,日裔美国人并未施加多少阻力。

NHK 的广播节目，因为他受人施压，完全不能批评核能问题。就籾井本人而言，他首先否认曾经有任何强迫招募"慰安妇"的组织性力量，接着断言包括美国在内的所有国家都曾在战时采取类似的做法，这种说法进一步刺激了首尔和华盛顿。

控制 NHK 非常关键，因为安倍的越轨牵动了日本政界两匹老战马，他们东山复出，用尽气力要阻止安倍的计划和他周边的强硬右翼。他们的行动始于东京都知事猪濑直树的辞职，猪濑曾经为东京争取到 2020 年奥运会的举办权，因而成为英雄式的人物，但由于一件极为普通的政治丑闻（从一个医院经营者手中接受了一大笔贿赂）而下台。*接替他的主要候选人舛添要一也有很多问题。他曾经写道，女性因为月经而不适合担任高级职位。他自己的个人经历也是一团糟：有过三次婚姻，有三个私生子，令人不齿地推脱孩子的抚养费。安倍首次组阁时，舛添曾担任厚生大臣，他所主持的退休金问题成为导致安倍下台的原因之一。细川护熙从舛添的问题中看到了机会，宣布竞选东京都知事，并声明他的意图是要把选举变成针对安倍治理的一次公民投票。英俊又有贵族气派的细川早在 1993 年便吸引了全国注意，并担任自 1955 年以来的第一位非自民党首相。但正如上一章提及的，他很快便被迫辞职，成为日本对付威胁要打破体制的雄心勃勃的政治家惯用伎俩的受害者：在金融违规行为上捏造的一场喧闹。从那以后，细川就远离了聚光灯，投入到他喜欢的陶艺，但没有人会忘记他和他掀起的那股短暂的希望之风。

---

* 日本的消息人士认为，他真正的失误在于夸大其为东京申办奥运会所做的贡献。

更值得注意的是，小泉纯一郎宣布他支持细川的参选。小泉是安倍的重要导师之一，而且2006年他从日本现代史上最成功的政府之一卸任首相时，实际上已经安排安倍接替他的职位。但正如代达罗斯为儿子伊卡洛斯造了双翼，却又担心他飞得太高，小泉留给安倍复兴保守官僚集团的责任，现在却对安倍采用的方式感到忧虑。特别是，小泉一向认为日本不应该倚赖核能，原因之一是一直无法找到处理核废料的方法。他常常说，重启核电站就像是搬进了一套没有厕所的公寓。

这两个昔日的政敌走到一起，引起了媒体的注意。他们经常一起参加选战，无论走到哪里，都吸引大批群众。这就好像里根宣布他讨厌小布什的政策并开始为迪恩发声一样。但选战最后以失败告终。几十年来最严重的暴风雪使得投票率一直很低，同时，许多选民对他们将地方选举变成对一个全国性议题的全民公投的做法感到不满。舛添虽然有很多问题，但他是有经验的政客，也曾经是成功的电视新闻评论员，知道如何发动仔细、周详的选战以达到冷静而精准的效果。但最大的问题还是反对力量无法凝聚在一起，细川与共产党候选人宇都宫健儿分裂了反安倍、反核能的选票，而事实上宇都宫得票多于细川。舛添也得益于一位更右翼的候选人田母神俊雄，田母神曾任航空自卫队幕僚长，但因为发表古怪的历史观点而被解除职务。（田母神宣称罗斯福被共产国际设计，被诱使与日本开战。）*

---

* 田母神俊雄也许是老话重提。在珍珠港事件前夕，华盛顿对东京的要求变得强硬，这些要求出现在给东京的最后通牒，也就是1941年11月26日由罗斯福总统批准的《赫尔备忘录》里，最近的证据表明怀特（Harry Dexter White）在其中发挥了重要作用。怀特当时是财政部部长的助理，并非真正的苏联间谍，但他支持苏联，也许曾响应苏联推动美日冲突的秘密行动。

田母神俊雄对舛添的帮助，如同石原慎太郎和桥下彻对安倍一样：使舛添看起来像是温和的一方。安倍事实上曾表示支持田母神，而舛添在公开场合曾批评安倍。因此，选民可以告诉自己，投舛添一票，不等于投给安倍。

不可否认，这次选举证实了组织和政治纪律总能打败乌合之众，就算这群乌合之众已有合适的核心人物。所有曾在自己国家成功推行改革的领袖，无论出自左翼还是右翼，代表的是善良还是邪恶，用枪炮还是选票作为手段夺取权力，他们都明白这一点。这种特性是希特勒、罗斯福、列宁、戴高乐、曼德拉、约翰逊，甚至撒切尔都理解的：理想再高远，若没有周详的战略和顽强的战术，都只能是空中楼阁。

岸信介和田中等人也深谙此道。但半个世纪以来，日本左翼和其他在野党都将其忽视，他们似乎认为，有了高远的理想便已足够，好像一位受庇护的维多利亚傲慢小姐，一旦看到在选举中取得胜利并治理国家的真正代价，便一脸厌恶地退缩了。小泽一郎是一位了解情况的反对派政治家，原本能为他的国家安排一个合理的新方向，但在公共检察官、主流媒体以及新日本通联手毁掉他所打造的一切以前，那些本该支持他的民众给了他致命一击。在他之后，再没有一个出头者具有他那种远见卓识，也没有人能像他那样同时掌握政治和治理的肮脏与难缠的地方。

但数千万日本人对国家的现状忧心如焚，这种情况并没有改变。我们在第九章提过山崎贵导演的热门电影三部曲《永远的三丁目的夕阳》。在东京大选前几周，山崎贵又推出一部新的高票房电影，讲述了一个典型的当代年轻人的故事：生活安逸，在司法考试中屡次失败，之后开始探索他的神风特攻队飞行员祖父的故事。"永远"系列主要描述的是两个世代以前人们的进取心和人情关怀，他们代表着缔造经济奇迹的一代，电影借此间接地批判了今天的道德规范。在新电影《永远的零》中，飞行员决定为了比自己更伟大的东西牺牲生命，这让当下的浅薄和自私蒙羞。山崎贵的《永远的零》取材于一位右翼作者的小说，该作者也被安倍安排进入NHK。山崎很聪明地没有按照战时典型的样板宣传，将飞行员刻画成愿意为天皇献出生命的死士。相反，故事中的飞行员一开始表现得很像自己的孙子：愤世嫉俗、个人主义，以及生存第一。但他逐渐认识到有些事情是值得为之牺牲的，尤其是为自己的国家和同伴。

该电影在日本反响热烈，安倍公开表示"深受感动"。可以预料，中国和韩国（许多人根本从未看过）对此持批评态度，认为这是日本走回法西斯道路的又一明证。但事实并非如此。日本伟大的动画导演宫崎骏也曾以神风特攻队飞行员驾驶的零式战斗机为题材制作电影。媒体曾引用他对《永远的零》的评论，其看法更接近事情的本质："他们试图利用虚构的战争叙事来创造一个零式战斗机的故事，而那些只是一堆谎言……他们只是在继续一个虚假的神话。"[10]

换言之，日本真正的问题是始终无法面对它的过去。这不仅使得民众唯有倚仗神话给他们的生命带来意义，也让日本人面对来自日本海与东海的指责时无力防卫。正是这一点让安倍及其周围的强硬右翼能成功地攻击整个战后遗产，而受制于其虚妄的帝国之梦的华盛顿则有意无意地推波助澜。

但大部分日本人（包括那些排队买票看《永远的零》，以及给安倍和舛添投票的人）并不想要战争，他们希望与邻国和睦相处。他们只会为远方海面冒出几块石头而焦躁，因为他们被教导这些地方与日本人的身份认同有关。他们对高呼右翼口号的游行不感兴趣，也不希望让他们的孩子接受所谓的"爱国主义"教育，由那些穿上制服的严厉教官充作老师，大声发号施令，以打骂强制教学。他们只想跟其他地方的人一样：有足够的钱，可以舒服而体面地生活；有一份有意义的工作，可以给他们目标感；有家庭和朋友，年老或生病时可以依靠；有合理的保障，可以防御灾难。这灾难也许是战争，也许是受损核电站释放的有毒气体，因为日本群岛位于地球上最不稳定的地震带上，这是一个无法改变的现实。

说实话，安倍和他的同僚们也不是真的想要战争。他们渴望的是战争带来的东西：热情、使命感、清晰、上下有序、顺从，以及消除疑虑、不安和事后批评。这纯粹是幻想。在食草男性和御宅族的时代（更不用说迅速老龄化的社会），20世纪30年代数百万年轻人渴望为天皇牺牲的景况是不会再现的。

本书一开始便指出，日本的政治文化自古便弥漫着一种容忍矛盾的特质，这是其他地方无法想象的。* 有时，这种容忍允许梦幻般不切实际的理想与顽固而冷酷的策略共存。安倍要恢复日本帝国陆军的精神以抗衡中国，人们很难当真。但在日本政治史上，为了一些荒唐的

---

* 当然，如今美国一边靠无人机、数据清除、监狱-工业复合体、大批狂热检察官、多层重叠的警力部署和全球军事基地网络，建立了由当权政府控制的空前镇压机制，一边却喋喋不休地宣扬民主、自由和人权。因此，我们越来越无法将日本视作唯一容忍矛盾的政治文化体。

目标走上可笑的偏路，安倍政府并非第一个。曾经"尊王攘夷"、"八纮一宇"以及"大东亚共荣圈"的概念便是例证，更不要说袭击珍珠港行动，那意味着日本要打倒一个工业基础比它强大10倍的敌人。其他例证还有20世纪80年代末日本的自鸣得意，认为全球市场、技术和金融的形态都将由东京设定。但无论从哪方面认真思考，上述目标都是不可能实现的，但这仍无法阻止日本拟定优越感极强的策略并竭力实现它们。人们甚至可以说，那些策略令情况更糟糕。假如日本在面对整个亚洲对东亚共荣圈构想的激烈反对时不那样执着，便可大大减少日本发动战争暴行的机会和动机，而这些战争暴行到今天仍在毒害它与邻国的关系。假如日本陆军没有以史无前例的精妙战术在地面作战中所向披靡，华盛顿也许不会认定以全面战争迫使日本无条件投降是唯一的办法。假如日本的制造业和成本控制没有那样出色，很多日本人便不会以为全球经济势必将以本国为中心，而正是这种想法直接导致了泡沫经济及其后遗症。

当然，还有其他因素促使其花团锦簇的不实际理想与无比优秀的战术能力结合在一起。当赤裸裸的现实打破了日本领导层的幻想，强迫其直面现实时，这种因素便会暴露出来。不论它何时出现，日本出色的战术能力与社会凝聚力的确能创造出不可思议的奇迹。一旦明白驱逐蛮族、闭关锁国的道路行不通，日本便开始自我改造，避免了几乎吞噬整个非西方世界的殖民统治，并凭借自身实力成了一个无所畏惧的强国。眼看"八纮一宇"的战争必然会失败，而美国也清楚地表示不会撤离，日本马上改变策略，不但学会在目空一切、盛气凌人的美国阴影下维持"日本性"，同时可以蓬勃发展，变成美国维持世界秩序的不可替代性支柱。当石油输出国组织哄抬全球能源价格使其长期居高不下，日本马上对经济及能源使用进行迅速和彻底的改革，使它很快走出 1973—1975 年的全球经济衰退，比其他任何发达国家都早得多。当 20 世纪 80 年代末的泡沫经济已经完全收缩，很明显不会再次爆发时，日本完成了全球金融史上前所未有的壮举：在金融体系崩溃的废墟中延缓了经济衰退。

我们只能希望现实再次突破，正如戴高乐在法国所做的那样，一位日本领袖也能力挽狂澜：有礼但坚定地告诉华盛顿，战后时代已经过去，从现在开始，他的国家会自行负责本国的安全保障。这位领袖应该坚持在合理的时间范围内，让美国关闭其在日本的最后一个基地，召回最后一位美国士兵、海军陆战队队员、飞行员和海员。执行上述行动的先决条件的确是废除宪法第九条，它禁止日本维持"陆海空军以及其他发动战争的潜在力量"。但取而代之的绝对不能是让政府有权肆意妄为的模糊文件，而应该是一套坚实的制度，让北京、首尔，甚至是普通日本家庭的所有人都清楚了解，再也不会有无法无天的官僚挟持日本，而且官僚体系由表及里均会遵守法律和政治的严密规范，不论他们是否拥有实际的强制力。

在上述规范下建立安全体制后，这位"日本戴高乐"可以向华盛顿提议结成真正的同盟，即建立在双方平等基础上的协约：这里的"平等"不是以经济规模，甚至军事力量来衡量的，而是以互相尊重对方的主权和独立来衡量。两国甚至可以考虑推进"行动相互合作"，例如美国军事人员可以回到日本，但并非以占领者的身份，而是临时调任，接受日本人指挥。同时，这位领袖亦能向中国、韩国和俄罗斯提议有关争议领土的无条件协商，表明东京的目标始终是达成长期有效的解决办法，使所有有关方面都能接受与受惠。该领袖也许会示意中国，他（或可能是她）承认并支持中国重回在亚洲的优势地位，但日本也有权利要求中国尊重其邻国的独立自主。

新的日本领袖应当清楚，道歉不能只是形式化和半推半就的，而应该是全国学校和媒体普遍的深刻反省。日本应该清醒地认识到20世纪30年代究竟发生过什么，并确保不会再次发生，这才是对华关系的正确走向。这便要求领袖能帮助两国人民认识到，对国家与人民的爱可以与承认过失和罪恶兼容。的确，相比于低龄化的大众，具有政治意识的公民抱有清醒的爱国主义，而这更需要对兼容的认识。

一位伟大的日本领袖要了解并说明该国经济问题背后的不安全性。诚然，这是个习惯于规避风险的社会，这也是当今世界的问题。但解决办法不是摧毁这些曾经提供经济保障、如今失效的制度，更不是以一群享有特别权利的工人和经理层贵族取代该制度，把其他人扔到恶劣又冷血的临时雇员市场。另外，恢复企业家精神的关键是建立牢固的安全网，让人们敢于冒险尝试，并保证即使冒险失败，他们也不会不名一文和遭人鄙视。如果真的有人以为大部分日本人宁愿一辈子坐享福利，也不愿做有意义的生产性工作，那是对日本人民的轻视和无知。目前，仍有大量的政府开支挥霍在农村地区各种无用的巨型工程上，这是安倍政府策动的所谓安倍经济学的"第二支箭"。*由此可以看出，所谓的日本无力负担社会安全网的痛呼是站不住脚的。

---

* 2014年2月，安倍政府在国会通过550亿美元的补充预算，大多用于无用的幕后交易经费。

最后，日本需要的领袖应该认识到，对于许多人口中的日本最未能"物尽其用"的资源，即女性，光像安倍那样口头呼吁打破界限是不够的。除非出台切实的政策以减轻妇女承担的压力，不再让照顾老人和小孩的义务不成比例地压在她们身上，否则她们的经济生产能力不可能提升。如果日本希望其出生率接近法国而不是意大利，希望数百万女性参加工作以促进日本经济的发展，那么就需要建立一些必要的基础设施，比如类似法国的幼儿园。与此同时，一位高瞻远瞩的领袖应该鼓励严格监管下的移民，以缓解建筑、护理等行业人力的短缺。

到目前为止，日本哪里都看不到这种领袖。2014年7月1日，在直接违反宪法和未征得国会同意的情况下，内阁宣布日本今后会行使"集体自卫"权，这等于宣布日本已经成为一个行政专制的没有法律的国家。与此同时，某些公司开始提高基本工资，但不足以抵消4月1日起提升了3%的消费税。股票市场有一些起色，日本传统的出口巨头也迎来利润增长（出口数量亦有增长），但内需没有真正增加，自我维系的经济改善仍然没有出现。

当然没有什么是注定的。在持续恐惧，甚至歇斯底里的氛围里，一位普通的男孩却能抓住数百万日本人的心。他就是羽生结弦，2014年在俄罗斯主办的索契冬季奥运会上夺得花样滑冰金牌。19岁的羽生的经历并非简单的日本传统故事，即在坚苦卓绝的情形下凭毅力取得胜利。羽生成长于仙台，那是最接近2011年地震地区的大城市。地震发生时，他正在训练。结果，训练场损坏，他要穿着冰鞋溜到街上。训练场变成废墟，住处破烂不堪，手上也没有什么资源，羽生求助无门，几乎要放弃滑冰。然而，羽生凭毅力与仙台人民的支持，尤其是来自 2006 年世界女子花样滑冰冠军荒川静香的协助，重拾了支离破碎的生活，继续走向他运动生涯的顶峰。

羽生的胜利可以说是对安倍政府成立后日本方向的一种驳斥。此外，羽生有助于提请日本人重新关注东北町和当地的实际情况：成千上万的灾民仍然在临时居住区受煎熬，曾经承诺的重建工作只启动了 10%，福岛核电站仍然是个在流血的伤口。政府尽举金融及其他资源以供奥运会之用，还要实现期待已久的经济复苏，同时"力抗"中国，却似乎无法修复大量受海啸侵袭的沿岸废墟，重建工程以龟速推进。人们谈论着政治上常见的阴谋诡计、黑社会的恶习，还有建筑行业只会为浮夸大楼贴金而不愿建造几千间简单房屋的做法。

羽生的态度也可以与安倍上台后丑陋的仇外主义形成某种对比。如今，书店里以"讨厌中国"或"憎恨韩国"为主题的书足以自成一类，而互联网上也满是"网络极右分子"（这是一份日本知名杂志[11]创造的新名词，用来描绘大量涌向这些网站的家庭妇女）。然而，羽生是一个懂得感恩的人，他了解自己欠下别人许多恩情，包括很多其他国家的人。他大方地欣赏俄国伟大的滑冰选手普鲁申科，当后者不得不退出比赛时，羽生感到十分遗憾。

我们愿意设想，羽生的故事及其明确的行事风格可以成为 21 世纪的日本故事，帮助日本摆脱枷锁，化悲剧为胜利——不是那种强行改写历史的趾高气扬、充满威胁的胜利，而是勤奋工作、不轻易退缩、不炫耀的胜利。这种胜利代表善良、高尚和令人敬爱的人类本质，代表这个国家最为人钦佩的一面。因为这一切都发生过——发生在羽生这类个体身上，发生在他家乡的朋友和支持者身上，也发生在这个国家身上。我们希望它会再次发生，让日本的未来由羽生结弦的人生轨迹开启并引领，而不是被安倍拉入怨愤而悲哀的民族主义深渊。

注释与参考书目

最初，本书只是一份粗略的概论，后来在牛津大学出版社的帮助下，它变得丰富起来，若没有参考书目则违背了写作的初衷。在任何情况下，一份客观公正地反映书中内容的详尽书单，本身就足够写成一本书了。

因此，我选择在有需要的段落特别标注出引用。我还针对每一章列出了英语的参考书，这些图书曾在我撰写每一章的特定话题时帮助我提炼思想，我想感兴趣的读者可以通过它们继续深入研究这些话题。

首先列出的是对我思考日本影响最大的几本书。当我试图从幕府时代开始完整审视日本的悲剧历史轨迹时，下面6部作品是我写作过程的核心。

1. 卡瑞尔・范・沃尔夫伦，《日本权力结构之谜》(*The Enigma of Japanese Power*, Knopf, 1990)，研究日本20世纪后半叶权力关系的杰出英语著作。
2. E.H.诺曼，《日本维新史》(*Japan's Emergence as a Modern State*)，选自《日本现代国家的起源：E.H.诺曼作品集》，约翰・道尔编 (Pantheon, 1975)，诺曼的大多数著作写于20世纪30年代，并受到美国第一代冷战时期学者的挑战。诺曼在分析德川幕府设立的社会要素如何促成了明治维新时，其马克思主义论调引起了这些学者的不满。尽管如此，对西方和日本学术界而言，诺曼的著作仍然是明治维新研究领域里的基石，而道尔在近百页的序言中对战后初期美国的日本研究的政治化做了精彩分析。
3. 伊恩・布鲁玛，《创造日本：1853—1964》(*Inventing Japan: 1853-1964*, Modern Library, 2003)，布鲁玛的短篇佳作，阐明了"日本"本质上是一种现代建构，以及这种建构是如何完成的。
4. 丸山真男，《现代日本政治的思想与行动》(*Thought and Behavior in Modern Japanese Politics*)，伊恩・莫里斯编 (Oxford, 1963)，日本杰出的现代政治思想家的文集，由西方最伟大的日本学者之一翻译选编，对于理解20世纪日本政治史的脉络不可或缺。
5. 约翰・道尔，《拥抱战败》(*Embracing Defeat*, W.W.Norton, 1999)，在这本历史学杰作

中，道尔描绘了战后日本整体现实的根源：与美国千丝万缕的纠葛。

6. 查尔莫斯·约翰逊，《通产省与日本奇迹》(*MITI and the Japanese Miracle*, Stanford, 1982)，这本开创性的著作是分析日本出口导向型增长模式的制度起源最认真、最全面的尝试，影响很大。

伊恩·莫里斯的 *The World of the Shining Prince: Court Life in Ancient Japan* (Alfred A. Knopf, 1964) 和 *The Nobility of Failure: Tragic Heroes in the History of Japan* (Holt, Rinehart and Winston, 1975) 是我很喜欢的两本关于早期日本的书。马里乌斯·詹森的 *The Making of Modern Japan* (Belknap/Harvard, 2000) 的前十章，是我所知的对日本德川幕府时期的最好介绍。蒂蒙·斯利奇的 *Sex and the Floating World: Erotic Images in Japan 1700-1820*, 2nd edition (Reaktion Books, 2009) 介绍了从当时流传下来的大多数艺术作品背后的权力与性。爱德华·塞登施蒂克的 *Low City, High City* (Knopf, 1983) 描绘了幕府时代的江户在日本的变革中如何向现代东京转型。安德鲁·戈登的《现代日本史》(*A Modern History of Japan: From Tokugawa Times to the Present*, Oxford, 2003) 是一本理想的日本史教材。傅高义的《日本新中产阶级》(*Japan's New Middle Class: The Salary Man and his Family in a Tokyo Suburb*, University of California, 1963) 至今仍是英语学术界研究战后早期工薪族文化的杰作。肯特·考尔德的 *Crisis and Compensation: Public Policy and Political Stability in Japan* (Princeton, 1988) 为我们展现了"经济奇迹"的设计者们如何把握政治稳定的条件去实现经济发展。约翰·C.坎贝尔 *Contemporary Japanese Budget Politics* (University of California, 1977) 描述了战后早期日本政治组织的决策部门，而亚历克斯·克尔的 *Dogs and Demons: Tales from the Dark Side of Japan* (Farrar, Strauss, and Giroux, 2001) 指出了日本为追求高速经济增长所付出的令人痛心的美学和文化代价。埃德温·赖肖尔的 *My Life between Japan and America* (Harper & Row, 1986) 是一本有趣而发人深省的自传，其作者是日美关系的主要设计者之一。加万·麦考密克的 *Client State: Japan in the American Embrace* (Verso, 2007) 捕捉到了日美关系中反常的一面，而我自己的书 *Weight of the Yen* (Norton, 1996) 则展示了日本可能依赖美国，但美国也同样依赖日本，至少在经济层面来说是如此。雅各布·施莱辛格的 *Shadow Shoguns: The Rise and Fall of Japan's Postwar Political Machine* (Simon and Schuster, 1997) 刻画了田中角荣及其在20世纪晚期对日本政治的影响。理查德·卡茨的 *The System that Soured the Rise and Fall of the Japanese Economic Miracle* (M.E.Sharpe, 1998) 令人信服地讲述了日本的经济体系曾经运作良好并创造了经济奇迹的一面，但三国阳夫和我在 *Japan's Policy Trap* (Brookings, 2002) 一书中分析了货币政策、政治原因和国际收支问题的交叉影响是如何阻碍日本为解决宏观经济问题寻找简单出路的。辜朝明的 *Balance Sheet Recession: Japan's Struggle with Uncharted Economics and its Global Implications* (John Wiley & Sons, 2003) 与《大衰退：宏观经济学的圣杯》(John Wiley & Sons, 2009) 不仅指出了泡沫经济在日本的余波及其影响，也指出了世界经济应从中吸取的教训。而乌尔丽克·舍德的 *Choose and Focus: Japanese Business Strategies for the 21st Century* (Cornell, 2008) 是最近几十年里讲述日本商业转型的最好的书。

就在我快要完成初稿时，《新左翼评论》在2013年的9月和10月一直在讨论佩里·安德森的《美国外交政策及其智囊》(*American Foreign Policy and its Thinkers*)。罗伯特·布雷内的 *The Economics of Global Turbulence*(Verso, 2006) 以及他受到 2008 年全球事件启发而续写的文章 "What is Good for Goldman Sachs is Good for America: The Origins of the Present Crisis" (Center for Social and Comparative History, UCLA), 这些权威性的概述为探寻现代日本悲剧性的历史轨迹提供了一个理想的理论框架。

序言

1. "The Lessons of Japan's Economy," *New York Times*, October 13, 2013.
2. *Gleanings in Buddha Fields* (Cosmo Classics, 2004).
3. *Mirror, Sword and Jewel* (Routledge, 1997).
4. *A Japanese Mirror: Heroes and Villains of Japanese Culture* (Penguin, 1984).
5. *The Inland Sea*, 2nd edition (Stonebridge Press, 2002). 这可能是关于日本对外国人影响的书中最好的。里奇近年写的所有作品都值得一读,最知名的是他关于日本电影的奠基研究,里奇称得上是 20 世纪下半叶旅居日本、与普通日本人共同生活的外国人中非常杰出的观察者。
6. http://www.youtube.com/watch?v=qpZbu7J7UL4&feature=c4-overview-vl&list=PLDbSvEZka6GHk_nwovY6rmXawLc0ta_AD.
7. *Thought and Behavior in Modern Japanese Politics*, ed. Ivan Morris (Oxford, 1963), pp. 90–92.
8. Karel van Wolferen, *The Enigma of Japanese Power* (Knopf, 1990).

第一章

1. Alexander Murphy, "The Sovereign State System as Political-Territorial Ideal: Historical and Contemporary Considerations," in Thomas J. Biersteker and Cynthia Weber, eds., *State Sovereignty as a Social Construct* (Cambridge, 1996).
2. Ivan Morris, *The World of the Shining Prince: Court Life in Ancient Japan* (Alfred A. Knopf, 1964), 本书对于平安时代文化及其文学的讨论主要源自莫里斯的这本书,它包含作者很多原创性的观察。
3. Ivan Morris, *The Nobility of Failure: Tragic Heroes in the History of Japan* (Holt, Rinehart and Winston, 1975).
4. Buruma, *A Japanese Mirror*, pp. 132–135, 讨论了义经和弁庆的传说,整本书非常出色地介绍了日本文化的典型套路。
5. Germain A. Hoston, *Marxism and the Crisis of Development in Prewar Japan* (Princeton, 1986).

关于近代日本的扩展阅读

George B. Sansom, *Japan: A Short Cultural History* (Cresset Press, 1931).
Marius B. Jansen, ed., *Warrior Rule in Japan* (Cambridge, 1995).

第二章

1. Marius Jansen, *The Making of Modern Japan* (Belknap/Harvard, 2000).
2. Jared Diamond, *Collapse: How Societies Choose to Fail* (Penguin Books, 2005), chapter 9.
3. *Sex and the Floating World: Erotic Images in Japan 1700–1820*, 2nd edition (Reaktion Books, 2009).
4. Gary P. Leupp, *Male Colors: The Construction of Homosexuality in Tokugawa Japan* (University of California Press, 1995).
5. 卡瑞尔·范·沃尔夫伦在他的日文著作 *Okore! Nihon no Chūryū Kaikyū* (*Bourgeoisie: The Missing Element in Japanese Political Culture*) (Mainichi Shinbunsha, 1999) 中谈到了这一点。很感谢他让我注意到了这些例子。
6. E. H. Norman, "Japan's Emergence as a Modern State," in *Origins of the Japanese Modern State: Selected Writings of E. H. Norman*, ed. John Dower (Pantheon, 1975).
7. Marius Jansen, *Sakamoto Ryoma and the Meiji Restoration* (Princeton, 1961).

扩展阅读

Herman Ooms, *Tokugawa Ideology: Early Constructs, 1570–1680* (Princeton, 1985).
Masao Maruyama, *Studies in the Intellectual History of Tokugawa Japan*, translated by Hane Mikiso (University of Tokyo, 1974).
Robert Bellah, *Tokugawa Religion: The Cultural Roots of Modern Japan* (Free Press, 1957).
Thomas C. Smith, *The Agrarian Origins of Modern Japan* (Stanford, 1959).
Gregory M. Pflugfelder, *Cartographies of Desire: Male-Male Sexuality in Japanese Discourse, 1600–1950* (University of California, 1999).
Leslie Downer, *Geisha: The Remarkable Truth behind the Fiction* (Headline, 2001).
Liza Dalby, *Geisha* (University of California, 1983).
Donald Keene, *World Within Walls: Japanese Literature of the Pre-Modern Era, 1600–1867* (Henry Holt, 1976).
Timothy Clark, C. Andrew Gerstle, Aki Ishigami, and Akiko Yano, eds., *Shunga: Sex and Pleasure in Japanese Art* (British Museum, 2013).

第三章

1. Jansen, *The Making of Modern Japan*, p. 434.
2. Ian Buruma, *Inventing Japan: 1853–1964* (Modern Library, 2003), p. 50.
3. 同上。
4. Dower, ed., *Selected Writings of E. H. Norman*, p. 436.
5. *The Enigma of Japanese Power*.
6. *Thought and Behavior* p. 85.

扩展阅读

Roger W. Bowen, *Rebellion and Democracy in Meiji Japan* (University of California, 1980).

W. J. Macpherson, *The Economic Development of Japan 1868–1941* (Cambridge, 1987).

Hane Mikiso, *Peasants, Rebels, and Outcasts: The Underside of Modern Japan* (Pantheon, 1982).

Arthur Herman, *The Idea of Decline in Western History* (Free Press, 1997), chapter 2, "Arthur de Gobineau and Racial Wreckage", 讨论了明治时代精英们所采纳的种族理论。

Takashi Fujitani, *Splendid Monarchy: Power and Pageantry in Modern Japan* (University of California, 1998).

Liaquat Ahamed, *Lords of Finance: The Bankers Who Broke the World* (Penguin, 2009). 20 世纪 20 年代的金融史是法西斯主义在日本和其他地方崛起的背景或原因，本书对其进行了很好的介绍。

Andrew Gordon, *Labor and Imperial Democracy in Prewar Japan* (University of California, 1991).

Sheldon Garon, *The State and Labor in Modern Japan* (University of California, 1987).

Walter LaFeber, *The Clash: U.S.–Japanese Relations throughout History* (W. W. Norton, 1997).

Mark Peattie, Edward Drea, and Hans Van de Ven, eds., *The Battle for China: Essays on the Military History of the Sino-Japanese War of 1937–1945* (Stanford, 2011).

Akira Iriye, *The Origins of the Second World War in Asia and the Pacific* (Longman, 1987).

Saburo Ienaga, *The Pacific War 1931–1945*, translated by Frank Baldwin (Pantheon, 1978).

John Dower, *War Without Mercy: Race and Power in the Pacific War* (Pantheon, 1986).

Herbert P. Bix, *Hirohito and the Making of Modern Japan* (Harper Collins, 2000).

第四章

1. *MITI and the Japanese Miracle* (Stanford, 1982), p. 3.
2. John Dower, *Embracing Defeat* (W. W. Norton, 1999), pp.223–224. 我非常感谢道尔在本章所做的大部分讨论。
3. 同上。

4. 同上。

5. *Crisis and Compensation: Public Policy and Political Stability in Japan* (Princeton, 1988).

6. Andrew Gordon, *A Modern History of Japan: From Tokugawa Times to the Present* (Oxford, 2003), p. 277.

7. Herman Kahn, *The Emerging Japanese Superstate* (Prentice Hall, 1971).

扩展阅读

John Dower, *Empire and Aftermath: Yoshida Shigeru and the Japanese Experience, 1878–1954* (Harvard, 1979).

Takeo Doi, *The Anatomy of Dependence* (Kodansha USA, 2002), classic work discussing *amae*.

Dennis J. Encarnation, *Rivals Beyond Trade: America Versus Japan in GlobalCompetition* (Cornell, 1992), 对日本排除外商直接投资的政策来源进行了分析。

Robert Scalapino, *The Japanese Communist Movement 1920–1966* (University of California, 1967).

Andrew Gordon, *The Evolution of Labor Relations in Japan, 1853–1955* (Harvard, 1988).

Akio Mikuni and R. Taggart Murphy, *Japan's Policy Trap* (Brookings, 2002). 其中，第三章讨论了池田勇人在协调货币政策和银行监管政策以奠定"经济奇迹"基础方面的核心作用。

Byong Chul Koh, *Japan's Administrative Elite* (University of California, 1989).

Edwin Reischauer, *My Life between Japan and America* (Harper & Row, 1986)，讨论了华盛顿和东京之间"破裂的对话"（151—160页），这导致他在1961年被任命为大使。

John G. Roberts, *Mitsui: Three Centuries of Japanese Business* (Weatherhill, 1973).

第五章

扩展阅读

Frank Upham, *Law and Social Change in Postwar Japan* (Harvard, 1987)，描述了缺乏法律效力的非正式做法如何经常决定什么可以做和什么不可以做。

Andrew Gordon, *The Wages of Affluence: Labor and Management in Postwar Japan* (Harvard, 1998).

Chalmers Johnson, *Japan's Public Policy Companies* (American Enterprise Institute, 1978).

Rodney Clark, *The Japanese Company* (Yale, 1979).

Shigeo Tsuru, *Japan's Capitalism: Creative Defeat and Beyond* (Cambridge, 1993).

Thomas P. Rohlen, *Japan's High Schools* (University of California, 1983).

Ezra Vogel, ed., *Modern Japanese Organization and Decision-Making* (University of California, 1975).

William M. Tsutsui, *Banking Policy in Japan: American Efforts at Reform during the Occupation*

(Routledge, 1988).

Yoshio Suzuki, *Money and Banking in Contemporary Japan*, translated by John G. Greenwood (Yale, 1980).

Aaron Viner, *Inside Japan's Financial Markets* (The Economist Publications, 1987).

Yoshio Suzuki, ed., *The Japanese Financial System* (Oxford, 1987).

James Horne, *Japan's Financial Markets: Conflict and Consensus in Policy Making* (George Allen & Unwin, 1985).

Daniel L. Okimoto and Thomas P. Rohlen, eds., *Inside the Japanese System: Readings on Contemporary Society and Political Economy* (Stanford, 1988).

T. F. M. Adam and Iwao Hoshii, *A Financial History of the New Japan* (Kodansha International, 1972).

Hugh Patrick and Henry Roskovsky, eds., *Asia's New Giant* (Brookings, 1976).

Robert J. Ballon and Iwao Tomita, *The Financial Behavior of Japanese Corporations* (Kodansha International, 1988).

Michael L. Gerlach, *Alliance Capitalism: The Social Organization of Japanese Business* (University of California, 1992).

第六章

1. Alex Kerr, *Dogs and Demons: Tales from the Dark Side of Japan* (Farrar, Strauss and Giroux, 2001).
2. 参阅 I. M. Destler, Haruhiro Fukui, and Hideo Sato, *The Textile Wrangle: Conflict in Japanese-American Relations, 1969–1971* (Cornell, 1979)。
3. 参阅 Paul Volcker and Toyō Gyōten, *Changing Fortunes: The World's Money and the Threat to AmericanLeadership* (Times Books, 1992), pp. 88–106。整本书对布雷顿森林体系的崩溃和今天浮动汇率制度的到来等一系列事件做了精彩介绍。
4. 后来被财政部副部长贝丽尔·斯普林克尔引用，引自 R. Taggart Murphy, *The Weight of the Yen* (W. W. Norton, 1996)。

扩展阅读

Satoshi Kamata, *Japan in the Passing Lane: An Insider's Account of Life in a Japanese Auto Factory*, translated by Akimoto, Tatsuru (Pantheon, 1982).

Robert Whiting, *The Chrysanthemum and the Bat* (Dodd, Mead, 1977), *You Gotta Have Wa* (MacMillan, 1989), and *The Meaning of Ichiro: The New Wave from Japan and the Transformation of Our National Pastime* (Grand Central Publishing, 2009)，为美国读者提供了关于日本棒球的精彩而详尽的介绍。

Yuko Ogasawara, *Office Ladies and Salaried Men* (University of California, 1998).

Robert C. Angel, *Explaining Economic Policy Failure: Japan in the 1969–1971 International Monetary Crisis* (Columbia, 1991).

Edward J. Lincoln, *Japan's Unequal Trade* (Brookings, 1990).

I. M. Destler and C. Randall Henning, *Dollar Politics: Exchange Rate Policymaking in the United States* (Institute for International Economics, 1989).

Ryutaro Komiya and Miyako Suda, *Japan's Foreign Exchange Policy 1971–1982* translated by Colin McKenzie (Allen and Unwin, 1991).

Kozo Yamamura and Yasukichi Yasuba, eds., *The Political Economy of Japan*: Vol. *1, The Domestic Transformation* (Stanford, 1987).

Takashi Inoguchi and Daniel Okimoto, eds., *The Political Economy of Japan*: Vol. *2, The Changing International Context* (Stanford, 1988).

Shumpei Kumon and Henry Rosovsky, eds., *The Political Economy of Japan*: Vol. *3, Cultural and Social Dynamics* (Stanford, 1992).

第七章

1. Carmen M. Reinhart and Kenneth S. Rogoff, *This Time is Different: Eight Centuries of Financial Folly* (Princeton, 2009).
2. Charles P. Kindleberger and Robert Z. Aliber, *Manias, Panics and Crashes: A History of Financial Crises*, 6th edition (Palgrave Macmillan, 2011).
3. Richard Koo, *Balance Sheet Recession: Japan's Struggle with Uncharted Economics and its Global Implications* (John Wiley &Sons, 2003).

扩展阅读

Christopher Wood, *The Bubble Economy: The Japanese Economic Collapse* (Sidgwick and Jackson, 1992).

Richard Koo, *The Holy Grail of Macroeconomics: Lessons from Japan's Great Recession* (John Wiley & Sons, 2009).

Richard Katz, *Japanese Phoenix: The Long Road to Economic Revival* (M. E. Sharpe, 2003).

Roger Lowenstein, *When Genius Failed: The Rise and Fall of Long-Term Capital Management* (Random House, 2000)

第八章

1. Draws heavily on Ulrike Schaede, "Show Me the Money: Japan's Most Profitable Companies

in the 2000s," School of International Relations and Pacific Studies, University of California, San Diego, Working Paper, February 2011, http://irps.ucsd.edu/assets/001/500973.pdf.
2. 同上。
3. Mikuni, *Japan's Policy Trap*, p. 67.
4. Jonathan Adams, "Temp Nation, the Decline of Life Time Employment in Japan" (Global Post), http://www.globalpost.com/dispatch/commerce/100510/japan-economy-temporary-workers.
5. 我非常感谢爱德华·W.德斯蒙德的这一观察。德斯蒙德曾经是《时代》杂志驻东京记者。后来，他负责为《财富》杂志报道硅谷。
6. Ulrike Schaede, *Choose and Focus: Japanese Business Strategies for the 21st Century* (Cornell, 2008), pp. 142–143.
7. 他指的是理查德·戴克，后者是阿尔法科技公司的董事长，也是日本对外贸易组织的董事。
8. *Wall Street Journal*, April 18, 2012.

扩展阅读

Michael Porter, Hirotaka Takeuchi, and Mariko Sakakibara, *Can Japan Compete?* (Perseus, 2000).

Gillian Tett, *Saving the Sun: Shinsei and the Battle for Japan's Future* (Random House, 2004).

Steven K. Vogel, *Japan Remodeled: How Government and Industry are Reforming Japanese Capitalism* (Cornell, 2006).

Marie Anchordoguy, *Reprogramming Japan: The High Tech Crisis under Communitarian Capitalism* (Cornell, 2005).

Emi Osono, Norihiko Shimizu, and Hirotaka Takeuchi, *Extreme Toyota: Radical Contradictions that Drive Success at the World's Best Manufacturer* (John Wiley &Sons, 2008).

Tim Clark and Carl Kay, *Saying Yes to Japan: How Outsiders are Reviving a Trillion Dollar Services Market* (Vertical, Inc., 2005).

Michael Woodford, *Exposure: Inside the Olympus Scandal; How I Went from CEO to Whistleblower* (Portfolio Hardcover, 2012).

第九章

1. Buruma, *A Japanese Mirror*, p. 203.
2. Sady Doyle at http://www.theatlantic.com/ entertainment/archive/2010/08/mad-mens-very-modern-sexism-problem/60788/.
3. Hanna Rosin, *The End of Men and the Rise of Women* (Riverhead, 2012).
4. *The End of Equality* (Basic Books, 1995).
5. *Next American Nation: The New Nationalism and the Fourth American Revolution* (Free Press, 1996).

推荐阅读

Joseph J. Tobin, ed., *Re-made in Japan: Everyday Life and Consumer Taste in a Changing Society* (Yale, 1992).

Michael Zielenziger, *Shutting Out the Sun: How Japan Created its Own Lost Generation* (Random House, 2006).

Sabine Frühstück and Anne Walthall, eds., *Recreating Japanese Men* (University of California, 2011).

Lucy Birmingham and David McNeill, *Strong in the Rain: Surviving Japan's Earthquake, Tsunami, and Fukushima Nuclear Disaster* (Palgrave Macmillan, 2012).

第十章

1. Andrew DeWit, "Distributed Power and Incentives in Post-Fukushima Japan," *The Asia-Pacific Journal*, Vol. 10, Issue 49(2), December 3, 2012. 德威特可以说是用英语撰写日本能源未来的主要权威。
2. E. H. Norman, Masao Maruyama, Karel van Wolferen.
3. Richard J. Samuels, "Kishi and Corruption: An Anatomy of the 1955 System," Japan Policy Research Institute Working Paper 83, December 2001, http://www.jpri.org/publications/workingpapers/wp83.html.
4. Jacob M. Schlesinger, *Shadow Shoguns: The Rise and Fall of Japan's Postwar Political Machine* (Simon and Schuster, 1997), p. 57.
5. Mikuni, *Japan's Policy Trap*, p. 52.
6. Jacob M. Schlesinger, *Shadow Shoguns: The Rise and Fall of Japan's Postwar Political Machine* (Simon and Schuster, 1997), p. 87.
7. 我非常感谢中野浩一的这一提法。

扩展阅读

Jake Adelstein, *Tokyo Vice* (Constable & Robinson, 2009) on the Japanese underground, the *yakuza*.

Gerald L. Curtis, *The Japanese Way of Politics* (Columbia, 1988).

John Creghton Campbell, *How Policies Change: The Japanese Government and the Aging Society* (Princeton, 1992).

Gavan McCormack, *The Emptiness of Japanese Affluence* (M. E. Sharpe, 1996).

Mark Selden, "Japan, the United States and Yasukuni Nationalism: War, Historical Memory and the Future of the Asia Pacific," *Asia Pacific Journal: Japan Focus*, September 10, 2008, http://www.japanfocus.org/-Mark-Selden/2892.

Takashi Oka, *Policy Entrepreneurship and Elections in Japan: A Political Biography of Ozawa Ichiro* (Routledge, 2011).

第十一章

1. "U.S. Concerned about New Japanese Premier Hatoyama," *Washington Post*, December 29, 2009.
2. http://www.fas.org/sgp/crs/natsec/R42645.pdf.
3. 更多请参考 http://www.japanfocus.org/- Gavan-McCormack/3059#sthash.nwukk0M2.dpuf。
4. 引自 Quoted in Ambrose Evans-Pritchard, "The Bank of Japan Must Crush all Resistance," *The Telegraph*, May 24, 2013。
5. For example, Barbara Chicerio, "Trans Pacific Partnership and Monsanto," *Nation of Change*, June 24, 2013.
6. "Secret Trans-Pacific Partnership Agreement (TPP)—IP Chapter," http://wikileaks.org/tpp/.
7. "No Big Deal," *New York Times*, February 27, 2014.
8. Michael Pettis, *The Great Rebalancing: Trade, Conflict, and the Perilous Road Ahead for the Global Economy* (Princeton, 2013), 提供了全面的论证。
9. 参阅 David Scofield, "Sex and Denial in South Korea," *Asia Times*, May 26, 2004。
10. Mark Schilling, "Debate Still Rages over Abe-endorsed WWII Drama" *Japan Times*, February 20, 2014.
11. 怀疑是《周刊现代》。Michael Hoffman, "Japan's Future May Be Stunted by Its Past," *Japan Times*, March 16, 2014.

扩展阅读

Mayumi Itoh, *The Hatoyama Dynasty: Japanese Political Leadership Through the Generations* (Palgrave Macmillan, 2003).

Laura Hein and Mark Selden, eds., *Islands of Discontent: Okinawan Responses to Japanese and American Power* (Rowman & Littlefield, 2003).

Paul Morris, Naoko Shimazu, Edward Vickers, eds., *Imagining Japan in Postwar East Asia: Identity Politics, Schooling, and Popular Culture* (Routledge, 2013).

John J. Mearsheimer, *The Tragedy of Great Power Politics* (Norton, 2001).

Richard J. Samuels, *Securing Japan: Tokyo's Grand Strategy and the Future of East Asia* (Cornell, 2008).

Richard J. Samuels, *3.11: Disaster and Change in Japan* (Cornell, 2013).